信息资源组织与管理

(第 3 版)

陈 庄 刘加伶 成 卫 尹 静 编 著

清华大学出版社
北 京

内 容 简 介

　　本书密切结合我国信息产业、信息企业、信息系统及信息人才的特点，较全面系统地介绍了信息资源组织与管理的内涵、特点、方法、原理与技术。

　　全书分为 9 章。其中，第 1 章介绍了信息资源的基本概念，包括信息、信息资源、信息资源组织、信息资源管理等相关概念；第 2 章介绍了信息的分类与编码；第 3 章介绍了信息资源的组织方法，包括信息资源的采集方法、序化方法以及存储方法等；第 4～8 章介绍了信息资源的管理方法，包括信息检索、信息资源的综合利用、信息资源的安全管理、信息产业管理、信息服务业管理等；第 9 章介绍了信息人力资源的组织与管理。

　　本书可作为高等院校信息管理与信息系统、大数据、电子商务等专业本科生、研究生的教材，也可供政府信息产业相关管理人员、IT 企业从业人员作为参考用书使用。

图书在版编目（CIP）数据

信息资源组织与管理 / 陈庄等编著. —3 版. —北京：清华大学出版社，2020.3(2025.1 重印)
ISBN 978-7-302-54826-3

Ⅰ . ①信…　Ⅱ .　①陈…　Ⅲ .　①信息管理－研究　Ⅳ .　①G203

中国版本图书馆 CIP 数据核字(2020)第 005290 号

责任编辑：崔　伟　　马遥遥
封面设计：周晓亮
版式设计：方加青
责任校对：牛艳敏
责任印制：丛怀宇

出版发行：清华大学出版社
　　　　　网　　　址：https://www.tup.com.cn，https://www.wqxuetang.com
　　　　　地　　　址：北京清华大学学研大厦 A 座　　　　　邮　　编：100084
　　　　　社 总 机：010-83470000　　　　　　　　　　　邮　　购：010-62786544
　　　　　投稿与读者服务：010-62776969，c-service@tup.tsinghua.edu.cn
　　　　　质 量 反 馈：010-62772015，zhiliang@tup.tsinghua.edu.cn
印 装 者：三河市铭诚印务有限公司
经　　销：全国新华书店
开　　本：185mm×260mm　　　　　　印　　张：19.75　　　　字　　数：480千字
版　　次：2005 年 1 月第 1 版　　2020 年 4 月第 3 版　　印　　次：2025 年 1 月第 7 次印刷
定　　价：69.00 元

产品编号：083986-02

第3版前言

本书自 2005 年出版至今已 15 年，很多高校选用此书作为教学用书，期间也收到很多读者的来信，给了本书不少赞誉之词，同时也指出了书中存在的不足之处。正是由于受到广大读者的欢迎和好评，才能使本书重印 18 次，在此对读者的支持表示衷心的感谢。

随着云计算、大数据、人工智能、物联网等现代信息技术和数字化信息资源的建设与发展，快捷准确、及时有效地获取和利用信息资源，是信息经济时代对信息资源组织与管理提出的新要求，也是信息化社会人们必须具备的基本信息素养。在当今信息社会，信息资源的开发与利用效率，已经成为个人、企事业单位乃至整个国家、民族核心竞争力的主要组成部分。

信息资源的组织与管理是一门新型学科，涉及信息科学、计算机科学、管理学、经济学等多个学科领域。近年来，信息和信息通信技术在政府管理、企业管理以及经济发展中的作用日益显著，越来越多的人开始认识到信息资源是现代社会的重要资源，也是一种非常重要的组织资源。同时，人们也认识到对于这样一种资源，需要加以科学合理的组织和妥善的管理，需要构建一套理论方法体系，以实现有效的信息资源组织和管理。

为了适应新形势的发展，满足人才培养的要求，我们在多年教学和研究的基础上，结合我国企业、政务、商务的信息资源开发利用实际需求，并融合近年来国内外学者有关信息资源组织与管理方面的研究成果编写了第 3 版。本书在第 2 版的基础上进行了修订(含精炼、删减、完善、增加等)，使其结构更加合理、内容更加完善，以满足新老读者的需要。

本次改版，对大多数章节进行了重写，主要修订内容包括：第 1 章新增了信息与数据、知识、智慧的关系，新增了本书的框架结构内容；第 2 章增加了两个综合案例，一是信息分类案例(铁路大数据分类)，另一个是信息编码综合案例(公民身份证编码)；第 3 章新增了信息资源组织的内容、信息资源需求分析，完善了信息资源虚化和信息资源存储相关内容，新增了信息资源组织的 4 个案例；第 4 章修订了信息检索的内涵、信息检索分类、信息检索流程、信息检索途径，新增了信息检索案例及网络信息检索；第 5 章修订了信息分析概念、信息分析的特点和功能、详细分析方法、信息预测方法、信息评估方法、信息综合利用案例；第 6 章依照信息安全技术网络安全等级保护最新标准 GB/T 22239—2019，修订了章节结构和相关内容；第 8 章新增了大数据业及管理、云计算业及管理的相关内容；第 9 章修订了 IT 人才及 IT 证书类别，新增了基于云长模式的政务信息化组织模式，完善了信息人力资源的基本素质要求。同时，为了帮助读者掌握每章的知识点，在每章末均配有复习题，题型主要包括单选题、多选题、判断题、简答题和论述题；在全书最后，还精心编写了两套模拟试题，以供读者综合测试其对知识的掌握情况。

本书密切结合我国信息产业、信息企业、信息系统及信息人才的特点，较全面系统地介绍了信息资源组织与管理的内涵、意义、方法、原理与技术。本书包含丰富的图例和习题，并配备了电子课件和习题答案，可在 http://www.tupwk.com.cn 网站下载。

本书第 1、2、6、7、8、9 章由陈庄、刘加伶编写，第 3 章由尹静编写，第 4、5 章由成卫编写，每章复习题及模拟试题由陈庄编配，全书由陈庄、刘加伶总纂。

本书在编写过程中参考了大量文献，并尽可能详尽地罗列在每章后的参考文献中，但仍难免有遗漏，谨向被漏列的作者表示歉意，并向所有的作者表示诚挚的感谢。

本书可作为高等院校信息管理与信息系统、大数据、电子商务等专业本科生、研究生的教材，也可以作为政府信息产业相关管理人员的业务工作参考资料，还可作为企业 IT 人员的培训教材。

由于作者水平有限，时间仓促，本书不妥或错误之处在所难免，敬请读者批评指正。

编者

2020 年 2 月

目　录

第 8 章　信息服务业管理

第 9 章　信息人力资源的组织与管理

第1章

绪　论

本章主要介绍信息资源组织与管理所涉及的相关概念，包括信息、信息资源、信息资源的组织、信息资源的管理以及信息资源的组织与管理所研究的内容等，旨在使读者对信息资源的组织与管理有个宏观的认识和了解。

1.1 信息的概念

1.1.1 信息的定义

在汉语中，早在一千多年前的唐代便有了"信息"这个词。唐代诗人李中在《碧云集·暮春怀故人》诗中就留下了"梦断美人沉信息，目穿长路倚楼台"的佳句，这里的"信息"含义为音信、消息。

在现实生活中，人们总是在自觉或不自觉地接收、传递、存储和利用信息。唐代杰出的理财家刘晏，通过设置巡院、选择优秀人士充任知院官以及用重金招募骑手来传递信息等措施，建立了商情信息网络。刘晏虽身在京都，却能及时掌握全国的市场行情，并依此采取有效办法吞吐物资、调节供求，使各地物价基本上保持平稳，安定了民心，发展了生产，补充了国家财源，使唐朝再度呈现经济繁荣的良好局面；红军长征时期，党中央根据红一军团直属侦察连从敌占区搞来的一些国民党报纸，做出了伟大的战略决策——选择陕北作为我党的革命根据地。

尽管人们每时每刻都在与信息打交道，然而，对于何为信息却众说纷纭，至今仍无标准和统一的定义。随着人们对信息研究的深入，对信息的认识正在逐步加深，特别是在专门研究信息的科学——信息论产生之后，信息的概念几乎进入所有的学科，并日益引起公众及众多学者的关注。他们站在不同的角度，从不同的学科对信息进行了多方面探讨，并给出了相应的定义。

1. 不同字典对信息(information)的解释

美国的《韦伯斯特字典》将信息解释为："信息是用来通讯的事实，在观察中得到的数据、新闻和知识。"

英国的《牛津字典》将信息解释为："信息是谈论的事情、新闻和知识。"

我国《辞海》将信息解释为："①音信、消息；②人或事物发出的消息、指令、数据、符号等所包含的内容(对接收者来说一般是预先不知道的)。"

2. 不同学者对信息的定义

1928 年，哈特莱(LR.V.Hartley)在《贝尔系统电话》杂志上发表了一篇题为"信息传输 (*Transmission of Information*)"的论文。在文中，他认为"信息是指有新内容、新知识的消息"。

1948 年和 1949 年，香农(C.E.Shannon)连续发表两篇论文，即"通信的数学理论(*Mathematical Theory of Communication*)"和"在噪声中的通信"，提出了信息量的概念和信息熵的计算方法，并因此被公认为信息论的创始人。香农认为"信息是用以消除随机不确定性的东西"。

1948 年，控制论(cybernetics)创始人维纳(Norbert Wiener)教授出版了专著《控制论——动物和机器中的通信与控制问题》，创立了控制论。维纳认为"信息是人们在适应外部世界、控制外部世界的过程中同外部世界交换的内容的名称"。

1975 年，朗高(G. Longo)在其出版的专著《信息论：新的趋势与未决问题》中指出"信息是反映事物的形成、关系和差别的东西，它包含在事物的差异之中，而不是在事物本身"。

3. 不同学科对信息的定义

哲学界认为，信息是系统有序程度的标记，是物质的一个重要方面，标志着物质的运动和变化的状态。

新闻学界认为，信息是事物运动状态的陈述，是物与物、物与人、人与人之间的特征传输。新闻是信息的一种，是具有新闻价值的信息。

经济学界认为，信息是反映事物特征的形式，是与物质、能量相并列的客观世界的三大要素之一，是管理和决策的重要依据。

图书情报学界认为，信息是读者通过阅读或其他认知方法处理记录所理解的东西，它不能脱离外在的事物或读者而独立存在,它与文本和读者以及记录和用户之间的交互行为相关，是与读者大脑中的认知结构相对应的东西。

心理学界认为，信息不是知识，信息是存在于意识之外的东西，它存在于自然界、印刷品、硬盘以及空气之中；知识则存在于大脑之中，它是与不确定性(uncertainty)相伴而生的，人们一般用知识而不是信息来减少不确定性。

信息资源管理学界认为，信息是数据处理的最终产品，即信息是经过采集、记录、处理，以可检索的形式存储的事实或数据。

4. 本书对信息的认识

综合上述各方面关于信息的定义，我们认为信息应该取用信息资源管理学界的定义，即**信息是经过采集、记录、处理并以可检索的形式存储的数据。**

这里的"数据"是指对客观事物记录下来的、可以鉴别的符号。例如，数据"5 个人"可以用 5、五、伍、正、101、five、☆等符号来描述。

根据该定义，不难看出信息具有下述本质属性。

(1) 可识别性。信息是可以采集并进行记录的，它不仅可以通过人的感觉器官去感知，而且可以通过仪表进行检测和识别。

(2) 可处理性。不同形式的信息通过处理和加工(包括分类、标引、概括、归纳等)，可生成需要的信息形式。

(3) 可检索性。经处理后的信息可以供相关用户进行搜寻和调取。

(4) 可存储性。信息可以通过有关物理载体(如磁、光、大规模集成器件等)进行存储。

1.1.2 信息的基本特征

信息的定义所揭示的是信息的本质属性，但信息还存在许多由本质属性派生出来的一般特征，如客观性、普遍性、时效性、共享性、传递性、转换性、可伪性、寄载性、价值性、等级性、不完全性等，它们大都从某一个侧面体现了信息的基本特点。了解信息的这些特征，有助于加深对信息概念的理解。

1. 客观性

信息的客观性(又称事实性)是指信息的内容必须真实可靠。事实是信息的中心价值，不符合事实的信息不仅没有价值，而且可能价值为负，既损害别人，也损害自己。这就要求信息中的主客体因素都应该符合客观实际，不能对其进行加工、修饰、夸大和缩小。

2. 普遍性

信息的普遍性是指信息无处不在、无时不在。信息普遍存在于自然界、人类社会中，也存在于人类的思维或精神领域中。无论是自然界的鸟语花香、地震风雨、海啸雷鸣，还是人类社会活动中的语言文字、机械、建筑等无一不是信息的表现形式。

3. 时效性

信息的时效性包括两层含义：一方面是指从信息的产生、发出、接收、加工、传递到利用的时间间隔及其效率，时间间隔越短、使用信息越及时、使用程度越高，则时效性越强。另一方面是指信息的价值与其所处的时间成反比，信息一经生成，其反映的内容越新，它的价值越大；反之，时间延长，价值随之减小，一旦超过其"生命周期"，价值就消失。

4. 共享性

信息的共享性是指信息可由不同个体或群体在同一时间或不同时间共同享用。信息与实物在其交换与转让上是有本质区别的。实物的交换与转让，一方有所得，必使另一方有所失。而信息在交换和转让过程中，其原有信息一般不会丧失，而且还有可能同时获得新的信息。正是由于信息可被共享的特点，才使信息资源能够发挥最大效用，使信息生生不息。

5. 传递性

信息的传递性是指信息可以通过一定的传输工具和载体进行空间上和时间上的传递。所谓空间传递，即信息的利用不受地域的限制，能由此及彼；所谓时间传递，即信息的传递不受时间限制，可以由古及今。信息的传递主要依靠光、声、磁、语言、表情以及文字符号等得以呈现。信息的传递性还意味着人们能够突破时空的界限，对不同地域、不同时间的信息加以选择，增加充分利用信息的可能性。

6. 转换性

信息的转换性(又称变换性)是指信息可从某一种形态转换、加工成另外一种形态。人类社会为使信息资源得以充分利用，总是要将信息加以转换。从目的性来说，人类总是力图将信息从无形资产转换为有形资产；从方法来说，则是一方面使物质载体的形态互相变换，另一方面使信息的精度得以变化。总之，信息转换可以提高信息的可利用性。

7. 可伪性

信息的可伪性是指信息在其衍生过程中可能产生伪信息或虚假信息。在信息衍生过程中，由于信息失去了与源物质的直接联系以及人们在认知能力上存在差异，对同一信息不同的人可能会有不同的理解，形成"认知伪信息"；或者由于传递过程中的失误，产生"传递伪信息"；也有人出于某种目的，故意采用篡改、捏造、欺骗、夸大、假冒等手段，制造"人为伪信息"。伪信息会给社会信息带来污染，具有极大的危害性。

8. 寄载性

信息的寄载性是指信息的存储、传递和交流必须依附在一定的物质载体之上。信息本身是看不见、摸不着的，它只能附着在某种载体上，并以一定形式表现出来。因此，人们要获得信息，首先要获得携有信息的载体，然后通过对载体的利用，才能解析出其中的信息内容。

9. 价值性

信息的价值性是指信息可对社会经济活动产生有价值的影响。信息是劳动创造的，是一种资源，能够满足人类社会某一方面的需要，因而是有价值的。索取一份经济情报，或者利用大型数据库查阅文献所付的费用是信息价值的部分体现。

10. 等级性

信息的等级性(又称层次性)是指信息是分层次的。信息划分层次的主要依据是对信息所施加的约束条件。约束条件越多，它的层次就越多，应用的范围就越窄。例如，企业的管理信息按不同级别(如公司级、工厂级、车间级等)的管理者所具有的不同职责，分为战略级信息、战术级信息、操作级信息。

11. 不完全性

信息的不完全性是指客观事实的信息是不可能全部得到的。信息的获得与人们认识事物的程度有关。因此，数据收集或信息转换要有主观思路，要运用已有的知识，进行分析和判断，只有正确地舍弃无用和次要的信息，才能正确地、完整地获得信息。

1.1.3　信息的分类

按照不同的分类标准(如按信息来源、按信息记录内容、按信息加工深度等)，信息可以划分为不同的类型。例如，按信息来源的不同可分为自然信息和社会信息两类，按信息记录内容的不同分为经济信息、政务信息、文教信息、科技信息、管理信息、军事信息六类，按信息加工深度的不同分为一次文献信息、二次文献信息、三次文献信息三类，如图 1-1 所示。

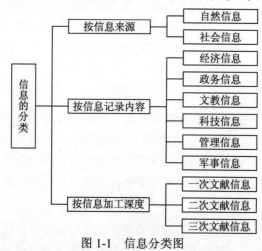

图 1-1　信息分类图

1. 自然信息

自然信息是指自然界产生的各种信息，如山川、动植物、天体的状态与属性的描述。自然信息是认识自然界的媒介，人类利用这些信息开发利用自然物质，为人类社会创造财富，改善生存环境，保护自然环境。

2. 社会信息

社会信息有两种解释，一种是指人类社会出现的各种事物的信息，如政治、经济、文化等社会活动。另一种说法是指投入社会交流的各种信息，有人类社会产生的，也有自然界产生的。社会信息都用人类创造的各种符号表述和传递，即经过人的思想加工，进入社会交流的各种信息。

3. 经济信息

经济信息是指经济活动中形成的信息，随经济活动产生和发展，如国家经济政策法规信息、新技术开发与应用信息、生产信息、劳动人事信息、商业贸易信息、金融信息、经营信息、市场信息、需求信息等。

4. 政务信息

政务信息是指政府机关活动产生的信息，如方针政策、法规条令、政府决议、公报条约、国际交往、社会状况及日常活动等。政务信息多以文件形式传播。

5. 文教信息

文教信息是指教育、体育、文学、艺术、出版发行等有关信息。

6. 科技信息

科技信息是指科学与技术等有关信息。科技信息从内容性质看分为两部分，一是科学技术成果与科研方法等知识内容；二是科学研究、计划管理等工作的内容。科技信息较多地使用文献等传递媒介。

7. 管理信息

管理信息是指各种行业各个层次管理与决策活动需要的信息，如人事、工资、计划、调度、财务、统计、社会、政治等多方面的内部与外部信息。

8. 军事信息

军事信息是指国防、战争等与军事活动有关的信息，如国防及军队的现代化建设、武器研制、战略战术研究、部队管理及作战等有关信息。

9. 一次文献信息

一次文献信息是指一切原始的信息，包括决议、报告、记录、心得、经验、消息、创作和研究成果等原始文献资料。这些原始文献信息无论已刊(包括初版和再版)还是未刊(包括手稿和各种档案资料)，均属于此范围。曾有人将手稿和未刊稿称为"零次文献"；档案则称为"一级文献"，现将它们统一归为"一次文献信息"类型。

10. 二次文献信息

二次文献信息是指对原始文献信息加工处理后的信息，包括卡片、目录、索引、文摘等。这种信息已经变成有序的、有规则的信息，易于存储、检索、传递和使用，有较高的使用价值。

11. 三次文献信息

三次文献信息是指通过二次文献信息提供的线索，对某一范围内的一次文献信息进行分析、研究而加工生成的第三个层次的文献信息，包括综述、述评、专题研究报告、百科全书等。这种信息产生的源头不是直接的人类社会活动，而是人类研究的结晶。

1.1.4 信息的表示形式

信息的表示形式主要有四种，即数据、文本、声音和图像。

(1) 数据。数据是指计算机能够生成和处理的所有事实、数字、文字和符号等。

(2) 文本。文本是指书写的语言，文本可以手写，也可以印刷。

(3) 声音。声音是指人们用耳朵听到的信息，包括说话的声音和音乐。

(4) 图像。图像是指人们能用眼睛看到的信息，如影像、照片等。

1.1.5 信息的功能

现代社会各个学科、各个社会领域都在谈论关于信息的问题，说明信息有广泛的用途。概括地说，信息主要有以下几种功能。

1. 信息是认识事物的媒介

人们每天都要通过视听等感觉器官获取各种信息，以了解情况、增长才干，更有效地安排活动和实现某些目标。作为认识事物主体的人，认识过程是接受和处理信息的进程，通过事物发出的信息观察事物的各种现象，进而综合、分析、探索、研究、了解事物的属性和本质，所以，信息是人类认识事物的媒介。

2. 信息是交流工具

人类交流思想、交流知识是通过交流信息来实现的，通过使用语言、文字、图像等不同形式的符号，运用印刷品、磁带、胶片等载体及各种电信设备把信息传给接受者。

3. 信息是人类社会的黏合剂

在某种意义上可以说是信息把分散的人群联结为一体。没有信息，没有联系，也就没有人类社会。当信息交流量大而快时，社会联系就密切；交流受阻，交流量小而缓慢时，社会联系就松散。

4. 信息是决策的基础

决策是指个人或组织为达成既定目标，从若干个可供选择的行动方案中挑选出最优方案并付诸实施的过程。信息活动贯穿于科学决策的全过程，并渗透到决策过程的每一个环节。决策者只有在充分掌握信息的基础上，根据客观形势和自己的实际条件，权衡利弊，才能正确确定目标和实施方略。因此，决策人员要有强烈的信息意识和综合分析处理信息的能力，以确保决策的正确性。

5. 信息是控制的灵魂

控制是依据信息来干预和调节被控对象的运动状态和状态变化，使被控对象达到预定目标。控制与信息密切相关，控制是信息活动的目的，而信息则是实现高质量控制的灵魂。没有信息，任何被控对象都无法控制。

1.1.6 信息的度量方法

信息有多种度量方法，以下介绍两种常用方法，即基于数据量的信息度量方法和基于概率的信息度量方法。

1. 基于数据量的信息度量方法

基于数据量的信息度量方法是计算机信息处理中最常用、最简便的方法，它是按反映信息内容的数据所占用计算机存储空间的大小来度量信息量的。

计算机存储单元的最小存储单位为 1 位二进制数，称为 1 bit(比特或位)，最基本的存储单元为 8 位二进制数，一个 8 位二进制数所占的存储空间称为 1 byte(字节，记为 B)。

在计算机系统中，用来度量信息存储量的常用单位有 KB(kilobyte，千字节)、MB(megabyte，兆字节)、GB(gigabyte，吉咖字节)、TB(terabyte，太拉字节)、PB(petabyte，拍它字节)、EB(exabyte，艾可萨字节)。

计算机信息处理中的存储单位间的换算关系如下。

1B＝8 bit

$1KB＝2^{10}B＝1024B≈10^3B$

$1MB＝10^6B$

$1GB＝10^9B$

$1TB＝10^{12}B$

$1PB＝10^{15}B$

$1EB＝10^{18}B$

【例 1.1】某文本格式的电子英文书籍共 500 页，每页有 50 行，每行有 80 个英文字符(含标点符号)，请估算其所占用的计算机存储空间。

【解答】根据英文字符(含标点符号)的 ASCII 码(American standard code for information interchange，美国信息交换标准码)编码原理，每个字符占用 1 个字节，因此该书所占用的存储空间为 $500 × 50 × 80 = 2 × 106B ≈ 2 MB$。

同样，对于文本格式的汉字电子书籍，也很容易计算出其占用的存储容量。但需要注意的是，每个汉字在计算机中所占的存储空间为 2 个字节。

2. 基于概率的信息度量方法

基于概率的信息度量方法主要源于下述基本理念。

(1) 信息量的大小取决于信息内容消除人们认识的不确定程度。

(2) 消除的不确定程度大，则发出的信息量就大；消除的不确定程度小，则发出的信息量就小。

(3) 如果事先就确切地知道消息的内容，那么消息中所包含的信息量就等于零。

根据上述理念，不难知道，客观世界消息中所包含的信息量的大小与该消息所出现的概率存在这样的关系：反映该消息事件的概率越大，该消息所包含的信息量越小。

由于客观事物的复杂性，一个事物可能会呈现多种不同的状态。换言之，某个信息源发出的消息可能反映各种可能出现的结果。假设某个事物可能出现的几种状态为 S_1，S_2，…，S_n，每种状态出现的概率为 P_1，P_2，…，P_n，当第 i 种状态出现时，消息中所包含的信息量为

$$I_i = -\log_a P_i \quad (i = 1, 2, \cdots, n) \tag{1-1}$$

式(1-1)中，对数的底数 a 的取值可为 2、10 及 e ($=2.718\,281\,8$)。

考虑到实际上消息中出现的不一定是第 i 种状态，而可能是其他 n-1 种状态之一。因此，该信息源发出的信息量的数学期望是

$$\bar{I} = -\sum_{i=1}^{n} P_i \log_a P_i \tag{1-2}$$

式(1-2)中，$\bar{I}$ 又称为信息源发出的消息的平均信息量；当对数的底数 a 取不同的值时，将得到下述不同信息量的单位。

- 当 $a=2$ 时，式(1-2)中 $\bar{I}$ 值的单位为 bit(比特)。
- 当 $a=10$ 时，式(1-2)中 $\bar{I}$ 值的单位为 hart(哈特)。
- 当 $a=\mathrm{e}=2.718\,281\,8$ 时，式(1-2)中 $\bar{I}$ 值的单位为 nat(奈特)。

【例 1.2】分别求掷硬币和掷骰子的信息量。

【解答】掷硬币和掷骰子分别有两种状态和六种状态，硬币两种状态的概率均为 1/2(0.5)，骰子六种状态的概率均为 1/6，因此掷硬币和掷骰子的信息量 $\bar{I}_1$、$\bar{I}_2$ 分别为

$$\bar{I}_1 = -\sum_{i=1}^{2} 0.5 \log_2 0.5 = 1 \,(\mathrm{bit})$$

$$\bar{I}_2 = -\sum_{i=1}^{6} \frac{1}{6} \log_2 \frac{1}{6} = 2.58 \,(\mathrm{bit})$$

1.1.7 信息与物质、能量的关系

信息、物质和能量是构成现代信息社会发展的三大要素。正如控制论创始人维纳所言，"信息就是信息，既不是物质也不是能量"。

信息、物质、能量这三者之间既有区别又有联系。

1. 信息与物质、能量之间的区别

信息不同于物质。信息是物质的普遍性而不是物质本身，它可以脱离物质独立存在，同时又不影响物质的存在与运动，它所表现的主要是物质运动的状态与方式，是物质之间的联系与相互作用。例如，一个物体在运动，它的运动状态和状态改变方式等都可以被高速摄影机拍摄下来，经过一定的处理后还可以将其重现出来。此时，产生这种运动状态和方式的那个物体(源物质)已经离开观察者，但它的信息已经被记录并保留下来。当然，保留下来的仅仅是信息，而不是源物质本身。

信息不同于能量。信息是物质的运动状态与方式，而能量则是物质做功的本领；能量转换遵循守恒定律，而信息转换不存在守恒现象；能量不能共享，而信息可以共享；能量为人类提供动力，而信息为人类提供知识与智慧。

2. 信息与物质、能量之间的联系

信息与物质、能量之间的联系集中体现在三者都统一于物质，物质是第一性的，能量和

信息都源于物质。

首先，物质是信息的源泉。任何物质的运动过程同时也是信息运动的过程，而任何信息运动的过程都离不开物质的运动过程。换言之，信息不能脱离物质而单独存在。

其次，信息与能量密不可分。信息的获取和传递离不开能量，能量的转换与驾驭也离不开信息。

最后，信息与物质、能量可以相互转化。信息虽然既不是物质也不是能量，但在一定条件下，信息可以转化成物质和能量。"知识就是力量""知识就是生产力"等名言所表述的正是这种转化关系。

总之，信息、物质和能量共同构成了现代人类社会资源体系的三大支柱。物质向人类提供材料，能量向人类提供动力，信息向人类提供知识和智慧。这三者正如一个人的体质、体力和智力，只有三者健全发展的人，才是一个真正健康的人。对于一个系统来说，物质使系统具有形体，能量使系统具有活力，信息则使系统具有灵魂。只有三者有机结合，才能使系统真正发挥其功能，朝着进步的方向演化。

1.1.8 信息与数据、知识、智慧的关系

信息、数据、知识、智慧是信息经济时代的四个重要概念，它们之间既有联系，又有区别。通俗地讲，这四个概念可以解释如下：

(1) 数据是原始的、未解释的符号，是符号的记录。例如，日期、温度、流量、PM2.5 等。

(2) 信息是经过加工的、有意义的数据，是数据的关系。例如，明日高温、后天有雾等。

(3) 知识是含有观点、发挥作用的信息，是信息的理解。例如，高温防暑、雾大少驾等。

(4) 智慧是综合经验、进行创新的知识，是知识的运用。例如，厚德载物、难得糊涂等。

依据上述解释，信息、数据、知识、智慧之间的关系可由图 1-2 来描述。图中，若按其对人类社会的重要程度，其间逻辑关系是：数据≤信息≤知识≤智慧；若按其数量多少情况，其间逻辑关系又是：数据≥信息≥知识≥智慧。

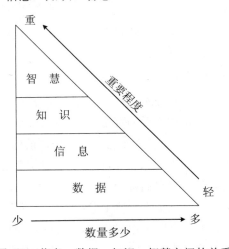

图 1-2 信息、数据、知识、智慧之间的关系

1.2 ▶ 信息资源概述

1.2.1 信息资源的定义

一般来讲，资源是指自然界和人类社会生活中可以用来创造物质财富和精神财富的、具有一定量的积累的客观存在形态。信息资源是信息社会的重要资源，它具有经济价值，可以经济活动的某种形式为人类开发利用。

目前，人们对信息资源这一概念的认识尚未达到共识，可谓众说纷纭、莫衷一是。以下是几个比较有代表性的关于信息资源的定义。

美国学者霍顿认为，当"资源"为单数时，信息资源是指某种内容的来源，即包含在文件和公文中的信息内容；当"资源"为复数时，信息资源是指支持工具，包括供给、设备、环境、人员、资金等。

中国学者孟广均认为，信息资源包括所有的记录、文件、设施、设备、人员、供给、系统和收集、存储、处理、传递信息所需的其他机器。

中国学者乌家培认为，对信息资源有两种理解。一种是狭义的理解，即仅指信息内容本身。另一种是广义的理解，指的是除信息内容本身外，还包括与其紧密相连的信息设备、信息人员、信息系统、信息网络等。

中国学者霍国庆认为，信息资源也就是可以利用的信息的集合，换言之，信息资源是经过人类开发与组织的信息的集合。

综合国内外现有研究成果，我们认为应从广义和狭义两种角度来认识和理解信息资源。

1. 广义信息资源的定义

广义信息资源是指人类社会活动中积累起来的信息、信息生产者、信息技术等信息活动要素的集合。

换言之，广义信息资源主要由三部分构成：①人类社会经济活动中经过加工处理有序化并大量积累后的有用信息的集合；②为某种目的而生产有用信息的信息生产者的集合；③加工、处理和传递有用信息的信息技术的集合。

2. 狭义信息资源的定义

狭义信息资源相当于广义信息资源所包括三部分内容的第一部分内容，即人类社会经济活动中经过加工处理有序化并大量积累后的有用信息的集合。

从广义角度来理解信息资源，有助于全面把握信息资源的内涵。因为依据系统论的观点，整体大于部分之和。在广义信息资源三大要素(信息、信息生产者和信息技术)中，任何一个要素都不可能单独发挥作用，只有将它们按一定的原则加以配置组成一个信息系统，才能显示出其价值，而这种价值的大小又在很大程度上取决于上述三要素的配置方式和配置效率。

从狭义角度来理解信息资源，有助于把握信息资源的核心和实质。因为信息资源之所以成为经济资源并备受人们的青睐，主要是因为其中所含的有用信息能够消除经济活动中的不确定性、帮助人们进行决策、减少经济活动中的其他物质资源和能源资源的损耗、降低成本和节省开支，而信息生产者、信息技术则仅仅是信息生产的外在条件而已。

1.2.2 信息资源的特征

信息资源主要具有潜在性、可塑性、共享性、时效性、不可分性、不同一性、不均衡性、驾驭性、整体性等特征。

1. 潜在性

与其他有形的物质生产要素不同的是，信息作为生产要素是以一种潜在的方式存在的，只有被利用后，其作用才体现出来。例如，图书馆中大量的信息以文献的形式存放着，只有当读者去阅读并获得知识后，这些信息才能发挥作用——形成智力传播；市场调查公司做出的市场分析报告并不具有直接的价值，只有当用户根据它来调整未来发展战略并取得经济效益后，其价值才真正体现出来。

2. 可塑性

信息创造价值的大小不仅取决于信息本身，更取决于信息如何被利用。同样一条信息，如果能被很好地利用，就能产生巨大的经济效益；如果人们忽略，则一文不值。另外，信息可以重复使用，其价值的实现方式取决于被利用的方式。例如，一项科研成果中包含的信息如果被用来改进工艺，其价值体现为提高生产效率；如果被学校用来进行教学，其价值就表现为提高学生的智力水平。

3. 共享性

共享性是信息资源的一种本质特性，信息资源在很多情况下(注：专利信息除外)都被视为不具备排他性的公共产品，对信息资源的利用不受人为干扰。随着信息技术的发展，信息的共享性表现得更为明显。例如，各种媒体传载的信息可以供范围广大的消费者共同使用(如电台、电视台的天气预报信息)；通过现代通信手段发布的金融和证券的即时行情，投资者可以对市场走势做出自己的判断并实施相应的投资操作；特别是电脑网络的迅速发展和普及使信息的传送几乎近于免费，人们收集信息的成本大幅度降低，信息的共享性在网络时代得到最充分的体现。

4. 时效性

同一信息资源并不能永久被利用下去，随着时间的推移，信息资源会失去利用价值。因为从信息资源本身看，信息是事物的运动状态和方式，在时间的流逝过程中，事物的运动状态和方式在发生变化，这样原有的状态和方式与现在的状态和方式会出现某种程度的不符，从而使原信息逐步过时老化。不同的信息资源其时效性不同，知识性信息资源的时效性较弱，消息性信息资源时效性较强。当然，信息资源具有时效性并不意味着开发出来的信息资源越早利用就越好，早投入利用固然可能易于实现其使用价值，但也有相反的情形。随着时间的推移，某些信息资源可以不断增值。因此，利用者只有把握时机，才能使信息资源发挥效益。

5. 不可分性

信息资源在生产过程和使用过程中均具有不可分性。其中，信息资源在生产过程中的不可分性，是指信息生产者为某个用户生产一组信息与为多个用户生产同一组信息相比较，二者所花费的努力(如费用、难度等)几乎是一样的。例如，应用软件包生产者生产一个拷贝与生产同一软件的多个拷贝在工作量以及费用上的差别极小，软件生产者只有尽可能多地出售软件包拷贝，才有可能补偿信息生产的成本，因为软件拷贝的成本是很低的。信息资源使用过程的不可分性是指信息资源不能像物质资源那样分割开来称斤论两，只有整个的信息集合都付诸使用，才能发挥其使用价值。当然，有时信息资源在交换中是可分的，某一组信息资源的一部分可能具有一定的市场价值，但对于特定目的而言，如果整个信息资源集合都是必需的，不能任意缺少，则只有整个信息资源集合都付诸使用，其使用价值才能得到最直接的发挥。

6. 不同一性

在使用物质资源时，可以不断增加其投入的数量，从同一物质不同数量的使用中获益，但利用信息资源时，不断增加同一信息的投入量却毫无意义。由此可见，作为一种资源的信息必定是完全不相同的。以铝合金为例，对于给定种类的铝合金，如果有人提出需要更多的铝合金时，意味着需要更多数量、种类、质量、化学成分等均相同的同一铝合金资源；但对于信息资源而言，当提出需要更多的铝合金配方信息时，则意味着需要更详细的不同信息，对原来的信息集合提供更多的拷贝并不能满足上述的需要。因此，对于既定的信息资源来说，它必定是不同内容的信息集合，集合中的每一信息都具有独特的性质。

7. 不均衡性

信息资源的不均衡性表现在人们对其掌握程度和其区域分布方面。前者是因为人们的认识能力、知识储备和信息环境等差别，所以不同的个体、组织所掌握的信息资源也不尽相同；而后者则是由于社会发展程度不同，对信息资源的开发程度也不同，因此不同区域信息资源的分布也不均衡。

8. 驾驭性

信息资源具有驾驭其他资源(包括物质资源和能源资源)的能力，不论是物质资源还是能源资源，其开发和利用都依赖于信息的支持。一台机器若不具备使用方面的信息，就不能为人们所利用，则与废铁无异。人类的认识和实践活动基本上都是信息过程，尽管该过程的每一环节都离不开物质和能量，但贯穿始终、统率全局和支配一切的都是信息资源。一般来说，人类利用信息资源去开发和驾驭其他资源的能力主要受科技发展和社会信息化程度等的影响，科学技术越发达，社会信息化程度越高，人类利用信息资源去开发和驾驭其他资源的能力就越强。

9. 整体性

信息资源作为整体是对一个国家、一个地区或一个组织的政治、经济、文化、技术等的全面反映，信息资源的每一个要素只能反映某一方面的内容，如果割裂它们之间的联系则无异于盲人摸象。整体性要求对所有的信息资源和信息资源管理机构实行集中统一的管理，从而避免人为分割所造成资源的重复和浪费。

1.2.3　信息资源的类别

信息资源可划分为广义信息资源、狭义信息资源和新型信息资源三类，而广义信息资源、狭义信息资源又可按照不同的分类方式划分为不同的小类，如图1-3所示。

以下简单介绍各类信息资源的基本内涵。

1. 元信息资源

元信息资源是指信息生产者、信息产生者的集合。其中，信息生产者是指能够创造并生产出有用信息的人或者机构；信息产生者则是指无意识地向人类社会发出各种信息(如气候信息、地形信息、矿产信息等)的大自然。元信息资源是信息产生的源泉，是信息资源的基础。

2. 本信息资源

本信息资源是指信息内容本身，是信息的集合。它是构成信息资源的核心部分，是信息资源组织和管理的重要内容。

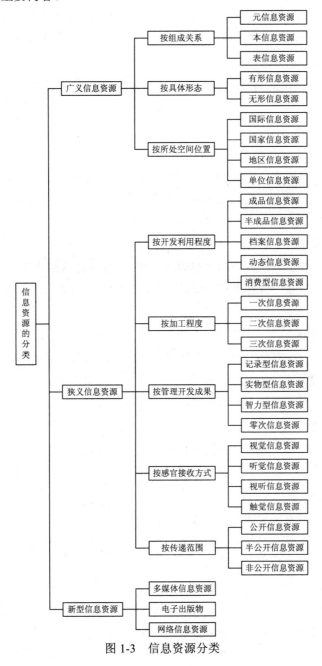

图 1-3　信息资源分类

3. 表信息资源

表信息资源是指为信息的收集、存储、加工、处理、传递、开发、利用而使用的一切技术和设备的集合。表信息资源是信息得以显现的重要基础，也是信息得以充分开发利用的必要条件。表信息资源既包括以计算机技术和通信技术为核心的信息技术和网络技术，也包括计算机与通信设备，以及纸张、光盘、胶片、软盘、磁带等各种介质，甚至还包括人脑。

4. 有形信息资源

有形信息资源主要包括：①信息人力资源，包括信息的生产者、开发者、使用(消费)者等；②信息的存储介质，包括纸张、磁盘、软盘、优盘、光盘、录音带、录像带、胶片等；③信息设备，包括计算机、电视机、收录机、电话、手机、网络设备等；④信息机构。

5. 无形信息资源

无形信息资源包括信息内容本身、信息系统软件以及信息系统或者信息机构的运行机制等。

6. 国际信息资源

国际信息资源(又称世界信息资源)是指通过网络将分布在世界各国的信息资源(包括各种数据库、计算机、信息用户、信息生产者)连接起来的一个全球信息共享联合体。当前世界最大的国际信息资源是因特网，它已经覆盖了 100 多个国家和地区，连接了数以万计的网络和主机。

7. 国家信息资源

国家信息资源泛指某一个国家信息资源的总和，它是通过网络将全国的信息资源(包括各种数据库、计算机、设备、信息用户、信息生产者等)有机连接在一起，从而实现本国范围内的信息资源共享。

8. 地区信息资源

地区信息资源(又称部门信息资源)是指某个省、市、部门或系统的信息资源的总和。地区信息资源是国家信息资源的重要组成部分，在国家信息资源网络未建成之前，它起着实现区域信息资源共享、推动经济与社会快速发展的积极作用。

9. 单位信息资源

单位信息资源是指某一企业、院校或机关信息资源的总和。它是实现国家信息资源、地区信息资源、专业系统信息资源共享的最基本的条件。

10. 成品信息资源

成品信息资源是指文字记载并经出版印刷、具有永久性保存价值、可供传递的各种书刊和文献资料。其特点是信息产量大、增长速度快。成品信息在科研生产和智力开发中具有广泛的应用，并且将继续发挥更大的作用。

11. 半成品信息资源

半成品信息资源是指科学研究的阶段性成果，如笔记手稿、论文草稿、内部研究报告以及工作文件等文献资料。其特点是时效性和使用价值高。

12. 档案信息资源

档案信息资源是指国家各级图书馆、档案馆、博物馆等收藏的图书档案资料。其特点是采用数字存储、光盘以及高速传真等信息技术为社会提供广泛的服务，其开发利用的速度在不断加快，利用率也在不断提高。

13. 动态信息资源

动态信息资源是指每日新闻、快讯、动态报道、市场行情等信息。其特点是时效性高，现代社会中动态性信息资源的利用价值正在不断增大，并逐步扩展到社会生活的各个领域。

14. 消费型信息资源

消费型信息资源是指激光光盘、录像带、胶卷(片)等具有商业价值的信息产品。其特点是存储信息量巨大且具有长远的开发利用价值。

15. 一次信息资源、二次信息资源、三次信息资源

一次信息资源、二次信息资源和三次信息资源的定义与前述的一次文献信息、二次文献信息和三次文献信息相同，此略。

16. 记录型信息资源

记录型信息资源包括由传统介质(纸张)和各种现代介质(如磁盘、光盘、缩微胶片等)记录和存储的知识信息，包括各种数据库、书籍、期刊等。它是信息资源的主要形式和主体，其特点是存储和传递不受时空的限制。

17. 实物型信息资源

实物型信息资源是指由实物本身存储和表现的知识信息，如某种样机、样品、模型等。这些实物本身就代表一种技术信息。实物型信息资源是记录型信息资源的补充。

18. 智力型信息资源

智力型信息资源是指人脑存储的、可以为社会提供各种咨询服务的知识信息和经验。智力型信息资源随着咨询业的兴起显得越来越重要。

19. 零次信息资源

零次信息资源是指通过口头携带和传播的信息资源，如谈话、授课、演讲、讨论等。零次信息资源是以口语进行交流和传播的，因此要想对零次信息资源进行管理，首先就得将其记录下来，但由于其出现和传递都带有极大的偶然性，因而给管理带来较大的难度。

20. 视觉信息资源

视觉信息资源是指人们通过眼睛感知到的各种信息集合。在各种信息中，数量最多的就是视觉信息。所有的文献型资料(如图书、期刊、报纸等)都要用眼睛去观看，所以古人将读书称作"观书"。此外，实物型信息资源也属于视觉信息资源范畴。

21. 听觉信息资源

听觉信息资源是指人们通过耳朵接收到的各种信息的集合，如唱片、录音磁带等文献。听觉信息资源包括上述的零次信息资源和听觉文献。听觉文献的优点是能够节省目力，其缺点是听觉文献不会自动发声，需通过一定的音响设备将其转换为音响编码，人耳才能够识别。

22. 视听信息资源

视听信息资源是指通过视觉和听觉两种感官接收的信息的集合，如各种影片和录像片等。视听信息资源因其比单纯的视觉或者听觉信息更易于提取，所以深受广大群众的欢迎，但它需要通过一定的视听设备才能够被人们接收。

23. 触觉信息资源

触觉信息资源是指人们通过触觉器官来接收的信息的集合，如供盲人使用的各种盲文读物。

24. 公开信息资源

公开信息资源又称"共享信息资源"。公开信息资源的数量最大，而且能够作为信息商品进入流通领域。

25. 半公开信息资源

半公开信息资源是指内部信息资源以及所谓的"灰色"出版物。

26. 非公开信息资源

非公开信息资源是指不宜作为信息商品进入流通领域的信息资源，如机密信息资源。

27. 多媒体信息资源

多媒体信息资源是指将文字、声音、图形、图像等集于一体的各种信息的集合，如英语学习光盘、影视光盘等。

28. 电子出版物

电子出版物是指以电子信息方式将图文等多种形式的信息存储在磁光载体中，并且可用计算机或其他电子通信方式读出的出版物，如超星图书馆中的各种电子图书。

29. 网络信息资源

网络信息资源是指以网络为纽带联结起来的信息资源和以网络为主要交流、传递、存储手段与形式的信息资源。

1.2.4 信息资源的度量

信息资源内容丰富、分布广泛，要对信息资源进行全面、准确的度量，在理论上与实践上都十分困难，目前尚无完美的度量方法。以下介绍两种较为实用且具有一定可操作性的方法。

1. 基于丰裕度的信息资源度量方法

丰裕度是一种反映某区域(或地区)信息资源的生产储备能力与发展潜力的度量指标。设 R 为某一地区或国家的信息资源丰裕度，R_1 为该地区或国家基本信息资源生产能力，R_2 为基本信息资源的发展潜力，则

$$R = R_1 + R_2 \tag{1-3}$$

其中，R_1、R_2 可分别由下述两式求得：

$$R_1 = \frac{U_1 + U_2 + U_3 + U_4}{M} \tag{1-4}$$

$$R_2 = S_1 + S_2 \tag{1-5}$$

式(1-4)和式(1-5)中，U_1 为数据库数量，U_2 为获得专利的商标数，U_3 为图书报刊出版数，U_4 为视听产品生产数，M 为度量期间内被测地区的人口总数，S_1 为信息资源的储备潜力，S_2 为信息资源的处理潜力。

S_1、S_2 的值由下述两式获得：

$$S_1 = \frac{V_1 + V_2 + V_3 + V_4 + V_5 + V_6}{M} \tag{1-6}$$

$$S_2 = \frac{W_1 + W_2 + W_3 + W_4 + W_5}{M} \tag{1-7}$$

式(1-6)和式(1-7)中，V_1 为计算机拥有量，V_2 为文化设施(包括图书馆信息中心、博物馆、文化馆等)拥有量，V_3 为新闻设施(包括电台、电视台等)拥有量，V_4 为娱乐设施(包括电影院、剧院、体育馆、电视机)拥有量，V_5 为邮电设施(包括邮电网点、邮电业务量)拥有量，V_6 为通信设施(包括通信网点、电话机)拥有量，W_1 为识字人数，W_2 为中、小学和高等院校在校人数，W_3 为科研人员数，W_4 为政府部门人数，W_5 为咨询机构人数。

2. 基于信息能力指数的信息资源度量方法

该方法的核心就是建立一个由三个层次构成的信息能力指数的指标体系。这三个层次分别为：第一层次表示信息能力总的水平；第二层次由构成信息能力的四个大类组成，四大类指标分别为信息技术及信息技术设备利用能力、信息资源开发与利用能力、信息化人才与人口素质以及国家对信息产业发展的支持状况；第三层次是四大类指标中的细化指标，共选取29 个指标，如图 1-4 所示。

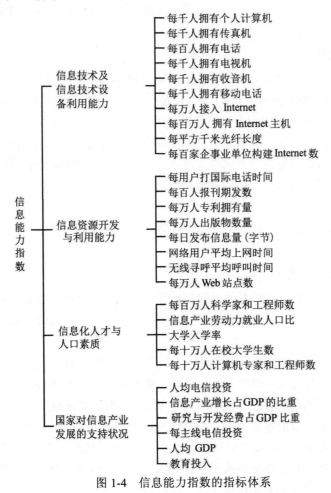

图 1-4　信息能力指数的指标体系

根据图 1-4 所示的指标体系，可由下述算式求得某一地区或国家的信息能力指数 II (information index)：

$$II = \sum_{i=1}^{4} X_i \times (\sum_{j=1}^{m_i} Y_{ij} \times P_{ij})$$ (1-8)

式(1-8)中，X_i 为四大类指标中第 i ($i=1,2,3,4$)个指标的权重系数，m_i 为第 i ($i=1,2,3,4$)个指标的下属构成要素个数，P_{ij} 为第 i 个构成要素中的第 j 项指标标准化后的值，Y_{ij} 为第 j 项指标在第 i 个构成要素的权重系数。

当然，基于上述指标体系，还可以利用其他方法(如层次分析法、模糊综合评判法等)求得信息能力指数。

1.3 ▶ 信息资源的组织与管理

1.3.1 信息资源的组织

组织是人类最基本的行为活动之一，为了更好地开发利用信息资源，对信息资源进行组织的行为活动是必不可少的。

1. 信息资源组织的含义

信息资源组织(information resources organization，IRO)包括两层含义，一层是信息资源内容本身的组织(简称信息资源内容组织)，另一层是开发、利用信息资源的人力组织(简称信息资源人力组织)。其中，信息资源内容组织是指利用一定的科学规则和方法，对信息资源的内容特征进行的规范化和整序化，实现无序信息流向有序信息流的转换，从而保证用户对信息的有效获取和利用，以及信息的有效流通和组合。而信息资源人力组织则是指通过建立和健全与现代化的信息资源业务管理相适应的组织机构，来实现信息资源的开发、利用、管理和控制。

本书将在第 2、3 章介绍信息资源内容组织的相关规则和方法，第 9 章介绍信息资源人力组织的相关内容。

2. 信息资源组织的原则

对信息资源组织必须在一定的科学原则的指导下，才能形成健全完善的组织体系和顺畅通达的组织流程。具体而言，必须坚持客观性原则、系统性原则、目的性原则、现代化原则等四项基本原则。

(1) 客观性原则。信息资源组织中进行描述和揭示的基本依据就是信息资源本身，因此在描述和揭示信息资源内容特征时必须客观准确，要根据信息资源本身所反映的各种特征科学地反映和整序化，形成相应的信息资源组织的成果；同时，客观性原则也要求在信息资源组织中，不能损害信息资源的本来效用，不能歪曲信息资源本身，不能毫无根据地、人为地添加一些不准确的思想和观点，要完整地、全面地、精确地反映信息资源的客观特征。另外，信息资源组织的客观性原则还要求不断跟踪信息资源和信息资源组织技术的发展变化，使信息资源组织与条件变化和环境变化保持客观一致性。

(2) 系统性原则。如果没有系统性，则信息资源的组织工作是不可能实现其整体目标的。为实现信息资源组织的系统性，必须把握好下述四个关系：①本单位微观信息资源组织与本地区宏观信息资源组织的关系；②信息资源人力组织机构与其他部门的关系；③信息资源组织工作的各个环节、过程间的关系；④不同信息资源的相关处理方法间的关系。

(3) 目的性原则。信息资源组织具有鲜明的目的性，必须充分围绕用户的信息资源需求开展工作，必须充分注意信息资源人力组织机构的目标市场的需求状态及其变化特征。

(4) 现代化原则。信息资源组织的现代化主要表现在两个方面：一是信息资源组织思想观念的现代化；二是信息资源组织技术手段的现代化。其中，信息资源组织思想观念的现代化集中体现在信息组织的标准化上，具体表现在信息资源组织工作的统一性、信息资源组织方法的规范性、信息资源组织系统的兼容性和信息资源组织成果的通用性方面；而信息资源组织技术手段的现代化则体现在现代信息技术在信息资源组织中的广泛推广和应用上。

3. 信息资源组织的作用

信息资源组织的作用主要表现在以下几个方面。

(1) 减少社会信息流的混乱程度。信息资源组织活动的重要任务是控制信息的流速和流向，以便使信息在适当的时机有针对性地传递给需要者；控制信息的数量和质量，使需要者能够获得不超过其吸收能力的高质量信息。

(2) 提高信息产品的质量和价值。信息资源组织过程就是信息产品的开发与加工过程。通过信息资源的组织活动不仅可以加深信息提示的层次，开发出新的信息产品，而且能使原有信息产品的质量进一步提高，从而使信息产品大大增值。

(3) 建立信息产品与用户的联系。信息资源组织的最终目的就是使用户能方便检索各种信息资源，因此信息资源组织与信息资源检索两者是相互作用的。信息资源组织是信息资源检索的基础和前提；反过来，信息资源检索是信息资源组织的出发点和归宿，是信息资源组织的真正原因。

(4) 节省社会信息活动的总成本。通过建立本组织专门的信息资源人力组织机构开展信息资源组织工作，节省广大信息用户查询、吸收与利用信息的时间和精力，从而提高整个社会的信息活动效果。

1.3.2　信息资源的管理

1. 信息资源管理的起源和发展

信息资源管理(information resources management，IRM)作为一个专有名词和学科是 20 世纪 70 年代才出现的，主要起源于管理信息系统(management information system，MIS)、图书情报管理、政府部门(文书管理)、民间信息服务等四个领域。

(1) 管理信息系统。管理信息系统兴起于 20 世纪 60 年代，它是以计算机为基础，运用系统思想建立的计算机管理信息的系统，由事务处理系统(transaction processing system，TPS)发展而来。MIS 不仅为组织机构的战略目标决策或经营管理提供信息服务，而且也开展信息的收集、存储、处理、传播和提供利用等日常管理工作，但其基点是立足于为管理层提供信息服务，因而它涉及信息、用户、计算机、信息管理者等要素。

从 MIS 的发展来看,它经历了一个由技术管理到资源管理的过程。早期的 MIS 建设,人们较重视现代信息技术的应用,过分强调如何应用现代信息技术满足用户不断增长和变化的信息需求。这种 MIS 只能在给定的组织结构与管理模式下提高组织的管理水平,如果组织结构和管理模式不合理,则 MIS 就无法实现其作用。而社会的经济形态由工业经济到知识经济的转变,必将引起企业的组织结构与管理模式的变革。信息资源的开发与利用对国民经济的主导作用,必然体现到利用先进的管理思想和信息技术去改造原有的组织结构与管理模式。因此,MIS 系统不再只是信息技术的应用,而是合理配置、有效利用信息资源以求得组织目标的实现。

(2) 图书情报管理。传统的图书情报管理的对象多为纸载信息及相关设施,管理手段以手工操作为主,管理内容则是对图书情报信息的有关活动(如生产、存储、检索、利用、流通)等进行计划、组织和控制。应该说,基于传统纸载信息的图书情报管理是比较系统、规范的。然而,现代信息技术的迅速发展及其在图书情报领域中的渗透,改变着图书情报管理的面貌,突破了纸载文献管理的局限性和管理范围。现代图书情报管理除了纸质文献信息之外,各类动态的、多媒体的信息也成为重要的管理对象,图书情报正朝着数字化、集成化、网络化方向迅速发展,并且已经在面向社会服务、实现信息资源共享和信息标准化、信息安全管理等方面取得了一定进展。图书情报管理领域已经发展成信息资源管理领域的重要组成部分。

(3) 政府部门(文书管理)。政府部门的文书管理是信息资源管理的发源领域。在文书管理的日常工作中,为了解决日益膨胀的记录信息,政府有关部门开始考虑以政策为手段,控制文书信息量、实现文书信息资源共享。

另外,政府部门本身对于促进信息资源的开发、利用和合理配置起着举足轻重的作用。其一,政府部门是整个社会资源配置的宏观调控者,可以通过制定产业政策来促进信息产业的发展;其二,可通过政府投资或政府采购来支持信息产业发展中比较薄弱而又急需发展的行业或部门;其三,政府通过加强或新建各种直接提供信息服务、进行信息管理的政府机构(如信息产业部门、信息中心等),制定和颁布各类有关信息资源管理法案(如信息安全法、知识产权法等),从宏观上和政策上来加强信息资源管理。

(4) 民间信息服务。一些民间信息服务机构(如学会、协会、行业团体)也为信息资源管理领域的形成和发展做出了贡献。这些民间信息服务机构通过制定相关信息资源管理的标准规范、进行信息技术咨询等,促进了信息资源的开发和利用。

信息资源管理(IRM)是基于信息资源的一种管理模式,综合应用现代信息技术和管理技术,对信息资源涉及的各个要素(信息、技术、人员、设备、资金、规范、机构等)进行计划、组织、协调和控制,以确保信息资源的有效利用,满足经济社会的各种信息需求。

根据 IRM 的定义可以看出,IRM 的管理对象是信息资源涉及的各个要素,包括信息、技术、人员、设备、资金、机构等;IRM 的管理内容是信息资源的组织、计划、加工、控制;IRM 的手段是现代信息技术和管理技术;IRM 的目的是满足经济社会的各种信息需求。IRM 的四个发展阶段如表 1-1 所示。

表 1-1 IRM 的四个发展阶段

阶　段	推动力量	战略目标	基本技术	管理方法	组织状态
第一阶段 (19世纪末至20世纪50年代末) 信息的物理控制	商业与政府组织的增长和多样化远距离管理	程序效率和物理控制	纸张、打字机、电话、文件柜、制表机、缩微胶卷	文书管理；记录、报告管理；通信管理；邮件管理；指令和指示管理；重要记录的保护；办公室设计和陈设	监管和中低水平的管理；分化、松散的协作
第二阶段 (20世纪60年代至70年代中) 自动化技术的管理	数据处理、电子通信、办公系统的独立发展和改进	技术效率和控制	第二代/第三代计算机；电子复印机；独立的组合式文字处理机；语音通信的改进；"技术搜寻利用"是操作技术管理的主导状态	集中的数据处理部门的出现；电子通信协作者和管理者的出现；文字处理中心和独立的工作站的出现；复制中心和独立单元的出现	中级水平管理分化，认为手工信息管理不同于自动化管理；信息技术用户和提供者之间存在分歧
第三阶段 (20世纪70年代中至80年代) 信息资源管理	数据处理、电子通信和办公自动化系统的聚合	信息技术的集成管理视信息为一种战略资源	分布式数据处理(语音/数据)集成通信网络；多功能工作站(包括数据处理、文字处理、电子函件、时间管理、个人计算机等)	传统资源管理技术(如规划、成本核算等)的应用；信息技术的水平管理；商业规划和信息资源规划的密切联系	中高水平的管理
第四阶段 (20世纪90年代至今) 知识管理阶段	信息技术越来越多地渗入公司每一层次的操作和管理决策制定过程中	信息资源的物质/技术管理与决策层、管理层和操作层信息管理的整合	专家系统或基于知识的系统、决策支持系统、办公智能系统	信息利用和价值与信息技术的集成；内部和外部信息处理的集成；信息规划和商业规划的紧密联系	管理知识资源已成为所有管理层次所采纳的管理哲学的基本部分

2. 信息资源管理的类型

按照不同的分类方法，信息资源管理可以划分为不同的类型。

按信息资源管理的目的来分，有下述类型。

(1) 面向信息产品生产的信息资源管理，目的在于满足广大用户对信息产品的需求。

(2) 面向信息服务业的信息资源管理，目的在于满足广大用户对信息服务的需求。

(3) 面向一般社会组织(包括企业)的信息资源管理，目的在于促进组织目标的实现。

(4) 面向政府部门的信息资源管理，目的在于使政府部门更好地实施其宏观调控和信息服务的职能。

本书所讨论的信息资源管理的内容，主要是面向信息产品生产与信息服务业的信息资源管理。

另外，按信息资源涉及的经济活动类型又可分为：

(1) 信息资源的生产与创新管理。

(2) 信息资源的分配与流通管理。

(3) 信息资源的配置与运用的管理。

(4) 信息服务的管理。

(5) 信息安全的管理。

3. 信息资源管理的原则

信息资源管理是关系国家和社会组织在争夺信息资源的国际竞争中能否处于有利地位的关键。由于信息资源涉及信息、设备、人、政策、法律、技术和经济等多种因素，并且广泛渗透到社会、政治、经济、军事、文化及科技等领域，所以它是一项十分复杂的管理活动。搞好信息资源管理，必须遵循一定的原则，包括共享原则、系统原则、科学原则及安全原则等。

(1) 共享原则。共享原则是信息资源管理的目标和归宿。信息资源来源于社会，是全社会的宝贵财富，理应为全社会所利用和共享。信息资源利用越广泛，其"资源"作用发挥得越充分。

随着信息社会化和社会信息化，信息量空前增长，更新周期加快，任何单一机构的信息收集能力和经济承受能力已不能适应。大科学时代的到来，让现代科学各学科之间传统的"界限"逐渐消失，联系日益加强，科学不再是"专家们在越来越狭窄的领域内进行的事业"，人们需要在更广阔的视野内审视自己的活动，对信息的需求由专门走向综合。因此，走整体化信息资源建设之路，实现资源共享成了时代和科学发展的必然要求。

同时，信息交流活动本身的社会化和集约化，也要求对全社会的信息资源进行共享。原来纵向独立发展的各类信息系统，虽然各自都形成了一个"自我满意"的系统，但由于缺乏横向联系，既束缚了自身的发展，也限制了整体效益的发挥，需要重新审视自身地位、调整其功能，向整合化、系统化的更高层次迈进，实现联合起来的信息资源的集成与共享系统。

另外，共享原则还要求信息资源管理建立完备的社会化的信息资源保障体系和高效率的信息流通、传播与应用体系作为其重要内容，通过有效的管理，保证信息资源最大限度地为人们利用。当然，共享性不等于效益性，推动信息资源共享的机制是市场，只有将信息及其产品作为信息商品推向市场，信息共享原则才能实现。

(2) 系统原则。系统论最重要的理念是"整体效应"，即"整体大于部分之和"。系统的整体具有各个组成部分在孤立状态时没有的性质。系统的规模越大，结构越复杂、越合理，它所具有的超过个体性能之和的性能就越多。

按照系统论的观点，信息资源管理涉及信息、设备、人、政策、法律、技术、经济等多种因素，其中任何一个要素都不可能单独存在并发挥作用，必须把它们按一定的规则加以配置，组成一个有效的系统，才能显示出其价值。

具体而言，应按照系统科学的要求，使全社会的信息资源(含各行各业、各个方面、各种类型以及通过各种渠道获得的信息资源)形成一个相互联系、相互作用的系统，即形成一个上下畅通、纵横交错、既有分工又有协作、互惠互利的整体，这样才能真正发挥"资源"的作用。当然，要真正"整合"全社会资源，就必须打破相互封锁、条块分割、各自为政的局面，只有这样才能使信息资源管理做到"整体大于部分之和"。

系统原则是信息资源管理的一大特点，它将使信息管理获得新的生命和新的活力。随着社会信息化水平的提高，信息环境更加复杂，影响因素随之增多，信息资源管理坚持系统原则就更加重要。

(3) 科学原则。科学原则是指信息资源管理要遵循信息运动的客观规律，体现信息资源管理的特殊性。信息的效能和生命就在于它能准确和真实地反映客观事物运动变化的特征和差异，信息资源管理要真正使信息服务于社会，发挥"资源"作用，就必须要求整个信息运动过程，即从信源到信息的收集、处理、存储、传递、利用乃至反馈，都必须是真实的、准确的和可靠的，尤其在"信息污染"日益严重的情况下，保持信息的准确性显得更加重要。信息又具有很强的时效性，过了一定的期限，其效用就会减少、丧失乃至为负值，信息资源管理只有抓住升值期的信息，并且在时间上有一个提前期，才能在激烈的竞争中立于不败之地。

(4) 安全原则。安全原则也是信息资源管理的重要原则之一，它要求对信息安全问题从一个崭新的高度予以关注和进行治理。现代信息技术的飞速发展和广泛应用，使信息资源更多地体现在数据库的占有和核心信息技术(计算机和通信技术)的领先方面。随着信息资源共享，尤其是软资源(数据、程序)共享的推进，信息的安全问题逐渐引起人们的关注，已成为信息资源管理所面临的重要问题。现在信息安全问题日益复杂和多样，形形色色的电子犯罪、个人隐私权受到的威胁、知识产权的侵占、国家主权所面临的侵害、技术泄密以及计算机病毒的蔓延等，使人们日益感到不安和恐惧。信息安全问题涉及的领域广泛、因素众多，单从技术上以传统的密码学为基础的计算机安全防护措施已显得力不从心，需寻求新的途径、运用新的手段、从全新的角度进行综合防范和治理。

4. 信息资源管理的作用

信息资源管理的作用主要体现在下述几方面。

(1) 信息资源管理开辟了管理的新领域。自 19 世纪以来，基于科学的管理学科已经形成了许多专门领域，如企业管理、生产管理、科学管理、设备管理、人事管理、财务管理、商业管理、金融管理等。信息资源管理则是近年来管理学科的新兴发展领域。由于信息是一种最基本的资源，信息渗透于社会的一切活动之中，信息资源管理必然是一种最基础的管理，它作为一个独立的管理领域出现，其发展一方面影响和制约着各种具体管理的效率和质量，另一方面提出了各种新的、有别于其他管理的问题，从而丰富和推动了管理科学的发展。

(2) 信息资源管理是信息真正成为资源的必要条件。信息作为一种资源的观念已得到广泛认同，但仅仅强调信息是一种资源是不够的，信息真正成为资源的前提是信息资源管理，正如奈斯比特在其著作《大趋势》中所言："在信息社会，没有控制和没有组织的信息不再是一种资源，它反倒成为信息工作者的敌人。"当今社会，一方面信息呈"爆炸"态势，另一方面信息又被大量浪费，人们的信息需求得不到满足。对国家信息吸收率历史变化的研究表明，工业化国家的信息吸收率从 20 世纪 50 年代初至 80 年代初，30 年一直没有增长，在美国和日本，仅有 1/10 左右的信息被人们吸收。造成这种状况的重要原因是信息缺乏管理或管理不善，大量虚假信息、"冗余"信息伴随着有效信息随意流动，反而增加了人们利用有效信息的难度。信息资源管理的功能之一就是协调和控制信息的运动，剔除多余和虚假信息，使有效信息能被人们最大限度地利用，以真正发挥其作为"资源"的作用。

(3) 信息资源管理是对信息管理的重大突破。信息资源管理产生之前的信息管理，十分重视技术因素，强调通过信息技术的发展，解决新兴的存储、加工、传播和利用等问题，其管理对象是单纯的信息，管理信息系统便是其代表。信息资源管理则将信息活动中的一切要素(信息、设备、人、政策、法律、技术和经济)都作为其管理对象，以系统思想为主导，强调从多方面、运用多种方法对信息资源进行综合管理(如经济管理、技术管理和人文管理)，以保证信息资源系统的合理运行及其与社会的协同发展，从管理思想到管理方法上较信息管理都是一种突破。

1.4 ▶ 本书的框架结构

本书共包括总论、信息资源组织、信息资源管理、复习与考核4部分内容，分布在9个章节，其框架结构如图1-5所示。

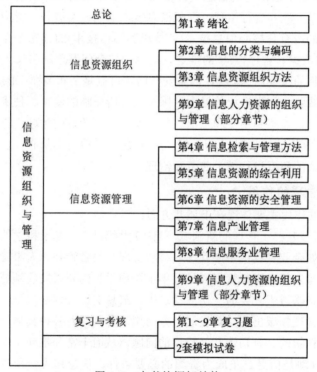

图1-5　本书的框架结构

第1章　绪论，是本书的总论部分，重点阐述了信息、信息资源、信息资源组织、信息资源管理等相关概念及其内涵，分析了信息与物质、能量的关系以及信息与数据、知识、智慧的关系。

第2章　信息的分类与编码，是本书信息资源组织部分的核心内容，给出了信息元素的概念，分析了信息元素与数据库系统之间的关系；阐述了信息分类的概念、原则和方法，给出了信息分类的综合案例——铁路大数据分类；阐述了信息编码(代信息码)的概念、原则、功能、分类和校验方法，给出了信息编码的综合案例——公民身份证编码。

第3章　信息资源组织方法，是本书信息资源组织部分的重要内容，阐述了信息资源组织的内涵(含概念、目的、要求等)，分析了信息资源需求、信息资源采集、信息资源序化、信息资源存储等信息资源组织的核心内容，并给出了相关案例。

第 4 章　信息检索与管理方法，是本书信息资源管理部分的基本内容，阐述了信息检索的内涵(含定义、分类、作用等)、信息检索的原理和流程、信息检索的方法和技术、信息检索的效果和评价，重点介绍了目前流行的网络信息检索方法(含工具、原理、趋势等)。

第 5 章　信息资源的综合利用，是本书信息资源管理部分的基本内容，分析了人类综合利用信息资源的发展历程，阐述了信息资源综合利用方法(含分析方法、预测方法、评估方法等)，给出了 2 个信息资源综合利用案例——博大光通智慧城市管理与运营综合平台和西门子知识管理平台。

第 6 章　信息资源的安全管理，是本书信息资源管理部分的基本内容，阐述了信息资源安全管理内涵，包括概念、威胁主要因素、安全管理模型；依据信息安全技术网络安全等级保护(V2.0)基本要求，阐述了安全管理策略及制度、物理和环境安全、网络和通信安全、设备和计算安全、软件系统安全、数据信息安全等 6 个方面的相关要求。

第 7 章　信息产业管理，是本书信息资源管理部分的基本内容，阐述了信息产业内涵(含定义、特征、作用等)、分类、管理策略、运行机制等，分析了企业信息化、电子政务、电子商务等典型信息化工程的总体架构，分析了信息产业对传统产业信息化的推进作用。

第 8 章　信息服务业管理，是本书信息资源管理部分的基本内容，给出了信息服务业的概念，分析了信息服务业的相关机构，阐述了信息咨询业、数据库业、系统集成业、网络服务业、信息监理业、服务外包业、大数据业、云计算业等典型信息服务业的概念、服务模式及管理策略。

第 9 章　信息人力资源的组织与管理，既包括信息人力资源组织的相关内容，又包括信息人力资源管理的基本内容，阐述了信息人力资源的概念、类别和基本素质(含思想素质、智力素质、心理素质、身体素质、专业素质、文化素质等)要求，给出了基本素质要求的综合案例——IT 项目对信息人才的素质要求；阐述了当下信息人力资源的主流组织模式，包括政府 CIO 组织模式、政府云长组织模式、企业 CIO 组织模式等，给出了其组织架构及其相关职责；阐述了信息人力资源的管理策略，包括规划、招聘、评价、培训等。

参考文献

[1]　曹学艳. 全媒体环境下的信息资源建设导论[M]. 西安：西安电子科技大学出版社，2017.

[2]　马费成，宋恩梅. 信息管理学基础[M]. 2 版. 武汉：武汉大学出版社，2011.

[3]　孟广均，霍国庆，罗曼等. 信息资源规划[M]. 北京：科学出版社，2003.

[4]　岳剑波. 信息管理基础[M]. 北京：清华大学出版社，2002.

[5]　谢红芳，童一秋. 信息资源开发利用与管理事务全书[M]. 北京：中国科学技术出版社，2001.

[6]　肖明. 信息资源管理[M]. 北京：电子工业出版社，2002.

[7]　甘仞初. 信息资源的组织与管理[M]. 北京：机械工业出版社，2003.

[8]　黄重阳. 信息资源管理[M]. 北京：中国科学技术出版社，2001.

[9]　郑东文，杨京英. 中国信息能力及各省市信息化水平的测算与比较. 2001 年中国信息年鉴[M]. 北京：中国人民大学出版社，1998.

[10]　陈禹，谢康. 知识经济的测度理论和方法[M]. 北京：中国人民大学出版社，1998.

复习题

一、单项选择题

1. 以下特性中不属于信息的基本特征的是(　　)。
   A. 等级性　　　　　　B. 价值性　　　　　　C. 包容性　　　　　　D. 共享性

2. 信息在其交换和转让过程中,其原有信息一般(　　)。
   A. 会丧失　　　　　　B. 不会丧失　　　　　C. 不确定　　　　　　D. 不清楚

3. 以下特性中不属于信息的基本特征的是(　　)。
   A. 等级性　　　　　　B. 价值性　　　　　　C. 共享性　　　　　　D. 包容性

4. 山川、动植物、天体的状态与属性信息,属于(　　)。
   A. 自然信息　　　　　B. 社会信息　　　　　C. 经济信息　　　　　D. 政务信息

5. 新技术开发信息,属于(　　)。
   A. 自然信息　　　　　B. 社会信息　　　　　C. 经济信息　　　　　D. 政务信息

6. 谈话、授课、演讲等属于(　　)。
   A. 零次信息资源　　　B. 一次信息资源　　　C. 二次信息资源　　　D. 三次信息资源

7. 唱片、录音磁带等属于(　　)。
   A. 视觉信息资源　　　B. 听觉信息资源　　　C. 触觉信息资源　　　D. 感觉信息资源

8. 公司内部资料属于(　　)。
   A. 纸质信息资源　　　B. 电子信息资源　　　C. 公开信息资源　　　D. 半公开信息资源

9. 以网络为纽带联结起来的信息资源属于(　　)。
   A. 网络信息资源　　　B. 国际信息资源　　　C. 地区信息资源　　　D. 政府信息资源

二、多项选择题

1. 英国的《牛津字典》认为,信息是(　　)。
   A. 事情　　　　　　　B. 新闻　　　　　　　C. 话题　　　　　　　D. 知识

2. 诗句"梦断美人沉信息,目穿长路倚楼台"中的"信息"含义为(　　)。
   A. 音信　　　　　　　B. 邮件　　　　　　　D. 微信　　　　　　　D. 消息

3. 信息具有(　　)属性。
   A. 可识别性　　　　　B. 可处理性　　　　　C. 可检索性　　　　　D. 可存储性

4. 信息的基本特征有(　　)。
   A. 客观性　　　　　　B. 普遍性　　　　　　C. 排他性　　　　　　D. 共享性

5. 企业的管理信息按不同级别(如公司级、工厂级、车间级等)的管理者所具有的不同职责,分为(　　)。
   A. 决策级信息　　　　B. 战略级信息　　　　C. 战术级信息　　　　D. 操作级信息

6. 按信息加工深度的不同,信息分为(　　)。
   A. 一次文献信息　　　B. 二次文献信息　　　C. 三次文献信息　　　D. 四次文献信息

7. 按信息来源的不同,信息分为(　　)。
   A. 政治信息　　　　　B. 经济信息　　　　　C. 社会信息　　　　　D. 自然信息

8. 信息资源主要具有(　　)特征。

  A. 可塑性　　　　　　　B. 共享性　　　　　C. 时效性　　　　　D. 不可分性

9. 广义信息资源是(　　)信息活动要素的集合。

  A. 信息　　　　　　　　B. 政府机构　　　　C. 信息生产者　　　D. 信息技术

10. 下述几项属于多媒体信息资源的有(　　)。

  A. 英语学习光盘　　　B. 某电视剧光盘　　C. 数据库系统光盘　D. 某电影光盘

三、判断题

1. 在现实生活中，人们总是在自觉或不自觉地接收、传递、存储和利用信息。　　(　　)

2. 实物的交换与转让，一方有所得，必使另一方有所失。信息的交换与转让也是如此。(　　)

3. 动植物的属性属于自然现象。　　(　　)

4. 劳动人事信息属于文教现象。　　(　　)

5. 武器研制信息属于军事信息。　　(　　)

6. 信息是交流工具。　　(　　)

7. 信息是人类社会的黏合剂。　　(　　)

8. 同一信息资源不能永久被利用下去，随着时间的推移，信息资源会失去利用价值。(　　)

9. 信息产生者是指无意识地向人类社会发出各种信息的大自然。　　(　　)

四、简答题

1. 简述信息的基本功能。

2. 简述信息与物质、能量之间的关系。

3. 简述信息与数据、知识、智慧的关系。

4. 简述信息资源的特征。

5. 简述信息资源组织的含义、原则。

五、论述题

结合实际，论述信息资源组织与管理的作用。

第2章
信息的分类与编码

　　信息要被不同用户或应用系统所共享，就必须有一致认可的定义，包括内涵、外延以及表示法。对各类信息概念的正确理解依赖于信息分类，对各类信息做出一致认可的表示依赖于信息编码。信息的分类与编码既是信息资源组织中最基础的工作，也是将现实生活的数据信息转化成基于计算机管理的信息资源并实现信息标准化、规范化的基础性工作。

2.1 ▶ 信息元素概述

1. 信息元素的概念

　　信息元素(又称数据元素或数据项)是最小的不可再分的信息单位，是一类信息的总称。

　　例如，船舶资料中的船名"天河轮""冀海轮"等，可以抽象出"船舶名称"这个数据元素；每一条船都有一个编号，可以概括出"船舶编号"这个数据元素。通常职工档案中的"简历""获奖情况"等，不是信息元素。因为"简历"至少包括时间、地点等信息，是可以继续分解的信息；"获奖情况"也是可以继续分解的信息。

2. 信息元素命名原则

　　信息元素命名的原则就是用一简明的词组来描述一个信息元素的意义和用途。这个词组的一般结构是：

修饰词—基本词—类别词

　　其中，类别词和基本词都只有一个，修饰词可以有一个或多个；一般类别词居后，修饰词和基本词居前；但按汉语或英语习惯，顺序可以灵活些。

　　例如，社会保险编号(SOCIAL-SECURITY-NUMBER)是一个信息元素，其结构是：

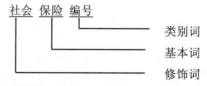

　　类别词是信息元素命名中最重要的一个名词，用来识别和描述信息元素的一般用途或功能，一般不具有行业特征，条目较少，如数量(AMOUNT)、名称(NAME)、编号(NUMBER)、代码(CODE)等。

　　基本词是类别词最重要的修饰词，它对一大类信息对象进一步分类(反映一小类信息对象)，一般具有行业特征，条目较多，如会计(ACCOUNTING)、预算(BUDGET)、顾客(CUSTOMER)等。

值得注意的是，信息元素的命名应赋予其逻辑名称，而不是物理名称。换言之，应根据一个信息元素的用途或功能，而不是根据这个信息元素在何处、在何时、由何人如何使用来命名信息元素。例如，"二月份发电量"便是物理名称，因为它考虑了在何时的发电量。

3. 信息元素的标识

信息元素标识(信息元素编码)是计算机和管理人员共同使用的标识。信息元素标识用限定长度的大写字母字符串表示，字母字符可按信息元素名称的汉语拼音抽取首音字母，也可按英文单词首字母或缩写规则得出。

例如：

信息元素名称	信息元素标识(汉语)	信息元素标识(英语)
设备数量	SBSL	EQP-QTY
关键指标代码	GJZBDM	KPI-CD

4. 信息元素的一致性

信息元素命名和信息元素标识要在组织(政府部门或企事业单位)中保持一致，或者说不允许有"同名异义"的信息元素，也不允许有"同义异名"的信息元素。这里的"名"是指信息元素的标识，"义"是指信息元素的命名或定义。

5. 信息元素与数据库系统之间的关系

一般来说，结构化数据库系统涉及元数据、主数据等数据的管理。其中，元数据又称数据的数据，它是用来描述数据及其环境的结构化信息，相当于数据库表单中的"字段"，是典型的信息元素。例如，学生管理系统中，其信息元素(元数据)有姓名、学号、性别等。

2.2 ▶ 信息分类的概念、原则及方法

2.2.1　信息分类的概念

信息分类是根据信息内容的属性或特征，将信息按一定的原则和方法进行区分和归类，并建立起一定的分类体系和排列顺序。

信息分类有两个要素：一是分类对象，二是分类依据。分类对象由若干个被分类的实体组成；分类依据取决于分类对象的属性或特征。信息内容属性的相同或相异，形成了各种不同的类(或类目)。

2.2.2　信息分类的基本原则

分类是人类思维所固有的一种方法，是人们在社会生活中用以认识事物、区别事物的一种方法。人们为了科学地认识和有效地利用这些信息，必须将这些信息按一定的原则进行分类处理，按信息的某种属性与特征的异同区分信息和组织信息；科学的分类可以提高人们鉴别信息、利用信息和知识创新的能力与水平。

信息分类的基本原则包括科学性、系统性、可扩展性、兼容性以及综合实用性。

1. 科学性

即选择事物或概念(即分类对象)最稳定的本质属性或特征作为分类的基础和依据。

信息分类的目的就是将各种各样的信息按一定的体系结构组织起来,便于人们了解和利用,也有利于信息资源开发利用中的开拓创新。分类的科学性就是要使类别的划分符合信息的内涵、性质及使用与管理要求。因此必须选择信息的本质属性和特征作为分类的依据,使分类体系结构具有稳定性,以便于人们使用。

2. 系统性

分类应将选定的事物、概念的属性或特征按一定排列顺序予以系统化,并形成一个科学合理的分类体系。

信息的分类既要反映各类信息之间的区别,又要反映它们之间的内在联系。分类结构中各类信息按照它们之间的相互联系排成一定的顺序,形成一个系统,既便于人们区分信息、识别信息,又便于人们从整体上把握信息之间的关系。

3. 可扩展性

分类通常要设置收容类目,以保证增加新的事物或概念时,不打乱已建立的分类体系,同时,还应为下级信息管理系统在本分类体系的基础上进行延拓细化创造条件。

随着科学技术的进步和社会经济的发展,人们可利用的信息量急剧增长,信息的类别和分类体系结构也应该适应这种变化,这就要求分类体系结构在原有的基础上留有扩展的余地,其中包括新类别的增补和在原有类别的基础上进行分解、细化。

4. 兼容性

分类应与相关标准(包括国际标准、国家标准、行业标准等)原则上保持一致。

信息的分类是一个庞大而复杂的系统,这个大系统中存在着若干层分系统与子系统,一些子系统之间又存在着相互联系和信息共享问题,如生产类信息和人事类信息中都包含工人这一类信息。生产类信息在对工人这一信息进行定义和再分类时就要和人事类信息兼容。

5. 综合实用性

分类要从系统工程角度出发,把局部问题放在系统整体中处理,达到系统最优。即在满足系统总任务、总要求的前提下,尽量满足系统内各相关单位的实际需要。

信息的分类是根据信息的某些固有属性与特征来进行的,以反映信息的多样性和内在联系,因而有一定的客观标准,不可随意进行。然而正是由于信息的属性与特征的多样性,在实际生活中选择何种属性与特征进行分类还要考虑人们实际应用的需要。例如,某企业在开发新产品时,管理部门、设计部门与制造部门从各自的应用目的出发,对信息的分类会提出不同的要求。如管理部门从企业的经营管理目标出发,希望信息的分类要便于生产的计划与控制,并能反映成本和市场需求方面的情况;设计部门则从设计需要出发,希望信息的分类体系体现新产品开发组合化(模块化)、标准化、序列化的趋势;制造工艺部门则从实现产品的小批量、多品种成组生产,以提高生产效率和质量的目的出发,希望信息的分类体系能反映产品部件的几何特征与工艺特性。因此在制定企业信息分类体系时,要从企业的总体目标出发,充分考虑各部门的合理要求,进行企业信息分类体系的整体优化。

2.2.3 信息分类的基本方法

信息分类的基本方法有线分类法、面分类法和混合分类法。

1. 线分类法

线分类法也称层级分类法，是将分类对象(即被划分的事物或概念)按选定的若干个属性或特征，逐次分为若干层级，每个层级又分为若干类目。同一分支的同层级类目之间构成并列关系，不同层级类目之间构成隶属关系。同层级类目互不重复，互不交叉。

一个类目相对于由它直接划分出来的下一层级的类目而言，称为上位类；由上位类直接划分出来的下一层级的类目，相对于上位类而言，称为下位类。上位类与下位类之间存在着从属关系，即下位类从属于上位类。由一个类目直接区分出来的各类目，彼此称为同位类，同位类类目之间为并列关系，既不重复也不交叉。

按线分类法建立的分类体系形成一个树形结构，其树形结构如图 2-1 所示。其中，A 为初始的分类对象，有 m 个属性/特征 f_1，f_2，…，f_m 用于分类，按属性/特征 f_1 分类得到的同层级类目为 A_{11}，A_{12}，…，A_{1n}，按属性/特征 f_2 分类得到的同层级类目为 A_{21}，A_{22}，…，A_{2q}，一般地，按属性/特征 f_i 分类得到的同层级类目为 A_{i1}，A_{i2}，…，A_{mp}。

目前按线分类法建立起来的信息分类体系较多，比较有代表性的国家标准有《中华人民共和国行政区划代码》(GB/T 2260—1999)、《国民经济行业分类与代码》(GB/T 4754—1994)和《职业分类与代码》(GB/T 6565—1999)等。

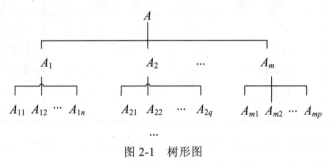

图 2-1　树形图

中华人民共和国行政区划代码就是采用线分类法，其中，河北省部分行政区分类及其编码如表 2-1 所示。

表 2-1　河北省部分行政区分类及其编码

编　　码	名　　称	
13	河北省	
13 01	石家庄市	⎫
13 02	唐山市	⎬ 同层级类目
……	……	
13 05	邢台地区	⎭
13 05 21	邢台县	⎫ 同层级类目
13 05 82	沙河市	⎭
…	……	

按线分类法建立分类体系的优点如下。

(1) 容量大。可容纳较多类目的信息。

(2) 结构清晰。采用树形结构能较好地反映类目之间的逻辑关系。

(3) 使用方便。既符合手工处理信息的思维习惯,又便于计算机处理。

线分类法的缺点如下。

(1) 结构弹性较差。分类结构一经确定,不易改动。

(2) 效率较低。当分类层次较多时,编码的位数较长,影响数据处理速度。

2. 面分类法

面分类法是将所选定的分类对象的若干属性或特征视为若干个"面",每个"面"中又可分成彼此独立的若干个类目。使用时,可根据需要将这些"面"中的类目组合在一起,形成一个复合类目。

我国国家标准《干部职务名称代码》(GB/T 12403—1990)就是采用面分类法进行编制的。

【例2.1】学校教师可采用面分类法,选择性别、职称、学历、专业作为四个"面",每个"面"又可分成若干个类目,见表2-2。

表2-2 学校教师分类

性 别	职 称	学 历	专 业
男	助教	专科	管理科学
女	讲师	大学本科	信息科学
	副教授	硕士	数学
	教授	博士	物理
			机械

在使用时,可根据需要将这些"面"中的类目组合在一起,形成一个复合类目。例如,男教授、博士、机械专业;女副教授、硕士、管理科学专业。

按面分类法的分类体系应遵循下述要求。

(1) 根据需要选择分类对象本质的属性或特征作为分类对象的各个"面"。

(2) 不同"面"内的类目不应相互交叉,也不能重复出现。

(3) 每个"面"有严格的固定位置。

(4) "面"的选择以及位置的确定,应根据实际需要而定。

面分类法的优点如下。

(1) 具有较大的弹性。一个面内的属性内容与数量的调整不会影响其他的面。

(2) 适应性强。可根据需要组成任何类目,也便于机器处理。

(3) 易于增、删、改。

面分类法的缺点如下。

(1) 不能充分利用信息。在面分类法形成的分类体系中,可组成的类目很多,但有时实际应用的类别不多。

(2) 手工组成信息类目比较困难。

3. 混合分类法

混合分类法是将线分类法和面分类法组合使用,以其中一种分类法为主,另一种做补充的信息分类方法。

例如，上述教师的面分类体系中的专业，又可以分为学科门类(如管理学、工学等)，学科门类下设若干一级学科，每个一级学科下设有若干二级学科。这样"专业"这一面可按线分类法分成学科门类、一级学科、二级学科三个层次，如表 2-3 所示。其中，一级学科用三位数字表示，二级学科用两位数字表示；一、二级学科之间用点隔开。

表 2-3 管理学学科分类与代码简表

代 码	学 科 名 称	代 码	学 科 名 称
630	管理学	630.40	企业管理
630.10	管理思想史	630.45	行政管理
630.15	管理理论	630.50	管理工程
630.20	管理心理学	630.55	人力资源开发与管理
630.25	管理计量学	630.60	未来学
630.30	部门经济管理	630.99	管理学其他学科
630.35	科学与科技管理		

综合分类法的优点如下。

(1) 可以根据实际需要，对两种分类方法进行灵活的配置，吸取两种分类方法的优点。

(2) 适应一些综合性较强、属性或者特征不是十分明确的数据分类。

2.2.4 信息分类综合案例：铁路大数据分类

铁路大数据涵盖铁路勘测设计、建设和运营等各阶段，在铁路数据目录梳理、铁路数据交换共享、铁路数据建模分析、铁路数据安全保护等铁路大数据管理场景下均需对铁路大数据进行分类。

1. 分类范围、分类维度和分类方法

(1) 分类范围。铁路大数据分类范围包括由铁路客运、物流、基础设施、移动设备、工程建设、资产经营、企业管理等各铁路业务领域的结构化、非结构化数据所汇集而成的数据集合。

(2) 分类维度。铁路大数据分类维度选择按数据格式分类、按产生来源分类、按产生频率分类、按业务归属分类。

(3) 分类方法。铁路大数据分类方法采用以线分类法为主、以面分类法为辅的混合分类法。

2. 分类实施过程

在进行铁路大数据分类实施时，考虑铁路大数据的多源性和异构性等特点，首先，采用线分类法，选择按数据格式、按业务归属、按产生来源和按产生频率等维度对铁路大数据进行大类划分；其次，针对具体的某一大类数据，采用面分类法，选择按产生来源、数据格式等维度进行小类划分。

1) 线分类法实施过程

(1) 第一级分类。

按数据格式分类，即根据数据存储形式的不同，将铁路大数据分为结构化数据和非结构化数据两大类。

(2) 第二级分类。

① 针对结构化数据,按业务归属分类,分为主数据、事务数据和分析数据;

② 针对非结构化数据,按产生来源分类,分为文本文件和多媒体文件。

(3) 第三级分类。

① 针对事务数据,按产生频率分类,分为实时数据和非实时数据;

② 针对文本文件,按业务归属分类,分为法律文件、制度文件、办公文件、事务文件。

(4) 第四级分类。

针对第三级分类结果和部分第二级分类结果,进一步按业务归属分类,形成第四级分类。

2) 面分类法实施过程

经过上述四级线分类法后,铁路大数据已经划分到具体业务层面。而根据实际应用需求,还需采用面分类法将数据进一步进行细分。

上述主数据中的固定设施类数据按业务归属分类,可分为车站主数据和专用线主数据。以下以专用线主数据为例,说明面分类过程。

(1) 按产生来源分类。根据数据所属铁路局对数据进行分类,分类实例如哈尔滨铁路局数据、沈阳铁路局数据、北京铁路局数据等。

(2) 按数据格式分类。根据数据使用标记对数据进行分类,分类实例如 A 类数据、B 类数据、C 类数据等。

3. 分类结果

依照线分类方法及上述的分类过程,线分类法的分类结果如图 2-2 所示。

依照面分类方法及上述的分类过程,面分类法的分类结果如图 2-3 所示。

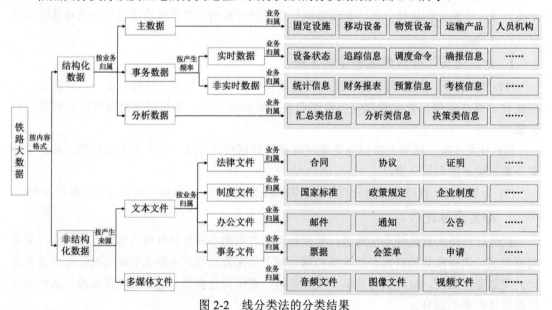

图 2-2　线分类法的分类结果

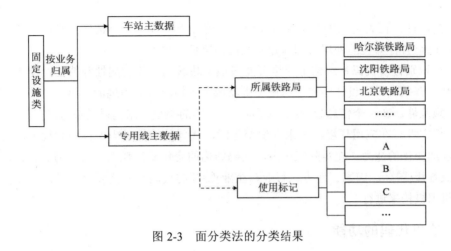

图 2-3　面分类法的分类结果

2.3 ▶ 信息编码方法

2.3.1　信息编码和信息代码的概念

信息编码是将事物或概念(编码对象)赋予具有一定规律、易于计算机和人识别处理的符号，形成代码元素集合。代码元素集合中的代码元素就是赋予编码对象的符号，即编码对象的代码值，该代码值称为信息代码。

通俗地讲，信息编码是指对事物进行编码的过程，而信息代码是指事物完成编码后的结果。

所有类型的信息都能够进行编码，如关于产品、人、国家、货币、程序、文件、部件等各种各样的信息。

在识别与利用信息的过程中，人与人之间、人与机器之间以及机器与机器之间需要交换信息，共享信息资源，因此对具有相同内容的信息要有统一的识别标准。这种标准应该方便人们对信息进行加工，因而信息编码(代码值)的形式有许多种。例如，国际莫尔斯电报码用小点与短横表示，国际通用的电阻元件参数值是用一组由不同颜色组成的圆环表示，称为色环电阻码。

2.3.2　信息编码的基本原则

信息编码的基本原则如下。

(1) 唯一性。在一个分类编码标准中，每一个编码对象应仅有一个代码，一个代码只表示一个编码对象。例如，一个人的名字可能不止一个，但其身份证号码只有一个；不同人可能同用一个名字，但其身份证号码是因人而异的。

(2) 合理性。代码的结构、形式要与编码对象的分类体系相适应，可以从代码上来识别一个编码对象在其分类体系中的位置。

(3) 可扩展性。代码的结构必须适应编码对象的发展与变化，为新的编码对象留有足够的备用代码。

(4) 简洁性。在满足应用要求和可扩展性的前提下，代码的结构应当简洁，代码位数尽可能短，以节省计算机的处理时间和存储空间，降低差错率。

(5) 可识别性。代码从结构上应尽可能多地反映编码对象的属性与特征，便于人们和计算机识别。有些代码的设计还要考虑便于机器或人工检验可能出现的差错。

(6) 规范性。在一个信息分类编码标准中，代码的类型、结构以及编写格式应当统一。

(7) 稳定性。在应用环境与需求发生变化时，代码的结构应当保持相对稳定，具有适应变化和容纳变化的能力。在实际应用中，代码结构的变化要消耗人、财、物等资源，因此，凡已形成各级(国际、国家、地方、行业、企业)特征的代码结构需要调整时，必须由相应的标准化组织机构来进行。

2.3.3　信息代码的功能

经编码后的信息代码实际上是人们为了便于使用而对各类信息设定的一种标识符。各类信息在产生时其标识符号多由其产生的环境、条件所决定，难以形成统一的标识符。对信息进行编码，就是使信息的标识规范化的过程，代码就是信息规范化的标识符。因此，代码的功能有如下几项：

(1) 信息的标识唯一，便于分类鉴别，防止同名异义、异名同义现象发生。

(2) 信息的标识统一，便于信息交换与利用，实现更大范围的资源共享。

(3) 信息的标识有序，便于信息的加工、排序、查询、检索。

(4) 信息的标识明确，可以表达特定含义。

(5) 信息的标识简洁，可以提高信息处理的效率。

(6) 信息标识的形式与信息内容的对应关系可以人为设定，有利于信息的安全保密。

2.3.4　信息代码的分类

信息代码的分类有两种方法，一是按组成代码的符号形式来分，二是按组成代码的符号含义来分。

1. 按符号形式分类

按组成代码的符号形式来分，可以分成数字型代码、字母型代码和混合型代码三种。

(1) 数字型代码。数字型代码(或称数字码)是用一个或多个阿拉伯数字表示分类对象的代码。

数字型代码的优点是结构简单，使用方便，特别是排序很容易，易于向国内外推广，但对于分类对象属性与特征描述不直观。数字型代码在国内外应用范围很广，如我国国家标准《人的性别代码》《国民经济行业企业和代码》《中华人民共和国行政区划代码》等均采用数字型代码。

(2) 字母型代码。字母型代码(或称字母码)是用一个或多个字母表示分类对象的代码。

字母型代码与数字型代码相比，同样位数的代码比数字型的容量大得多。例如用一位英文字母型代码最多可以表示 26 个(A～Z)类目，而一位数字型代码最多只能表示 10 个类目，2位字母型代码最多可表示 26^2 即 676 个类目。同时，字母型代码由于其拼音字母的特点，还便于人们认识代码所表示的类目的内容，方便人们的记忆。例如用 CN 表示中国(China)，BJ

表示北京(Beijing)等。但类目数量较多时，或增补、修改代码频繁时，用字母型代码容易出现重复与冲突现象。因此，字母型代码常用于分类对象较少的情况，其容量大的优点在一些情况下并不能在实际编码中表现出来，且字母型代码不便于机器处理。

(3) 混合型代码。混合型代码(或称混合码)是由数字、字母或数字、字母、专用字符组合表示分类对象的代码。

它兼有上述数字型代码和字母型代码的优点，具有良好的直观性与表达性。例如火车时刻表上的 T15 表示北京至广州的某一特快列车。http://www.263.net 表示 263 网络集团在互联网上的域名代码。

由于混合型代码组成复杂，造成计算机输入不方便，录入效率低、错误率高，因此对混合型代码的结构要有一定的控制，使这种代码表现出明显的规律性，以提高录入的可靠性，减少错误。如互联网的域名代码，虽然复杂，也不等长，但规律性明显，如http://www.yahoo.com，http:// www.beijing.gov.cn 分别表示雅虎公司的网站和北京市人民政府的网站"首都之窗"的域名代码。

混合型代码结构中，同类型字符的分布要集中，避免数字与字母可能在任一位置出现。同时还要避免形状相似的数字与字母同时出现，如数字 1 和字母 l，数字 2 和字母 z，数字 0 和字母 o，以减少录入与识别错误。

2. 按符号含义分类

按组成代码的符号含义分类，可分为无含义代码和有含义代码两种。

(1) 无含义代码。无含义代码是指组成代码的字符是本身无实际含义的代码，代码只作为编码对象的唯一标识符。这类代码在应用时只起代替编码对象名称的作用，不提供编码对象的任何其他信息。无含义代码按其结构可分为顺序码和无序码。

① 顺序码。顺序码是一种最简单和常用的无含义代码。这种代码是将具有顺序的数字或字母赋予编码对象。例如，国家标准《人的性别代码》(GB/T 2261—1980)中，男性的代码是 1，女性的代码是 2，这就是顺序码。职工注册登记号、医院某科室门诊的挂号也常采用顺序码。

顺序码的优点是代码简短、使用方便、易于增补，缺点是代码本身不包含编码对象的任何其他信息，不便于标识。顺序码按其功能还可以分为系统顺序码、字母顺序码、层次码、特征组合码、矩阵码与复合码。

② 无序码。无序码是指将无序的数字或字母赋予编码对象的代码。此种代码无任何编写规律，通常靠机器产生的随机数赋予。此种代码仅表示编码对象是某约定的分类体系中的一个类目，通常抽奖用的代码就是这种无序码。由于这种代码难以识别和记忆，在实际应用中很少被采用。

(2) 有含义代码。有含义代码是指代码不仅作为编码对象的唯一标识，代替编码对象，而且提供编码对象的分类、排序与逻辑意义等信息的代码。有含义代码可分为系列顺序码、数字化字母顺序码、层次码、特征组合码、矩阵码、复合码。

① 系列顺序码。这是一种特殊的顺序码。它是将顺序代码分成若干段(系列)，并与编码对象的分类一一对应，给每段的编码对象赋予一定的顺序。

《国务院各部委局及其他机构名称代码》(GB/T 4657—1984)就采用了这种代码，其中三位数字码的第一位数字表示类别标识，第二、三位数字表示该机构在此类别中的数字代码。

例如，300～399 为国务院各部。

400～499 表示国务院各局办公机构和直属于国务院各部委的国家局级机构，以及国务院咨询机构和国家机关。

700～799 表示全国性人民团体。

这种代码的优点是能表示一定的信息属性或特征，易于添加；缺点是空码较多，不便于机器处理，不适用于复杂的分类体系。

② 数字化字母顺序码。此种代码是将编码对象按其名称的首字母顺序排列，然后按此顺序赋以递增的数字代码，例如：

01　　Apples(苹果)

02　　Bananas(香蕉)

03　　Cherries(樱桃)

04　　Dates(枣)

这种代码的优点是：容易归类，便于检索，适用于根据人名、机关名、企事业单位名称以及地名来检索信息。

这种代码的缺点是：新增代码调整困难，使用时间较短。

③ 层次码。层次码常用于线分类法，是按编码对象的从属层次关系为排列顺序的一种代码。编码时将代码分成若干层级，并与分类对象的分类层级相对应，代码从左至右，表示的层级由高至低，每个层级的代码可采用顺序码或系列顺序码。例如国家标准《国民经济行业分类与代码》(GB/T 4754—2017)就是采用三层四位数字的层级码，其代码结构见图 2-4。

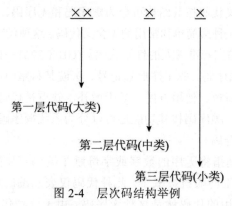

图 2-4　层次码结构举例

层次码的优点是：能明确表明编码对象的类别，有严格的隶属关系；代码结构简单，容量大，便于计算机汇总。其缺点是：当层次较多时，所用代码位数较多，弹性较差。

④ 特征组合码。特征组合码常用于面分类体系，是将编码对象按其属性或特征分成若干个面。每个面内的诸项属性或特征按其规律分别进行编码，面与面之间的代码没有层次关系与从属关系。使用时，按预先确定顺序，根据需要可将不同面中的代码组合起来以表示所代表的类目。

以机制螺钉为例，可选定材料、直径、螺钉头形状及表面处理状况四个面，每个方面都可以分成若干类目分别进行编码，如表 2-4 所示。

表 2-4　机制螺钉分类

第一位　材料	第二位　直径	第三位　形状	第四位　表面处理
1——不锈钢	1——$\Phi 0.5$	1——圆头	1——不锈钢
2——黄铜	2——$\Phi 1$	2——平头	2——镀铬
3——钢	3——$\Phi 1.5$	3——六角头	3——镀锌
……	……	4——方形	4——发蓝
		……	……

由上表可知，代码 2342 表示黄铜 $\Phi 1.5$ 方形镀铬螺钉。特征组合码的优点是类目组合比较灵活，便于机器处理。其缺点是利用率低，不便于求和汇总。

⑤ 矩阵码。这是建立在二维空间 x、y 坐标基础上的代码。通过赋予 x、y 坐标的数值(序号)来确定代码的值。

矩阵码可有效地用于标识那些具有良好结构和稳定特性的编码对象。

例如，《信息交换用汉字编码字符集基本集》(GB 2312—1980)根据矩阵码编码方法对汉字信息交换用的基本图形字符制了区位码，其中区号为矩阵表中的行号，位号为矩阵表中的列号。汉字字符"啊"用区位码 16-01 编码表示，在这里，16 为区号，01 为位号；同理，拉丁字符"A"用区位码 03-13 编码表示。

⑥ 复合码。复合码由两个或两个以上完整、独立的代码组合而成。这是一种使用灵活、应用面较广的代码类型，可以表示具有复杂分类和标识体系的事物。其缺点是代码较长。例如适用于美国和北约集团国家的美国物资编目就是采用 13 位数字的复合码，其代码结构如图 2-5 所示。

图 2-5　美国物资编目代码结构图

在图 2-5 中，标识部分是由美国及北约集团国家编码局数字码和七位物品识别代码组成。这样，即使各国编码局所编的物品识别号可能重复，也可保证此编码系统中一物一码，起到唯一标识的作用。分类部分由四位数字码组成，分成大类和小类两个层次，每层用两位数字表示。

2.3.5　信息代码的校验

信息代码的正确性直接影响整个处理工作的质量，特别是在信息的手工复制过程中，如抄写、手工输入计算机，发生错误的可能性更大。因此为了保证信息在交流过程中的正确性，在编码时往往引入校验位，以便对码值进行校验。

1. 错误种类

在信息复制过程中常发生的错误有以下四种。

(1) 误记(如把 1 记成 7)。

(2) 易位(如把 1436 变成 1346)。

(3) 双易(如把 34567 变成 36547)。

(4) 随机(包括上述两种或三种错误或其他错误)。

2. 校验方法

常用的进行编码校验的方法有很多，以下以模 11 为校验位来介绍有关校验方法。

(1) 算术级数法。设原代码为 $a_1 a_2 \cdots a_n$，其中，$a_k \in \{1,2,\cdots,9\}$，$k=1,2,\cdots,n$；各码字对应的权值分别为 $n+1$，n，$\cdots$，则原代码的加权和为

$$s = \sum_{i=1}^{n} (n+2-i) a_i$$

以 11 为模去除 s，所得余数就是校验码。即校验码为

$$s(\bmod 11)$$

(2) 几何级数法。设原代码为 $a_1 a_2 \cdots a_n$，其中，$a_k \in \{1,2,\cdots,9\}$，$k=1,2,\cdots,n$；各码字对应的权值分别为 $m^n, m^{n-1}, \cdots, m^1$，则原代码的加权和为

$$s = \sum_{i=1}^{n} m^{(n+1-i)} a_i$$

以 11 为模去除 s，所得余数就是校验码。即校验码为

$$s(\bmod 11)$$

(3) 质数法。设原代码为 $a_1 a_2 \cdots a_n$，其中，$a_k \in \{1,2,\cdots,9\}$，$k=1,2,\cdots,n$；各码字对应的权值为一质数序列 $p_n, p_{n-1}, \cdots, p_1$，则原代码的加权和为

$$s = \sum_{i=1}^{n} p_{n-i+1} a_i$$

以 11 为模去除 s，所得余数就是校验码。即校验码为

$$s(\bmod 11)$$

【例 2.2】设原代码为 6341，试应用模 11 法确定校验位。

【解答】模 11 法的权重有多种选择方法，因此校验位确定也有多种方法。

方法 1：算术级数法。

对应权重为 5，4，3，2，故

$$s = 5 \times 6 + 4 \times 3 + 3 \times 4 + 2 \times 1 = 56$$

即校验码 $a=56(\bmod 11)=1$，所以包含校验码的编码为 63411。

方法 2：几何级数法。

取 $m=2$，则对应权重为 16，8，4，2，故

$$s = 16 \times 6 + 8 \times 3 + 4 \times 4 + 2 \times 1 = 138$$

即校验码 $a=138(\bmod 11)=6$，所以包含校验码的编码为 63416。

方法 3：质数法。

取质数序列为 13，7，5，3，则

$$s = 13 \times 6 + 7 \times 3 + 5 \times 4 + 3 \times 1 = 122$$

即校验码 $a=122(\bmod 11)=1$，所以包含校验码的编码为 63411。

需要说明的是，在应用模 11 法确定校验码时，若余数为 10，则将校验码取为 0。

2.3.6　信息编码综合案例：公民身份证编码

在当今信息时代，公民身份证已经不仅仅是公民户籍的代号，而是公民参与各种法律赋予的社会活动，如开通银行账户，申办驾驶证，报考大学，就业，办企业，申报个税，办理出国护照、保险、公积金等的身份认证。可以说，离开了身份证，公民几乎寸步难行。

公民身份证(含编码)经历了两代。其中，第一代身份证的编码是 15 位，于 1984 年开始实施，2013 年 1 月 1 日起停止使用；第二代身份证的编码是 18 位(增加了 2 位日期和 1 位校验)，于 2004 年开始使用，目前我国公民均用第二代身份证。

以下通过具体身份证示例，说明其编码规则。

1. 公民身份证编码示例

图 2-6 是一位姓名为 "小亮" 的身份证信息，身份证上除了姓名、性别、民族、出生、住址等信息外，其最重要的信息是公民身份号码。

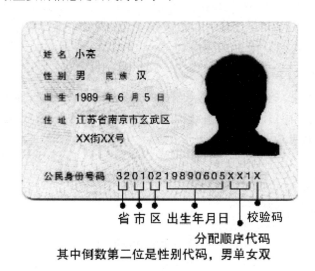

图 2-6　身份证编码示例

2. 公民身份证编码规则

公民身份证的编码规则是特征组合码，它由 17 位数字本体码和 1 位数字校验码组成。根据图 2-6，公民身份证编码(从左到右)的 18 位特征组合码可以表示为：ABCDEFYYYYMMDD×××R，主要由下述四部分组成。

(1) 地址码。最左的 6 位(ABCDEF)，它代表公民所在省、市、区等地址信息。

(2) 出生日期码。中间 8 位(YYYYMMDD)，它代表公民出生的年(YYYY，4 位)、月(MM，2 位)、日(DD，2 位)等出生日期信息。

(3) 顺序码。中间 3 位(×××)，它是由市区派出所分配的顺序码。

(4) 校验码。最右 1 位(R)，它是由校验字符系统计算得出的校验码。

3. 地址码(ABCDEF)

地址码(ABCDEF)的编码规则如下：

(1) AB。全国各省(含直辖市、自治区、特别行政区)的代码,如表 2-5 所示。首都(北京)、直辖市列前,其他省市按离北京或直辖市的远近距离排序。

(2) CD。地、市级政府的代码。

(3) EF。县、区级政府代码。

例如,重庆市九龙坡区杨家坪街道的地址码(ABCDEF)为 500107。

表 2-5 全国各省(直辖市、自治区、特别行政区)代码

编码	11-15	21-23	31-37	41-46	50-54	61-65	81-82
编码含义	京、津、冀、晋、蒙	辽、吉、黑	沪、苏、浙、皖、闽、赣、鲁	豫、鄂、湘、粤、桂、琼	渝、川、贵、云、藏	陕、甘、青、宁、新	港、澳

4. 出生日期码(YYYYMMDD)

出生日期码(YYYYMMDD)表示编码对象出生的年、月、日。其中,年(YYYY)、月(MM)、日(DD)分别用 4 位、2 位(不足两位加 0)、2 位(不足两位加 0)数字表示,之间不用分隔符。例如,2019 年 2 月 10 日就用 20190210 表示。

5. 顺序码(×××)

顺序码(×××)是县、区级政府所辖派出所的分配码,表示在同一地址码所标识的区域范围内,对同年、同月、同日出生的人编订的顺序号,顺序码的奇数分配给男性,偶数分配给女性,即第 17 位奇数表示男性,偶数表示女性。

6. 校验码(R)

校验码(R)是对前 17 位编码进行校验的编码,其值由下述 2 个步骤获得。

(1) 利用以下算式求余数。

$$L = \left(\sum_{i=1}^{17} a_i * w_i \right) \bmod (11)$$

上式中,a_i 表示身份证第 i 位上的字符值;w_i 表示第 i 位的加权因子;L 为求得的余数。身份证加权因子如表 2-6 所示。

表 2-6 身份证加权因子表

位置编号	1	2	3	4	5	6	7	8	9	10	11	12	13	14	15	16	17
加权因子	7	9	10	5	8	4	2	1	6	3	7	9	10	5	8	4	2

(2) 将余数 L 映射成 R。

余数(L)与校验码(R)的映射关系如表 2-7 所示。

表 2-7 校验码表

余数	0	1	2	3	4	5	6	7	8	9	10
校验码	1	0	X	9	8	7	6	5	4	3	2

【例 2.3】某男性公民身份号码为 34052419800101001R，求其校验码 R。

【解答】首先，给出 a_i、w_i 值，如表 2-8 所示。

表 2-8　身份证加权因子表

位置编号	1	2	3	4	5	6	7	8	9	10	11	12	13	14	15	16	17
a_i	3	4	0	5	2	4	1	9	8	0	0	1	0	1	0	0	1
w_i	7	9	10	5	8	4	2	1	6	3	7	9	10	5	8	4	2

其次，求 L 值。

$$L = \left(\sum_{i=1}^{17}(a_i * w_i) \right) \bmod 11$$

$$= (21+36+0+25+16+16+2+9+48+0+0+9+0+5+0+0+2)\bmod 11$$

$$= 189 \bmod 11 = 2$$

最后，根据表 2-7，查得校验码 R 取值为 X。所以，该男性公民的身份证号码为 34052419800101001X，如果校验码不符合这个规则，则肯定是假号码。

参考文献

[1] 高复先. 信息资源规划[M]. 北京：清华大学出版社，2002.

[2] 中华人民共和国国家标准 GB/T 7027—2002，信息分类和编码的基本原则与方法[S].

[3] 中华人民共和国国家标准 GB/T 2260—1999，中华人民共和国行政区划代码[S].

[4] 中华人民共和国国家标准 GB/T 4754—1994，国民经济行业分类与代码[S].

[5] 中华人民共和国国家标准 GB/T 6565—1999，职业分类与代码[S].

[6] 中华人民共和国国家标准 GB 11643—1999，公民身份证号码[S].

[7] 中华人民共和国国家标准 GB/T 12403—1990，干部职务名称代码[S].

[8] 中华人民共和国国家标准 GB/T 2261—1980，人的性别代码[S].

[9] 中华人民共和国国家标准 GB 2312—1980，信息交换用汉字编码字符集基本集[S].

[10] 中华人民共和国国家标准 GB/T16159—1996，汉语拼音正词法基本规则[S].

[11] 中华人民共和国国家标准 GB/T 4657—1984，国务院各部委局及其他机构名称代码[S].

[12] 郭晓军，宋朝霞. 对公民身份证号编码的探讨及其应用研究[J]. 价值工程，2007 (10)：114-116.

复习题

一、单项选择题

1. 以下不属于信息元素的是(　　)。

　　A. 船舶名称　　　　　B. 船舶编号　　　　　C. 船员编号　　　　　D. 船员简历

2. 结构化数据库管理系统的(　　)属于信息元素。

　　A. 表单名称　　　　　B. 数据库名称　　　　C. 字段名称　　　　　D. 业务名称

3. 按线分类法建立的分类体系是一个( )结构。

    A. 球形   B. 树形   C. 环形   D. 网状

4. 铁路大数据采用了( )种分类方法。

    A. 2   B. 3   C. 4   D. 5

5. ( )是指对事物进行编码的过程。

    A. 信息代码   B. 信息编码   C. 信息分类   D. 信息开发

6. ( )是指事物完成编码后的结果。

    A. 信息代码   B. 信息编码   C. 信息分类   D. 信息开发

7. 第二代身份证的编码是( )位。

    A. 15   B. 16   C. 18   D. 20

二、多项选择题

1. 以下属于信息元素的是( )。

    A. 数据库   B. 字段   C. 数据元素   D. 数据项

2. 信息分类的基本原则包括( )。

    A. 科学性   B. 系统性   C. 可扩展性   D. 兼容性

3. 信息分类有两个要素是( )。

    A. 分类目的   B. 分类对象   C. 分类依据   D. 分类原则

4. 信息分类的基本方法有( )。

    A. 线分类法   B. 几何分类法   C. 面分类法   D. 混合分类法

5. 混合分类法是将( )方法组合使用。

    A. 线分类法   B. 混合分类法   C. 点分类法   D. 面分类法

6. 信息编码的基本原则有( )。

    A. 唯一性   B. 合理性   C. 规范性   D. 简洁性

7. 信息代码分类方法有( )。

    A. 按符号顺序分类   B. 按符号大小分类

    C. 按符号形式分类   D. 按符号含义分类

8. 按组成代码的符号形式来分,可以分成( )代码。

    A. 数字型   B. 字母型   C. 混合型   D. 加密型

9. 有含义信息代码可包括( )。

    A. 系列顺序码   B. 层次码   C. 特征组合码   D. 矩阵码

三、判断题

1. 信息元素是最小的不可再分的信息单位。   (   )

2. 信息内容属性的相同或相异,形成了各种不同的类。   (   )

3. 信息的分类与编码是信息资源组织中最基础的工作。   (   )

4. 信息标识的形式与信息内容的对应关系不利于信息的安全保密。   (   )

5. CN 表示中国(China)是一种数字型代码。   (   )

6. 域名http://www.263.net的代码是混合型代码。   (   )

7. 编码时引入校验位是为了规避信息代码值的错误。   (   )

四、简答题

1. 简述信息分类的基本方法。

2. 简述信息编码与信息代码的区别。

3. 简述信息编码的基本原则。

4. 简述信息代码的功能。

5. 简述信息代码的分类情况。

6. 设原码为 32467，试根据算术级数法、几何级数法和质数法计算该码的校验位(取模 11)。

7. 某身份证号码是 220102199010100260，试通过计算校验码判断其真伪。

五、论述题

1. 结合实际工程对象，论述信息分类的重要性。

2. 结合自身的学生证信息代码，说明其编码内涵及其作用。

第**3**章
信息资源组织方法

随着物联网、移动计算、云计算等新兴信息技术的发展和移动商务、社交媒体、虚拟服务等新型应用模式的广泛应用，信息资源呈现出快速增长、庞杂分散的特点，因此深入研究信息资源组织方法对于减少社会信息流的混乱程度、提高信息产品的质量和价值、建立信息产品与用户的联系、节省社会信息活动的总成本等具有重要意义。

3.1 ▶ 信息资源组织概述

3.1.1 信息资源组织的概念

信息资源组织实质上是对信息资源进行序化的过程，只是这个过程必须是有目的并按一定要求来实施序化工作。目前国内许多学者对于信息资源组织定义的表述各有不同，马费成认为：“信息组织，又称信息整序，是利用一定的规则、方法和技术对信息的外部特征和内容特征进行揭示和描述，并按给定的参数和序列公式排列，是信息从无序集合转换为有序集合的过程。”叶继元认为：“信息组织是以用户需求为导向，依据信息体自身的属性特征，信息工作者或用户按照一定的原则、方法和技术，将杂乱无章的信息整理成为有序的信息集合的活动和过程。”李佑成认为：“信息组织是人们在揭示信息资源内部特征和外部特征基础上，选择有检索意义的特征并根据这些特征对信息资源进行有序化的过程和行为。”李兴国认为：“信息资源组织，简称信息组织，即信息的有序化与优质化，也就是利用一定的科学规则和方法，通过对信息外在特征和内容特征的表征和排序，实现无序信息流向有序信息流的转换，从而是信息集合达到科学组合并实现现有效流通，促进用户对信息的有效获取和利用。”

这些学者对信息资源组织的定义虽有不同，但实质是一致的。我们认为，信息资源组织是根据用户的信息资源需求，采用合适的采集方法和途径获取信息资源，根据信息资源内外部特征，按照一定的方法和技术，将无序的信息资源组织序化成为有序的信息资源的过程。信息资源组织是信息资源管理中的一个核心环节，是信息资源检索和利用的重要基础。

3.1.2 信息资源组织的目的

(1) 降低社会信息流的混乱程度。杂乱无序的社会信息流不但不能成为“负熵流”，而且还有可能妨碍人类对信息资源的开发利用，干扰人们正常的决策活动。信息资源组织的重要任务是：控制信息的流速和流向，以便信息能够在适当的时机有针对性地传递给需要者；控制信息的数量和质量，以便需要者能够获得不超过其吸收能力的高质量信息。

(2) 提高信息产品的质量和价值。信息资源的组织过程就是信息产品的开发与加工过程。通过信息组织活动，不仅可以开发出新的信息产品，而且能使原有信息产品的质量进一步提高，从而使信息产品大大增值。

(3) 建立信息产品与用户的联系。信息资源组织是按照信息使用者的要求进行的。因此，信息资源组织工作必须根据用户的需要排除信息障碍，疏通信息渠道，在用户和信息产品之间铺路架桥，并最终形成面向用户问题的信息产品，提高信息资源开发利用的针对性。

(4) 节省社会信息活动的总成本。通过建立专门的信息管理机构开展信息资源组织工作，实现信息产品开发的分工协作，节省广大信息用户查询、吸收与利用信息的时间和精力，从而提高整个社会的信息活动效果。

3.1.3　信息资源组织的基本要求

(1) 信息内容有序化。从各类信息源采集到的信息大部分属于零散的、孤立的信息，为此需要对信息内容进行有序化整理。具体来说，一是要将内容相同或相关的信息集中在一起，将内容无关的信息区别开来；二是集中在一起的信息要系统化、条理化，按一定标识呈现出某种秩序，并能表达某种意义；三是相关信息单元之间的关系要明确化，并能产生某种关联效应，或能给人以某种新的启示。

(2) 信息流向明确化。现代管理科学的基本原理表明，信息作用力的大小取决于信息流动的方向。信息资源组织要做到信息流向明确化，首先要认真研究用户的信息需要和信息行为，按照不同用户的信息活动特征确定信息的传递方向；其次要注意根据信息环境的发展变化不断调整信息流动的方向，尽量形成信息合力。

(3) 信息流速适度化。信息流速的不断加快使人们感受到了巨大的信息压力，眼花缭乱的信息流可能会降低决策的效率。同时，人们面对的决策问题在不断地发展变化，信息也需要不断地更新。为此必须适当控制信息的流动速度，把握住信息传递时机，即用户在决策活动中遇到某种问题而产生的与解决该问题有关的信息需要这一时机，提高信息的效用。

(4) 信息数量精约化。现代社会信息数量浩如烟海，超过了人们的吸收能力。信息资源组织应达到内容精练、简明扼要的要求，为此必须认真选择加工，尽量降低信息的冗余度，在解决问题的前提下筛选整理出最精约化的信息产品，方便人们吸收和利用。

(5) 信息质量最优化。由于社会信息污染现象日益严重，从信息源中采集到的信息常常是新旧并存、真假混杂、优劣兼有的。信息资源组织要优化信息的质量，提高信息的精确度，就必须对信息进行鉴别、分析和评价，剔除陈旧过时、错误无用甚至自相矛盾的信息，提高信息产品的可靠性和先进性。

3.1.4　信息资源组织的内容

信息资源组织是信息资源管理中的重要组成部分，可以方便信息资源的检索、开发和利用。信息资源组织有狭义和广义之分。狭义信息资源组织通常指信息资源序化，即利用一定的科学方法，对信息资源外在特征和内容特征进行分析、选择、标引、处理，将无序的信息资源组织成有序的信息资源的过程。广义信息资源组织涉及的内容广泛，其基本内容包括信息资源需求分析、信息资源采集、信息资源序化、信息资源存储。

(1) 信息资源需求分析。信息资源需求是指人们在从事各种社会活动的过程中，为了解决不同问题所产生的信息资源需要。信息资源需求分析就是分析人们对信息资源的各种需要。信息资源需求是各种信息活动的原动力，因此信息资源需求分析可以使各种信息活动更具有针对性和方向性。

(2) 信息资源采集。信息资源采集是指根据特定的信息资源需求和信息资源组织的目的，按照一定的采集原则和方法，有计划地收集相关信息资源的过程。它是开展其他信息活动的基础和保证。

(3) 信息资源序化。信息资源序化是指对采集的信息资源进行进一步处理，按照一定的科学方法，对信息资源外在特征和内容特征进行选择、标引、组织序化、改编重组，将无序信息资源组织成有序的信息资源的过程。信息资源序化是信息资源组织最核心的内容。

(4) 信息资源存储。信息资源存储是指将经过序化的信息资源按照一定的格式和顺序存储在特定的载体中的信息活动。信息资源存储的目的是为了更好地检索、利用信息资源。

3.2 ▶ 信息资源需求分析

信息资源需求分析是信息资源组织内容中一个非常重要的环节，是开展各种信息活动的动力。

3.2.1 用户及其信息资源需求

用户通常指特定的人类个体或群体，其信息资源需求是信息资源组织与管理的基础，是信息产业发展的动因，同时也是职业化信息资源管理应予研究的首要问题。

用户是一个非常广泛的概念，在信息领域，用户通常指那些接受信息服务的人类个体或群体，或者说，归根结底用户就是社会的人。更精确地来说，作为用户的人类个体或群体具有三方面的特征：一是有信息需求，即需要接收信息以解决问题；二是具备利用信息的能力(包括观察能力、理解能力、概括能力、抽象能力、分析与综合能力、判断与推理能力等)，即有能力接收、处理信息；三是具有接受信息服务的行动，即事实上接收和利用信息。一个人只有具备这三方面的特征才能称为真正的信息用户，如具备信息需求和信息能力而未形成实际的行动，则为潜在信息用户。信息用户可分为个人用户和团体用户，或根据多种标准划分为不同类型的用户。

信息用户在信息资源管理的不同领域有不同的称谓。在文献、档案、图书馆和部分大众传播领域，信息用户也称为读者，读者除具备用户的所有特征外还有一个严格的先决条件，即读者必须拥有阅读能力。在大众传播领域，信息用户还称为传播对象、观众或受者：对于报纸、杂志等新闻出版单位，受者也就是读者；对于广播、电视、电影等部门，受者又称为听众、观众，他们不一定具备阅读能力，但必须具备起码的语言能力、理解能力等。在现代化的信息服务部门诸如计算机、数据处理和网络通信等部门，"信息用户"概念本身非常流行。比较而言，读者、听众、观众、受者等皆为信息用户的子集，信息用户相对具有最大的包容性。

需求是由人的需要引起的要求，人的具体需要是以一定客观现实为条件的，是在一定社会生活条件下，即在一定社会和教育要求下不断发展的。人的需要一般也表现为愿望、意向、兴趣、理想和信念等，这些需要形式都可以直接转化为信息需求。信息需求是信息用户最为本质的特征。据《信息检索概念》(*Concepts of Information Retrieval*)一书的解释："需求常常是某些未解决的问题的产物。它可能与工作相关。当一个人认识他或她现有的知识储存不足以应付当前的任务，不足以解决某一主题领域的矛盾，不足以填补某知识领域的空白时，需求便出现了。"当然，情报检索领域所界定的需求更多的是信息需求，这种需求更多的是与未解决的问题相关。

人的需要也可以在一定条件下转化为动机和行动。根据需要理论，人一旦有了某种需要，同时又存在有可能满足这种需要的条件时，就会产生一种能引起某种行动以满足这种需要的主观愿望，并能进一步形成相关的行动，这就是需要、动机和行动的关系(见图 3-1)。联系信息用户的特征需求理论，可以认为，人皆有信息需求，但要把人的信息需求转化为实际的信息行为，还须为他们创造和提供条件。事实上，大众传播的普及已经极大地扩展了信息用户的范围。

图 3-1 需要、动机、行动关系图

用户的信息需求体现了人的需要，是由人的需要决定的。人的需要是一种客观存在，它的产生通常不取决于人的主观意志，它是人自身及其所处的自然环境和社会条件等多种因素的综合产物。当我们分析用户的信息需求时，必须首先分析这些因素及其与信息需求的关系，这样，就不仅可以了解用户的信息需求结构，还可以预测用户将会产生哪些信息需求，从而可以更准确、更及时地组织信息资源来满足用户的这些信息需求。

3.2.2 用户信息资源需求的影响因素

如前所述，信息需求是一种客观存在，是多种因素的综合产物。我们大体可以把这些因素归为三大类：信息用户个人因素、信息用户组织因素和信息用户社会因素，它们共同决定了用户的信息需求。

(1) 信息用户个人因素。个人因素反映信息用户生理的、社会的独特性和多样性，又可分为先天因素和后天因素。先天因素是用户与生俱来的特征，包括性别、年龄、血型、肤色、体质和种族等，这些决定用户信息需求的类型和范围。例如，女性爱美，儿童爱玩，体弱多病和黄皮肤、黑头发等因素都会使用户产生相应的信息需求。后天因素是用户后天发展的，包括兴趣、爱好、家庭、宗教、学历、职称和荣誉称号等，这些决定用户信息需求的性质与数量。例如，爱好足球、工人家庭、信奉佛教、大学生、教授和体育冠军等特征都会激发相关的信息需求。

(2) 信息用户组织因素。用户的组织因素反映用户所从属的社会组织的数量及其性质，这些组织大致可分为职业组织、业余组织和社区组织等类型。职业组织是建立在社会分工基础上的社会组织，包括政治组织、经济组织和文化组织等，它们以其目标、制度、职位结构、职业活动、物质基础、技术设备和组织规模等因素直接规定着用户信息需求的主体结构，可以说，职业组织及其活动是用户信息需求最重要的决定因素之一。例如，培养各种专业人才、教师法、校长、教学管理与生物研究、大学校园、信息网络和万名师生等因素必然决定着一位大学校长的主要信息需求。业余组织是相对于职业组织而言的，它建立在兴趣爱好的基础上，可以说是职业组织的补充，它主要以其活动和参加人员等影响用户的信息需求。例如，足球比赛及其相关活动就对足球爱好者的信息需求有积极的影响。用户所参加的业余组织的数量和参与程度也反映用户的全面发展情况。社区组织是建立在地域基础上的社会组织，以空间特征为标准可分为城市社区和乡村社区，它们以其地域环境和资源、人口结构、社区文化、社区活动和社区变迁等因素影响用户的信息需求。例如，鱼米之乡、流动人口、高雅文化、自由市场和城市化等因素都能导致用户新的信息需求。

(3) 信息用户社会因素。用户的社会因素从宏观上反映用户所处的时代背景和社会环境，这些因素包括以下几个方面：一是国家的社会制度、政治局势和方针政策等；二是经济发达程度；三是科学技术发展水平；四是社会教育水平；五是民族特点和文化传统；等等。这些因素一方面决定着用户信息需求的内容、新颖程度、量与质和发展趋势等，另一方面还为用户信息需求转化为实际的信息行为提供了条件。用户的社会因素也反映了用户信息需求的共同特征。

3.2.3　用户信息资源需求的获取

用户信息资源需求即定位用户对信息资源内容、信息资源形式的要求，对信息资源的来源范围和载体形式的要求，对信息资源获取方式、途径的要求，对信息资源获取方法的要求。通常作为信息资源组织人员，会深入用户群体进行调查研究，了解用户的职业、兴趣爱好、知识结构等个人信息，了解用户所处的社会环境以及职业等组织因素，从而获取对信息资源甚至潜在信息资源的需求。准确定位信息资源需求，不仅可以确保信息资源的时效性和针对性，而且可以减少信息资源采集的工作量。

观察、面谈、问卷调查、分析推理等方法是获取用户信息资源需求的常用方法。随着网络技术的发展，特别是在大数据时代背景下，用户行为信息、消费习惯、社会属性等信息充斥在网络中，获取和分析用户这些信息，可以获得他们真正的信息资源需求，甚至是潜在的信息资源需求。用户画像就是一种在大数据环境下，通过对网络中的信息进行分析，将用户的属性、行为和需求联结起来，形成有代表性的某类目标群体的工具，也是进行需求获取的一种方法，在各个领域应用广泛。

1. 用户画像的概念

用户画像又称用户信息标签化，通过收集和分析用户的社会属性、生活习惯、消费行为等主要信息以后，抽象出用户的信息全貌，用标签集合来表示用户特征的工具。通过用户画像抽象出的用户信息全貌可作为企业应用大数据的根基，能够帮助企业快速地找到精准用户群体以及用户需求等反馈信息，这将有利于企业精细化运营，提高管理决策效率。用户画像的本质就是企业从业务角度出发，对用户进行分析，了解用户需求，寻找目标客户，为目标客户开发出适合的产品或开展相应的服务。

2. 用户画像的构建

构建用户画像即根据用户相关数据，分析用户行为，形成标签信息，最终为用户打上标签并设置该标签的权重,用户画像构建过程见图 3-2。

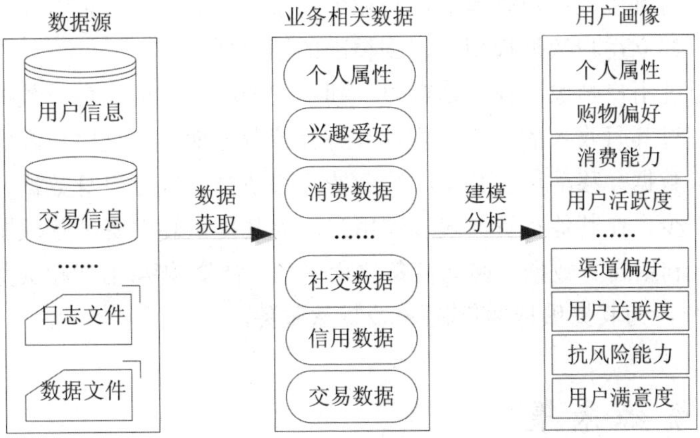

图 3-2　用户画像构建过程

(1) 数据获取。构建用户画像是为了还原用户信息,需要收集所有用户相关的数据。这些数据类型多样,呈现出不同的特点,获取用户数据时需要根据不同的类型采用不同的方法来获取。数据分类的方式可以根据应用场景、业务需求的不同,进行不同的划分。通常情况下,我们把用户相关数据分为两大类:静态数据和动态数据。其中静态数据是相对稳定的数据,主要涉及性别、年龄、职业、地域、消费等级等用户信息数据,这类数据自成标签,如果企业有真实的数据则无须建模预测,反之则要通过对数据进行建模预测标签。动态数据就是用户不断变化的行为数据,用户行为分为线下和线上行为数据,这些数据获取途径和方式略有不同。获取用户数据时,需要根据具体的业务需求和应用场景选择合适的数据源收集相关数据,如消费数据、设计数据、兴趣爱好等。

(2) 建模分析。用户画像的目标是通过对用户相关数据的分析,构建用户数据模型产生标签及权重。以线上行为数据为建模对象,探讨用户数据建模。线上一次用户行为就是一次随机事件,即什么用户在什么时间什么地点做了什么事情。为了能表述和识别行为,需要根据获取的用户数据识别出用户,并用合适的方法标识用户;识别并标识用户行为的时间点和时间长度;定位用户操作或浏览的网页地址;识别对应网址中的内容以及对这些内容的操作行为,如浏览、购买、收藏等,从而产生标签信息和不同的权重。

3. 用户画像的案例

用户画像的应用领域非常广泛,可以用在电商平台中,通过用户画像产生的个性化效果,为客户推荐合适的商品;可以用在金融行业,通过用户画像找到目标客户,为客户开发产品。下面介绍用户画像在银行中的应用。

随着信息技术的不断发展,银行越来越多的业务办理实现了网络化,这给客户带来了极大的便利,未来越来越多的人将选择在网上办理各种业务。银行直接接触客户,了解客户需求的机会变少了。现在银行可以利用用户画像分析客户、了解客户、找到目标客户、为客户设计其需要的产品。

银行的主要业务需求集中在消费金融、财富管理、融资服务,用户画像需要从这几个角度出发,寻找目标客户。银行具有丰富的交易数据、个人属性数据、消费数据、信用数据和客户数据,但缺少社交信息和兴趣爱好信息。构建用户画像时,银行可从应用场景和业务需求出发，从银行内部系统获取个人属性数据、信用数据、消费交易数据等，从外部引入兴趣爱好和社交数据，得到生成用户画像的、与业务场景相关的数据，依据业务需求对数据进行加工整理、分析，建立用户数据模型，得到精准的用户群体。

银行还可以通过用户画像寻找分期客户：利用发卡机构数据、客户数据、信用卡数据，发现信用卡消费超过其月收入的用户，推荐其进行消费分期。通过用户画像寻找高端资产客户：利用发卡机构数据、移动位置数据、物业费代扣数据、银行自身数据、汽车型号数据，发现在本银行资产少，在其他行资产较多的用户，为其提供高端资产管理服务。通过用户画像寻找贷款客户：利用自身数据、移动设备位置信息、社交购房/消费相关数据，寻找即将购车/购房的目标客户，为其提供抵押贷款/消费贷款服务。

3.3 ▶ 信息资源采集

信息资源采集是指根据特定的信息资源需求和目的，按一定的采集原则和方法，通过不同的采集途径，将分散蕴涵在不同信息源的有关信息资源采掘和积聚起来的过程。信息资源采集是信息资源得以充分开发和有效利用的基础。

3.3.1 信息源

信息源是人们获取信息的来源。联合国教科文组织(UNESCO)在其出版的《文献术语》中将信息源定义为："个人为满足其信息需要而获得信息的来源，称为信息源。"这是从信息使用者的角度来说的。从绝对意义上看，只有信息产生的"源头"，才能称作信息源。信息是物质的普遍属性，一切事物的存在方式和运动状态都会形成某种信息，因此，自然界和人类社会实践活动都是信息源的最终"源头"。从信息资源采集的角度出发，信息源一般是指在信息资源采集工作中借以获取信息的来源，通常包括个人信息源、实物信息源、文献信息源、数据库信息源、组织机构信息源、网络信息源。

1. 个人信息源

人是信息的创造者，是最富活力的信息源。人类具有功能独特的信息感知、传递、处理与存储器官，并且在长期的社会实践活动中借助符号、语言，形成了独有的信息交流方式，因而能不断地创造与传播各种最新信息。参与社会信息交流活动的每个人都是一个独立的信息源，因为个人信息源的信息获取方式主要是口头交流，故亦称口头信息源。个人信息源在社会信息交流系统中具有重要的地位和作用。1965 年，美国国防部技术信息处的 W.M.卡尔森(W.M.Carlson)对该部工程师的 3400 人次信息查询登记进行分析，结果发现，有 31%的信息是通过口头交谈获得的。信息管理工作者应当牢记，最重要的信息源是人，特别是那些处于关键位置的行家。他们在工作中积累了大量的经验，占有着大量的信息，而且又在不停地创造着信息，同时与外界有着广泛的联系，本身就是信息的凝聚点和发射源。个人信息源的特点如下。

(1) 及时性。通过与个人直接接触和交谈，可以快捷地获取信息，而且可以及时得到信息反馈。

(2) 新颖性。人们交谈的信息内容多为对方不知道或不清楚的事物，其内容往往具有较强的新颖性，有时甚至可以得到一些不宜公开的内部信息。

(3) 强化感知性。面对面地获取信息，除接收到语言信息外，还可根据信息发出者的声调、语气、肢体语言以及环境气氛等感受其"言外之意"，进行推理和判断，加深理解。

(4) 主观随意性。人们在口头信息交流过程中往往按照自己的好恶对信息进行加工取舍，或根据个人意志对客观事物进行曲解和割裂，这种主观随意评价易导致信息失真。

(5) 瞬时性。口头信息生存时间短、更新速度快，因其极易流变，因此必须记录转化在其他信息载体上方可长期保存。

2. 实物信息源

一切物质实体都蕴含着丰富的信息，一切事物的发展变化都与其存在的场所密切相关。无论是自然物，还是人工制品，抑或事物发生的现场，均可视为实物信息源。信息采集工作中常用的实物信息源主要是指各种无机物(如水、空气、土壤、岩石、矿石等)样品，有机物(如动植物等)化石或标本，文物和人类劳动成果的样本，各类产品及服务市场，实验室以及其他有可能出现新的信息"火花"的场所。实物信息源给人们提供了充分认识事物的物质条件。这类信息源的特点如下。

(1) 直观性。实物的最大优势就是直观、生动、全面、形象。它能提供全方位、多角度的信息，供人们根据各自的需要去进行分析研究。

(2) 真实性。实物信息源是客观存在着的东西，人们可从中获取第一手完整可靠的信息，因而具有较高的真实性和可信度。

(3) 隐蔽性。实物信息源中包含的信息往往是潜在的、隐蔽的，不易被完全发现，因此信息采集人员必须有强烈的信息意识、敏锐的洞察能力和一定的分析研究水平。必要时要通过实地考察和反推工程等方法剖析实物信息源。

(4) 零散性。实物信息源的时空分布十分广泛、散乱、混杂，无一定规律可循，因此很难对其进行加工整理。

3. 文献信息源

文献信息源是指用一定的记录手段将系统化的信息内容储存在纸张、胶片、磁带、磁盘和光盘等物质载体上而形成的一类信息源。我国国家标准将文献定义为"记录有知识的一切载体"。按照文献的物质载体形式，可以把文献划分为印刷型文献、缩微型文献、声像型文献和机读型文献。文献的基本功能，一是存储信息，二是传播信息。如果把存储看作沿时间轴上的传播，那么，文献就是在人类生产和社会生活的实践活动中产生的一种信息传播工具。文献是社会信息交流系统中最重要的成分之一，它是社会文明发展历史的客观记录，是人类思想成果的存在形式，也是科学与文化传播的主要手段。正是借助于文献，科学研究才得以继承和发展，社会文明才得以发扬光大，个人知识才能变成社会知识。作为现代社会最常用、最重要的信息源，它具有以下特点。

(1) 系统性。文献所记载的信息内容往往是经过人脑加工的知识型信息，是人类在认识世界、改造世界的过程中所形成的认知成果，经过选择、比较、评价、分析、归纳、概括等一系列思维的信息加工活动，并以人类特有的符号系统表述出来。因此大多比较系统深入，易于表达抽象的概念和理论，更能反映事物的本质和规律。

(2) 稳定性。文献信息是通过文字、图形、音像或其他代码符号固化在纸张、化学材料或磁性材料等物质载体上的,在传播使用过程中具有较强的稳定性,不易变形、失真,从而为人们认识与决策活动提供了准确可靠的依据。

(3) 易用性。由于文献信息源不受时空的局限,利用过程也比较从容,用户可根据个人需要随意选择自己感兴趣的内容,决定自己利用文献的时间、地点和方式。遇到问题有充分的时间反复思考,并可对照其他文献进行补充印证。

(4) 可控性。文献信息的管理和控制比较方便。信息内容一旦被编辑出版成各种文献,就很容易对其进行加工整理,控制其数量和质量、流速和流向,达到文献信息有序流动的目的。

(5) 时滞性。由于文献生产需要花费一定的时间,因而出现了文献时滞问题。文献时滞过长将导致文献内容老化过时,丧失其作为信息源的使用价值。

4. 数据库信息源

所谓数据库,就是在一定的计算机软硬件技术支持下,按照一定方式和结构组织起来的,具有最小冗余度和较高独立性的大量相关数据的集合。它能以最佳的方式、最大的共享和最少的重复为多种应用(用户或用户程序)服务,因而是计算机信息管理的基本资源。按数据的形式,可以把数据库分为文字数据库、数值数据库、声像数据库和多媒体数据库。随着数据库管理系统技术的不断发展,数据库的存储容量越来越大,检索能力越来越强,开发越来越简易,使用越来越方便。据估计,目前全世界已有将近 8000 个数据库投入商业运行,数据库记录总数超过 40 亿条。把大量的数据组织成数据库,一方面提高了用户的信息检索效率,另一方面也有利于实现信息资源共享。数据库作为一种新型信息源的特点如下。

(1) 多用性。数据库是从整体来组织数据的,内容可靠,存储量大。它充分考虑了多种应用的需求,能够为用户提供尽可能多的检索途径。

(2) 动态管理性。数据库系统便于扩充修改,更新速度快,且能根据需要随时进行建库、检索、统计、备份和恢复等多种数据管理。

(3) 技术依赖性。数据库的实现是以计算机的高速运算能力和大容量存储能力为基础的,它的发展又与数据库系统开发与管理技术的进步紧密相连。虽然数据库信息源内容新颖,检索效率高,且不受距离限制,但如果没有发达的信息技术基础,数据库信息源就不可能产生和发展,也不可能得到广泛普及和运用。

5. 组织机构信息源

组织是社会有机体充满生命活力的细胞,作为一个开放的社会子系统,组织机构要与外界环境不断地交换物质流、能量流和信息流。各级各类组织机构主要是通过内外信息交换来发挥其控制功能,实现组织目标的,因此,组织机构既是社会信息的大规模集散地,也是发布各种专业信息的主要源泉。这类信息源的主要特点如下。

(1) 权威性。各种组织机构或从事研究开发,或从事生产经营,或从事监督管理,往往是专门开展某一方面的业务工作,因此它们所产生发布的信息相对集中有序,也比较准确可靠,具有一定的权威性,值得高度重视。

(2) 垄断性。有些组织机构由于保守或者是竞争等方面的原因,常常把本部门所拥有的信息资源看成是自己的私有财产而不愿对外公开。如果没有完善的信息公开制度做保证,就很难进行信息采集工作。

6. 网络信息源

随着网络技术尤其是 web 技术的蓬勃发展，信息资源以数字化形式通过网络载体进行传输、存储和利用，是世界上规模最大的公共数据源，也称网络信息源。这些信息资源以超文本、超媒体的方式组织起来，显示了文本、图像、声音、视频之间的关联。网络信息源呈现如下特点：

(1) 类型多样性。网络信息通常以网页的形式展示信息内容，网页中既有一定结构的文本信息，也有丰富的图形、音频、视频等非结构化信息。

(2) 动态性。网络信息源中的信息更新速度非常快，变化频繁。站点信息提供者可以对提供的网页信息内容进行更新，网络信息源中的网页内容处于经常变化中；web 站点会被增加，也会被删除。因此整个信息源的状态是不稳定的。

(3) 交互性。网络环境下，信息的传递是双向的。通过网络，发布者可以在站点中发布信息，使用者可以发表意见，甚至与发布者进行直接沟通，缩短了发布者和使用者之间的距离。

(4) 质量差异性。网络的共享性、开放性和自由访问的特点，使得每个组织、个人都可以在网络上存取信息，由于缺乏有效的质量管理和控制机制，导致提供的信息混乱、质量参差不齐，甚至产生一些垃圾信息。

3.3.2　信息资源采集的原则

随着信息技术的飞速发展，社会信息不仅数量猛增，流速加快，而且信息老化、污染与分散问题也日益严重。社会信息环境的这种情况要求我们在信息采集工作中必须坚持以下基本原则。

1. 主动、及时原则

信息是有时效的。信息资源采集应能及时反映事物发展的最新情况，方能使信息的效用得到最大程度的发挥。为此，要求信息资源采集人员要采取主动及时的工作态度，及时发现、捕捉和获取有关事物发展的动态信息。要有敏锐的信息意识和强烈的竞争意识，以及高度的自觉性、使命感、洞察能力和快速反应能力，同时也要有过硬的工作本领，熟悉各种信息资源采集途径并能掌握先进的信息资源采集技术和方法。对迫切需要的信息，要千方百计地及时收集；对他人未注意到的信息，要善于挖掘出其中的效用。一个成功的信息资源采集人员往往就是从他人不注意的蛛丝马迹中发现价值连城的信息财富。

2. 真实、可靠原则

真实可靠的信息是正确决策的重要保证。在信息资源采集过程中必须坚持严肃认真的工作作风、实事求是的科学态度、科学严谨的采集方法，对各类信息源的信息含量、实用价值和可靠程度等进行深入细致的比较分析，去粗取精，去伪存真，切忌把个别当作普遍，把主观当作客观，把局部当作全局。另外，要尽量缩短信息交流渠道，减少采集过程中受到的干扰，对一些表述模糊的信息要进一步考察分析。

3. 针对、适用原则

社会信息数量庞大，内容繁杂，而人们的信息需要总是特定的，是有层次、有类型、有范围的。信息资源采集要注意针对性，即根据使用者的实际需要有目的、有重点、有选择地采集利用价值大的、适合当时当地环境条件的信息，做到有的放矢。为此，信息资源采集人员必须认真了解和研究用户的信息需要，弄清用户的工作性质、任务、水平和环境条件，明确信息资源采集的目的和所采集到的信息的用途，保证信息的适用性。

4. 系统、连续原则

信息反映的是客观事物的运动状态，客观事物的运动既有空间范围上的横向扩展，又有时间序列上的纵向延伸。所谓信息资源采集的系统、连续的原则，就是指信息资源采集空间上的完整性要求和时间上的连续性要求。即从横向角度，要把与某一问题有关的散布在各个领域的信息收集齐全，才能对该问题形成完整、全面的认识；从纵向角度，要对同一事物在不同时期、不同阶段的发展变化情况进行跟踪收集，以反映事物的真实全貌。信息资源采集的系统、连续的原则是信息资源序化的基础。只有系统、连续的信息来源，才能有所选择、有所比较、有所分析，产生有序的信息流。

5. 适度、经济原则

现代社会信息环境十分复杂，如果是不加限制地滥采信息，不仅会造成人力、财力和物力上的极大浪费，而且会导致主次不分、真伪不明的信息混杂在一起，重要信息湮没于大量无用信息之中。因此，在信息资源采集工作中必须坚持适度、经济原则，讲求效果。一般来说，采集的信息在满足用户需要的前提下必须限定在适当的数量范围内，即不能超过用户的吸收利用能力。另外，也要从使用方便的角度考虑选择合适的信息源和信息资源采集途径、方式以及应采集的信息数量与载体形式等，提高信息资源采集工作的经济效益和社会效益。

6. 计划、预见原则

信息资源采集工作既要立足于现实需要，满足当前需求，又要有一定的超前性，考虑未来的发展。为此要求信息资源采集人员要随时掌握社会经济和科学技术的发展动向，制订面向未来的信息资源采集计划，确定适当的采集方针和采集任务。一方面要注意广辟信息来源，有计划、有侧重地收集那些对将来发展有重要指导意义的预测性信息；另一方面又要持之以恒，日积月累，把信息资源采集当作一项长期的、连续不断的工作，切忌随意调整采集方针，盲目变动采集任务。当然，应当在科学的预见性基础上做到灵活性与计划性的统一。

3.3.3 信息资源采集途径

信息资源采集途径是指获取信息的渠道。不同的信息用户，经常利用不同的信息资源采集途径；不同类型的信息，其获取渠道也有所不同。以现代社会组织机构的典型代表——企业来说，企业系统内部每时每刻都产生着大量的信息，除供本身吸收利用外，还对外输出"负熵流"，对其他社会系统施加影响。与此同时，企业又必须从外界输入信息流，方能保证企业自身的有机运行以及与其他社会系统的协同作用。因此，以企业为例的信息资源采集主要有内部途径和外部途径两大方面。

1. 内部途径

企业在本系统内部形成的各种信息交流渠道很多，这些渠道主要用于采集内部信息，有时也能借以获取一些外部信息。从企业内部的信息流来看，主要信息资源采集途径有以下几种。

(1) 管理监督部门。企业管理监督部门的主要任务就是上传下达，维持企业内部信息流的畅通无阻。管理监督人员了解企业最高决策者的战略意图和基层的生产经营情况，熟悉业务管理、行政管理、财务管理、人事管理和物资管理等各个管理环节，是企业内部信息交流渠道的重要"阀门"。通过管理监督部门，可以收集到企业管理各环节的现状信息，同时也可以借助统计资料、文件简报等形式获得企业生产经营和战略决策等方面的信息。这一途径纵横交错，上下贯通，对信息资源采集来说十分便利。但是，如果企业内部管理层次过多，那就不仅影响信息传输速度，而且层层把关，多层过滤，易导致信息失真。

(2) 研究开发部门。研究开发部门承担着企业新技术、新产品的研究、设计与开发任务，他们掌握着一个企业正在进行中的研究开发项目、产品技术水平、设计标准规范等方面的信息资料。通过研究开发部门获取的信息真实可靠，专业性和先进性都比较强，具有较高的参考价值。

(3) 市场营销部门。市场营销部门是企业与市场之间的联系纽带，市场营销人员直接面对客户和竞争对手，位于企业竞争的前线，因此他们通常掌握关于竞争环境和竞争对手的大量信息。通过市场营销部门获取的大多是非公开的动态信息，这类信息对于企业及时制定有效的竞争策略、迅速做出市场反应都具有重要的意义。

(4) "葡萄藤"渠道。企业内部传播小道消息的非正规组织信息流常常产生所谓的"葡萄藤"现象。这种类似于"葡萄藤"的非正规组织信息交流网络在企业内部的存在和发展，总的来说是弊大于利。但高明的企业管理者也可以利用"葡萄藤"来收集基层成员对上级决策、指令的反馈信息，了解群众的意见、建议和愿望，从而对管理行为做出调整，达到减少冲突、提高工效的目的。

(5) 内部信息网络。大多数企业都建立有自己的信息机构，并通过通信线路与各部门联系起来形成企业内部信息网络。传统的企业内部信息网基本上都是以局域网(LAN)技术为基础的，虽然功能强大、安全性好，但对于现代企业竞争与发展日益重要的远程信息资源采集管理和跨平台信息交换等需求则显得力不从心了。近年来兴起的 Intranet 技术为企业信息管理战略的转变提供了可能。

所谓 Intranet，就是利用因特网(Internet)的技术和设施建立起来的、为企业提供综合性信息服务的计算机网络，亦称企业内联网。它使用标准的 Internet 协议，如传输控制协议/网际协议(TCP/IP)、超文本传输协议(HTTP)等，把企业各部门不同的计算机网络连接起来，从而保证了数据在各种平台上的一致性。在 Intranet 上，由万维网(WWW)服务器、浏览器(Browser)、电子邮件(E-mail)服务器、数据库系统(DBS)以及具有与数据库连接功能的群件(groupware)形成了企业日常办公和业务流程的主要信息管理结构，并可通过防火墙(firewall)接入 Internet。企业利用 Intranet，将以往分散的信息结构——各自独立的"信息孤岛"变成一个有机统一的网络体系——相对集中的"信息大陆"，使之既具有传统 LAN 的安全性，又具备 Internet 的开放性与灵活性，在提供传统网络应用的同时，还能提供更加便捷的信息发布、采集与交换方式。因其开发简单、成本低廉、使用方便，Intranet 在企业界正迅速发展。

2. 外部途径

从企业外部采集的信息往往能使各自孤立的信息联系起来，并可对以前收集的信息进行验证，从而获得对客观事物完整而正确的认识。企业外部信息资源采集途径主要有以下几种。

(1) 大众传播媒介。通过广播、电视、报纸、杂志等可得到内容新、范围广的信息资料。世界五大通讯社(美联社、合众国际社、路透社、法新社、新华社)的每日电讯、美国之音(VOA)

和英国广播公司(BBC)的全球新闻广播、美国有线电视新闻网(CNN)的电视新闻报道以及《纽约时报》《时代周刊》《新闻周刊》等都是报道速度快、涉及内容广的具有世界影响的大众传播媒介。但由于它们都是面向大众的，故一般来说缺乏针对性。企业可根据自身需要，利用大众媒介开展定向、定时、定题信息收集活动，必要时还可以委托剪报公司或其他信息机构进行专题信息资源采集工作。美国芝加哥的培根剪报社(Bacon's Clipping Bureau)、美国新泽西州利文斯顿的布里尔剪报服务社(Burrell's Press Clipping Service)、英国伦敦的洛美克和柯狄斯公司(Romeike & Curtice)都是国际上著名的剪报服务公司。这三家公司所收集的报纸杂志均覆盖全球。在国内，中国剪报社和中国人民大学书报资料中心以及其他组织的相关专业剪报资料亦可充分利用。

(2) 政府机关。政府机关掌握着丰富的信息资源。政府各管理机构发布的政策文件、对外公开的档案(如工商企业注册登记通告、上市公司业绩报告、专利、标准等)、政府出版物(如研究报告、统计资料、各类白皮书等)都是企业重要的信息来源。与政府机关保持良好的合作关系，有利于企业及时了解各方面的政策法规性信息，指导企业的决策与行动。

(3) 社团组织。通过学会、协会等专业和行业团体，可以收集到本系统、本行业内部通讯、专业简报等非公开出版物，是企业获得最新技术、了解同行情况的重要途径。

(4) 各种会议。各种研讨会、洽谈会、展览会、展销会、交易会、现场会、发布会、演示会等是企业获得外部环境信息和竞争对手信息的重要途径。这些会议或会展资料是其他途径难以收集到的，因而对于企业竞争战略决策具有不可替代的参考作用。

(5) 个人关系。通过人际关系渠道采集到的信息往往是不曾公开发表的，有时甚至带有一定的机密性质。利用各种社交场合广交朋友，在交往接触、聚会闲聊中可以探听到许多新动态，常常会在有意无意之间收集到自己所需要的信息。

(6) 协作伙伴。在现代社会经济日益走向全球一体化和区域集团化的大趋势下，一个企业与其他有业务联系的协作企业已经形成"一损俱损，一荣俱荣"的战略伙伴关系。企业间的业务联系越密切，其信息交流量也就越大。目前许多企业正在兴建的企业外联网(Extranet)就是在 Internet/Intranet 技术基础上开发的、与 Intranet 相连的企业战略伙伴协作网。通过Extranet，把与本企业有业务合作关系的企业——从供应商到经销商连成一体，不仅可以使企业更有效地进行供销链管理，而且可以通过协作伙伴更为迅捷准确地获取有关信息，从而更好地把握住竞争机会。

(7) 用户和消费者。从用户和消费者那里可以得到大量的需求和反馈信息，因此，任何企业都应十分重视疏通与用户和消费者的联系渠道，加强与用户和消费者的信息沟通。当前兴起的企业电子商贸网(E-market)同样是基于 Internet/Intranet 技术建立的企业产品销售与用户服务网。通过 E-market，企业不但可以开展联机销售，为用户提供在线支持和培训，而且可以随时征集用户和消费者的意见，不断提高服务水平，改进产品质量，从而增强企业的竞争实力。

(8) 外部信息网络——Internet。当代社会正逐步走向信息时代。信息时代的主要特征之一，就是信息资源的充分开发和有效利用。现在社会上的信息资源已经非常丰富，各种各样的信息媒体、信息系统、数据库等借助先进的计算机网络技术已经联结成一个有机的整体，为人们获取和利用信息资源提供了极大的方便。仅以全球最大的计算机互联信息网络——Internet 为例。Internet 是用通信线路联系起来并共同遵守 TCP/IP 协议的各种局域网和广域网所构成的超级信息网络。通过 Internet，每个用户都可以利用灵活方便的网络信息服务方式，如通过基于菜单的信息查询(Gopher)、基于关键词的文本检索(WAIS)和基于超文本的多媒体信息浏览(WWW)等，采集到丰富多彩的信息资源。越来越多的图书馆、数据库、出版社和书店以及国际组织、政府机构和企业都将在网上提供各种各样的信息服务。特别是利用 WWW 搜索引擎，如国外的 YAHOO、ALTAVISTA、LYCOS、WEBCRAWLER，国内的搜狐(www.sohu.com)、中文查询引擎(www.searchchina.com)、YEAH(www.yeah.net)等，就可以在浩瀚的网络信息海洋里依靠这些导航台的帮助迅速准确地查询到最丰富的相关信息。

3.3.4 信息资源采集方法

信息资源采集的方法依据信息的类型和性质不同而有所不同。根据信息源和信息资源采集途径的差异，信息有动态信息与静态信息、公开信息与非公开信息之分。动态信息是指直接从个人或实物信息源中发出，且大多尚未用文字符号或代码记录下来的信息；静态信息是指经过人的编辑加工并用文字符号或代码记录在一定载体上的信息。公开信息是指来自大众传播媒介、公共信息服务或其他公开渠道的信息；而非公开信息通常是指来自非公开途径甚至采取了一定保密措施的信息。一般来说，静态的、公开的信息便于采集，也易于滞后；而动态的、非公开的信息虽然难以收集，却有着更高的使用价值。常用的信息资源采集方法如表 3-1 所示。下面主要介绍三种信息资源采集的方法，问卷调查法和访问交谈法是最基本的，也是最重要的动态信息资源采集方法，网络信息资源采集法是针对网络信息资源采用的采集方法。

表 3-1 信息资源采集的常用方法

采 集 途 径	信 息 类 型	
	动 态 信 息	静 态 信 息
公开信息	问卷调查法	预订采购法
	参观考察法	信息检索法
	专家咨询法	日常积累法
非公开信息	访问交谈法	交换索要法
	技术截获法	委托收买法
	敲诈利诱法	抢劫窃取法

1. 问卷调查法

问卷调查法是调查者就某些问题向有关人员(被调查者)发放调查表(问卷)，填妥回收后可直接获取调查对象的有关信息的方法。作为有目的、有计划、有组织的信息资源采集活动，问卷调查一般包括以下几个步骤。

1) 设计问卷

问卷调查成功与否，首先取决于问卷的设计。问卷设计必须围绕调查目的和调查对象来确定调查内容，然后在此基础上规划调查项目，编制调查问卷。调查问卷通常包括前言(说明调查目的和填写要求等)、调查项目(被调查者的基本情况、需要被调查者回答的一系列具体问题等)和结语(谢辞和联系地址等)。问卷设计应当注意的问题如下。

(1) 问卷格式应清晰，长度要适中。问卷格式的重要性不亚于问题本身的重要性。不适当的格式会造成答案的遗漏、混淆，甚至导致被调查者拒绝回答问题。按照一般规则，问卷应当整齐清晰，每一提问后的空白要留得尽可能大些。有人担心这会使问卷看上去太长，于是把几个问题并在一行，或简化问题，然而这种做法是错误的。因为将几个问题写在一行中，会使被调查者忽略后面的问题；简化的提问容易引起误解；人们也并不喜欢页数虽少但第一页却会花费过多时间的问卷，反而喜欢虽然初看页数不少但轻而易举就能填完第一页的问卷。

(2) 调查项目的安排要合理，并注意问答形式。问卷的提问顺序应遵循从简单到复杂、先易后难的原则，最好以最有趣的问题开头，以吸引被调查者的兴趣。问答形式可选择结构式问答或开放式问答。结构式(或称封闭式)问答要求被调查者从预先设计好的一系列答案中选择答案，如两项选择法、对比选择法、多项选择法、排序选择法、程度选择法等；开放式(亦称自由式)问答是指被调查者可根据问题自由回答，没有任何固定的答案限制。结构式问答内容明确、形式规范、回答简便，易于对问卷进行标准化处理和定量分析，但被调查者只能在所拟答案范围内回答问题，不能对问题做充分说明。开放式问答有利于被调查者根据个人的实际情况和认识充分发表意见，易于收集到较全面、深入的信息，但由于被调查者的认知差异会使答案内容水平不一，且形式不规范，不便于整理归纳。鉴于两种问答形式各有优缺点，因此有的问卷设计也采取两种形式相结合的方法。这时在项目安排上一般是结构式问答在前，开放式问答在后。

(3) 提问时的语言应通俗易懂，明确具体，尽量避免专业术语和模糊概念。应避免交叉性的或双重性的问题，也要避免倾向性的或暗示性的问题，更要避免敏感性的或窘迫性的问题。

2) 选取样本

调查对象样本的选取问题直接关系调查结果的代表性和准确性。由于调查的组织、目的、对象、内容不同，一般社会调查经常采用的取样方式有普查、重点调查、典型调查、个案调查和抽样调查等。问卷调查主要采用抽样调查方式来选取样本。

抽样调查是从研究总体中按照一定要求抽取一部分(即样本)进行调查分析，并以此来推断总体的方法。抽样总是会存在误差的，因此抽样调查的一个主要问题是如何保证样本对于总体的代表性，把抽样误差控制在一定范围内。这就要求采用合理的抽样方法进行调查。经常采用的抽样方法有概率抽样和非概率抽样。概率抽样是按照概率原理进行的，具体可分为以下几类。

(1) 简单随机抽样。简单随机抽样也称单纯随机抽样，即在对研究总体进行编号的基础上运用随机数字表抽取样本。从总体中抽出的个体所占的比例称为抽样比例。这种方法适合在调查总体数量不大、总体中个体单位差异不大(即同质性高)的情况下使用。

(2) 系统抽样。系统抽样又称等距抽样，即在对总体进行编号排序的基础上按照固定间隔抽取样本。两个被抽出的个体之间的标准距离称为抽样间距，用总体数除以样本数，即可求得抽样间距，为避免偏差，总体编号以及在第一个抽样间距中抽取的编号必须是随机决定的。

(3) 分层抽样。分层抽样亦称类型抽样，即在对总体按照同质性进行类型划分(分层)的基础上，根据各个同质层在总体中所占的比例用简单随机抽样或系统抽样的方法在每层中抽取一定比例的个体构成样本。这种方法可得到更大程度的代表性，减少抽样误差，适用于总体数量较多，且内部差异较大的调查对象。

(4) 整群抽样。整群抽样亦称集体抽样，是先将总体按一定标准分成许多群或集体，然后随机抽取若干群或集体作为样本实施逐个调查。这种方法的优点是抽样单位比较集中，调查工作经济简便；缺点是样本分布不均匀，代表性较差。

(5) 多段类集抽样。先将总体按照一定标准划分成若干类集作为一级抽样单位，再将一级单位分成若干小的类集作为二级抽样单位。依此类推，还可分出三级、四级单位。然后，依照随机原则，先在一级单位中抽取若干单位作为一级样本，从中再抽取二级样本，如此还可以抽出三级、四级样本。这种方法能够综合各种抽样方法的优点，特别适用于总体范围大、单位多、情况复杂的调查对象。

与概率抽样试图完全排除主观因素影响的做法相反，非概率抽样则在抽样中加入了某些人为的主观标准。这类方法的经济性和可行性较好，也适用于难以确定总体的场合，特别是当调查者对总体情况比较熟悉，而总体的同质性程度又比较高时。其主要方法有以下几类。

(1) 方便抽样。方便抽样亦称偶遇抽样，即按照研究对象的可得性抽取样本。这种方法简便易行，费用少，精确性和代表性却很差。虽然经常被采用，但绝不是一种科学的、合格的抽样方法。一般只适用于探索性、试验性调查或作为正式调查的准备工作。

(2) 判断抽样。判断抽样亦称目的抽样，即按照研究目的与要求，根据调查者的主观判断来选择确定样本。为防止主观片面性，使用该法时要对总体的有关特征有相当的了解。

(3) 定额抽样。定额抽样亦称配额抽样，即按照一定的标准和比例分配样本数额，然后由调查者根据分配的样本数额自行选择适合条件的样本。这是非概率抽样中使用较多的一种方法。

3) 实施调查

实施调查应有一定的计划和组织，并对调查者进行适当的培训。必要的话，可先进行试点调查，对调查方案及时进行反馈修正，然后再全面展开。问卷的发放可采取快递、面呈、报刊登载、网站发布、微信发布等方式。一些机构也常常允诺给寄回问卷的被调查者以纪念品，或将回收的问卷编号进行抽奖以提高回收率。

通过问卷调查采集信息方便易行，且涉及面广、费用较低。但问卷调查也存在着误差控制和回收率的问题，而且在信息竞争日益激烈的今天，往往被非公开的内部信息源所拒绝。因此必要时可结合访问交谈法一起进行。

2. 访问交谈法

访问交谈法是通过访问信息资源采集对象，与采访对象直接交谈而获取有关信息的方法。这类方法是通过信息资源采集人员与被采访者的直接接触来实施的，因此可达到双向沟通、澄清问题的效果，便于对有关问题进行深入探讨，也便于控制信息资源采集的环境，提高信息资源采集的针对性和可靠性，有时甚至会得到意外的收获。但由于费用较高，且受访谈人员的素质和水平影响较大，故不适合大规模开展，一般适用于信息资源采集范围较小、问题相对集中、需要收集实质性详细信息的场合。

根据访谈对象，访问交谈法可分为个别访谈和集体访谈。个别访谈环境比较自由，谈话没有拘束，往往可获得较深层次的有时甚至是秘密的信息，但对于来自个人角度的信息，其客观性和完整性需经判断和验证；集体访谈或称座谈会，集思广益可获得较多的信息，且可通过互相补充提高信息资源采集的质量，但集体访谈易受从众行为影响，有时会出现随声附和或言犹未尽的情况。

根据访谈方式，访问交谈法可分为电话采访和面谈。电话采访可能是最快捷、省钱而有效的方法，但缺点是不便讨论复杂的问题；面谈的优点是直观和信息量大，缺点是成本较高且不易安排。

根据提问形式，访问交谈法可分为导向式访谈、非导向式访谈和随机提问式访谈。导向式访谈又称结构式访谈或标准化访谈，是信息资源采集者严格按照事先列好的访谈提纲或问卷向受访者发问，让被访问者一一作答。这种方法的针对性和目的性都很强，得来的资料比较规范化，便于整理和数量分析，但信息资源采集范围只限于既定问题。非导向式访谈，亦称非结构性访谈或非标准化访谈，是指采访者事前未拟定详细提纲或问卷，不进行引导性提问，仅就有关主题请被采访者不受拘束地自由发言。这种方法可避免提问时的导向性偏差，使受访者能自然而充分地表达自己的意见，保证信息的真实性。随机提问式访谈则是介于上述两种方法之间的一种访谈方法。即采访者事先虽未拟定具体提问，但在访谈过程中可根据被采访者的谈话不断提出问题，深入挖掘有关信息。这种形式比较自由活泼，但其效果在很大程度上取决于采访者的访谈技巧和应变能力，取决于采访者对有关事物的熟悉程度以及善于抓住关键性问题的敏感意识和捕捉能力。

运用访问交谈法采集信息，一般要进行以下三个阶段的工作。

1) 准备阶段

访谈前认真做好准备是访谈成功的基础。访谈准备工作主要有以下几个方面。

(1) 选择访谈对象。访谈法的高成本和直接性都要求我们必须认真仔细地选择访谈对象。为此首先应根据信息需要列出所有的潜在信息源，然后确定优先考虑的个人信息源，并按重要性程度和访谈次序分别列出可能直接进行访谈的人员名单。访谈对象的选择要注意两个问题。

一是选择关键人物。虽然每一个人都是一个独立的信息源，但不同的人其信息能级却有天地之差。因此一定要尽力去采访最关键的人物，特别是那些处于关键位置、掌握重要信息的主管人员和专家。用企业家哈默的话说，"只与顶尖人物打交道"。这些关键性人物虽然联系起来会难上十倍，但他们提供的帮助会是普通人的百倍。因此，应充满勇气，满怀热忱，不卑不亢，越是有信心越能获得成功。

经常与高水平的人交流，向有真知灼见的人请教，不仅能及时获得十分有价值的信息，而且对个人的能力成长也有极大的好处。

二是利用人际关系网络。重要的信息首先是在朋友圈子中交流，在友谊和信任的基础上传播。因此，信息采集人员需要在平时花大力气建立良好的人际关系网络，要真诚地去发展友谊，长期合作，互相信任，而不是势利地现用现交。通过人际关系建立起稳定、可靠的外部信息网，不论是对个人发展，还是对企业竞争，都是十分重要的。

(2) 拟定访谈提纲。无论是导向式访谈还是非导向式访谈，都应事先针对访谈目的、中心议题和提问方式拟定一个访谈提纲。对于导向式访谈，可以把提纲细化为按一定提问顺序排列的标准化问卷；对于非导向式访谈，提纲无须确定所提问题的措辞，亦无须排定提问的次序。拟定提纲的主要目的是便于在访谈中把握节奏并在恰当的时候结束交谈，同时可以准备遭到拒绝时的应对之策，但是在访谈过程中不能机械地根据提纲进行。

(3) 尽量提前与被采访者取得联系，确认访谈时间、地点、人物等。可能的话，应预先将访谈目的和采访内容通知被采访者，使他们有一定的思想准备。

(4) 携带必要证件和有关资料，以便在需要时展示。

2) 实施阶段

访谈实施的过程大体上可分为接近被采访者、提出询问问题、引导和追询、访谈结束等几个环节。访谈是一个信息游戏，所以你有可能在打了数个电话、见了几个人之后才找到一位能为你的问题提供答案的人。应该清醒地认识到，只有极少数人才掌握大量需要的信息，以至于要采集信息的 90%都是由 10%的采访对象提供的。所以，大可不必因为几个人不予合作而精神不振。信息采访人员除要满怀热情，具有敬业和奉献精神外，还要注意掌握一些访谈技巧。

(1) 接近技巧。首先要设法接近被采访者。接近被采访者的第一个问题就是要有恰当的称呼。一般来说，称呼应入乡随俗，亲切自然。接着就应采取适当的方式进一步接近被采访者。常用的方式有：自然接近——在某种共同活动，如学习、开会、乘车、住宿、就餐、跳舞的过程中接近对方；求同接近——在某一方面寻求共同点，如同乡、同学、共同的经历或兴趣爱好等均可成为最初交谈的话题；友好接近——从关怀、帮助被采访者入手来联络感情，建立信任；正面接近——即开门见山，先做自我介绍，说明采访目的，请求予以协助；隐蔽接近——以某种伪装的身份、伪装的目的接近对方，并在对方未察觉真相时了解情况。无论采用何种方式，都要以友好、热情、平等的姿态去接近访谈对象，决不可只图自己方便而强加于人。

(2) 沟通技巧。要使被采访者毫无拘束地讲出真实情况，就要善于创造一个融洽的沟通氛围，以找到共同语言，缩短心理距离。按照一般规则，采访者在衣着服饰方面应当干净整洁，并尽量与被采访者相似；在观念和感情上应当找到一种联系，设法取得认同和共鸣。一个合格的采访者应能迅速确定被采访者最容易与什么样的人相处，最喜欢与什么样的人交谈。如果采访者能成为被采访者喜欢与其交谈的人，他的采访就会更加成功。

(3) 提问技巧。如何巧妙地提出你要了解的问题，使答问者乐于回答？一般来说，应设法将疑问句变为陈述句，因为陈述往往比提问更易获得信息。或者采取分层的办法，将问题划分成几个类型或等级，让被采访者从中选择其一。如果完全不知道问题存在的范围或线索，也可以采用故意说错的办法。因为人们常常有不自觉地去纠正他人错误说法的习惯倾向。

(4) 引导技巧。与提问不同，引导不是提出新的问题，而是帮助被采访者正确理解和回答已经提出的问题。当访谈遇到障碍不能顺利进行下去或偏离原定采访计划时，就要及时引导和控制；如果被采访者对问题的理解不正确，就应该用对方听得懂的语言做出具体解释或说明；如果被采访者一时遗忘了某些具体情况，就应该从不同角度、不同方面帮助对方进行回忆；如果被采访者离题太远，就应该寻找适当的时机，采取适当的方式，有礼貌地把话题引入正轨……引导的方法是多种多样的，要根据具体情况灵活处理。然而，一个绝对必要的原则是，引导必须是中性的，不能影响问题的性质，使回答造成偏差。

(5) 追问技巧。追问是更深入的提问，是更具体、更准确的引导。有时被采访者会回答含糊甚至答非所问，这就需要用到追问技巧。最好的追问方式是沉默。如果采访者默默无语做出准备记录的样子，被采访者就很有可能打破沉默做出进一步的说明。适当的追问可以是表示怀疑、惊奇、感叹的短句，或者是对回答的自我理解和简单重复。追问是经常需要的，但是，如果被采访者坚决拒绝答复，就应该转移到另一个话题，不要穷追不舍，刨根问底，使人感到厌烦。

(6) 记录技巧。访谈时要做记录，当然出于礼貌考虑可先征求对方同意。记录要"原汁原味",不要企图去总结、分段或改正语法,以避免过早掺入个人倾向性意见。有时被采访者可能不擅长表达或不愿意说明。这时如果采访者能够观察到被采访者的动作语言或从其他方面理解其意义,就应当在准确记录回答的词语部分之外,在页边写下自己的观察和理解,以及做此种解释的原因。

3) 整理阶段

对访谈结果要尽快进行整理,根据记忆及时发现和解决错记、漏记等问题,不清楚的重要事实或数据还应找被采访者核实。同时,要根据访谈获取的最新信息不断修正访谈名单,逐步建立和完善一个人际信息网络,为今后的信息资源采集工作打下良好的基础。

3. 网络信息资源采集法

网络信息源所承载的网络信息资源具有信息量巨大、涉及范围广、增长速度快、结构类型复杂、信息价值不一及表现形式多样等特点,除表 3-1 罗列的方法以外,针对网络信息资源的特点,可使用基于网络检索工具、基于推送技术、基于网络爬虫的网络信息资源采集方法。

(1) 基于网络检索工具的信息资源采集。基于网络检索工具的信息资源采集方法是网络信息资源采集最常用的一种方法,主要包括搜索引擎、站点导航、邮件列表、网络数据库及其他专门信息检索工具等。

搜索引擎是根据一定的策略,运用网络爬虫收集互联网上的信息,并对信息进行组织和处理后,为用户提供检索服务的系统。信息资源采集人员根据信息资源需求,设置合适的检索词,按一定的检索策略实施信息检索,采集需要的信息资源。全文搜索引擎主要有百度、谷歌等;目录搜索引擎主要有搜狐、新浪、网易分类目录等;元搜索引擎主要有 InfoSpace、Bbmao 等。

站点导航是一个聚集了较多网址,并按一定条件进行分类的网络目录。信息资源采集人员可通过站点导航中的网址访问需要的信息资源,从而达到信息资源采集的目的。目前使用较多的站点导航有 hao123 网址导航、360 网址之家、2345 网址导航等。

邮件列表是建立在互联网上的电子邮件地址集合,利用这一地址集合,邮件列表使用者可以方便地将相关信息发送到邮箱中。通过邮件列表,信息资源采集人员可以获得感兴趣的信息资源。百度、谷歌等提供的分类或关键词邮件新闻订阅服务就属于邮件列表服务。

网络数据库,又称网络版文献数据库。通常是指一些专业文献信息以二进制编码的方式存在,按一定的数据结构,有组织地存储在计算机中,且计算机能够识别和处理的数据集合。使用者可以通过网络连接到数据库中进行文献的查询和检索。网络数据库包括综合性的全文数据库、引文数据库、专题文摘数据库等,详细信息可查阅信息资源检索章节。信息资源采集人员可以通过网络数据库检索到需要的权威的文献资源,如中国知网、万方、SCI、EI 等数据库。

(2) 基于推送技术的信息资源采集。推送技术是指通过客户端与服务器端建立链接关系,客户端可以接收到服务器端不定时发送的信息。对于客户端来说,这个过程就是信息资源采集的过程。通常客户端需要事先订阅或发布信息资源需求,服务器端可以根据订阅或发布的情况将信息资源推送给客户端。

(3) 基于网络爬虫的信息资源采集。网络爬虫也称网络机器人、网页蜘蛛,是一种按照一定规则,自动抓取万维网上信息的程序或者脚本。万维网上的网页数量大,遍布在全球各个角落的服务器中，而且网页是迅速动态变化的，因此利用网络爬虫采集网络信息资源，需要明确抓取的目的和需求，让采集的信息更有针对性。

3.4 ▶ 信息资源序化

序化就是把杂乱无序的事物整理成有序的状态。信息资源序化是指对采集到的信息资源，按照一定的科学方法，对信息资源的外在特征和内容特征进行选择、标引、组织序化、改编重组，将无序信息资源转换为有序信息资源的过程。

3.4.1 信息资源序化的基本过程

信息资源序化的基本过程包括信息资源选择、信息资源标引、信息资源组织序化和信息资源的改编重组四个过程，最终形成有序的信息资源，以方便信息用户进行检索和利用。

1. 信息资源选择

从信息管理者的角度看，信息资源选择就是根据用户的需要，从社会信息流中把符合既定标准的一部分挑选出来的活动，是信息内容、传递时机、获取方式等信息流要素与用户需要相匹配的过程。信息选择活动的开展是以选择主体对社会信息现象的认识为前提的，是人的主观认识与客观现实的相互作用。由于客观条件的限制，或者是受人的主观因素的影响，在初始信息选择——采集活动中经常会出现信息失真、信息老化甚至信息混乱等问题。要想精简信息数量，提高信息质量，并控制信息的流速流向，就必须对从各类信息源采集来的信息进行优化选择。

1) 信息选择的标准

信息选择的基本依据是信息使用者的最终需要。用户的信息需要是复杂多变的，因而这只能是信息选择的原则性依据，而不是具体的标准。对于不同的用户，信息选择的标准当然有所不同；即使对于同一用户来说，其选择标准也因时间、地点和环境条件的不同而发生变化。对于不同内容、不同类型的信息，信息优化选择的标准也有许多差异。而且，随着选择层次的不断深入，信息选择的标准也在不断发生相应的变化。一般来说，信息选择的标准主要有以下内容。

(1) 相关性。相关性是指信息内容与用户提问的关联程度。相关性选择就是在社会信息流中挑选出与用户提问有关的信息，同时排除无关信息的过程。美国信息检索系统专家兰卡斯特(F.W.Lancaster)认为，相关性概念是建立在信息检索的匹配理论上的。在信息检索中，匹配是指信息及其著录与检索策略、用户提问或信息需求之间的相互一致性关系。这时，相关性表示的是信息内容与用户问题之间的关系的主观判断。显然，相关性的判定是相当含糊的，因为我们无法准确地测量出信息与提问的接近程度。但它毕竟表明了信息与提问之间的相关关系，并因而成为信息优化选择的基础标准。

(2) 可靠性。可靠性是指信息的真实性，即信息内容能否正确地反映客观现实。可靠性判断也就是要鉴别信息描述的事物是否存在，情况是否属实，数据是否准确，逻辑是否严密，反映是否客观等。影响可靠性的因素有很多：有人类认知能力的局限，也有主体心理状态的影响；有信息采集方法的失误，也有信息传递过程中的干扰。可靠性对于用户的问题解决具有重要意义,因为只有准确可靠的信息,对决策才有参考价值。特别是经过层层选择,信息冗余度越来越低,用户不便重新判断挑选,可靠性就显得愈发重要了。

(3) 先进性。先进性有时间和空间两方面的含义。表现在时间上,主要指信息内容的新颖性,即创造出的新理论、新方法、新技术、新应用,更符合科学的一般规律,能够更深刻地解释自然或社会现象,从而更正确地指导人类社会实践活动。表现在空间上,主要指信息成果的领先水平,即按地域范围划分的级别,如世界水平、国家水平、地区水平等。先进性是人们不断追求的目标,但先进性的衡量标准因人、因时、因地而异,没有统一的固定尺度。

(4) 适用性。适用性是指信息适合用户需要、便于当前使用的程度,是信息使用者做出的价值判定。由于用户及其信息需要的多样性,信息的适用性在很大程度上是随机多变的,它受用户所处的自然与社会环境、科技与经济发展水平、人的因素、资源条件以及组织机构的管理水平等很多因素的制约。不注意这些方面的差异,就很难使信息达到适用性的要求。因此,在对信息进行优化选择时要密切注意用户信息环境的发展变化,立足当前需要,兼顾长远需要,综合考虑信息的适用性问题。

2) 信息选择的方法

信息选择是对初选信息的鉴别、筛选和剔除,是对社会信息流的进一步过滤和深层次控制,其主要任务是去粗取精、去伪存真,使信息流具有更强的针对性和时效性。信息选择的主要方法有如下几种。

(1) 比较法。比较就是对照事物,以揭示它们的共同点和差异点。通过比较,判定信息的真伪,鉴别信息的优劣,从而排除虚假信息,去掉无用信息,这是择优的基本方法。

运用比较法,首先应找出事物可比的共同基础,即比较对象的可比事项。信息的可比事项包括时间、空间、来源、形式等。

① 时间比较。同类信息按时间顺序比较其产生的时间,应选择时差小的、较新颖的信息,对于明显陈旧过时的信息应及时剔除。

② 空间比较。从信息产生的场所和空间范围看,在较大的区域,如在全国乃至全世界都引起了普遍注意或产生了广泛影响的事件更具有可靠性。

③ 来源比较。从信息来源看,学术组织与权威机构发布的信息可信度较高。

④ 形式比较。从信息产生与传播方式看,不同类型的信息,如口头信息、实物信息和文献信息的可靠性有很大不同。即使同为文献信息,如图书、期刊论文、会议文献等,因其具有不同的出版发行方式,质量也各不相同。

(2) 分析法。即通过对信息内容的分析判断其正确与否、质量高低、价值大小等。例如,对某事件的产生背景、发展因果、逻辑关系或构成因素、基础水平和效益功能等进行深入分析,说明其先进性和适用性,从而辨清优劣,达到选择的目的。

(3) 核查法。即通过对有关信息所涉及的问题进行审核查对来优化信息的质量。可以从以下三方面入手:一是核对有关原始材料或主要论据,检查有无断章取义或曲解原意等情况;二是按该信息所述方法、程序进行可重复性检验;三是深入实际对有关问题进行调查核实。

(4) 引用摘录法。引用表明了各信息单元之间的相互关系,一般来说,被引用次数较多或被本学科专业权威出版物引用过的信息质量较高。美国的《科学引文索引》(SCI)和《社会科学引文索引》(SSCI)就是衡量学术期刊论文水平的重要参考标准。另外，被文摘索引等著名检索工具摘录或在综述评论文章中有所反映的信息，其价值一般也比较大。

(5) 专家评估法。对于某些内容专业深奥且又不易找到佐证材料的信息，可以请有关专家学者运用指标评分法、德尔斐(Delphi)法、技术经济评估法等方法进行评价，以估测其水平价值，判断其可靠性、先进性和适用性。这类方法准确度高，但费用较高，一般只选择十分重要的信息成果时使用。

2. 信息资源标引

经过优化选择的信息要进行加工整理，确定每件信息在社会信息流这一时空隧道中的"坐标"，以便人们在需要时能够通过各种方便的形式查询、识别并获取该信息。要想在四维信息空间中标定一件信息的具体方位，关键是要确定该信息区别于其他信息的基本特征，并以适当的形式进行描述，使其成为该信息的标识。

一件信息之所以有别于其他信息，主要是因为它与其他信息在外表和内容两方面的特征都有所不同。信息外表特征包括名称、类型、表现形式、生产者、产地、日期、编号等；信息内容特征是指该项信息所涉及的中心事物和学科属性等。我们把对信息外表或内容特征进行描述的各种结果统称为数据项。

1) 数据项的确定

数据项是描述信息外表特征或内容性质，如题名、作者、出版、主题、学科、号码等的各个著录事项，也是构成数据库记录的最小单位和基础。数据项根据性质不同又可分为初等数据项和复合数据项。不能再分的数据项称为初等数据项，如文献数据库中的索取号、记录标识符等；由若干初等数据项组成的数据项称为复合数据项，构成复合数据项的各初等数据项分别称为该复合数据项的子数据项。数据项依描述对象及其加工要求而异。在文献数据库中，描述一篇文献特征和性质的各个著录事项(即数据项)的集合，就是一个文献记录。不同类型的数据库选用不同的数据项，其中以文献数据库的数据项为最多、最全。文献数据库应包含的数据项如下。

- 文献标识项——标识文献或记录特征的各种数字或符号。
- 代码项——表示文献某方面属性的代码。
- 记录信息项——有关记录的来源、生成日期和相关信息。
- 书目信息项——有关出版、印刷、发行方面的信息。
- 题名项——对文献题名的各种标识和表示方法。
- 角色说明项——责任者的名称及其相关说明。
- 主题描述项——文献标引、文摘及内容注释等。

数据项是对信息内容性质和外表特征的描述，任何一个数据项都可能成为未来数据库的检索入口，因此，数据项的选取恰当与否，不仅关系能否准确地代表所描述的信息，而且影响数据库的功能和检索效果。选取数据项时一般应遵循下述原则。

(1) 完整性原则。每一数据项都是从某一角度去描述信息某一方面的属性，各种数据项的组合便从不同的方面立体地反映出整个信息的特征和性质。因此，数据项选取的完整与否直接关系所描述信息的"完整度"和能否正确、全面地代表所描述的信息。选取数据项时，首先要尽可能地把必需的事项作为"必选项"挑选出来，然后再根据需要选取一定的"任选项"来更充分地表征整个信息。

(2) 标准化原则。数据项的定义和选取都应考虑有关的国际和国家标准。目前，国际标准化组织等有关国际组织和各国有关部门均已制定了许多有关信息处理与加工方面的国际标准、国家标准、行业标准和规范等。根据这些标准和规范的要求，在进行信息处理与加工作业时，必须按照规定的格式从中选择相应的数据项。在不能找到合适的数据项时，才允许参照标准规定的定义方法和格式自行拟订数据项。

(3) 方便性原则。信息加工的目的是为了方便使用，因此，数据项的选取应树立用户至上的思想，从多种角度充分揭示信息的内容、形态等特征，全面反映可供用户作为检索依据的各有关项目，尽可能设立较多的检索点，为用户提供更多的方便。为确保数据库系统预定的检索性能，凡是已经被选作检索点的项目，都必须在数据项中反映出来。

(4) 低冗余原则。尽管每个数据项在标准中都经过严格的定义，最大限度地消除了它的多义性和含混性，但事物之间的关系是复杂的，数据项的内涵和外延有时会产生交叉重复，从而形成数据冗余。数据冗余会给信息存储与更新带来很大麻烦，所以应尽量避免数据冗余。数据项选择不当是造成数据冗余的重要原因之一，因此，要控制数据冗余，就要从数据项选择入手。在满足需要的前提下，要严格控制表征一个信息记录的数据项数量。此外还要严格选择组成每个数据项的初等项，以避免数据重复。

(5) 灵活性原则。在选取数据项时，考虑到用户需要、专业性质、系统功能要求以及信息环境的具体情况等因素，应注意灵活变通，充分发挥每一数据项的实用功能。例如，在与有关标准规范尽量保持一致的基础上，数据项可根据用户需要和专业性质略做增删；对于不同类型和性质的数据库，数据项的选取也可以有所侧重。

2) 信息外表特征的加工

按照一定的标准，对存在于一定物理载体的信息的外表特征和物质形态进行描述加工的过程称为著录。在这一过程中，若干数据项按照一定的逻辑以一定的格式形成款目，众多款目再依一定规则排列即成为信息加工的最终产品——目录、题录、文摘索引或数据库等。

对于文献型信息来说，无论是印刷载体，还是缩微、声像、机读载体，国内外均有许多信息加工条例和标准对各类数据项的选取和描述分别做了规定和说明，只不过由于载体的差异而要对其载体形态特征做出特别描述。选定的数据项，须按规定顺序组织起来形成款目。款目记录格式依信息类型、加工方式和载体不同而异。

对于非文献型信息，如口头信息和实物信息等，有两种加工方法。一种方法是将口头信息和实物信息转化为文献型信息，如录音带、录像带、磁盘、光盘、照片、图片、幻灯片、投影片、电影片、缩微胶卷和平片、调查报告、笔记、说明书等，然后依规定格式进行加工；另一种方法是直接描述事物的名称、外形、内容、性能、生产者及产生时间、地点等，按规定格式记录下来，形成数据库之类的信息产品。

3) 信息内容特征的加工

信息内容特征的加工是指在对信息内容进行分析的基础上，根据一定规则给信息的内容属性予以标识，并做出描述的过程。这一过程通常称为信息标引。

信息标引是通过分析信息的主题概念、条目记录、内容性质等标引对象的特征，为它们赋予能够揭示有关特征的简明代码或主题语词标识，从而为信息揭示、组织和检索提供依据的信息加工方法。根据标引过程中所给出的标识形态和性质的不同，信息标引通常可分为以学科分类代码作为信息标识的分类标引(分类法)和以主题语词符号作为信息标识的主题标引

(主题法)两大类。

(1) 分类标引。分类标引是按信息内容的学科属性来系统揭示和组织信息的方法。通过分类标引，可以将具有共同学科属性的信息类聚在一起，并依据各类信息之间的学科关系把所有信息组织成一个有层次、有条理的整体。

分类标引的工具是分类法(或分类表)。著名的分类法有《杜威十进分类法》(DDC)、《国际十进分类法》(UDC)、《美国国会图书馆图书分类法》(LDC)、《冒号分类法》(CC)、《信息编码分类法》(ICC)、《中国图书馆图书分类法》等。分类标引的过程，就是根据既经选定的分类法，全面分析标引对象的特征，确定所属类目，并将标引对象的学科特征及有关信息，用分类法中规定的符号代码揭示出来。经过分类标引，杂乱无章的信息就可以按照分类法规定的序列组织排列成一定的学科体系。分类标引能较好地体现信息内容的学科系统性，把同一学科领域的信息集中在一起，把不同的区分开来，从而满足了用户按学科专业进行信息检索的需要。分类标引的缺点是：不熟悉分类体系的人不易使用，且不能适时反映新兴学科。

(2) 主题标引。主题标引是按信息内容的主题名称来系统揭示和组织信息的方法。所谓主题，是指某件信息所论及或涉及的事物，表达主题的词语称为主题标识(主题词)。通过主题标引，可以把有关同一主题的信息集中在一起，并将其按字顺排列起来。

主题标引的依据是主题法。主题法是一种以规范化或未经规范的自然语言作为信息主题标识的方法。按照选词原则、组配方式、规范措施和编制方法，主题法可分为标题法、元词法、关键词法和叙词法。

① 标题法是用规范化的自然语言作为标识(标题词)来表达信息内容的方法。标题词的来源主要是标引对象的名称或标题中通用的定型名词。标题词的汇编称为标题表，词间关系是预先组配好的，通过标题参照系统对同义词、多义词、相关词和上下位词等进行规范和显示。标题法直接、专指、通用性强，比较适用于特性检索。

② 元词法是通过若干单元词的组配来表达复杂主题概念的方法。元词又称单元词，是指用以描述信息所论及主题的最小、最基本的、概念上不能再分的词汇单位。元词法比较适合于标引和检索较专深的资料，可达到一定的专指度。但由于过多强调词汇单元化，因而会拆开复合词汇，造成假联系、假组合等歧义现象，产生误标和误检。

③ 关键词法是直接从信息资料的标题、正文或文摘中抽取能表达主题概念的具有实质意义的语词作为关键词，然后按字顺轮排以供信息检索的方法。关键词法直接采用自然语言的语词，能及时反映新的名词术语，灵活方便，且可由计算机自动抽词，标引速度快、费用低。但由于关键词未加规范，标引比较粗糙，不能反映词间关系，故漏检率和误检率较高，质量较差，因此一般适用于目的性不强的浏览性查找。

④ 叙词法是从叙词表中选取叙词，通过概念组配来描述信息资料的主题，使标引和检索达到更高专指度的方法。叙词是指以概念为基础，经过规范化和优选处理的，具有组配功能并能显示词间语义关系的词或词组。概括各门或某个学科领域并由语义相关、族性相关的概念和术语组成的规范化的动态性词典，就是叙词表。它是将标引或检索时采用的自然语言转译成规范化的"系统语言"的一种术语控制工具。叙词法吸收了诸法之长，具有直观、专指、灵活以及标引准确、查找方便等优点。

主题标引是对信息内容进行主题分析，确定主题概念，然后按照一定的词汇控制方式，为标引对象赋予恰当的语词标识的过程。与分类标引相比，主题标引可以集中有关一个主题的各方面信息，且直观性、专指性和适应性都比较好。就标引方式而言，主题标引可以采用非控方式，即自由标引方式，由标引人员直接从已有的描述标引对象内容和其他特征的语句中选择关键词或单元词作为标识；也可以采用受控方式，即从规范化的主题词表(包括标题表、叙词表)这类标引工具中选择相关的语词作为标识。虽然标引方式、标识形式和标引工具各不相同，但分类标引和主题标引的操作规程并没有多少特殊的地方，都要遵从一定的标引规则，以保证标引的准确性和一致性。

3. 信息资源组织序化

对每件信息的各种内外特征进行描述并确定其标识之后，必须按一定规则和方法把所有信息记录组织排列成一个有序的整体，才能为人们获取所需信息提供方便。根据用户的信息需要和信息查询习惯，常用的信息资源组织序化方法主要有：分类组织法、主题组织法、字顺组织法、号码组织法、时空组织法和超文本组织法等。这些组织序化方法将在 3.4.2 进行详细介绍。

4. 信息资源改编重组

由于当今社会信息资源数量庞大，内容繁杂，具有较高使用价值的信息往往淹没于低质量的信息海洋之中而无法发挥作用。即使经过信息选择与整理，相关信息的数量仍超过了人们的吸收利用能力。为此，社会要求信息资源组织活动进一步深化工作层次，对原始信息进行汇编、摘录、分析、综合等内容浓缩性加工，即根据用户需要将分散的信息汇集起来进行深层次加工处理，提取有关信息并适当改编和重新组合，形成各种精约化的优质信息产品。这就是信息改编与重组工作。按加工深度的不同，信息改编与重组的方法主要有汇编法、摘要法和综述法三种。

(1) 汇编法。汇编是选取原始信息中的篇章、事实或数据等进行有机排列而形成的，如剪报资料、文献选编、年鉴名录、数据手册、音像剪辑等。运用汇编法，基本上不需要对信息内容进行复杂的分析和浓缩，只要抽取有关的信息片断按一定方法编排加工，就可以方便及时地汇集某一专题或专业的资料。由于加工方便，制作简易，汇编法在信息整序工作中得到了广泛的运用。各种汇编也因其成本低廉、报道及时而受到广大信息用户的欢迎。

(2) 摘要法。摘要是对原始信息内容进行浓缩加工，即摘取其中的主要事实和数据而形成的二次信息产品。因其所摘取内容大多来自文字记录下来的信息，故又称文摘。按加工目的，可分为报道性文摘、指示性文摘和报道/指示性文摘。报道性文摘以向用户提供经过浓缩的实质性信息内容为主要目的，它能够简明、准确地揭示原始信息内容，是用户克服语言障碍、了解重要信息和难得信息的重要方式，一般不超过 400 字；指示性文摘以向用户指示原始信息的主题范围、适用对象为主要目的，它只是概括介绍原始信息的内容，不摘录任何具体数据，是用户了解信息源、决定信息取舍的重要依据，一般限制在 200 字以内；报道/指示性文摘是上述两种文摘的结合形式，即对原始信息的重点部分做报道性文摘，对其他部分做指示性文摘，通常不超过 400 字。

摘要法是在信息加工过程中对原始信息的主要内容进行简明扼要的摘录，以便更全面、更深入地揭示原始信息的方法。面向个人用途的摘要编写可以采取自己喜欢的方式，为信息检索系统编写的摘要则必须进行规范控制，即制定与推行统一的技术标准。1979 年，国际标准化组织公布了国际标准《出版物的文摘与文摘工作》。我国也于 1986 年发布了国家标准《文摘编写规则》(GB 6447—1986)，它规定了文摘的著录、要素、详简度和编写注意事项等，是文摘编写中应当遵照的准则。

(3) 综述法。综述是对某一课题某一时期内的大量有关资料进行分析、归纳、综合而成的具有高度浓缩性、简明性和研究性的信息产品。按编写手法的不同，综述可分为叙述性综述和评论性综述。叙述性综述只就有关某一专题的事实、观点、数据等大量资料客观全面地综合叙述，综述作者不发表自我见解，也不加以评论；评论性综述又称述评，它是在叙述性综述的基础上，加入综述作者对有关问题的见解和评论而形成的比较复杂的综述。由于这些见解和评论都具有研究性和创造性特征，述评可视为集信息分析研究与综合叙述为一体的高级信息产品。它除了像叙述性综述那样具有概括揭示和浓缩提炼原始信息的作用外，还能控制和鉴别原始信息的质量和价值，引导并促进信息资源的吸收利用。一份综述在手，用户就可以对某一问题的现状、动态、趋势等有基本的、概括的了解，因此，综述是深受广大信息用户重视，尤其为管理决策人员偏爱的信息资源组织成果。

综述是以大量原始信息记录和实地调查为基础编写而成的，其编写程序与科研论文的写作有类似之处。作者在写作过程中，首先从收集、整理、消化吸收大量的相关信息入手，然后对它们进行筛选、分析、压缩，把其中有价值的内容综合组织成一篇有条理的文章或报告。为保证信息综合的完整性、准确性和科学性，综述编写者应是在某一领域对某一问题有相当深入了解的专业研究人员或信息分析专家。综述是浓缩原始信息的产物，因此，综述往往要引用大量的参考文献。这些参考文献既是综述可信度的标志，同时对于用户来说又是重要的信息源指南。

3.4.2　信息资源组织序化的方法

由于社会信息资源现象的复杂性和用户需要的多样性，信息资源组织序化的方法也是非常丰富和广泛的，尤其随着互联网广泛而深入地发展，网络信息资源在社会信息资源所占的比重呈日趋激增的趋势。在网络环境下，随着信息资源、信息量、信息种类及传递速度的发展，网络信息资源呈现出无序性、不均衡性、非对称性、资源分布的动态性等特点，信息资源组织序化的方法也发生了深刻的变化。根据社会信息资源呈现出来的特点，主要介绍信息资源组织序化的基本方法和网络信息资源的组织序化方法。

1. 信息资源组织序化的基本方法

信息是对事物运动状态或变化方式的反映。而任何事物的运动状态或变化方式都包括外在形式、内在含义和效用价值三个方面，对应信息则分为了语法信息、语义信息和语用信息。对这三种信息的组织序化也成为信息资源组织序化的基本方法。

1) 语法信息组织法

语法信息组织法是根据信息的外在形式特征，按照一定的标准和规则组织信息的方法。较常见的语法信息组织法包括以下三种。

(1) 字顺组织法。字顺组织法是按照揭示信息概念、信息记录和信息实体有关特征所使用的语词符号的音序或形序来组织排列信息的方法。这是一种完全采用语词符号的发音与结构特征作为排序依据的方法，操作简单，应用广泛。各种字典、词典、名录、题名目录等大多采用字顺组织法。但是，用这种方法组织信息概念时，排序结果只能显示表达信息概念的语词符号在音、形方面的联系和差异，很少或基本上不能反映信息内容之间的联系。

(2) 号码组织法。号码组织法是按照每件信息被赋予的号码次序或大小顺序排列的方法。某些特殊类型的信息，如科技报告、标准文献、专利说明书等，在生产发布时都编有一定的号码。对于其他信息产品，有时为标明其来源、类型、性质、生产日期等，同样也需要给予相应的编号和代码。按号码对信息进行组织排列十分简便易行，尤其适用于计算机信息处理、存储与检索。国际有关组织和我国有关部门已经发布了许多标准化代码表。

(3) 时空组织法。时空组织法是按照信息概念、信息记录和信息实体产生、存在的时间、空间特征或其内容所涉及的时间、空间特征来组织排列信息的方法。任何事物都是在特定的时间与空间中产生、存在、运动着的，因此，时空组织法可用于对任何信息概念、信息记录和信息实体的组织排序。其结果，或者是按时间顺序把有关信息排列成一定的次序，如年鉴、大事记、历史年表等；或者是按空间位置把相关信息组织在一起，如国家、地区、城市、乡镇等；或者是交替运用时空特征以形成多层次的信息集合，如地方志等。随着超高速计算机技术、超大容量信息存储技术和虚拟现实技术的进步，在不远的未来，人类所拥有的全部信息资源将按全球时空坐标进行统一组织和管理，即构成所谓的"数字地球"。

2) 语义信息组织法

语义信息组织法是根据信息的内容特征对信息进行描述及组织序化的方法。常用的语义信息组织法有分类组织法和主题组织法。

(1) 分类组织法。分类组织法是依照类别特征组织排列信息概念、信息记录和信息实体的方法。按类别分析事物符合人类的认知习惯，因此，该法是一种普遍使用的信息组织方法，在社会活动的各个领域均可找到大量的实例，如分类目录、分类索引、分类词典、分类广告、分类展品陈列、分类统计报表等。对信息实施分类组织，需要对每一个组织排列对象的类别特征进行分析，为它们赋予分类代码或其他形式的类别标识，然后再按照类别的不同或分类代码的次序排列起来。在信息量不大、分类工作比较简单的情况下，人们可以采用自己拟订的简易分类方法来组织排序信息。当信息量较大、分类工作十分复杂时，则必须采用标准化的分类标引工具对所有信息进行分类标引，以保证信息组织排序的科学性和普适性。

(2) 主题组织法。主题组织法是按照信息概念、信息记录和信息实体的主题特征来组织排列信息的方法。该法给人们提供了一种直接面向具体对象、事实或概念的信息查询途径。学术论文以及书刊内容的组织中采用的标题、章节次序等可视为较简单的主题组织法。大规模、系统化的信息资源组织活动，往往以详细揭示和有序排列主题概念为主要特征，因而需要以主题标引为基础。即首先分析标引对象，从中抽取能够代表主题特征的语词，如关键词和单元词，或者用标题词表和叙词表规范与主题有关的语词，然后再按照一定的排序规则，把标引过的每件信息按照主题的异同组织起来。主题组织法主要用于各种信息检索工具或检索系统记录单元的组织，如主题目录、主题文档、书后主题索引等。

3) 语用信息组织法

语用信息组织法是根据信息的实际效用和价值来组织信息的方法。语用信息组织法要体现信息使用者的个性化需求，主要包括权重组织法、概率组织法、特色组织法和重要性递减法。

(1) 权重组织法。权重组织法是根据信息的重要性不同来组织信息，针对不同信息设置不同的权重值，再通过复杂的计算，根据权重值大小来组织信息的方法。例如，报纸版面安排、电视节目安排、决策方案、质量评估等会用到这种方法。

(2) 概率组织法。概率组织法是根据事件发生的概率大小来组织序化信息的方法。这种组织序化方法往往是在未全知信息的情况下使用，如体育赛事胜负的预测、期货的交易等。

(3) 特色组织法。特色组织法是根据用户某方面的特殊需要组织序化信息的方法，如美食信息、旅游信息等。

(4) 重要性递减法。即根据信息的重要程度组织序化信息的方法，如《人民日报》的版面信息，第 1 版头条新闻往往是最重要的信息。

2. 网络信息资源的组织序化方法

网络信息资源组织序化的目的是为了让人们更好地访问信息资源，更好地利用信息资源。对网络信息资源的组织序化，是根据网络信息资源本身的特征，对网络信息资源进行加工处理、排列组合，使它们系统化、有序化。对网络信息资源的组织序化可以按加工处理的深度分为网络一次信息资源的组织序化、网络二次信息资源的组织序化和网络三次信息资源的组织序化。

1) 网络一次信息资源的组织序化方法

(1) 自由文本方法。自由文本方法是对非结构化的文本信息进行组织与处理的一种方式，通常用于全文数据库的构建。它将一本书籍、一篇论文、一份报纸或一份杂志的全部文本内容输入计算机中，使之成为计算机可以阅读和处理的文本，再用自然语言来表述这些文本中的知识单元，根据整个文本的自然状况设置检索点。这样用户可以直接用自然语言检索需要的文本。

(2) 超文本方法。超文本方法改变了传统线性组织文本的思路，以节点为基本单位，节点之间通过超链接连接起来，将网上的文本信息组织成网状结构，用户可以从任意节点开始，根据节点直接的连接关系，从不同角度浏览和查阅信息。超文本方法这种非线性方式组织文本信息比线性组织文本信息更方便灵活，更符合人们的思维方式。

(3) 超媒体方法。多媒体技术的发展促进了信息表达形式的多样化。信息可以是文本形式，也可以是图形、图像、声音、动画等多媒体形式。超媒体方法就是将超文本与多媒体技术结合起来组织网络信息资源的主要方式，它将文本、图形、声音、图像等多媒体信息以超文本方式组织起来，以更生动形象、灵活方便地展示信息之间的关联。

2) 网络二次信息资源的组织序化方法

一次信息是原始的信息资源，二次信息是对一次信息进行加工、整理后产生的一类有序化、系统化的信息。目前，网络二次信息资源的组织序化方法主要有以下几种。

(1) 搜索引擎方法。搜索引擎是在互联网上专门提供给用户快速查询网络信息资源的一种检索工具，是网络二次信息资源进行组织的主要方式之一。不同的搜索引擎提供了不同的检索界面，检索的内容和侧重点各有不同，但主要包括索引数据库、网页采集模块、检索模块三大部分。网页采集模块是利用网络爬虫来实现互联网上的网页收集，网络爬虫定期或不定期地向服务器发送 HTTP 请求，读取服务器返回的 HTML 网页，并进行解析、处理，提取网页中的链接并进行规范化，删除网页中的无用词提取词干。索引数据库存放的是网页采集模块收集来的网页信息，通常包括标题、摘要或简要的描述、关键词和网页的网址等。检索模块是接收用户输入的检索词，在索引数据库中匹配这些检索词对应的网页地址，并按一定顺序将匹配的所有网址及指向这些网址的链接反馈给用户。用户根据这些链接就可以找到所需要的网页信息。值得指出的是，搜索引擎所搜索的信息多，但质量参差不齐，因此查准率较低。

(2) 主题树方法。主题树方法是将网络信息资源按照某种事先确定的概念体系结构分门别类地逐层加以组织。用户通过浏览的方式逐层进行选择，直到找到需要的信息线索，然后链接到相应的网络信息资源。因此，使用主题树方法组织的网络信息资源简单易用，用户通过树型结构可以方便地定位到需要的信息，目的性强、查准率高。不足的是必须事先建立完整的分类体系，且分类体系不能过于繁杂，否则会增加用户的使用负担。主题树方法适用于组织专业性的网络信息资源。

(3) 数字图书馆方法。数字图书馆已经成为互联网信息资源的重要组织形式，通俗地说，数字图书馆就是虚拟的没有围墙的图书馆。数字图书馆方法是利用计算机相关技术处理和存储各种图文并茂的书籍，使用户可以通过网络不受时间地域的限制，方便地访问信息资源。数字图书馆除了提供传统图书馆的功能以外，还提供综合的公共信息访问服务。这种组织方法大大缩减了书籍所占的存储空间，维护的费用要低于传统图书馆的费用。

3) 网络三次信息资源的组织序化方法

三次网络信息资源的生成原理与二次网络信息资源的生成原理相同，是对二次网络信息资源的搜索和对已收集的二次网络信息资源的组织。元搜索引擎是网络三次信息资源组织的典型，它是一种基于搜索引擎的搜索引擎，并没有自己的索引数据库。元搜索引擎将多个搜索引擎汇集在一起，提供统一的检索界面供用户在多个搜索引擎中进行检索。用户将查询请求提交给元搜索引擎，并对搜索引擎、检索时间、结果数量等进行设置，元搜索引擎根据用户的检索设置要求将查询请求处理成不同搜索引擎能处理的格式，这些搜索引擎执行查询以后将结果返回元搜索引擎，元搜索引擎再对返回的所有结果进行去重、合并后提交给用户浏览使用。

3.5 ▶ 信息资源存储

信息资源存储是指将经过序化的信息资源按照一定的方式和顺序存储在特定的载体中的信息活动，目的是为了更方便地检索和使用信息资源。信息资源存储是信息资源组织的组成部分，是有组织的信息资源表现形式，是一种异时信息利用行为。就其主体而言，它是一个语用信息组织过程，它必须考虑两方面的因素：一是存储介质的空间容量问题，即如何高效地利用有限的存储空间；二是存储信息的利用问题。信息资源存储的最终目的是方便人们异时利用，若不考虑空间的集约，就可能妨碍人们对存储信息资源的利用。因此信息资源存储的关键就是设法在节约存储空间和提高信息资源利用率之间找到平衡点。

3.5.1 信息资源存储技术

随着科学技术的高速发展及海量数据存储需求的不断推进，信息资源存储技术发生着巨大变化。从传统的信息资源存储技术到现代信息资源存储技术，再到如今的云存储技术，为信息资源存储提供了更多的选择。

1. 传统信息资源存储技术

传统信息资源存储技术主要是指在纸介质上进行印刷存储的技术。通常是将油墨类的物质着墨在带有文字的印刷表面，再施以一定的压力转印到纸上，从而实现存储和传递信息。纸介质是最常用、最简单、使用历史最长的一种存储介质，迄今为止，纸介质仍然是使用最普遍的信息资源存储方式。但其也存在许多不足，如体积大、占用空间大、不易保管、查阅不方便，且易受潮、遭虫蛀，长期保存受限。

2. 现代信息资源存储技术

现代信息资源存储技术主要包括缩微存储技术、磁盘存储技术、光盘存储技术，它们在存储密度、存取时间、更新难易及存储成本上较传统信息资源存储技术更有优势。

(1) 缩微存储技术。缩微存储是用摄像机采用感光摄影原理，将印刷品上的信息资源缩微拍摄在胶片上，经过冲洗处理后作为信息载体保存起来。缩微存储技术的信息存储量大、存储密度高，相比传统信息资源存储技术来说，可以节省大量纸介质；缩微胶片体积小、重量轻，可以节省大量的空间；存储方法简单、价格便宜；保存期长，常温下保存期可达 50 年，在标准条件下可达百年；缩微胶片与原件一致，不易出错；采用缩微技术可将非统一规格的格式化、标准化，便于管理；缩微存储技术还可以与微电子、计算机和通信技术结合使用，以实现自动检索功能。其存在的不足是缩微胶片需要借助缩微阅读器才能阅读。

(2) 磁盘存储技术。磁盘存储是利用磁记录技术在涂有磁记录介质的旋转圆盘上进行数据存储。磁记录技术就是通过改变磁粒子的极性来在磁记录介质上记录数据。读取数据时，磁头将存储介质上的磁粒子极性转换成相应的电脉冲信号，并转换成计算机可以识别的数据形式；更新数据时，将计算机中的信息转换成电脉冲信号，再转化成磁记录介质的磁化强度，通过磁头将数据更新到磁介质中。早期的磁盘主要是软磁盘，俗称软盘；现在广泛使用的是硬磁盘，俗称硬盘，具有存储容量大、数据传输率高、存储数据可长期保存的特点；随之又出现多个硬盘连接在一起协同工作的磁盘阵列，大大提高了存取速度，同时提高了系统的可靠性。磁盘存储技术存在的不足就是当磁盘受到剧烈震荡时，磁介质表面容易被划伤，磁头容易损坏。

(3) 光盘存储技术。光盘存储就是利用激光和存储介质的相关作用，使得存储介质的性质发生变化而进行信息存储。在信息存储过程中，光盘存储技术以二进制数据形式存储信息，将信息进行二进制数据转化，从而输入到计算机主机，通过光调制器散发不同的光束，计算机对光束进行分析，进而记录信息。光盘存储技术经历了只读式光盘 CD-ROM 技术、一次写光盘 CD-R 技术、可擦写光盘 CD-RW 技术、DVD 技术、蓝光光盘技术、近场光存储技术、多阶光存储技术。采用光盘存储技术进行信息资源存储具有存储密度高、容量大、存储寿命较长、非接触式读写、信息的信噪比高、价格低等特点。

3. 云存储技术

云存储技术是云计算的一种服务模式，它将存储设备(虚拟服务器)部署在云平台，使用户能够按需获取存储空间。

关于云计算、云存储的详细描述请见本书第 8 章 8.10 节。

3.5.2　信息资源存储方式

1. 文件存储

文件存储是信息存储最为普遍的方法，在计算机发明之前，人们主要是以文字方式在纸介质中存储信息，一般采用笔记法、剪报法、卡片法等，将采集来的信息以文件或报告形式进行存储，以备查询、处理。这些纸介质的信息存储方法日渐被淘汰，下面重点介绍应用计算机技术的文件存储技术，文件存储方式是计算机系统中信息存储的最基础的方法。

文件是记录的集合，从信息科学的角度，可将文件分成两类：一类是操作系统文件，它的记录没有结构，不具有特定的含义，由算法或程序解释存储在文件中的语义或者语法含义，文件本身可以视为一个字符串或者位串，仅为存取、处理方便，把文件分成信息组，每个信息组称为一个记录，这些记录被顺序编号。另一类是数据库文件，这类文件的记录有一定的结构，含有关键字和若干属性等数据项。

文件在介质上的存储方式称为文件的物理结构。文件的物理结构有顺序、链式和随机三种基本方式，表现形式有顺序、索引和散列文件等。

(1) 顺序文件。顺序文件是按记录的逻辑顺序依次存储的文件，其特点是：

① 在第 i 条记录存储之前，必须先存取前面的 i-1 条记录；

② 新记录只能添加在文件尾部；

③ 更新文件的记录必须将整个文件复制一次。

(2) 索引文件。为了便于查找，在存储文件本身数据的同时，还存储着文件的目录，即文件的逻辑记录与它的存储地址的对照表，称为索引表，用这种方式存储的文件称为索引文件。

索引表中每个索引都登记着某记录的关键字值和它的地址(可用物理记录号代替)，按照关键字值由小到大的顺序把各索引项排列起来。索引表的长度大小比文件本身小得多。这样，在查询索引文件时，首先查找索引表，对索引表的查找结果可以确定要查找的记录是否存在，若存在可找到它的存储地址或位置，再进行存取。

(3) 散列文件。文件也可以像线性表那样，利用散列函数做散列存储，这样的存储文件称为散列文件或直接存取文件。散列函数 H 就是建立记录与记录存储地址之间对应关系的映射函数，通过散列函数 H，存取记录 K，只要把记录 K 的关键字值代入散列函数 H，就可以求得记录 K 的存储地址 H(K)，这样就通过散列函数直接存取文件。

散列函数实质上是关键字值空间与存储空间的映射关系。散列函数的构造与关键字值的分布有关，就是期望将关键字值空间均匀分布在存储空间中，目前散列函数的构造大多数采用所谓拼凑方式，这种方式使函数值计算不过于复杂，并且又能尽量均匀地把记录散布在某存储空间内，因此这种技术称为杂凑技术或散列技术。由于关键字值空间与存储空间不可能一一对应，即存在两个不相同的关键字值，通过散列函数计算的地址值却是一样的，这样就发生了碰撞或冲突。在构造散列函数时，必须尽量减少冲突，同时还必须考虑解决冲突的方法。

2. 数据库与数据仓库

(1) 数据库。上述的文件存储方式存在着许多不足，主要表现在：程序与文件过于相关，缺少程序和数据的独立性；处理程序必须过多地关心文件存储的细节；文件中的数据有大量冗余，修改和并发控制困难。人们通过大量的研究和实践，认识到必须建立专门的数据存储和应用技术，为人们科学地组织和存储数据提供方法、原理，并为人们提供对数据进行定义、操作和控制的工具，数据库技术便应运而生了。

数据库是指为了满足多个用户的多种应用需求，按一定的数据模型和数据结构在计算机系统中组织、存储，并能供用户使用的相互联系的数据集合。它由相关数据集合以及对该数据集合进行一定控制与管理的数据库管理系统(DBMS)构成。数据集合中的数据是结构化的、面向企业或组织的，它们能被各种应用所共享，有较小的数据冗余，相对于应用程序有较强的独立性；数据库管理系统是一组软件，它在建立、运行和维护数据库时对数据进行集中统一的控制和管理，因而使数据库能够准确、及时和有效地对数据进行检索和更新操作，并提供数据库的安全性、完整性和并发控制机制。

数据库的实现依赖于计算机的超高速运算能力和大容量存储能力。自 20 世纪 60 年代末数据库产生后，随着计算机技术的飞速发展和社会对信息处理的迫切要求，数据库技术得到了较快的发展。1969 年，IBM 开发了层次型的 DBMS 软件 IMS(information management system)，并用于阿波罗计划。20 世纪 70 年代初，美国数据库系统语言委员会下属的数据库任务组发布了 DBTG 报告，确定了网状数据库的概念、方法和技术。1970 年 E.F.Codd 提出了关系模型，为关系型数据库的发展奠定了理论基础。1976 年，IBM 研究人员发表了论文《R 系统：数据库关系理论》，全面介绍了关系型数据库的理论和结构化查询语言(SQL)，从而为关系型数据库管理系统的实现铺平了道路。目前，著名的关系型数据库产品有 Oracle，Ingres，Informix，Sybase，MS SQL Server，MySQL 以及 FoxPro 等。

(2) 数据仓库。随着市场环境竞争日趋激烈，信息系统的用户已经不满足于计算机处理日常事务，而是需要更全面的信息辅助决策活动，这就需要一种能够将日常事务处理中的信息转变成具有商业价值的决策信息的技术，而传统的数据库技术无法解决。这是因为决策活动需要更全面正确的集成数据、需要大量长时间的历史数据。数据仓库恰好可以满足决策活动对数据的要求。

数据仓库(data warehouse，DW)是一个面向主题的、集成的、随时间变化的、非易失性数据的集合，用于支持管理者的决策过程。它是从数据库发展而来的，与数据库相比仍存在着比较大的差异。从数据存储的内容来看，数据库只存放当前的业务数据，而数据仓库存放历史数据；从存储数据的目标来看，数据库中的数据是面向业务操作人员，提供事务处理的支持，而数据仓库是面向中高层管理人员，提供决策支持；从存储数据的特性来看，数据库中的数据是动态变化的，只要有业务操作数据就会被更新，而数据仓库是静态的历史数据，只能定期添加；从存储数据的结构来看，数据库中的数据结构复杂，用以满足不同业务处理系统的需要，而数据仓库中的数据结构较简单；从存储数据的访问频率和访问量来看，数据库中的数据要支持日常业务操作，因此数据访问频度高，但数据访问量少，而数据仓库中的数据访问频率低，但访问量要比数据库大；从对数据响应时间的要求来看，数据库中访问数据要求响应速度快，而数据仓库的响应时间要求不如数据库的要求高。

数据仓库中的所有数据都是围绕某一主题组织开展的，主题在数据仓库中可以用多维数据库方式进行存储，存储的主题数据不能像业务数据那样详尽，需要经过综合处理；数据仓库中的数据可以从业务处理系统中获取，将来自不同源数据库中的数据进行数据抽取、筛选、清理、综合等集成工作，形成集成性数据；数据仓库中的数据虽然不会像业务系统那样反映业务处理的实时情况，但数据仍然会随着时间的推移而发生变化，具有时变性，数据仓库必须能捕捉主题相关的变化数据，并将变化的数据反映到数据仓库中；数据仓库中的数据在相当长一段时间内保持不变，具有非易失性；数据仓库中的数据是面向主题的，因此需要围绕主题全面收集相关数据，形成该主题的数据集合，具有集合性；数据仓库中的数据是为管理层提供决策支持的。

数据仓库主要包括数据抽取工具、多维数据库、元数据、数据集市、数据仓库管理和访问工具几个部分。数据抽取工具是把数据从不同数据源中提取出来，进行必要的转化、统一，再存放到数据仓库中。多维数据库是数据仓库中数据存储的地方，同时提供海量数据快速查询的功能。元数据是描述数据仓库中数据的结构和建立方法的数据。数据集市是为了特定的应用目的或应用范围，从数据仓库中独立出来的一部分数据，从而为某一部分或某一领域的用户提供服务。数据仓库管理主要包括对数据仓库中的数据进行安全管理、数据更新管理、数据的备份和恢复管理、数据存储管理、元数据管理等。访问工具是为用户访问数据仓库提供的技术手段，包括数据查询和报表生成工具、应用开发工具、在线分析工具、数据挖掘工具等。

3. 云存储

云存储是从云计算概念中延伸而发展出来的一个新概念，是一种新兴的网络存储技术，它将各种不同类型的存储设备通过软件联合起来协同工作，共同对外提供数据存储服务。使用者可以在任何时间、任何地方，通过互联网连接到云上方便地存取数据。

从使用者的角度来讲，云存储不仅是在由许多存储设备和服务器构成的集合体中存储数据的地方，更是一种服务模式。因此，使用者使用云存储，实际上使用的是整个云存储系统带来的一种数据访问服务。从提供云存储服务的运营单位来讲，实现云存储涉及存储层、基础管理层、应用接口层和访问层。存储层是云存储最基础的部分，用于存放使用者的各种数据；存储层中的存储设备数量大、类型多、分布地域广，存储设备需要通过网络连接在一起，并由统一存储设备管理系统实现存储设备的管理、设备的监控和故障维护。基础管理层是云存储最核心的部分，用于实现多个存储设备之间的协同工作，对外提供同一种服务；同时为了确保云存储自身的安全和稳定，基础管理层需要实现对数据的安全管理，通过数据备份技术和容灾技术确保云存储中数据的安全稳定。应用接口层是云存储中非常灵活的部分，云存储运营单位可以根据实际业务类型开发不同的应用服务接口，提供不同的应用服务。如提供远程数据备份服务、网络硬盘应用服务、视频点播应用服务，这些服务的应用接口是不同的。访问层是提供给使用者登录云存储系统享受云存储服务的应用接口，不同的云存储运营单位提供的访问类型和手段会用不同。

云存储通常分为公有云存储、私有云存储、内部云存储和混合云存储。公有云存储是使用公有云来提供数据存储服务，使用者只为使用的资源付费，可以按需求来扩展或缩小存储空间，操作简单方便，如百度云盘、金山快盘、360 云盘、腾讯微云等。私有云存储是相对公有云存储来说的，从公有云存储中划出一部分作为私有云存储，只对受限的用户提供相应的存储服务。内部云存储和私有云存储相似，只是它位于企业防火墙内部，仅服务于授权的部分用户，如联想网盘。混合云存储将公有云存储、私有云存储和内部云存储结合在一起，主要用于按使用者要求的访问，尤其是临时配置容量的时候提供服务支持。

3.6 ▶ 信息资源组织案例

　　信息资源经过对用户信息需求分析、信息资源采集、信息资源序化和信息资源存储等过程，就可以形成信息资源组织的成果，而大量的信息资源组织成果又会成为人们进行信息检索的工具；通过这些信息检索工具，信息采集者又可以进行信息资源采集，进入信息资源组织活动。

3.6.1　索引数据库

　　索引数据库是将原始文献中某些有价值或重要的信息，如主题、书名、作者、机构等信息分别选择出来进行标引，并按一定的方式进行组织序化而形成的成果，主要方便使用者进行信息检索。索引数据库不仅是一种广泛应用的检索工具，同时还反映出某一文献主题内容、某一学科的最新观点和发展趋势。索引数据库的类型非常多，既有针对专业领域的索引数据库，也有综合领域的索引数据库。下面仅以中国科学引文数据库为例介绍网络版的索引数据库。

　　中国科学引文数据库(Chinese Science Citation Database，CSCD)由中国科学院文献情报中心创建于 1989 年，收录我国数学、物理、化学、天文学、地学、生物学、农林科学、医药卫生、工程技术、环境科学和管理科学等领域出版的中英文科技核心期刊和优秀期刊千余种，从创建到现在的论文记录 524 万余条，引文记录 7126 万余条。CSCD 除具备一般的检索功能外，还提供新型的索引关系——引文索引，使用者使用该功能可迅速从数百万条引文中查询到某篇科技文献被引用的详细情况，还可以从一篇早期的重要文献或著者姓名入手，检索到一批近期发表的相关文献，对交叉学科和新学科的发展研究具有十分重要的参考价值。中国科学引文数据库还提供了数据链接机制，支持用户获取全文。CSCD 检索首页如图 3-2 所示。

图 3-2　CSCD 检索首页

3.6.2　全文数据库

　　全文数据库是指收录有原始文献全文并能提供全文检索的一类文献数据库，集题录、文摘、全文于一体。全文数据库种类繁多，有光盘版、网络版；有文本型、图像型、多媒体型；

有综合型、专业型、专题型。下面仅以中国知识基础设施工程为例介绍全文数据库。

中国知识基础设施工程，简称中国知网(China National Knowledge Infrastructure，CNKI)，包括资源总库、行业知识服务与知识管理平台、专题知识库、研究学习平台等，CNKI 首页如图 3-3 所示。其中资源总库是 CNKI 信息资源服务的核心资源，包括中国学术期刊网络出版总库、中国博硕士学位论文全文数据库、中国重要报纸全文数据库、中国重要会议论文全文数据库、中国统计年鉴数据库、中国专利全文数据库等。中国学术期刊网络出版总库收录了国内学术期刊 8500 多种，内容覆盖自然科学、工程技术、农业、哲学、医学、人文社会科学等多个领域，全文文献总量达 5489 万余篇；产品分为十大专辑：基础科学、工程技术 I，工程技术 II，农业科技、医药卫生科技、哲学与人文科学、社会科学 I、社会科学 II、信息科技、经济与管理科学；十大专辑下设 168 个专题。中国博硕士学位论文全文数据库是目前国内相关资源最完备、高质量、连续动态更新的中国优秀博硕士学位论文全文数据库，累积博硕士学位论文全文文献 416 万余篇；覆盖基础科学、工程技术、农业、医学、哲学、人文、社会科学等各个领域。中国重要报纸全文数据库收录 2000 年以来中国国内公开发行的 500 多种重要报纸刊载的学术性、资料性文献的连续动态更新的数据库。中国重要会议论文全文数据库重点收录 1999 年以来，中国科协系统及国家二级以上的学会、协会，高校、科研院所，政府机关举办的重要会议以及在国内召开的国际会议上发表的文献；已收录出版国内外学术会议论文集 3 万本，累积文献总量 300 万篇。

图 3-3　CNKI 首页

3.6.3　门户网站

门户网站是指提供某类综合性互联网信息资源并提供有关信息服务的应用系统，如以提供新闻信息、娱乐资讯为主的综合性门户网站，以提供本地资讯、同城购物、求职招聘、旅游信息、酒店信息等地方生活门户网站，以宣传企业形象、产品或服务的企业门户网站，以展示各类政务信息、提供公众服务的政府门户网站等。现在互联网上的各类门户网站众多，下面以网易为例介绍综合性门户网站。

网易门户网站是网易公司推出的多种产品服务中的一种，为互联网用户提供以内容、社区等为核心的中文在线服务，内容涉及新闻、财经、科技、体育、汽车、娱乐、视频、旅游、教育、游戏、房产、家居、读书等主要频道。网易门户网站首页如图 3-4 所示。

图 3-4　网易门户网站首页

3.6.4　电商平台

电子商务是指通过使用互联网等电子工具在全球范围内进行商务贸易活动。按交易对象来划分，电子商务可以分为企业对企业的电子商务(B2B)、企业对消费者的电子商务(B2C)、企业对政府的电子商务(B2G)、消费者对政府的电子商务(C2G)、消费者对消费者的电子商务(C2C)等。目前大家熟知的电商平台有：天猫商城、京东商城、苏宁易购、网易严选、淘宝等。下面以京东商城为例介绍电商平台。

京东商城是综合网络零售商，是我国电子商务领域具有影响力且非常受消费者欢迎的电商平台之一。京东公司创始人刘强东先生在 2004 年开辟电子商务领域，正式开通京东多媒体网，于 2007 年正式更名为京东商城，是典型的 B2C 电商平台。京东商城作为专业的综合网上购物商城，销售数万种品牌、4020 万种商品，包括家电、数码通讯、电脑、家居百货、服装服饰、母婴、图书、食品、在线旅游等 12 大类的商品，活跃客户达 3 亿多。京东商城首页如图 3-5 所示。

图 3-5　京东商城首页

京东商城海量商品和消费者产生了从网站前端浏览、搜索、交易、评价到网站后端支付、收货、客服等多维度、高质量的海量数据。如何把海量数据转化为商业价值，是京东商城需要解决的问题。京东用户画像就是大数据在京东商城的一个典型应用。这些海量数据记录着消费者长期大量的网络行为，用户画像就是根据网络日志数据、用户行为数据、网站交易数据等，通过文本挖掘、机器学习、自然语言处理等方法对数据进行分析，以此还原用户的属性特征、社会背景、兴趣爱好、心理特征、购买能力、性格特点、社交人群等潜在属性。精准刻画人群特征，在特定的业务场景中，通过消费者的消费行为和需求分析，就可以把海量数据复原成用户形象，从而指导和驱动业务场景和运营，发现和把握蕴藏在消费者中的巨大商机。例如，根据不同的消费者，在不同环境下，根据画像来做个性化推荐，不仅可以提升用户消费体验，同时还可以提高消费者的购买效率。

参考文献

[1] 李兴国，顾东晓. 信息资源管理[M]. 北京：清华大学出版社，2015.

[2] 马费成. 信息资源开发与管理[M]. 北京：电子工业出版社，2014.

[3] 李佑成，龚玉平，赵振营. 信息资源管理[M]. 天津：天津科学技术出版社，2018.

[4] 郭秋萍，赵静，任红娟. 信息管理学[M]. 2 版. 北京：化学工业出版社，2017.

[5] 马费成，赖茂生，孙建军等. 信息资源管理[M]. 3 版. 北京：高等教育出版社，2018.

[6] 张帆等. 信息存储与检索[M]. 3 版. 北京：高等教育出版社，2017.

[7] 叶继元. 信息组织[M]. 2 版. 北京：电子工业出版社，2015.

[8] 陈君华，陈小龙，邱发林. 云计算基础与实践教程[M]. 昆明：云南大学出版社，2017.

[9] 陶皖. 云计算与大数据[M]. 西安：西安电子科技大学出版社，2018.

[10] 陈志泊，韩慧，王建新等. 数据仓库与数据挖掘[M]. 2 版. 北京：清华大学出版社，2017.

复习题

一、单项选择题

1. 下列不属于语法信息组织法的是(　　)。

    A. 分类组织法　　　　B. 时空组织法　　　　C. 号码组织法　　　　D. 字顺组织法

2. 下列不属于语用信息组织法的是(　　)。

    A. 权重组织法　　　　B. 主题组织法　　　　C. 特色组织法　　　　D. 概率组织法

3. 按照分类法和主题法对信息资源进行组织的方法属于(　　)。

    A. 语法信息组织方法　　　　　　　　　B. 语义信息组织方法

    C. 语用信息组织方法　　　　　　　　　D. 时空组织方法

4. 关于个人信息源特点说法不正确的是(　　)。

    A. 新颖性　　　　　　B. 主观随意性　　　　C. 瞬时性　　　　　　D. 隐蔽性

5. 关于实物信息源特点说法不正确的是(　　)。

　　A. 直观性　　　　　　B. 时滞性　　　　　　C. 零散性　　　　　　D. 真实性

6. 关于文献信息源特点说法不正确的是(　　)。

　　A. 系统性　　　　　　B. 易用性　　　　　　C. 垄断性　　　　　　D. 可控性

7. 关于数据库信息源特点说法不正确的是(　　)。

　　A. 多用性　　　　　　B. 主观随意性　　　　C. 动态管理性　　　　D. 技术依赖性

8. 下列不属于企业内部信息采集途径的是(　　)。

　　A. 市场营销部门　　　B. 研究开发部门　　　C. 社团组织　　　　　D. 内部信息网络

9 下列不属于企业外部信息采集途径的是(　　)。

　　A. 大众传播媒介　　　B. 政府机关　　　　　C. 社团组织　　　　　D. "葡萄藤渠道"

10. 属于网络一次信息资源组织序化方法的是(　　)。

　　A. 搜索引擎方法　　　B. 超媒体方法　　　　C. 数字图书馆方法　　D. 主题树方法

二、多项选择题

1. 信息资源组织序化的基本方法中，属于语法信息组织方法的有(　　)。

　　A. 字顺组织法　　　　B. 号码组织法　　　　C. 时空组织法　　　　D. 主题组织法

2. 网络信息源呈现出的特点包括(　　)。

　　A. 动态性　　　　　　B. 质量差异性　　　　C. 交互性　　　　　　D. 类型多样性

3. 属于网络二次信息资源组织序化方法的是 (　　)。

　　A. 数字图书馆方法　　B. 超文本方法　　　　C. 搜索引擎方法　　　D. 主题树方法

4. 云计算按服务模式类型可以分为(　　)。

　　A. 网络即服务　　　　B. 基础设施即服务　　C. 平台即服务　　　　D. 软件即服务

5. 信息资源组织的基本要求有(　　)。

　　A. 信息内容有序化　　B. 信息流向明确化　　C. 信息流速适度化　　D. 信息数量精约化

三、判断题

1. 信息资源组织的目的就是把无序信息流转化为有序信息流，形成更高级的信息产品。 (　　)

2. 个人信息源具有主观随意性，因此容易导致信息失真。 (　　)

3. 数据库信息源的内容新颖、检索效率高，且不受距离限制，并且对技术没有依赖性。 (　　)

4. 由于文献生产需要花费一定时间，导致文献信息源具有时滞性，因此文献信息源并不重要。

(　　)

5. 实物信息源中包含的信息往往是潜在的、隐蔽的，需要信息采集人员具有强烈的信息意识。

(　　)

6. 信息源不等于信息资源。 (　　)

7. "葡萄藤渠道"不属于企业外部信息采集的途径。 (　　)

8. 社团组织属于企业内部信息采集的途径。 (　　)

9. 按部署类型可将云计算分为私有云、公有云和混合云。 (　　)

10. 云存储是将各种不同类型的存储设备通过软件联合起来协同工作，共同对外提供数据存储服务。 (　　)

四、简答题

1. 什么是信息资源组织？简述信息资源组织的目的、基本要求和内容。

2. 简述信息资源采集的方法。

3. 简述信息资源组织序化的基本方法。

4. 什么是云存储？

5. 简述现代信息资源存储技术。

五、论述题

1. 针对网络信息资源，谈谈网络信息资源的组织序化方法。

2. 某零食生产企业希望开发门户网站宣传企业及生产的产品。为了收集门户网站相关素材，需要进行信息资源采集，请站在该零食生产企业的角度，谈谈信息资源采集的原则和途径。

3. 网上购物已然成为一种重要且流行的购物形式。对于商家来说，网上销售库存压力较小，经营规模不受场地的限制，现在越来越多企业通过网上销售以提高企业的经济效益和竞争力。电商平台是企业进行网上销售的主要场所，请站在信息资源组织的角度谈谈企业建立电商平台的主要事宜。

第 **4** 章
信息检索与管理方法

本章将介绍信息检索涉及的相关概念，包括信息检索的概念、类型与作用；信息检索的原理及流程；信息检索的方法和技术；信息检索的效果及其评价等，旨在使读者对信息检索与管理方法有个宏观的认识和了解。

4.1 ▶ 信息检索的内涵

信息检索(information retrieval)是用户进行信息查询和获取的主要方式，是查找信息的方法和手段。狭义的信息检索是指依据一定的方法，从已经组织好的大量有关文献信息集合中，查找并获取特定的相关文献信息的过程。广义的信息检索包括信息的存储和检索两个过程，是指信息按一定的方式进行加工、整理、组织并存储起来，再根据信息用户特定的需要将相关信息准确地查找出来的过程。一般情况下，信息检索指的就是广义的信息检索，如图 4-1 所示。

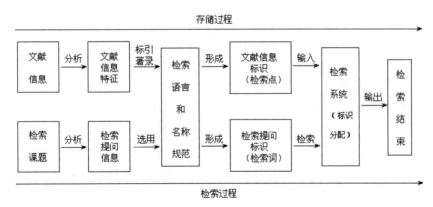

图 4-1　广义的信息检索

信息检索起源于图书馆的参考咨询和文摘索引工作，从 19 世纪下半叶开始发展，到 20 世纪 40 年代，索引和检索已成为图书馆独立的工具和用户服务项目。随着1946 年世界上第一台电子计算机问世，计算机技术逐步走进信息检索领域，并与信息检索理论紧密结合起来，脱机批量情报检索系统、联机实时情报检索系统相继研制成功并商业化。20 世纪 60 年代到 80 年代，在信息处理技术、通信技术、计算机和数据库技术的推动下，信息检索在教育、军事和商业等各领域高速发展，得到了广泛的应用。

4.1.1 信息检索的定义

信息检索作为一门新兴的边缘性交叉学科，仅有几十年的发展历史，其概念至今尚无统一的定义。这也反映了信息检索作为一个新学科的特点，其理论基础尚不完善，概念方法尚未明确统一，研究者们从各自的角度出发给出了不同的定义，归纳起来，代表性的定义有以下几种。

(1) 《图书馆学百科全书》认为，信息检索是指"知识的有序化识别和查找的过程"。广义的情报检索包括情报的存储与检索，而狭义的情报检索仅指后者。目前国内许多有关情报检索或信息检索的教材、工具书均采用此说法或在此基础上加以发展。

(2) 上海交通大学信息检索专家王永成教授认为，信息检索就是"可以从任意角度，从存储的多种形式的信息中高速准确地查找，并可以任意要求的信息形式和组织方式输出，也可仅输出人们所需要的一切相关信息的计算机活动"。这里强调的是"任意""多种形式"，且必须由计算机来完成。

(3) 信息检索专家叶继元教授在《信息检索导论》中认为，信息检索是从大量相关信息中利用人机系统等各种方法加以有序识别与组织，以便及时找出用户所需部分信息的过程。

广义上说，信息检索是指将信息按照一定的方式组织和存储起来，并能根据信息用户的需要找出其中相关信息的过程。信息检索的本质是信息用户的需求和信息集合的比较与选择，即匹配(match)的过程。从用户需求出发，对一定的信息集合(系统)采用一定的技术手段，根据一定的线索与准则找出(命中)相关信息的过程，就是信息检索。

人们对信息检索的认识是一个不断提高和完善的过程，随着信息量的激增、社会对信息的急迫需求，以及计算机、网络通信技术、多媒体技术、智能技术等的快速发展，信息检索的定义必将引入新的内涵。

4.1.2 信息检索的分类

用户的信息需求多种多样，信息检索技术也在不断发展变化，信息检索的类型可以从不同的角度进行划分。

1. 按检索内容分类

(1) 数据信息检索(data information retrieval)。数据信息检索也称数值检索，是从文件、数据库或存储装置中查找和选取所需数据的操作或过程，包括数值形式和非数值形式的数据。按查询问题的要求，分为简单检索(即单一因素的检索)和综合检索(即综合条件检索)。数据检索不仅能查出数据，而且能提供一定的运算、推导能力，辅助用户进行定量化分析与决策。例如，它可以回答诸如"某一新型载货汽车的载重量是多少？百公里油耗是多少"之类的问题。

(2) 事实信息检索(fact information retrieval)。事实信息检索也称事项检索，是以文献中的事实为对象，检索某一事件发生的时间、地点或过程，存贮的信息是各种事实，检索时可以对被检索的事实做某种逻辑推理，进行比较和分析，然后再输出有关某一事物的具体答案。

事实信息检索要求检索系统不仅能够从数据(事实)集合中查出原来存入的数据或事实，还能够从已有的基本数据或事实中推导、演绎出新的数据或事实。例如，系统中存储如下事实：①李明是 A 校学生。②A 校学生都学外语。如果该系统是事实检索系统，则它应当能回答某用户提出的"李明学外语吗"这类问题。

事实信息检索是信息检索中最复杂的一种，它要求系统中的数据和事实以自然语言或接近于自然语言的方式存储，不仅要存入各种数据或事实单元，还要存入各单元之间的语义关系、句法关系以及各种有关的背景知识，允许用户用自然语言提问，并能用自然语言作答，更重要的是，系统必须具有一定的逻辑推理能力和自然语言理解功能。目前事实检索通常还是依靠人工来完成。

(3) 文献信息检索(document information retrieval)。文献信息检索是将存储于检索数据库中的关于某一主题文献的信息查找出来的检索。它通常通过目录、索引、文摘等二次文献，以原始文献的出处为检索目的，可以向用户提供有关原文献的信息。例如，它可以回答"关于铁路大桥有哪些文献"之类的问题。

文献信息检索是一种相关性的检索，检索的结果是文献线索，还必须进一步查找才能检索到有关的一次信息。而数据与事实信息检索是一种确定性检索，检索的结果是可供用户直接利用的信息。

2. 按信息的组织方式分类

(1) 全文检索(full text retrieval)。全文检索是将存储于检索数据库中整本书、整篇文章中的任意内容查找出来的检索。它可以根据需要获得全文中有关章、节、段、句、词等的信息，也可进行各种统计和分析。例如，它可以回答"《信息资源组织与管理》一书中'信息检索'一共出现多少次"的问题。

(2) 超文本检索(hyper text retrieval)。超文本检索是对每个节点中所存信息以及信息链构成的网络中的信息检索。它强调中心节点之间的语义连接结构，靠系统提供的复杂工具进行图示穿行和结点展示，提供浏览式查询，可以进行跨库检索。

(3) 超媒体检索(hyper media retrieval)。超媒体检索是对存储的文本、图像、声音等多种媒体信息的检索，它是多维存储结构。与超文本检索一样，超媒体检索可以提供浏览式查询和跨库检索。

信息检索的分类方法很多，而且在不断地发展，新的分类方法不断出现，如按照信息检索途径可划分为直接检索与间接检索；按信息载体可划分为文献信息检索与非文献信息检索等。

4.1.3　信息检索的沿革与发展趋势

信息检索的发展历程可以划分为四个不同的历史阶段。

1. 手工检索阶段

信息检索直接发源于文献的文摘索引工作和图书馆参考咨询工作。1830 年柏林科学院出版了著名的文摘刊物《药学总览》，这一事件作为文摘刊物单独编辑出版并走向成熟的标志，一般被认为是手工信息检索工作的开端。20 世纪 70 年代初期，基于计算机技术的联机信息检索开始步入商业应用，在这段时间里，手工检索仍处于主流地位并达到其发展的高潮。

手工检索不需要特殊的设备，用户根据所检索的对象，利用相关的检索工具就可进行，手工检索的方法比较简单、灵活，容易掌握。但是，手工检索费时、费力，特别是进行专题检索和回溯性检索时，需要翻检大量的检索工具反复查询，花费大量的人力和时间，而且很容易造成误检和漏检。

2. 机械检索阶段

机械检索系统是 20 世纪 50 年代开始的用各种机械装置进行信息检索的机械系统，是手工检索向现代信息检索的过渡阶段。机械信息检索主要包括两种基本类型。

(1) 机电信息检索系统。即用打孔机、分类机记录二次文献，利用电刷作为检索元件。

(2) 光电信息检索系统。即用照相缩微技术记录二次文献，利用光电设备作为检索元件。

机械检索并没有发展信息检索语言，只是采用单一的方法对固定的存贮形式进行检索，而且过分依赖于设备，检索复杂、成本较高，检索效率和质量都不理想。

3. 计算机检索阶段

自 1946 年问世以来，计算机在信息检索领域的应用探索便不断取得突破与成功。计算机化的信息检索主要经历了早期的脱机批处理(off-line batch processing, 1954－1964)、后来的联机实时检索(on-line real time, 1965－1975)以及功能更为先进、强大的联机网络化和多元化信息检索(1975－1990)等不同发展阶段。

计算机化检索阶段的主要特点概括为以各类机读数据库为检索对象，各类情报所、联机服务中心作为新兴的信息服务部门而存在，信息检索用户逐渐由专业检索人员向个人终端用户转移。计算机检索不仅大大提高了检索效率，而且拓展了信息检索领域，丰富了信息检索的研究内容。

4. 网络检索阶段

信息检索随着社会信息化、网络化进程的发展，其主流平台迅速转移到以 WWW 为核心的网络应用环境中，信息检索开始步入网络化检索时期。一方面，基于 WWW 环境的各种搜索引擎系统发展迅速，另一方面，传统的联机检索服务系统和各种数据库检索系统也纷纷将服务平台转移到网络中来。

4.1.4　信息检索的作用

在当今信息社会，是否具备信息获取能力已成为衡量人才质量的重要标准之一。对于图书情报学、信息管理学的专业人员来说，掌握信息检索的理论与方法，不仅有利于本专业的学习与研究，而且有利于今后其他学科研究和事业的发展。具体说来，信息检索具有如下作用。

1. 信息检索是获取知识的捷径

掌握一定量的必要信息，是进行研究、做好工作的首要条件，也是进行正确决策的基本前提。信息检索可以有目的、较系统地获得某一主题的必要信息，以避免零散的、片面的，甚至虚假信息的干扰。

据估计，现在全世界每年出版图书 80 万种以上，科技期刊 8 万种以上，发表期刊论文大于 600 万篇，公开的专利说明书 100 万件以上，国际会议文献 1 万件，美、英、德、日等发达国家产生的科技报告为 20 万件左右。科技文献浩如烟海，必须具备一定的信息检索能力才能查找到有用的科技信息。

2. 信息检索是科学研究的向导

美国在实施"阿波罗登月计划"中对阿波罗飞船的燃料箱进行压力实验时，发现甲醇会引起钛应力腐蚀，为此付出了数百万美元来研究解决这一问题。事后查明，早在十多年前就有人研究出解决方案，方法非常简单，只需在甲醇中加入 2%的水即可，检索这篇文献的时间仅需 10 多分钟。

在科研领域，重复劳动在世界各国都不同程度地存在。据统计，美国每年由于重复研究所造成的损失，约占全年研究经费的 38%。日本有关化学化工方面的研究课题与国外重复的，大学占 40%、民间占 47%、国家研究机构占 40%，平均重复率在 40%以上。中国的研究重复率则更高。利用信息检索，提前了解科学研究中的相似成果，能够很好地解决重复劳动的问题，避免重复研究或者走弯路。

3. 信息检索是终身教育的基础

联合国教科文组织提出，教育已扩大到一个人的一生，唯有全面的终身教育才能够培养完善的人，可以防止知识老化，不断更新知识，适应当代信息社会发展的需求。

所谓信息素质(information literacy)，是指具有信息获得的强烈意识，掌握信息检索的技术和方法，拥有信息鉴别和利用的能力。中国的高等教育法明确要求大学生必须具备信息素质，包括确认信息的需求，确认解决某一问题所需要的信息类型，找到所需信息，对找到的信息进行评估、组织信息，使用这些信息有效地解决问题。通过学习信息检索的方法和原理，可以增强信息意识，提高检索技巧，从而有利于专业知识的学习，加速人才的培养。

4.2 ▶ 信息检索的原理与流程

如何从海量而杂乱的信息中快速、准确地检索需要的内容呢？这就涉及信息的整理、加工和利用等基本问题。遵循一定的科学原理，按照一定的科学方法将信息的形式和内容特征较准确地描绘出来，利用各种标识符号进行标记，并以人工或机器很容易识别的方式把信息组织起来，就能够为信息检索提供必要的条件；根据信息需求和已被有序化的信息检索数据库的情况，优化检索途径、步骤和检索词及检索式，就能快速、准确地获取所需的有用信息。有关这方面的知识就构成了信息检索理论和方法的一些主要内容。

4.2.1　信息检索的原理

从一般意义上讲，信息检索就是一种搜索过程，它是一种广泛的社会活动，如科学家的实验取证过程、刑侦人员的破案过程、最佳路径的形成过程等。信息检索具有如下特征：

(1) 有确定的目标。

(2) 有一个可能的信息求解的集合。

(3) 有一定的线索(即启发信息)。

(4) 搜索的过程是针对一定的目标，遵循一定的线索，不断缩小搜索范围的求解过程。

可以把信息检索的基本原理抽象概括为一句话：对信息资源集合与信息需求集合的匹配与选择。信息资源集合是指有关某一领域的、经采集和加工的信息资源集合体，是一种公共知识结构，它可以向用户提供需要的知识或信息；信息需求集合是用户在社会实践活动中产生的众多不同形态的信息需求的汇集。

为了在信息资源集合与信息需求集合之间建立起联系和沟通，以便能从信息资源集合中快速获取用户所需要的信息和知识，信息检索提供了一种"匹配"机制，这种机制的主要功能在于能快速把信息需求集合与信息资源集合依据某种相似性标准进行比较和判断，进而选择出符合用户需要的信息。信息检索的基本原理如图 4-2 所示。

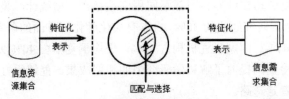

图 4-2　信息检索的基本原理

信息检索可以按照不同的标准分为多种类型,其中,文献检索是信息检索的主流和初始形式。文献检索的核心问题是实现文献特征与用户提问特征的匹配。为此,检索者一方面要清楚文献的组织结构,要具有"解构"的能力;另一方面要善于分析用户的提问,善于将用户的信息需求转化为可检索的概念术语。这是一个双向分析和匹配的过程(见图 4-3),是一个以满足用户信息需求为目标,以用户提问为线索,不断缩小检索范围并查找用户所需文献的过程。

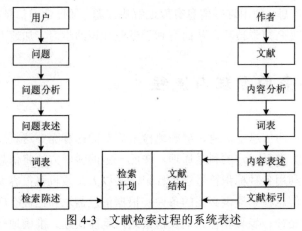

图 4-3　文献检索过程的系统表述

对于文献检索理论,相关性是一个重要的概念。一般认为,相关性是被检索出的文献与用户提问的相关程度,它本身是一个多层次的概念。根据信息组织的三个层次,可以把检索过程中系统和用户对被检索文献的相关性评估划分为对应的三个层次,如图 4-4 所示。

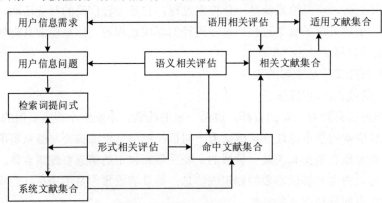

图 4-4　相关性评估层次示意图

图 4-4 左边的流程是信息检索过程的简化,其中,信息需求是指用户的一种心理状态,信息问题是用户信息需求的自然语言表述,检索词和提问式是用系统可接受的语言或符号系

统表示的用户信息问题。图 4-4 右侧是三种不同层次的相关性评估，其中，形式相关评估由系统硬件和软件完成，只考虑检索词或提问式与文献标识在形式(词形、句法)上是否匹配，若匹配则作为命中文献输出。语义相关评估由检索者完成，主要考虑命中文献与用户信息问题之间在语义或内容上是否匹配，若匹配即为相关文献。语用相关评估由最终用户完成，主要考虑命中的相关文献是否有实用价值，若符合用户信息需求即为适用文献。

文献检索是信息资源管理领域中信息检索的代名词，它的原理同样适用于其他形式的信息检索。但文献检索并不能涵盖信息检索，从更大的范围内考察，信息采集也是一种检索行为。如果说信息组织是一个"建构"的过程，那么信息检索就是一个"解构"的过程，是以用户提问为线索破解信息资源的结构并获取所需信息的搜索过程。因此，信息搜索理论是更为本质的信息检索理论，文献检索理论则是应用层面的一种信息检索理论。

4.2.2 信息检索的流程

无论作为一种方法还是一种技术，信息检索都表现为一种过程，该过程始于用户的信息需求而终于检索结果的输出。信息检索的流程就是信息检索的策略，所谓信息检索策略就是针对一定的检索目标，围绕信息检索过程而制订的具体实施计划或实施方案，其实质是对检索过程的科学规划。

信息检索工作是一项实践性和经验性很强的工作，对于不同的待检课题，将采用不同的检索程序，即文献信息检索的具体步骤和方法应因题而定、因人而异。但在实际检索工作中，还是可以依据信息检索的基本原理，归纳出文献信息检索的一般程序和步骤，以使检索工作有条不紊，取得较好的检索效果。

检索策略的制定一般首先需要分析检索课题、明确检索目的，选择检索工具与检索系统，确定检索词，构造检索表达式，实施检索策略、索取原始信息 6 个流程，如图 4-5 所示。

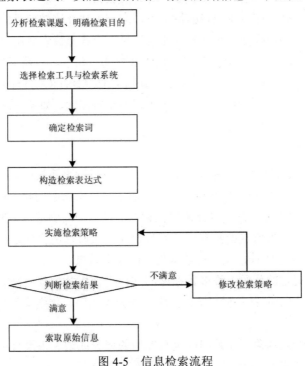

图 4-5 信息检索流程

1. 分析检索课题、明确检索目的

在检索之前，首先须对待检课题进行认真分析，明确检索的目的和具体需求，以便使用户的检索提问符合检索工作的要求，做到检索与提问一致，避免盲目检索。

在分析课题的基础上，还要辨明检索课题的类型，是查文献、查事实，还是查数据，以及要求查找文献信息的时间范围、学科范围等，以求对检索课题有个总的认识。分析检索课题应从以下几方面进行。

(1) 弄清用户信息需求的目的和意图。

(2) 分析课题涉及的学科范围、主题要求。

(3) 课题所需信息的内容及其特征。

(4) 课题所需信息的类型，包括文献类型、出版类型、年代范围、语种、著者、机构等。

(5) 课题对查新、查准、查全的指标要求。

2. 选择检索工具与检索系统

当检索课题明确以后，就要选择与课题相符、质量较高、检索手段比较完善的检索工具与检索系统。主要考虑该领域有哪些适用的工具，其出版时间和所概括的范围能否包括拟检的问题，其质量和权威性如何，是否具备多种检索途径等。一般对检索工具和系统的要求是：收录文献资料的专业广、类型齐全、数量大、报道速度快、文摘详细，并附有各种索引。

选择检索工具和系统关键是数据库的选择，因数据库的类型和学科范围不同，决定了它适用于不同的检索对象和满足不同的检索需求。选择数据库一般应该遵循以下几个原则。

(1) 按照课题的检索要求和目的，选择收录文献种类多、专业覆盖面宽、年代跨度对口的数据库。

(2) 当需要查找最新文献信息时，选择数据更新周期短的数据库。

(3) 当需要获取原文时，选取原文获取较容易的数据库。

(4) 在同时有多个数据库可供选择的情况下，应首先选择比较熟悉的数据库。

(5) 当几个数据库的内容交叉且重复率比较高时，应选择检索费用较低的数据库。

例如，只检索文献信息的题名、作者、出处和文摘等信息，可用书目文摘型数据库，如 MEDLINE (医学文摘)、INSPEC(科学文摘)、CHEMICAL ABSTRACTS(美国化学文摘)等；检索文字、图形、声像、计算机程序等信息，可用事实型数据库，如《中国法律法规大典》《中国雕塑史图录》《中国古典音乐大全》等。

3. 确定检索词

检索词是表达文献信息需求的基本元素，也是计算机检索系统中进行匹配的基本单元，检索词选择正确与否直接影响着检索结果。在全面了解检索课题的相关问题后，应提炼主要概念与隐含概念，排除次要概念，以便确定检索词。检索词的确定，一般有以下几种方法。

(1) 先选用主题词。当所选的数据库具有规范化词表时，应优先选用该数据库词表中与检索课题相关的规范化主题词，从而可获得最佳的检索效果。

(2) 选用数据库规定的代码。许多数据库的文档中使用各种代码来表示各种主题范畴，有很高的匹配性。例如，世界专利文摘数据库中的分类代码、化学文摘数据库中的化学物质登记号。

(3) 选用常用的专业术语。在数据库没有专用的词表或词表中没有可选的词时，可以从一些已有的相关专业文献中选择常用的专业术语作为检索词。

(4) 选用同义词与相关词。同义词、近义词、相关词、缩写词、词形变化等应尽量选全，以提高查全率。

4. 构造检索表达式

在实际检索过程中，仅需一个检索词就能满足检索要求的情况并不多，通常需要使用多个检索词构成检索策略，以满足由多概念组配而成的较为复杂信息检索的要求。

检索表达式是计算机信息检索中用来表达用户检索提问的逻辑表达式，由检索词和各种布尔逻辑算符、位置算符、截词符以及系统规定的其他组配连接符号组成。检索提问式构建得是否合理，将直接影响查全率和查准率，构建检索提问式时，应正确运用逻辑组配运算符。

(1) 使用逻辑"与"算符可以缩小命中范围，起到缩检的作用，得到的检索结果专指性强，查准率也就高。

(2) 使用逻辑"或"算符可以扩大命中范围，得到更多的检索结果，起到扩检的作用，查全率也就高。

(3) 使用"非"算符可以缩小命中范围，得到更切题的检索效果，也可以提高查准率，但是使用时要慎重，以免把一些相关信息漏掉。

另外，在构建检索提问式时，还要注意位置算符、截词符等的使用方法，以及各个检索项的限定要求、输入次序等。

5. 实施检索策略

构建完检索提问式后，就可以上机检索了。检索时，应及时分析检索结果是否与检索要求一致，再根据检索结果对检索提问式做相应的修改和调整，直至得到比较满意的结果。

(1) 检索结果信息量过多。产生检索结果信息量过多的原因可能有以下两点，一是主题词本身的多义性导致误检；二是对所选检索词的截词截得太短，在这种情况下，就要考虑缩小检索范围，提高检索结果的查准率。

(2) 检索结果信息量过少。造成检索结果信息量少的原因有以下几点，其一，选用了不规范的主题词或某些产品的俗称、商品名称作为检索词；其二，同义词、相关词、近义词没有完全运用；其三，上位概念或下位概念没有完整运用。针对这种情况，就要考虑扩大检索范围，提高检索结果的查全率。

6. 索取原始信息

根据确定的检索途径和检索方法，利用检索语言在检索工具中进行查找，获得检索结果，这一步是检索工作的真正实施，也是检索技能的充分体现。如果发现检索出的文献不符合检索课题的要求，还需要对检索策略进行及时的调整，调整的方面包括对检索工具、途径、方法与技术的选用调整，以获得最佳的检索效果。

大多数情况下，检索工具(系统)只能提供文献信息的线索，用户若要阅读原文，还需要通过馆藏目录、馆际互借、原文传递、直接向作者索取等渠道或方式获取原始文献。

总之，检索策略的好坏与检索表达式的建立、检索途径的选择、检索词的选用和检索词之间的逻辑关系直接相关，还与检索人员对语言学的了解、对事物的认知能力、专业知识水平有密切关系。另外对检索系统的特性和功能的掌握，以及外语水平都会影响信息检索的结果。一个好的检索策略，既可以优化检索过程，节省检索时间和费用，又可以获得最佳的查全率和查准率。

4.2.3　信息检索的途径

检索途径依赖于文献信息的特征，而文献具有两种特征：外部特征和内容特征。文献的外部特征主要是指文献载体上标明、易见的项目，有文献题名、责任者、序号、出版者、出版地、出版年等；文献的内容特征包括所属学科及所属主题等。因此，根据文献的外部特征和内容特征，可以将信息的检索途径分为两大类型。

1. 内容特征途径

(1) 分类途径。分类途径是指按文献内容的学科分类体系查找文献信息的途径。一般来说，一种检索工具的编制都须按学科建立自己的分类体系，其收录的文献按分类目录中的排序进行编排，这样编排的结果可将同一学科的文献集中，便于按学科查找文献。分类目录和分类索引是普遍使用的分类检索工具。

但是对于较难分类的新兴学科和边缘学科来说，利用分类途径查找不便。因为查找时须首先了解反映学科体系的分类表，再将概念变换为分类号，然后按分类号进行检索，由于概念变换为分类号的过程中易出差错，所以也会导致漏检和误检。

(2) 主题途径。主题是文献所表达的中心思想、所讨论的基本问题和研究对象。主题途径指根据表达文献主题内容的主题词及其派生出的关键词为标识查找文献信息的途径，主题途径的主要检索工具是主题目录和主题索引。

主题目录按文献内容主题词组织，以文献所讨论的主题直接检索，可以查到分散于各学科里同一主题的文献。主题索引是工具书辅助索引之一，它可揭示包含该主题的文献信息在文献正文中的位置。

主题途径检索文献信息的优点是用主题词作为标识，表达概念准确、灵活、专指度高，可使同一主题的文献集中，检索效率高，又由于主题词可随科技发展增加或更新，因此便于查找新兴学科的文献信息，在各学科和其分支交叉渗透日益增多的当前，主题途径较好地适应了这一要求。主题途径检索文献信息的缺点是主题索引缺少学科系统的整体性和层次性，因此，难以达到很高的查全率。

(3) 分类主题途径。分类主题途径是分类途径与主题途径的结合，它能够尽量避免两者的不足，取其所长。一般来说，它比分类体系更具体一些，无明显的学术层次划分，又比主题法概括一些，但保留了主题体系按字顺排序以便准确查检的特点。

(4) 其他途径。主要是指一些辅助检索途径，如按化学分子式排出的"分子式索引"，可提供一种从分子式角度查找化学化工文献的目的，另外还有化学物质索引、合金索引、地名索引等各种专门索引，以满足查检特定种类文献信息的需求。

2. 外部特征途径

(1) 著者途径。即通常所说的责任者途径，著者是指对文献内容负责或做出主要贡献的个人或团体，包括著者名、评者、编者等。著者途径是根据文献著(译、编)者的名称查找文献信息的途径，是外文检索工具较为重要的途径和惯用途径。按著者姓名字顺排列，易于利用和编排，也易于信息加工。

通过著者途径进行检索，可以查找特定学者、专家的最新论著，系统地发现和掌握他们的研究方向和研究进展。在使用著者途径检索文献时，需要注意的是检索系统对著者索引的编制规则和不同国家作者姓名的拼写。

(2) 序号途径。即利用文献的代码、数字编号进行查找，它的标识是书刊号、专利号、标准号等。

例如，国际标准书号 ISBN 由 13 位数字组成，共分五段。

第一段：书号前缀号 "978" 或 "979"。

第二段：组号，代表国家、语言或区位的代码，我国的组号为 "7"。

第三段：出版社代码，代表组内所属的一个具体出版者(出版社、出版公司等)。

第四段：书序码，由出版者给予每种出版物的编号。

第五段：校验码，ISBN 号的最后一位数值，它能够校验出 ISBN 号是否正确。

以武汉大学出版社出版的《图书馆学导论》为例，其中国标准书号是：ISBN 978-7-307-00211-6/G 53。其中，"7" 为我国的组号，"307" 为武汉大学出版社的代号，"00211" 为书名号，表示该书是出版社出版的第 211 种书，"6" 为校验码，G 为分类号，"53" 为种次号，即该书为 G 类的第 53 种书。

(3) 名称途径。名称途径也称题名途径、书名途径。题名是表达、象征、隐喻文献内容及特征的词或短语，是文献的标题或名称，包括书名、刊名、篇名等，文献题名有正题名、副题名和辅助题名。

名称检索途径是指根据文献题名查找文献信息的途径，它把文献题名按照字顺排列起来编成索引，其排法简单易行，易于查检。但因书名和篇名较长，不宜作为检索标识，又因不同文字的形体结构和语法结构有自己的特色，字尾变化复杂，所以难以把同样意义的文献集中于一处，实际使用价值已不为人们看好，而逐渐失去重视。

4.3 ▶ 信息检索方法和技术

信息检索方法是依据用户检索需求查寻所需文献、事实或数据的途径和步骤的总称。与信息检索技术相比较，信息检索方法更多的是在手工检索或思维的层面上界定的，信息检索技术则更多地与机器检索，尤其是计算机检索有关；信息检索方法的运用离不开各种信息检索工具(如目录、索引、文摘等)，信息检索技术的利用则需相关硬件和软件的支持。信息检索方法和信息检索技术是互相关联的统一体，从某种意义上说，信息检索技术就是信息检索方法在机器环境中的发展和应用，它们共同构成了连接信息资源和用户信息需求的纽带与桥梁。

4.3.1　信息检索方法

信息检索的方法多种多样，分别适用于不同的检索目的和检索要求。常用的信息检索方法有常规检索法、回溯检索法和循环检索法。

1. 常规检索法

常规检索法又称常用检索法、工具检索法，它是以目录、索引、题录或文摘等为检索线索，利用检索工具来查找文献的方法。使用此方法首先要明确检索目的和检索范围，熟悉主要的检索工具。根据检索方式，常规检索法又可分为直接检索法和间接检索法；根据检索要求，常规检索法又分为顺查法、倒查法和抽查法。

(1) 直接检索法。直接检索法是指直接利用检索工具进行信息检索的方法。直接检索法所使用的多为便捷型的工具，其中的信息是经过高度浓缩的知识产品，信息按主题概念构成条目，如以中文的笔画、笔形、汉语拼音、外文字顺等构成的各种字典、词典、手册、年鉴、图录、百科全书等，可以直接进入其相应的条目位置，获取所需信息资源。这种方法多用于检索一些内容概念较稳定或较成熟、知识性问题的答案，如事实性的检索和数据性的检索。

(2) 间接检索法。间接检索法是指利用检索工具间接检索信息资源的方法。根据不同的课题要求、不同的设备条件，可以选择最适当的方案来实施检索，其内容包含检索课题的分析、检索策略的制定、检索技术的应用等方面。

(3) 顺查法。顺查法是一种根据检索课题的起始年代，利用选定的检索工具，按照从旧到新、由远及近、由过去到现在的顺序逐年查找，直至满足课题要求为止的查检方法，也是一种掌握某课题全面发展情况的大规模的文献检索方法。顺查法由于是逐年查找，具有漏检较少、查全率高的优点；又由于检索需求明确，误检的可能性较小，查准率也较高，这种方法适用于围绕某一主题普查一定时期内的全部文献信息。顺查法的缺点是检索的工作量大，费时、费力，多在缺少评述文献时采取。此法可用于事实性检索，但更多地用于文献信息检索。

(4) 倒查法。倒查法与顺查法相反，是利用所选定的检索工具，按照由新到旧、由近及远、由现在到过去的逆时序逐年前推查找，直至满足课题要求为止的查检方法。这种方法多用于新课题、新观点、新理论、新技术的检索，检索的重点在近期信息上，只需查到基本满足需要时为止。倒查法的目的是获得某学科或研究课题最新或最近一段时间内所发表的文献或研究进展状况。此方法省时，查得的信息较新颖，但查全率不高。

(5) 抽查法。抽查法是一种利用检索工具进行重点抽查检索的方法。它是针对某学科的发展重点和发展阶段，拟出一定的时间范围，进行逐年检索的一种方法。使用这种方法检索效果和检索效率较高，但漏检的可能性较大，因此使用此法时必须熟悉学科的发展特点。

任何学科的发展，从整体上看都要经历高峰期和低谷期，而其发展高峰期所发表的文献数量要远远高于其低谷期的文献数量。抽查法就是有重点地检索学科发展高峰期的文献，只需付出较少的检索时间、人力和工作量，就可能获取较多的文献，从而提高检索效率。

2. 回溯检索法

回溯检索法又称追溯法、引文法、引证法，是一种跟踪查找的方式，即以文献后面所附的参考文献为线索，逐一追溯查找相关文献的方法。通过回溯法所获得的文献，有助于对课题的主题背景和立论依据等内容有更深的理解。该方法获得的文献针对性强，数量较多，在没有检索工具或检索工具不齐全的情况下，利用此法能够获得一些需要的文献资料。但受到引证文献间关系的模糊性和非相关性的影响，查全率往往不高，而且往前回溯年代越远，所获取的文献越陈旧。美国科学情报所于 1961 年出版了《科学引文索引》(*science citation index*，SCI)、《社会科学引文索引》(*social science citation index*，SSCI)，中国科学院情报中心 1995年 3 月编制的《中国科学引文索引》等都是回溯检索的有力工具。

3. 循环检索法

循环检索法又称交替法、综合法、分段法，即交替使用回溯法和常规法来进行文献检索的综合检索方法。检索时，先利用检索工具从分类、主题、作者、题名等入手，查找出一批文献信息，然后通过精选，选择出与检索课题针对性较强的文献，再按其后所附的参考文献回溯查找，不断扩大检索线索，分期分段地交替进行，循环下去，直到满足检索要求为止。同时，为提高检索效率，需要根据参考文献的特点，引用五年之内的重要文献，所以，可以跳过这五年，然后用检索工具再找出一批文献进行回溯，循环交替直至满足检索需要为止。它兼有常规检索法和回溯检索法的优点，可得到较高的查全率和查准率，尤其适用于那些过去年代内文献较少的课题。

在实际检索中究竟采用哪种检索方法，主要依据以下三个因素。

(1) 检索条件。即是否有充分的检索工具可利用，在没有检索工具的情况下，可采用以回溯法为主的检索方法。

(2) 检索要求。即查准、查快、查全，这三者之间是互相制约的，难以兼得。若要求以"查全"为主，则应采用顺查法或循环法；若要求以"查准"为主，则应采用倒查法；若要求以"查快"为主，则应采用抽查法。

(3) 检索背景。即待查课题所属学科发展情况，即该学科从何时开始研究，何时研究达到高峰，何时研究处于低谷等。若能准确地知道此背景，可采用以抽查法为主的检索方法。

4.3.2 信息检索技术

信息检索技术是指利用信息检索系统，检索有关信息而采用的一系列技术的总称，主要包括布尔逻辑检索技术、邻近检索技术、截词检索技术、字段限定检索技术和自然语言检索技术等。

1. 布尔逻辑检索技术

布尔逻辑检索技术(boolean logical search)是指在实际文献检索中，用户的检索需求是通过检索提问式表达的，逻辑算符在检索提问式中起着逻辑组配作用，它们能把一些具有简单概念的检索词(或检索项)组配成为一个具有复杂概念的检索式，用以表达用户的检索需求。常用的逻辑算符主要有以下几种。

(1) 逻辑"与"。逻辑"与"也称逻辑乘，用关系词"and"或"*"表示。A and B(或 A*B)表示两个概念的交叉和限定关系，只有同时含有这两个概念的记录才算命中信息。检索结果如图 4-6 所示，图中阴影部分即为同时包含 A 和 B 两个概念的命中文献。例如，检索"计算机 and 图书馆"的相关文献。

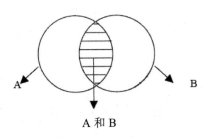

图 4-6 逻辑"与"示意图

(2) 逻辑"或"。逻辑"或"也称逻辑和，用关系词"or"或"+"表示。A or B(或 A+B)表示两个概念的并列关系，记录中只要含有任何一个概念就算命中信息，即凡单独含有概念

A 或单独含有概念 B 或者同时含有 A、B 两个概念的信息均为命中信息。检索结果如图 4-7 所示，图中阴影部分即为包含 A 或 B 的命中文献。例如，检索"微型计算机 or 电脑"的相关文献。

(3) 逻辑"非"。逻辑"非"也称逻辑差，用关系词"not"或"－"表示。A not B(或 A－B)表示两个概念的排除关系，指记录中含有概念 A 而不含概念 B 的为命中信息。检索结果如图 4-8 所示，图中阴影部分即为包含 A 且排除 B 的命中文献。例如，检索"能源 not 太阳能"的相关文献。

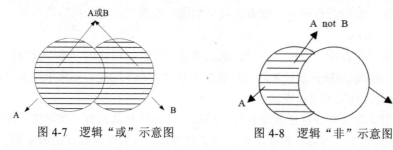

图 4-7　逻辑"或"示意图　　　　图 4-8　逻辑"非"示意图

在上述逻辑算符中，其运算优选级顺序为 not，and，or，但是可以用括号改变它们之间的运算顺序。例如，(A or D) and B，表示先执行"A or D"的检索，再与 B 进行 and 运算。

2. 邻近检索技术

邻近检索技术(proximity search)也称全文检索、位置检索，主要是通过检索式中的专门符号来规定检索词在结果中的相对位置，这是一种可以不依赖主题词表而直接使用自由词进行检索的技术方法。不同的检索系统其位置算符的表示方法不尽相同，美国 DIALOG 检索系统的位置算符的用法意义如下。

(1) (w)算符。(w)是 with 的缩写，可简写为( )。表示此算符两侧的检索词必须按此算符前后顺序相邻排列，词序不可变，且两词之间不许有其他的词或字母，但允许有一空格或标点符号。

例如，由 computer( )aided( )design 可检索出含有 computer aided design 的文献记录。

(2) (nw)算符。(nw)是 n words 的缩写，表示此算符两侧的检索词之间允许插入最多 n 个词，且词序不可变。

例如，laser(1w)printer 可检出含有 laser printer 和 laser color printer 的文献记录。

(3) (n)算符。(n)是 near 的缩写，表示此算符两侧的检索词必须紧密相连，词序可变，词间不允许插入其他词或字母，但允许有一空格或标点符号。

例如，computer(n)network 可检出含有 computer network，network computer 形式的文献记录。

(4) (nn)算符。(nn)是 n near 的缩写，表示此算符两侧的检索词之间允许间隔最多 n 个词，且两者的顺序可以颠倒。

例如，由 computer(2n)system 可检索出含有 computer system，computer code system，computer aided design system，system using modern computer 等形式的文献记录。

(5) (s)算符。(s)是 subfield 的缩写，表示两个检索词须同时出现在文献记录的同一子字段中，两词的词序不限，两词间插入词的数量不限。在文摘字段中，一个句子就是一个子字段。

例如，由 computer( )control(s)system 可检索出文摘中含有"This paper is concerned with an application of the computer control technique in an intelligent system for testing inner walls of pipes."这样一句话的文献记录。

(6) (f)算符。(f)是 field 的缩写，表示其两侧的检索词必须是在文献记录的同一字段中，而它们在该字段中的相对次序和相对位置的距离不限。

例如，water( )pollution(f)control 表示在同一个字段中(如篇名、文摘、叙词等)同时含有 water pollution 和 control 的文献记录均可检索出来。

3. 截词检索技术

所谓截词检索技术(truncation search)，是指在检索式中用专门的符号(截词符号)表示检索词的某一部分，以检索一组概念相关或同一词根的词，这种检索方式可以扩大检索范围，提高查全率。截词符一般用"？"或"*"表示，不同系统、不同数据库代表的含义有所不同。计算机在检索中遇有截词符时，将不予匹配对比，只要其他部位字符匹配，即算命中。

不同的检索系统其截词检索的表示是不同的。例如，美国 Dialog 系统用"？"表示截词符。截词检索的方式有多种，按截词位置可分为前截词、后截词、前后截词和中间截词。

(1) 前截词，也称左截词或后方一致。如由"？computer"可检索出含有 computer，minicomputer，microcomputer 等的文献记录。

(2) 后截词，也称右截词或前方一致。如由"computer？"可检索出含有 computer，computers，computerize，computerized，computerization 等的文献记录。

(3) 前后截词，即词干的前后各有一个截词符，如由"？computer？"可检索出含有 computer，computers，computerize，computerized，minicomputer，minicomputers，microcomputer，microcomputers 等的文献记录。

(4) 中间截词，也称"通用字符检索法"，凡前后端一致的词都能检索出，通常用于英美对某些词的不同拼写法。如由"defen*e"可同时检出 defence 和 defense。

4. 字段限定检索技术

字段限定检索技术是指限定检索词必须在数据库记录中规定的字段范围内出现的文献方为命中文献的一种检索方法。字段限定检索适用于在已有一定数量输出记录的基础上，通过指定字段的方法，减少输出篇数，提高检索结果查准率的场合。

不同数据库和不同种类文献记录中所包含的字段数目不尽相同，字段名称也有区别，常见的检索字段包括以下内容。

题名	Title	TI
文摘	Abstract	AB
作者	Author	AU
作者单位	CorporateSource	CS
刊名	Journal	JN
叙词	Descriptor	DE
语种	Language	LA
主题词	Subject	SU
文献类型	DocumentType	DT

字段限定检索技术的主要目的是为了缩小检索范围，以提高检索速度和命中率。检索案例如下：

(1) rice in TI。表示只在题名字段中查找相关文献。

(2) rice in SU。表示只在主题词中查找相关文献。

(3) rice in AB。表示只在文摘中查找相关文献。

(4) AU = Smith，J.C。表示只查作者为 Smith，J.C 的相关文献。

(5) LA =Chinese。表示只查语种为中文的相关文献。

5. 自然语言检索技术

自然语言检索技术(natural language search)是一种直接采用自然语言中的字、词甚至整个句子作为提问式进行检索的方法，又被称作"智能检索"(intelligent search)，特别适合不太熟悉网络信息检索技术的人士使用。支持自然语言检索的有中文的悠游，英文的 AltaVista、Excite、Infoseek、HotBot 等。

4.3.3 信息检索技术发展的新趋势

目前，信息检索已经发展到网络化和智能化的阶段，信息检索的对象从相对封闭、稳定一致、由独立数据库集中管理的信息内容扩展到开放、动态、更新快、分布广泛、管理松散的 Web 内容。信息检索的用户也由原来的情报专业人员扩展到包括商务人员、管理人员、教师学生、各专业人士等在内的普通大众，他们对信息检索从结果到方式提出了更高、更多样化的要求。适应网络化、智能化以及个性化的需要是目前信息检索技术发展的新趋势。

1. 智能检索

传统的全文检索技术基于关键词匹配进行检索，往往存在查不全、查不准、检索质量不高的现象，特别是在网络信息时代，利用关键词匹配很难满足人们检索的要求。

智能检索利用分词词典、同义词典、同音词典来改善检索效果，如用户查询"计算机"，与"电脑"相关的信息也能检索出来。进一步还可在知识层面或者概念层面上辅助查询，通过主题词典、上下位词典、相关同级词典，形成一个知识体系或概念网络，给予用户智能知识提示，最终帮助用户获得最佳的检索效果。另外，智能检索还包括歧义信息和检索处理，如"苹果"，究竟是指水果还是电脑品牌，"华人"与"中华人民共和国"的区分，将通过歧义知识描述库、全文索引、用户检索上下文分析以及用户相关性反馈等技术结合处理，高效、准确地反馈给用户最需要的信息。

2. 知识挖掘

知识挖掘目前主要指文本挖掘技术的发展，目的是帮助人们更好地发现、组织、表示信息，提取知识，满足信息检索的高层次需要。知识挖掘包括自动摘要、相似性检索和自动分类(聚类)等方面。

自动摘要就是利用计算机自动地从原始文献中提取文摘，在信息检索中，自动摘要有助于用户快速评价检索结果的相关程度，在信息服务中，自动摘要有助于多种形式的内容分发，如发往 PDA、手机等。

相似性检索技术基于文档内容特征检索与其相似或相关的文档，是实现用户个性化相关反馈的基础，也可用于去重分析。

自动分类可基于统计或规则，经过机器学习形成预定义分类树，再根据文档的内容特征将其归类。自动聚类则是根据文档内容的相关程度进行分组归并。

3. 异构信息整合检索和全息检索

在信息检索分布化和网络化的趋势下,信息检索系统的开放性和集成性要求越来越高,需要能够检索和整合不同来源和结构的信息,这是异构信息检索技术发展的基点,包括支持各种格式化文件,如 TEXT、HTML、XML、RTF、MS Office、PDF、PS2/PS、MARC、ISO2709等处理和检索;支持多语种信息的检索;支持结构化数据、半结构化数据及非结构化数据的统一处理;与关系数据库检索的无缝集成以及其他开放检索接口的集成等。

所谓"全息检索"就是支持一切格式和方式的检索,从目前实践来讲,发展到异构信息整合检索的层面,基于自然语言理解的人机交互以及多媒体信息检索整合等方面尚有待取得进一步突破。

另外,从工程实践角度来说,综合采用内存和外部存储的多级缓存、分布式群集和负载均衡技术也是信息检索技术发展的重要方面。

随着互联网的普及和电子商务的发展,企业和个人可获取、需处理的信息量呈爆发式增长,而且其中绝大部分都是非结构化和半结构化数据。内容管理的重要性日益凸显,而信息检索作为内容管理的核心支撑技术,随着内容管理的发展和普及,亦将应用到各个领域,成为人们日常工作生活的密切伙伴。

4.3.4 信息检索综合案例分析

下面以检索课题"遥感技术在土地利用规划中的应用"的中外文信息为例,讲解实施信息检索的具体过程。

> 提示:遥感在土地利用规划中主要是利用遥感设备提供的瞬间成像,掌握地表一定区域景观的真实、客观的记录和影像数据,从而更好地指导和规划土地资源的利用及发展。

1. 信息需求分析

(1) 学科范围。本课题的学科分类主要属于"地球科学",跨多科学,根据《中国图书馆图书分类法》的类目设置,涉及"遥感"及其分类号 P237,土地规划学及其分类号 F301.2,自动化技术/计算机技术类及其分类号 TP7。

(2) 时间范围。查找最近 10 年的文献。

(3) 文献类型。主要属于文献类检索,信息类型涉及图书、学位论文、期刊、专利、报纸等文献类型。

(4) 语种。先查中文,后查外文。

2. 选择检索工具

(1) 中文数据库。包括维普《中文科技期刊数据库》、清华同方 CNKI 的论文库、国家科技图书文献中心、万方公司数据库、中国国家知识产权局。

(2) 外文类数据库。包括综合数据库 EBSCO 的学术期刊库 ASP、荷兰 ELSEVIER 数据库、Engineering Index(美国《工程索引》)、欧洲专利局、美国专利商标局数据库、搜索引擎 Baidu。

就本检索课题而言,首选的检索工具是维普中文期刊数据库,是收录全国 1989 年以来各类科技期刊最全、更新速度最快的中文期刊全文数据库,正合本题使用,而期刊文献具有连续性与新颖的特点,是最重要的信息源之一。

备选的检索工具具体如下：第一类是同方或者万方硕士博士论文数据库，主要检索学位论文。学位论文写作周期长、篇幅较大、内容成熟，能全面反映各方面的资料；第二类是综合类 EBSCO、ELSEVIER 数据库等。

3. 确定检索途径

本课题可选用主题(关键词)途径为主，结合分类途径。

4. 确定检索词

通过清华开发的 CNKI 数据库的博士硕士论文数据库，可以检索到论文的中英文关键词，首选的检索词为：土地利用(land use)、遥感技术(remote sensing，RS)、规划(planning)。

备用的同义词：土地、land、ground、earth、soil；利用、use、exploitage、utilization；规划、plan、program、project。

5. 拟定检索表达式

(1) 中文科技期刊数据库的检索式。k=遥感*(土地利用+土地规划+技术)*c=(TP7+F301.2+P237)，如图 4-9 所示。

图 4-9　中文检索表达式

(2) 外文检索表达式。从西南大学图书馆的"外文数据库"进入 EBSCO 数据库，设置检索表达式如图 4-10 所示。

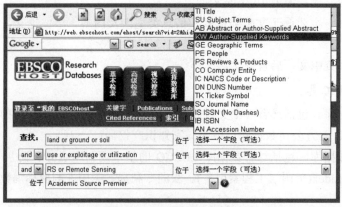

图 4-10　英文检索表达式

(3) 搜索引擎百度的检索表达式。遥感(土地利用 OR 规划) OR (Land use planning Remote Sensing)，如图 4-11 所示。

图 4-11　百度检索表达式

6. 实施检索

筛选检索结果，按照参考文献格式列出部分检索结果。

(1) 期刊论文(部分)，具体如下。

张超，李智晓，李鹏山等. 基于高分辨率遥感影像分类的城镇土地利用规划监测[J].《农业机械学报》. 2015.

孙丹峰，周光源，杨冀红. 苏锡常地区土地利用动态遥感监测应用研究.《遥感技术与应用》. 2001.

李巧玲. 区域土地利用规划研究中遥感空间信息系统技术的应用.《湛江海洋大学学报》，1999.

(2) 网络论文，具体如下。

吴秋华，白强. 鄂伦春旗土地利用遥感动态监测信息系统. www.baidu.com.

7. 索取原文

获取原文的方法较多，可以参考以下方法。

(1) 期刊、学位论文、电子图书和专利直接点击阅读原文。

(2) 图书馆收藏的纸本图书需要借阅，国家科技图书文献中心的文献可以付费从网上下载原文。

(3) 中文科技期刊数据库、万方学位论文等和中国国家知识产权局专利数据库提供图片格式的原文文件。

(4) EBSCO、ELSEVIER 等外文数据库大多有论文原文。

(5) 书生之家、超星等数字图书馆提供图片格式的电子图书。

4.4 ▶ 网络信息检索

4.4.1　网络信息检索的特点

自 20 世纪 90 年代以来，互联网已经成为世界上最大的信息资源宝库，基于互联网的信息检索是普通用户最熟悉、最常使用的信息检索方式，具有以下特点。

1. 检索主题广泛，检索空间拓宽

网络信息资源在体系、内容、形式上都较传统的信息资源丰富了很多，检索对象覆盖整

个互联网，为访问和获取广泛分布在世界各地的成千上万台服务器上的海量信息资源提供了可能，而传统检索只能检索一个特定系统中的数据库。

2. 检索内容新颖实时

网络信息跟进 Internet 的步伐，每时每刻都在出现新信息，更新新内容，随时获取最新信息资讯。百度技术委员会理事长陈尚义曾透露，百度每天处理的数据量将近 100 个 PB，相当于 5000 个国家图书馆的信息量的总和，数据内容覆盖生活的方方面面，为网络信息检索提供几乎无限的信息资源。

3. 信息资源的异构式分别

网络环境的突出特点之一就是分布式，具备超文本网状链接结构，就是我们常说的"异构平台、异构数据源"。要在分布式的网络环境下开展信息检索，首要任务就是打破异构平台、异构数据源形成的屏障，在内容、服务的层面实现互联互通，实现集成检索服务模式(URL)。

4. 检索趋于简单方便，适合非专业用户

改变传统检索专业性特点，以简单方便的检索方式赢得广大用户的欢迎，万维网的超文本、超媒体技术为用户提供了超链接的浏览方式，用户可以使用直接浏览的方式，轻松获取自己所需的信息。另外，自然语言在网络检索中广泛使用，使得用户无须考虑烦琐的检索规则，信息检索变得日趋简洁友好。

4.4.2 网络信息检索工具

网络信息检索工具是指在 Internet 上提供信息检索服务的计算机系统，其检索对象是存在于 Internet 信息空间中各种类型的网络信息资源。按照检索资源的类型，网络信息检索工具可分为以下两大类。

1. 非 Web 资源检索工具

(1) FTP 类检索工具。即一种实时联机检索工具，使用 FTP 几乎可以传输任何类型的文件。与一般检索工具相比，FTP 不用主题来实现相应的检索，只能根据文件名和目录名进行检索，如 Archie。

(2) Telnet 类检索工具。即一种借助远程登录技术，在网络通信协议 Telnet 的支持下，在远程计算机上登录，从而访问远程计算机中对外开放的资源，如 Hytelnet。

(3) 基于菜单式检索工具。即一种分布式信息查询工具，将用户的请求自动转换成 FTP 或者 Telnet 命令，在菜单引导下完成信息资源的检索，如 Veronica。

2. Web 资源检索工具

(1) 关键词检索工具。即搜索引擎，它使用自动索引软件来发现、收集并标引网页，建立数据库，以 Web 形式提供给用户一个检索界面，供用户输入检索关键词等检索项，代替用户在数据库中找出与检索关键词匹配的信息。其优点是信息量大且更新快，缺点是准确性差，如 Baidu、Google。

(2) 目录型检索工具。它是按照某种分类体系编制的一种可供检索的等级结构式目录，分类方法以学科分类为主，也有采用自设的分类体系，称为分类搜索，是一种自顶向下、逐步细化的搜索方法。此类检索工具的优点是检索质量高，缺点是检索到的信息量有限，新颖度不够，如 Yahoo。

(3) 混合型检索工具。即一种将关键字检索与目录检索整合在一起的检索工具，既可以直接输入检索词，又可以浏览目录了解特定领域范围的资源，以增强检索能力。实际上现在大多数检索工具都属于混合型，能够提供多样化的信息检索服务，Baidu、Google 是最典型的代表。

4.4.3　网络信息检索的基本结构和工作原理

网络信息检索的主要工具是搜索引擎，本节以独立搜索引擎为例，讲解网络信息检索的基本结构和工作原理。

1. 网络信息检索的基本结构

典型的独立搜索引擎系统的基本结构包括数据收集、数据分析与标引、数据检索、信息挖掘等几个不同的功能模块，其基本结构如图 4-12 所示。

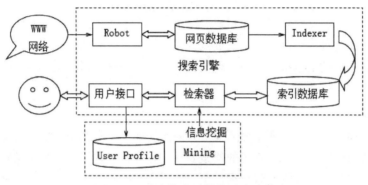

图 4-12　独立搜索引擎的基本结构

(1) 数据采集模块。数据采集分为人工数据采集和自动数据采集。人工数据采集主要由搜索引擎的工作人员、网页编辑、网络志愿者等对网络资源进行收集与整理，并按照一定格式和要求向搜索引擎加以提供。自动数据采集的工具即通常所说的"Robot"，它是一个功能十分强大的计算机程序，负责按照预先的设定与要求，定期对网络上的 WWW 站点资源进行访问与遍历，并将访问和搜索到的 WWW 页面信息经由网络传输，存入到搜索引擎的临时数据库中。目前大多数的搜索引擎都是采用自动方式进行数据的采集。

(2) 数据分析与标引模块。数据的分析与标引也分为人工和自动两种方式。人工方式主要用于目录浏览型搜索引擎(如 Yahoo)，通过人工的分类整理，将采集到的网络资源组织到一个层次型的分类目录结构中。自动方式则利用自动标引软件(Indexer)对收集到的网页信息进行内容分析，从中提取有检索价值的特征项——网页关联词等，并将它们组织成倒排索引文档，建立索引数据库。

(3) 数据检索模块。数据检索模块主要负责通过用户界面的人机交互，根据用户的信息检索需求，或者去索引数据库进行查询匹配，或者利用分类目录结构进行浏览选择，最后将获取的符合用户需求的信息显示输出。

(4) 信息挖掘模块。信息挖掘模块的出现主要源于近年来用户对个性化检索服务的需求，该模块的主要功能是跟踪、发现用户的需求兴趣，建立用户画像模板文件(user profile)，并利用用户画像模板文件过滤检索结果，以提高检索服务的质量，为用户提供更有针对性的个性化检索服务。

2. 网络信息检索的工作原理

(1) 搜索引擎中的数据采集模块在网络环境下收集网络信息资源,建立临时的网页数据库。

(2) 数据采集模块完成数据采集后,将所采集到的信息资源返回给搜索引擎,并对这些信息资源进行页面分类、建立标引,构建索引数据库。

(3) 搜索引擎为用户提供统一的网络信息检索界面,用户通过该检索界面提交自己的检索请求。

(4) 搜索引擎根据用户提供的检索请求,在索引中查询相关语句,并进行必要的逻辑运算操作,然后在索引数据库中查找匹配的网页。

(5) 查询完毕后,将最终的检索结果以超文本链接等形式显示给用户,用户根据这些链接去访问相关的信息资源。

4.4.3　网络信息检索的发展趋势

当前信息检索已经发展到网络化和智能化阶段,信息检索的对象从相对封闭、稳定一致、由独立数据库集中管理的信息内容,发展到开发、动态、更新快、分布广泛、管理松散的网络内容。因此,未来的信息检索必将呈现出智能化、可视化、简单化、多样化、个性化和商业化的特点。

1. 智能化

智能化是网络信息检索未来主要的发展方向。智能检索是基于自然语言的检索形式,机器根据用户所提供的以自然语言表述的检索要求进行分析,进而形成检索策略进行搜索,用户所需做的仅仅是告诉计算机想做什么,至于怎样实现则无须人工干预,这就意味着用户将彻底从烦琐的检索规则中解脱出来。

近几年来,智能信息检索(intelligent information retrieval)作为人工智能(AI)的一个独立研究分支得到了迅速发展。在 Internet 技术迅速普及的今天,面向 Internet 的信息获取与精细化技术已成为当代计算机科学与技术领域中迫切需要研究的课题,将人工智能技术应用于这一领域是人工智能走向应用的一种新的契机与突破口。

2. 可视化

可视化(visualization)的历史可以追溯到 2400 多年前,希腊哲学家柏拉图指出,我们通过看来识别物体。据统计,人获取信息有 70%~80%靠视觉,20%靠听觉,10%靠触觉。用图像(visual)取代文字帮助人们检索的优点在于,图像的表达方式生动、形象、准确、效率更高,能从多角度揭示,而纯文字的表达方式是模糊、一维的。

3. 简单化

未来家用电脑将朝着智能化、网络化、人性化和绿色环保的方向发展,操作系统的用户友好性将不断增强,如微软和苹果公司都在致力于操作系统网络化研究,以便使其中的任一应用程序都能"连接"进行网络检索,并与网络交互。各搜索引擎检索界面更加简化,使用户学习和进行网络信息检索更加容易。网上自动标引、自动文摘、自动跟踪、自动漫游、机器翻译、多媒体技术、动态链技术、数据挖掘和信息推拉等技术逐步发展、完善,会越来越方便用户及时准确地检索信息。这些硬件与软件技术的发展都有利于网络信息检索的简单化。

4. 多样化

多样化的第一个表现是可以检索的信息形态多样化，如文本、声音、图像、动画。目前网络信息检索的主体是文本信息，基于内容的检索技术和语音识别技术的发展，将使多媒体信息的检索变得逐渐普遍。

多样化的第二个表现是检索工具向多语种化方向发展。网络的迅速发展，使得整个世界变成了地球村，世界各地上网人数的不断增多，使得英语已无法满足所有用户的需要，多语种网络信息检索必将得到广泛的应用和发展。

多样化的第三个表现是网上检索工具服务的多元化。网上检索工具已不仅仅是单纯的检索工具，正在向其他服务范畴扩展，如提供站点评论、天气预报、新闻报道、股票点评、各种黄页、航班和列车时刻表、地图等多种面向大众的信息服务，以多种形式满足用户的需要。无论是在国际上还是在国内，检索工具都在朝多元化方向发展，为用户提供全方位服务。

5. 个性化

网站更加注重内容的特色化和服务的个性化。网络资源的指数级膨胀，使得用户在获得自己需要的信息资源时要花费大量的时间和精力，随着互联网的飞速发展，每个人不同的信息需求将凸显于标准化、单一化的"大众需求"之上，并成为各个搜索网站努力追求的对象。不同的印有消费者个人烙印的产品将成为某个消费者区别他人、感觉自我存在及独特的外在标志，个性化服务成功的实质在于提供了真正适应用户需要的产品，贯彻了以用户为中心的理念。

6. 商业化

网络检索系统拥有全世界数量众多的用户，吸引了大量的广告，为电子信息的增值服务提供了广阔的空间，网络检索系统已成为新的投资热点。网络检索系统不再仅仅是一种检索工具，而且成为一项产业，它的商业利益成为推动系统完善和扩展的主要动力，网络信息的检索与利用由公用性转向商业化。美国著名的数字媒体评估公司 Jupiter Media Metrix 日前发布研究报告称："搜索引擎公司推出的付费添加服务是一个正在兴起的、前景光明的因特网应用领域，相对于目前低迷的在线广告市场来说，它的发展潜力是非常巨大的。"

4.5 ▶ 信息检索的效果和评价

评价系统检索效果的目的是为了准确地掌握系统的各种性能和水平，找出影响检索效果的各种因素，以便有的放矢，改进系统的性能，提高系统的服务质量，保持并加强系统在市场上的竞争力。

检索效果包括技术效果和社会经济效果两个方面。技术效果主要是指系统的性能和服务质量，系统在满足用户的信息需求时所达到的程度。社会经济效果是指系统如何经济有效地满足用户需要，使用户或系统本身获得一定的社会和经济效益。因此，技术效果评价又称为性能评价，社会经济效果评价则属于效益评价，而且要与费用成本联系起来，比较复杂。

传统的信息检索效果评价，通常以查全率、查准率和响应时间 3 个指标为主。但随着因特网信息检索的兴起，信息量的急剧增加，对信息检索效果的评价又增加了新的内容。

一个理想的信息检索系统，应该是用户需要什么信息，它就能向用户提供什么信息；用户需要多少信息,它就能提供多少信息,其检索结果不多也不少,而且使用方便,反馈信息的速度也很快。但是,目前实现这样的信息检索系统还存在许多困难。实际上,不同的检索系统,其检索效果是不一样的,同样的检索系统,不同的检索能力,其检索效果也是不一样的。对信息检索效果进行评价,就能为改善检索系统性能提供明确的参考依据,进而更有效地满足用户的信息需求。

4.5.1　信息检索效果的评价指标

不同的检索工具和方法,其评价检索的标准有一定的差别。对传统的信息检索系统进行评价时,主要的评价指标包括信息收录范围、查全率、查准率、响应时间、输出方式、新颖率、用户友好程度等。因特网的出现使信息环境发生了变化,网络信息检索的评价指标也发生了变化,以搜索引擎为例,其评价指标具有多样性,有的研究人员将搜索引擎的评价指标总结如下。

(1) 数据库的规模和内容。包括覆盖范围、索引组成、更新周期。

(2) 索引方法。包括自动索引、人工索引、用户登录。

(3) 检索功能。包括布尔查找、复杂布尔、相邻和相邻 and/or 查询、截词查找、字段查找、大小写有别、概念检索、词语加权、词语限定、特定字段限定、默认值、中断退出、重复辨别、上下文关键词、查询集操作等。

(4) 检索结果。包括相关性排序、显示内容、输出数量选择、显示格式选择。

(5) 用户界面。包括帮助界面、数据库和检索功能说明、查询举例。

(6) 其他。包括查准率和响应时间。

也有研究人员将搜索引擎评价指标总结为以下 5 个方面。

(1) 索引数据库构成。包括标引深度、更新频率。

(2) 检索功能。包括基本检索功能和高级检索功能。

(3) 检索效果。包括响应时间、查全率 R、查准率 P、重复率 Rr 和死链接率 Rd 等。

(4) 检索结果显示。包括结果显示格式的种类与内容、相关性排序等。

(5) 用户负担。包括用户界面、相关文献和信息过滤功能等。

不论采用什么评价指标,用户在实际使用过程中最为关心的还是查准率、查全率和响应时间。

查全率及查准率是评价检索系统的两项重要指标,由美国学者佩里(J.W. Perry)在 20 世纪50 年代首次提出。假设当进行检索时,检索系统把文献分成两部分,一部分是与检索策略相匹配的文献,并被检索出来,用户根据自己的判断将其分成相关的文献(命中)a 和不相关的文献(噪音)b;另一部分是未能与检索策略相匹配的文献,根据判断也可将其分成相关文献(遗漏)c 和不相关文献(正确地拒绝)d。一般情况下,检索出来的文献数量为$(a+b)$,相对整个系统规模来说是很小的,而未被检出的文献$(c+d)$数量则非常大。

1. 信息检索查全率

信息检索查全率(recall ratio)是指从检索系统检出的,与某课题相关的文献信息数量同检索系统中实际与该课题相关的文献信息总量之比率:

$$\text{查全率} = \frac{\text{检索出的相关文献数}}{\text{系统中相关文献总数}} = \frac{a}{a+c} \times 100\% \tag{4-1}$$

对于数据库检索系统，查全率为检索出的条目数与数据库中满足用户提问式需求的条目数之比；而对因特网信息检索来说，文献总量是很难计算的，甚至连估算都困难，因为因特网上信息是瞬息万变的，今天存在的信息，明天就可能找不到了，同时又会出现更多新的信息。要按传统的方式计算查全率，就要检验检索工具反馈的所有检索结果，而检索结果的数量有时是极大的。为此，相对查全率是一种可以实际操作的指标，但从其定义可以看出，人为因素的影响较大。

$$\text{相对查全率} = \frac{\text{专业人员检索的文献数量}}{\text{全部实际检索出文献集合并集的数量}} \times 100\% \tag{4-2}$$

要提高查全率往往要放宽检索范围，但放宽检索范围又会导致查准率的下降。为此需要提高标引质量和主题词表质量，优化提问式，准确判断文献的相关性和相关程度。具体来说就是规范检索语言，选取适当的检索方法，选择合理有效的检索策略，加强标引工作。

2. 信息检索查准率

信息检索查准率(pertinency ratio)是从检索系统检出的有关某课题的文献信息数量与检出的文献信息总量的比率：

$$\text{查准率} = \frac{\text{检索出的相关文献数}}{\text{输出的文献总数}} = \frac{a}{a+b} \times 100\% \tag{4-3}$$

在理想的情况下，系统检索出用户认为相关的全部文献，用户相关性估计和系统相关性判断是重合的，即 $b=0$，$c=0$，则查全率为 100%，查准率也是 100%。实际上，这样的结果是很难得到的。一般情况下，查全率的计算比较困难，因为检索系统中的相关文献总数是很难估算的。

同样，对因特网信息检索来说，真实查准率也是很难计算的。因为对于命中结果数量太大的检索课题来说，相关性判断工作量极大，很难操作。为此可以定义一个相对查准率如下：

$$\text{相对查准率} = \frac{\text{检索者确定为相关的文献数量}}{\text{检索者在检索过程中看过的文献数量}} \times 100\% \tag{4-4}$$

这个公式与传统的定义有很大的差别，受人为因素影响太大，缺乏可重复性和客观性。

信息检索的理想状态是要求查全率和查准率都达到 100%，但这是不可能的。实验表明，查全率和查准率之间存在反变关系(互逆关系)，即提高查全率会降低查准率，反之亦然。在同一个检索系统中，当查全率与查准率达到一定阈值(即查全率在 60%～70% 之间，查准率在 40%～50% 之间)后，二者呈互逆关系，查准率每提高 1% 将导致查全率降低 3%。因此，信息检索的最佳状态就是在查全率为 60%～70% 且查准率为 40%～50% 时。

3. 信息检索漏检率

信息检索漏检率(omission ratio)的计算公式如下：

$$\text{漏检率} = \frac{\text{未检索出的相关文献}}{\text{系统中相关文献总数}} = \frac{c}{a+c} \times 100\% = 1 - \text{查全率} \tag{4-5}$$

漏检率与查全率是一对互逆的检索指标，查全率高，漏检率必然低。

4. 信息检索误检率

信息检索误检率(noise ratio)的计算公式如下：

$$误检率=\frac{检索出的不相关文献}{检索出的文献总数}=\frac{b}{a+b}\times100\%=1-查准率 \tag{4-6}$$

误检率与查准率是一对互逆的检索指标，查准率高，误检率必然低。

5. 信息检索响应时间及其他指标

检索响应时间也是用户非常关心的评价检索系统效果的重要指标。响应时间是指从用户提问到提问接收再到检索结果输出平均消耗的时间。手工检索响应时间人为因素影响较多，响应时间一般较长；对单机检索系统的响应时间主要是由系统的处理速度决定的；在网络信息环境下，响应时间在相当大的程度上取决于用户使用的通信设备和网络的拥挤程度等外部因素。就是同一检索工具，在不同的时间检索同一问题，其响应时间也会不一样。具体来说，网络检索的响应时间由 4 个部分组成。

(1) 用户请求到服务器的传送时间。

(2) 服务器处理请求的时间。

(3) 服务器的答复到用户端的传送时间。

(4) 用户端计算机处理服务器传来答复的时间。

其中服务器处理请求的时间和用户端计算机处理服务器传来答复的时间主要取决于服务器和客户机的硬件配置、用户的请求类型和服务器的负载情况等；用户请求到服务器的传送时间和服务器的答复到用户端的传送时间主要是信息在网络上通过所造成的延迟。

可见，缩短网络检索的响应时间，一方面可以提高服务器和客户机的整体性能，选择运行效率高的硬件和软件，采用先进的信息技术；另一方面要增加网络的带宽，控制输入网络的数据量，减少信息在网络路由器中的排队等待、丢失重发等，避免过多的信息往返延迟。此外，还可以使用缓存，一个精心设计的缓存会大大降低网络负载，缩短用户检索时间。

除了查全率、查准率和响应时间外，传统的评价指标还有以下几种。

(1) 收录范围。即一个系统收录的文献是否齐全，包括专业范围、语种、年份与文献类型等，这是提高查全率的物质基础。

(2) 工作量。即从系统获得相关文献必须消耗的精力和工作时间。

(3) 可用性。即按可靠性、年代与全面性的因素检出文献的价值。

(4) 外观。即检索结果的输出形式。

对于网络检索工具，特别是网络搜索引擎，其评价有其自身的特点。目前的网络检索工具主要以自动方式在网上搜索信息，经过标引形成索引数据库，索引数据库的构成是网络检索工具检索效果实现的基础。

检索工具提供的检索功能直接影响检索效果，所以网络检索工具除了提供传统的检索功能外，还提供了一些高级检索功能，如多媒体检索功能、多语种检索功能、自然语言检索功能和相关反馈等。在检索效果评价方面，除查全率、查准率和响应时间外，还应将重复链接数量和死链接数量作为评价指标。

4.5.2　提高检索效果的方法

信息检索效果是研究信息检索原理的核心，是评价一个检索系统性能优劣的质量标准，它始终贯穿于信息存储和检索的全过程。用户在进行信息检索时，总是希望把与检索课题有关的文献信息迅速(响应时间)、准确(查准率)、全面(查全率)地检索出来，以获得满意的检索效果。为了提高检索效果，需要采取以下的措施与方法。

1. 提高检索人员素质

无论是手工检索还是计算机检索，都是由人来操作的，人的因素占支配和主导地位，在手工检索中主要是靠人的大脑不断进行思考、判断和抉择，检索效果同人的知识认识水平、业务能力、经验丰富与否和工作的责任心密切相关。在计算机检索中，虽然系统管理的检索劳动由机器来操作，但复杂的思维劳动，如检索策略的制定、检索程序的设计、检索途径与检索方法的选择等仍需由人来主持或参与，因此，必须提高检索人员的检索素质。

(1) 提高检索人员的知识素质。检索人员的知识素质包括知识、技能和能力。知识是指信息学、信息组织与检索、信息获取与数据挖掘、计算机应用、外语等知识；技能是指咨询解答、信息整序、语言与文字表达等技能；能力是指捕捉信息的能力、超前思维的能力、综合分析的能力等。知识、技能和能力，三者是相辅相成的，其中知识是基础，技能是关键。只有具备一定的检索知识和广博的知识内涵，才能形成一定的检索能力，从而提高检索效果。

(2) 提高检索人员的思想素质。思想素质是关系检索人员全面素质提高的重要因素，并影响着检索效果。主要体现在职业道德精神、检索结果的辨别分析、检索观点的公正等。因此，提高检索人员的思想素质，就是要避免人为因素的影响，进而保证检索效果的提高。

2. 优选检索工具和数据库

根据用户检索的目的和具体要求，选择最恰当的检索工具与数据库，是保证检索效果的重要环节之一。由于检索工具类型多种多样，并各具特色，同时又存在着严重的重复交叉现象，对一般用户来说，要熟悉与其专业相关的检索工具的性能、特色不是一件容易的事，选择恰当的检索工具就更加困难，这就要求检索人员必须全面地了解有关检索工具的知识(如收录范围、标引语言、排检方式等)，然后才能根据用户课题检索的要求，选择专业对口强的检索工具。检索工具选定后，检索途径选择就基本限定，它取决于该检索工具的排检方式和辅助索引的种类。因此，为提高检索效果，必须进行检索工具与数据库的优选。

3. 优化检索策略与步骤

正确的检索策略、可优化检索过程与检索步骤，有助于求得查全和查准的适当比例，节省检索时间与费用，取得最佳的检索效果。

由于用户信息需求的多样性，决定了其检索目的、检索策略、检索方法与检索步骤的差异性。因此，只有充分了解用户检索需求，才能有针对性地选择检索工具；只有了解用户的检索目的，才能有效地把握查全与查准的关系。例如，科研立项、专利查新检索强调的是信息的查全率，遗漏信息则会造成重复劳动及经济损失；而一般性的检索则强调信息的查准率，准则精，便于吸收利用，就能节省用户大量的时间。可以说，同样的用户检索需求，由于检索目的的不同，其检索策略的制定也有所不同，对应的检索步骤也就有所差异。由于信息量的巨大和信息描述的不规范，利用检索工具(如搜索引擎)检索信息的过程往往是多次检索、不断完善和优化的过程。

所谓检索优化过程，就是在检索过程中，为了完整描述检索课题的内涵和外延，往往要进行几个概念的组合和表达同一概念的多个同义词的组合，而且在检索过程中也要根据检索结果随时调整检索策略。为实现检索策略与步骤的优化，一般是通过布尔逻辑运算符(or, and, not)、位置运算符(with，near)、逻辑优先级等方法和策略进行优化。

4. 精选检索词

使用检索工具进行信息检索时，关键词的选择也是一个重要问题。不存在可以满足任意要求的检索工具，每一类检索工具都有自己的强项和特点，因此，在选择检索词时必须从以下6个方面进行考虑。

(1) 不使用常用词。不使用常用词是指不使用太泛的词，或曝光率太高的词。因这些词太常见，以至于会出现在几乎所有的检索工具或网页中。事实上，使用这些词并不能帮你找到有用的信息。如"程序""网络""管理"等，在检索工具中至少可以检索到数以万计与之相匹配的信息。

(2) 避免使用多义词。在检索时，应严格避免使用多义词，因为检索工具是不能理解辨别多义词的。最好的解决办法是使用短语、多个检索词，或使用其他的词语来代替多义词作为检索关键词。例如，检索"Java"，要找的信息究竟是太平洋上的一个小岛、一种著名的咖啡，还是一种计算机语言？检索工具无法根据用户的思维进行正确选择，如果使用"爪哇印尼""爪哇咖啡""Java语言"分别进行检索，就可以满足不同的检索需求。

(3) 避免使用错别字。检索时，如果检索不出预想的结果时，应该先检查一下是否有错别字。如光一个"谢霆锋"，就有"谢霆锋""谢霆峰""谢廷锋""谢廷峰""谢庭锋""谢庭峰"6种输入方法。

(4) 学会使用截词。截词(truncation)是指检索者将检索词在他认为合适的地方截断，截词检索则是在检索前，针对逻辑提问中的每个检索词附加一个截词模式说明，指出该检索词在与数据库中的词比较时，采取精确匹配、任意匹配(即前截断、后截断、前后截断)，还是有限匹配等。如"计算机网络"，可检索出与此完整匹配的信息；"计算机*"可检索出含有"计算机网络""计算机应用基础""计算机科学"等信息；"*计算机*"可检索出含有"计算机""计算机网络""神经网络计算机"等信息。

(5) 使用大小写字母。大多数检索工具在检索中是区分大小写的，也就是说，如果用户的检索全部用小写，检索工具则会既匹配大写也匹配小写字符。但如果用户使用大写字符，检索工具则认为用户确实指定了大写，就会检索那些与用户键入的输入项完全相符的结果。

(6) 尽量使用专指性强的词或短语。开始检索时，可以选择专指性强的词、短语或句子编制检索式，然后再根据检索结果逐步扩检。例如，想了解Windows 98能不能装USB外设的问题，可直接用"Can't install USB device in Windows 98"作为检索式，尽量不要用"Windows 98"或"USB device"作为检索式。

5. 巧构检索提问式

若利用搜索引擎在检索对话框中输入能表达检索概念的词，可以查到含有该词的网址等信息，但产生的检索噪音(即误检率)很大，查准率也不高。要查到需要的信息必须反复翻页、反复查询，既浪费机时又消耗精力。运用逻辑运算符、位置运算符、限定符、通配符及相关的检索技巧来巧构检索提问式，是提高检索效果的有效途径。

6. 熟悉检索代码与符号

检索代码与符号，又称为检索标识，其选取是否恰当，将直接影响检索效果。检索代码与符号是进入检索工具的语言保证，是检索与系统相匹配的关键。因此，检索人员必须利用相应的分类表、词表，选取与检索工具相匹配的正确代码与符号。此外，检索代码与符号的选取要得当，过多或过少都不利于取得满意的检索效果。

7. 鉴别检索结果

一次成功的检索主要由两部分组成：正确的检索词和有用的检索结果。在单击任何一条检索结果之前，快速地分析一下检索结果的标题、网址、摘要，会有助于从中选出更加准确的结果，节省大量的时间。评估信息资源或网络内容的质量和权威性是检索的重要步骤，也是鉴别检索结果的重要依据。检索结果的鉴别分为印刷型资源和电子资源，对印刷型资源可以从版权页上的出版者、书名页上的作者、序跋中的作者及相关介绍等进行鉴别；而电子资源具有内容丰富、形式多样、结构复杂、分布广泛、信息动态、传播交互等特点，决定了对其鉴别的复杂性。本部分主要从信息来源与出版、权威性、用户、网站内容、时效性等方面对电子资源进行鉴别。

(1) 信息来源与出版(parentage and provenance)。信息来源与出版主要出现在网站上，用来标明创建者、版权所有者、拥有该网站的机构或个人的说明。用户可根据对这些机构和个人信息的分析，对该网站发布的信息的质量和可靠性做出判断。一些匿名网站发布的信息的可靠性较差。

(2) 权威性(authority)。权威性主要反映信息发布者在相应的专业领域的知名度。一般来说，某个专业较著名的权威机构或专家拥有的网站和发布的信息是真实可靠的，具有较好的质量，尤其是大学和研究机构的网站，一般在发布前已对信息做过审查、筛选，这样的信息权威性强。对信息发布者的情况不了解的，应查找其专业背景、资历。负责任的网站应提供这些信息。通过该网站被其他网站链接、被专业论文引用的情况也可以对该网站的权威性进行分析。由于因特网上个人网站多，信息发布随意，除了存在虚假的信息外，还充斥着大量内容质量较差的信息，因此，注意权威性是很必要的。

(3) 用户(audience)。每个网站都是为一定的用户群接收信息而发布信息的，因而，每个网站都有自己的意向用户(intended audience)。网站发布的信息应满足这些用户的需要，信息的专业化程度要适应用户的水平，排除那些过于肤浅、过于深奥、不符合用户需求的信息网站。

(4) 网站内容(content)。对于网站内容，应从以下几方面考虑：信息内容是否切题，标题是否清楚，链接是否新颖，有无明确的范围和边界，是否带有倾向性；文本和多媒体文件的组织是否规范；引用其他信息来源时是否注明出处；提供的某一主题的信息是原始信息、是有关该主题链接的集合，还是其他网站信息的镜像；是否提供评估报告，以及被其他网站链接的数量等。

(5) 时效性(currency)。时效性主要反映在检出的信息是否注明其创建日期和最近的更新日期；网站内容所引用的文献、数据是否注明日期，对于过时的信息和死链接(dead line)是否及时清除。

4.5.3　工程技术学术资源检索实例评价

工程技术主要包括机械、仪器仪表、电工、航空、航天、自动化、计算机、电子、半导体、计量、邮电、通信、建筑、交通运输、原子能技术等学科。我们本部分选择"建筑科学"中的"桥梁建筑"作为检索内容，以说明查检工程技术领域的内容时检索工具的正确选择和使用方法。

1. 分析检索内容

桥梁建筑涉及桥梁的结构、桥梁的设计、建桥用的材料，以及建筑师等。世界上有许多著名的桥梁，有以古老闻名于世的，有以宏伟著称的，有以独特的设计风格享誉全球的，等等。因此，查检有关桥梁建筑主题的内容，应全面检索国内外的有关文献信息。

2. 选择检索词

通过分析检索内容，确定检索词为"建筑"，"桥梁"，"桥"，"建筑师"，"bridge building"，"bridge construction"，"bridge design"，"architect"。

3. 选择检索工具

1) 手工检索工具的选择和使用

(1)《全国报刊索引》(自然科学技术版)。选择 U44 大类(桥涵工程)下的子类：各种桥梁。以 1999 年全年刊为例，可查到相关文献信息 666 条。

(2) 直接查阅专业期刊。《桥梁建设》是有关桥梁建筑方面的中文专业期刊，直接翻阅就能查到需要的内容。此外，《华中建筑》《建筑创作》《建筑科学》《时代建筑》《建筑》《建筑技术开发》《南方建筑》等，以及一些建筑工程学院的学报也有相关内容。

2) 网上检索工具的选择和使用

(1) 中国期刊网(http://www.cnki.net)。进入"中国期刊网"主页，选择"中国期刊全文数据库"的"免费题录"，再选择"总目录"下的"理工 A 类、理工 B 类和理工 C 类"。

① 在"检索词"框中输入检索词"建筑"，选择"篇名"选项，检索到 14 384 篇论文。在"二次检索"框中输入检索词"桥"，检索到 14 篇论文。

② 在"检索词"框中输入检索词"建筑"，选择"关键词"选项，检索到 486 篇论文。在"二次检索"框中输入检索词"桥"，检索到 1 篇论文。

③ 在"检索词"框中输入检索词"建筑师"，选择"篇名"选项，检索到 371 篇论文。

④ 在"检索词"框中输入检索词"桥"，选择"关键词"选项，检索到 62 篇论文。

⑤ 在"检索词"框中输入"architect"，选择"英文篇名"，检索到 17 篇论文。

⑥ 在"检索词"框中输入检索词"bridge building"，选择"英文篇名"选项，检索到 3 篇论文。

⑦ 在"检索词"框中输入检索词"bridge construction"，选择"英文篇名"选项，检索到 50 篇论文。

⑧ 在"检索词"框中输入检索词"bridge design"，检索到 14 篇论文。

(2) 中文科技期刊全文数据库。进入南京大学图书馆(http://202.119.47.3 / 或 http://lib.nju.edu.cn)，选择"网上资源"中的"中文科技期刊全文数据库"，依次选"工程技术"类下的"建筑科学"子类，并在"检索式"框中输入"桥梁"，检索到 444 篇论文。

(3) 美国学术出版社(Academic Press)(http://www.idealibrary.com)。进入该网站的主页后，

在主页的 "Quick Search the text of all journal articles："输入框中输入检索词 "bridge building"，单击 "GO"按钮，检索到 1014 篇论文；输入检索词 "bridge construction"，单击 "GO"按钮，检索到 1390 篇论文；输入检索词 "bridge design"，单击 "GO"按钮，检索到 1603 篇论文；输入检索词 "architect"，检索到 72 篇论文。

(4) 从美国学术出版社主页可直接链接到相关网站 Scirus (http://www.scirus.com)，该网站提供搜索引擎，专门用于检索科学信息。

检索方法如下：进入该网站主页后，在 "Search"输入框中输入 "construct bridge"，检索到 4218 种杂志上的 59 925 篇文章。主页上提示 "Refine your search using the following terms"，即用它给出的一组相关词组可进一步限定检索内容，选择其中与我们想要检索的内容有关的 4 组词来进一步限定检索结果。

① 选择第一组 "bridge building"，检索结果限定在 18 种杂志上的 729 篇文章中。

② 选择第二组 "bridge construction"，检索结果限定在 27 种杂志上的 1082 篇文章中。

③ 选择第三组 "bridge design"，检索结果限定在 23 种杂志上的 979 篇文章中。

④ 选择第四组 "chief engineer"，检索结果限定在 8 种杂志上的 563 篇文章中。

以上检索结果有文摘、有登载文章的杂志著录，以及 Web 信息，检索结果可以按日期排序。显然，经过限定后的检索内容更切题。

(5) 中国建筑万维网(http://www.siniarch.com)。该网站提供了建筑设计、建筑论坛、建筑大师等内容。

(6) 非常建筑(http://fusport.edu.chinaren.com)。该网站内容包括建筑技术、建筑论坛、建筑名家、建筑图片等。

(7) 中国国家图书馆(http://www.nlc.gov.cn)。依次选择 "数据库检索""联机公共目录馆藏查询"，按下列方式分别检索。

① 选择 "中文图书典藏库"，在 "检索词语"框中输入检索词 "桥梁"，并选择 "题名"和 "任意一致"选项，检索到相关文献 157 种。

② 选择 "中文图书典藏库"，在 "检索词语"框中输入检索词 "桥梁"，并选择 "关键词"选项，检索到相关文献 253 种。

③ 选择 "中文图书典藏库"，在 "检索词语"框中输入检索词 "建筑"，在 "同时"框中再输入 "桥"，并选择 "题名"选项，检索到相关文献 4 种。

④ 选择 "中文图书典藏库"，在 "检索词语"框中输入检索词 "建筑"，在 "同时"框中再输入检索词 "桥"，并选择 "关键词"选项，检索到相关文献 7 种。

⑤ 选择 "西文图书库"，在 "检索词语"框中输入检索词 "bridge"，并选择 "题名"选项，检索到 124 种相关文献。

⑥ 选择 "西文图书库"，在 "检索词语"框中输入检索词 "bridge design"，选择 "题名"和 "任意一致"选项，检索到 14 种相关文献。

⑦ 选择 "西文图书库"，在 "检索词语"框中输入检索词 "bridge construction"，选择 "题名"和 "任意匹配"选项，检索到 5 种相关文献。

⑧ 选择 "西文图书库"，在 "检索词语"框中输入检索词 "bridge building"，选择 "题名"和 "任意匹配"选项，检索到 1 种相关文献。

⑨ 选择 "中文期刊库"，在 "检索词语"框中输入检索词 "桥梁"，并选择 "题名"选项，

检索到 1 种期刊。

⑩ 选择"博士论文文库",在"检索词语"框中输入检索词"桥梁",并选择"题名"选项,检索到 29 种相关文献。

(8) 清华大学图书馆(http://www.lib.tsinghua.edu.cn)。依次选择"联机目录""本馆馆藏目录查询""WWW 方式",按下列方式分别检索。

① 检索点选择"题名",在检索框中输入检索词"桥梁",检索到 95 种文献。

② 检索点选择"主题",在检索框中输入检索词"桥梁",检索到 45 种文献。

(9) 南京大学图书馆(http://202.119.47.3 / 或http://lib.nju.edu.cn)。选择"书目查询",在"请输入查询内容"框中输入"桥梁",并选择"主题词"和"任意匹配"选项,检索到 3 种文献。

4. 检索工具使用分析比较

《桥梁建设》是桥梁建筑方面的专业期刊,直接翻阅就能获得一些重要研究论文。但还有相当一部分论文刊登在各高校学报(自然科学版或理工科版)以及建筑工程学院学报上,查起来就比较费时、费力,因为内容比较分散。因而,手工翻阅的方式适用于对近期桥梁建筑方面研究动态的掌握,如果需要查全或特意查找某专题内容,手工翻阅大量期刊的方式效率明显较低。

利用《全国报刊索引》(自然科学技术版)查找"桥梁建筑"方面的文章是比较好的方法,主要是该主题与该索引中的类目——U44(桥涵工程)相对应,其下又分了 8 个子类:结构原理、结构力学;勘测、设计与计算;桥梁构造;桥梁建筑材料;桥梁施工;桥梁试验观测与检定;桥梁安全与事故;各种桥梁。因而,可将查检的内容对应到某一类目下,就能很快地集中查找到需要的内容。

采用搜索引擎检索到的"建筑"主题的网站大多属于综合性建筑的内容,专属"桥梁建筑"的网站并没有,因此,这些内容可做一般性浏览。

利用"中国期刊网"和"中文科技期刊全文数据库"查出的内容需要很好地筛选,因为"桥梁"一词经常用作各种比喻,类似这样的内容就需要排除。此外,"中国期刊网"收录论文的最早时限是 1994 年,在这之前的内容检索不到。相比之下,利用"中文科技期刊全文数据库"查到的 444 篇论文,无论从质量还是数量上都比较令人满意,因为这些论文是直接从"建筑科学"子类下用检索词"桥梁"查检出来的。但也有缺憾,"中文科技期刊全文数据库"收录的内容最早时限是 1989 年,因而,在这之前的内容也检索不到。

利用美国学术出版社和与其相链接的 Scirus 网站检索到的学术内容最为丰富,质量也很高。

利用中国国家图书馆和重点高校图书馆馆藏信息可以较全面地查检到"桥梁建筑"方面的专著信息,其中也要剔除一些与"建筑桥梁"无关的用"桥梁"作为比喻的文献。

我们检索到的有关桥梁建筑主题的内容,从总体上看,量非常大,且内容涉及桥梁建筑的许多方面,这是因为我们选择的这一主题——桥梁建筑,从学术研究的角度上看,是一个非常宽泛的概念。实际上,在现实的研究工作中会有非常具体的主题。例如,在"桥梁建筑"主题下用的限定词"bridge building""bridge design""bridge construction"等。因此,检索中可以根据实际情况增加、删除、修改检索词,或对检索到的内容用新的检索词做进一步的限定,以使检索的结果更具体。

参考文献

[1] 夏立新，金燕，方志等. 信息检索原理与技术[M]. 北京：科学出版社，2009.

[2] 窦永香，苏山佳等. 信息检索研究的发展与动向——对 ACM SIGIR 信息检索年会的主题分析[J]. 情报理论与实践，2010(7): 124-128.

[3] 连慧平，谢娟等. 网络环境下多媒体信息检索研究[J]. 软件导刊，2010(4): 134-137.

[4] 丘丽珍. 浅谈图书馆网络信息检索方法与技巧[J]. 科技情报开发与经济，2006(23).

[5] 祁延莉，赵丹群. 信息检索概论[M]. 2 版. 北京：北京大学出版社，2013.

[6] 邓发云. 信息检索与利用[M]. 3 版. 北京：科学出版社，2018.

[7] 王立清. 信息检索教程[M]. 2 版. 北京：中国人民大学出版社，2008.

复习题

一、单项选择题

1. 信息检索的本质是信息用户的需求和信息集合的(　　)过程。

　　A. 比较　　　　　　　　B. 匹配　　　　　　　　C. 对比　　　　　　　　D. 分析

2. (　　)包括数值形式和非数值形式的数据。

　　A. 数据信息检索　　　　B. 事实信息检索　　　　C. 文献信息检索　　　　D. 其他检索方法

3. 信息检索的发展经历了(　　)个阶段。

　　A. 2　　　　　　　　　　B. 3　　　　　　　　　　C. 4　　　　　　　　　　D. 5

4. 在制定计算机检索策略时，一般要经过 6 个流程，其中第 2 步是(　　)。

　　A. 确定检索词　　　　　　　　　　　　B. 选择检索工具与检索系统

　　C. 构造检索表达式　　　　　　　　　　D. 实施检索策略

5. 顺查法属于(　　)检索方法。

　　A. 常规检索法　　　　B. 回溯检索法　　　　C. 循环检索法　　　　D. 智能检索法

6. 用逻辑"与"、逻辑"或"等操作进行检索的检索技术称为(　　)。

　　A. 截词检索技术　　　B. 邻近检索技术　　　C. 字段限定检索技术　　D. 布尔逻辑检索技术

7. CNKI 是(　　)的简称。

　　A. 清华同方　　　　　　　　　　　　　B. 重庆维普

　　C. 中国知网　　　　　　　　　　　　　D. 中国期刊全文数据库

8. 扩大检索范围的方式是(　　)。

　　A. 使用逻辑"与"　　　　　　　　　　B. 使用逻辑"或"

　　C. 使用逻辑"非"　　　　　　　　　　D. 使用优先运算符

9. 信息检索的(　　)是指从检索系统检出的与某课题相关的文献信息数量同检索系统中实际与该课题相关的文献信息总量之比率。

　　A. 查准率　　　　　　B. 漏检率　　　　　　C. 误检率　　　　　　D. 查全率

10. 利用引文追溯法检索文献是指( )。

    A. 利用数据库查找相关文献的方法

    B. 利用手工检索刊物查找相关文献的方法

    C. 利用文献所附的参考文献查找相关文献的方法

    D. 利用 Internet 查找相关文献的方法

二、多项选择题

1. 在下列文献信息标引中，属于外部特征有( )。

    A. 出版地   B. 文献题名   C. 主题词   D. 出版年

2. 以下属于二次文献的是( )。

    A. 笔记   B. 文摘   C. 索引   D. 目录

3. 信息检索的发展历程可以划分的历史阶段包括( )。

    A. 手工检索阶段   B. 机械检索阶段   C. 计算机检索阶段   D. 网络检索阶段

4. 信息检索的类型可以( )进行划分。

    A. 按检索内容分类   B. 按信息的内部特征分类

    C. 按信息的组织方式分类   D. 按信息的外部特征分类

5. 信息检索方法包括( )。

    A. 常规检索法   B. 回溯检索法   C. 循环检索法   D. 查全法

6. 期刊论文的外部特征包括( )。

    A. 文献题目   B. 著者   C. 文献出处   D. 主题词

7. 网络信息检索呈现的发展趋势有( )。

    A. 智能化   B. 简单化   C. 可视化   D. 个性化

三、判断题

1. 信息检索是信息组织的逆过程。   ( )

2. 信息检索有多种分类方式。   ( )

3. 信息检索的发展经历了多个阶段。   ( )

4. 网络检索是信息检索的高级阶段。   ( )

5. 信息检索是获取知识的捷径。   ( )

6. 在文献检索中，查全率与查准率之间存在互逆相关性，如果追求过高的查全率，就必然降低查准率。   ( )

7. 误检率与查准率是一对互逆的检索指标。   ( )

8. 在数据库检索中，使用逻辑"与"可以扩大检索范围。   ( )

四、简答题

1. 说明信息检索、文献检索、情报检索有何联系。

2. 简述信息检索的步骤及发展方向。

3. 结合本人实际，谈谈信息检索的作用。

4. 选择一种检索工具，找出提高其检索效果的办法。

5. 选择某一主题，查找不同类型的信息资源，并给出结果。

6. 简述提高检索效果的方法。

7. 以百度搜索引擎为例，阐述检索策略的优化方法。

8. 通过实际检索信息，谈谈你对目前文献信息共享的看法，以及对未来发展的展望。

9. 信息检索途径有哪些？各有什么优劣？

10. 如何对检索系统和检索效果进行评价。

11. 基于互联网的网络信息检索有哪些特点？

五、论述题

结合自己的信息检索经历，谈谈如何提高信息检索效果。

第 **5** 章
信息资源的综合利用

本章将介绍信息资源的综合利用所涉及的相关概念,包括人类利用信息资源发展的历程;信息分析的概念及方法;信息预测的原理、过程和方法;信息评估的标准及方法等,使读者对信息资源利用的各种技术和方法有个宏观的认识和了解。

5.1 ▶ 人类综合利用信息资源的发展历程

人类综合利用信息资源的发展历程可用表 5-1 来描述。

表 5-1　人类综合利用信息资源的发展历程

时　　间	手　　段	特　　点
2000 多万年前	动物大脑发展为人类大脑,并出现人类语言	具有掌握和交流信息的能力
6000 多年前	发明文字	信息可在大脑外储存或通过时间和空间传播
2000 多年前	驿站制度	快速传递信息
15 世纪	邮差制度	更快、更系统地传递信息
19 世纪	电报	传递速度和距离的突破
20 世纪 40 年代	电话、广播、电影、电视	快速收集、处理和远距离传递大量信息
20 世纪 40 年代后	电子计算机	人脑的延伸,具有快速收集、储存、处理大量信息的能力
20 世纪 90 年代后	互联网	海量、异构信息的收集、存储、处理、传播,实现信息资源的共享

基于表 5-1,我们认为人类利用信息资源的历程主要经历了以下五次革命。

(1) 语言和文字的产生,是人类社会信息史上的第一次革命。

(2) 第二次革命是印刷术的发明,使人类能够跨越空间和地域来传递信息。

(3) 随着电报、电话、无线电、广播、电视、传真、卫星通信等交流工具的产生,人类社会的信息史经历了第三次革命。

(4) 第四次革命是 20 世纪 40 年代电子计算机的诞生,以及后来的集成电路和大规模集成电路的产生,大大强化了人们收集、存储、加工、处理信息的能力。

(5) 第五次革命就是新的信息技术革命,其基本内容是在"3C 技术"(电信、电脑、控制技术)充分发展的基础上，实现完整的计算机网络系统，达到资源共享，互相协调和多种服务的目的。

5.2 ▶ 信息分析方法

信息分析是在现代信息分析与咨询活动飞速发展的背景下，于 20 世纪 50 年代由情报科学派生出来的一门新兴学科。近二三十年来，在信息的广泛传播过程中，信息分析得到了迅猛发展。面对信息爆炸的今天，要有行之有效的信息分析方法与之相适应，才能从大量无序信息中提炼出有价值的信息，信息分析方法的优劣直接关系信息分析结果的好坏。

信息分析活动在国外比较普遍，从事这一活动的多为一些专业化的机构和团体，包括政府机构、工商部门、信息服务单位、科学研究机构、行业协会和社会团体，其中尤以专业化的信息预测机构居多，如美国的兰德(Rand)公司和斯坦福国际咨询研究所、日本的野村综合研究所、英国的伦敦国际战略研究所等。

我国的信息分析工作首先从科技领域发端，与国家科技信息工作紧密联系、共同发展，大体上经历了四个发展阶段。

1. 1956—1966 年的产生和初步发展阶段

1956 年，中国科学院正式成立了我国第一个科技情报机构——中国科学院科学情报研究所，标志着我国的科技情报工作已经正式成立。到 20 世纪 60 年代初，全国绝大部分省市和专业部委都先后建立了科技情报研究所，另外，有相当一部分企业和事业单位也建立了相应的科技情报机构，我国初步有了比较完整的国家科技情报结构体系。

2. 1966—1976 年的停滞阶段

由于历史原因，这一时期中国社会和经济发展全面停滞，信息分析工作也基本处于停滞状态。

3. 1976—1992 年的恢复和重新发展阶段

这一阶段，信息分析进入广泛的社会领域，成为各级各类科学决策、产品研发和市场开拓活动的重要依据，传统的全盘无偿信息服务模式被打破。

4. 1992 年以后的全面发展阶段

1992 年，第八次全国科技情报工作会议在北京召开，会议决定将"科技情报"改为"科技信息"，原有的科技情报机构都陆续更名为科技信息机构。此外，一些社会化信息机构(如信息咨询公司)在这一时期也如雨后春笋般地大量涌现，这些机构基本上按照市场和用户的要求开展信息分析与预测服务，成为信息服务的主导力量。

5.2.1　信息分析的概念

信息分析(information analysis)概念源于情报研究，信息分析一词在国内的一些教材或论著中往往被置换成情报研究。关于信息分析的概念，到现在都还没有统一的定义，不同研究者从不同的角度给出了不同的解释，其中比较具备代表性的定义如下。

(1) 信息分析是运用科学的理论、方法和手段，在对大量的(通常是零散、杂乱无章的)

信息进行加工整理与价值评价的基础上，透过由各种关系交织而成的错综复杂的表面现象，把握其内容本质，从而获取对客观事物运动规律的认识。

(2) 信息分析是指以社会用户的特定需求为依托，以定性和定量研究方法为手段，通过对文献信息和非文献信息的收集、整理、鉴别、评价、分析、综合等系列化加工过程，形成新的、增值的信息产品，最终为不同层次的科学决策服务的一项具有科研性质的智能活动。

(3) 信息分析是一项内容广泛的信息深加工处理和情报提炼活动，它以大量相关的原生信息为处理对象，通过对原生信息内容的分析、综合或评价，以提炼出对管理、决策等活动有支持作用的情报，为管理、决策等活动服务。

(4) 信息分析是根据用户的现实或潜在需求，广泛系统地收集与之相关的各种原生信息，进行定向的筛选和整序，通过逻辑思维过程对其内容进行去伪存真的鉴定、由表及里或由此及彼的推理，运用科学的理论和方法对原生信息进行分析处理和提炼，以得出有助于解决实际问题的情报，揭示研究对象的内在变化规律及其与周围环境的联系，满足用户的信息需求。

对信息分析这一概念的理解，可以从构成这一定义的几个要素来进行。

(1) 从成因来看，信息分析的产生是由于存在社会需求。

(2) 从来源来看，信息分析以占有大量的已知信息为基础。

(3) 从性质来看，信息分析是一种信息深加工活动。

(4) 从方法来看，信息分析广泛采用现代化的信息技术手段和多领域的科学方法。

(5) 从过程来看，信息分析都需要经过一系列相对程序化的环节。

因此，信息分析是对各种相关信息的深度加工，是一种深层次或高层次的信息服务，是一项具有研究性质的智能活动。

5.2.2 信息分析的类型

由于信息分析涉及社会的方方面面，采用各种各样的研究方法，所以根据不同的划分标准，可以将信息分析划分成各种不同的类型。

1. 按领域划分

国际形势或国内形势总是根据各种因素发生变化的，一项信息分析任务也是由各种相互联系的不同领域的信息构成的，这些领域大致可以分为以下几个方面：政治、经济、社会、科学技术、交通通信、人物、军事。就某个具体领域而言，进行信息分析时要考虑的要素如下。

(1) 政治信息分析要素。

(2) 经济信息分析要素。

(3) 社会信息分析要素。

(4) 科学技术信息分析要素。

(5) 交通通信信息分析要素。

(6) 人物信息分析要素。

(7) 军事信息分析要素。

2. 按内容划分

(1) 跟踪型信息分析。跟踪型信息分析是基础性工作，无论哪种领域的信息分析研究，没有基础数据和资料都难以进行。它又可分为两种：技术跟踪型和政策跟踪型，这种类型的信息分析可以掌握各个领域的发展趋势，及时了解新动向、新发展，从而发现问题、提出问题。

(2) 比较型信息分析。比较型信息分析是决策研究中广泛采用的方法，只有通过比较，才能认识不同事物间的差异，从而提出问题、确定目标、拟订方案并做出选择。比较可以是定性的，也可以是定量的，或者是定性和定量相结合，许多技术经济分析的定量方法常常被采用。

(3) 预测型信息分析。所谓预测，就是利用已经掌握的情况、知识和手段，预先推知和判断事物的未来或未知状况。预测型信息分析涉及的范围非常广泛，大到为国家宏观战略决策进行长期预测，小到为企业经营活动提供咨询的短期市场预测。预测型信息分析工作的方法大致上可以分为定性预测和定量预测两大类。

(4) 评价型信息分析。评价一般需要经过以下几个步骤：①前提条件的探讨；②评价对象的分析；③评价项目的选定；④评价函数的确定；⑤评价值的计算；⑥综合评价。评价的方法多种多样，如层次分析法、模糊综合评价法等。评价是决策的前提，决策是评价的继续，评价只有与决策联系起来才有意义，评价与决策之间没有绝对界限。

3. 按方法划分

(1) 定性分析方法。定性分析方法一般不涉及变量关系，主要依靠人类的逻辑思维功能来分析问题，如比较、推理、分析与综合等。

(2) 定量分析方法。定量分析方法涉及变量关系，主要是依据数学函数形式来进行计算求解，如回归分析法、时间序列法等。

(3) 定性分析与定量分析相结合方法。由于信息分析问题的复杂性，很多问题的解决既涉及定性分析，也涉及定量分析，因此定性分析和定量分析相结合方法的运用越来越普遍。

5.2.3　信息分析的特点和功能

1. 信息分析的特点

信息分析是通过系统化的方法将信息转化为知识和谋略，并应用于各种决策活动中，它构成信息资源开发和利用的中心环节，是信息通向应用的桥梁，是决策科学化的支撑。因此，信息分析研究具有以下特点。

(1) 研究课题的针对性。一是研究课题来源和研究本身具有目的性，即研究人员要根据社会需要和特定的委托，确定研究课题和研究目标；二是最终产品对用户的适用性，例如，在产品的内容、制作方式和传递渠道上适合特定用户在不同的场合、实际的情况需要。

(2) 研究领域的广泛性。信息分析的研究和应用领域非常广泛，涉及科学技术领域、经济领域、社会领域、军事领域、人物领域和其他领域。

(3) 研究内容的系统性。信息分析工作通过对信息要素的加工整理，可以使分散的、片面的、无序的、零星的知识变得系统、有序和完整。这种系统性是从纵、横两方面来实现的。从纵的方面来看，要将有关课题的来龙去脉、发展经过、当前水平、存在问题、未来趋势等，按时间顺序进行研究，以掌握课题发展的全貌。从横的方面来看，要用系统工程的观点对课题有关的政治、经济、社会、科技、军事等各个方面的问题进行综合考虑。

(4) 研究方法的科学性。在具体研究工作中采用科学的研究方法，使用包括数学方法、逻辑方法、情报学、管理学等多种定性、定量的方法。

(5) 数据的客观性和结论的准确性。信息分析是以大量文献资料为对象的，它们客观地记录了各种数据和事实。根据这些客观事实和数据，信息分析人员进行客观分析，通过辨别真伪、去粗取精、去伪存真，从而得出准确的结论。

(6) 研究工作的近似性。信息分析是在事件发生之前对其未来状态的预计和推测，或者是对已发生事件的未知状态的估计和推断。这些估计和推断，尽管有科学的依据、科学的态度和科学的方法做基础，但毕竟是简约化后对事物发展变化实际情况的一种近似反映。

(7) 研究成果的智能性。信息分析工作要求信息研究人员具有较高的智能和知识水平、敏锐的观察力与准确的判断力，在工作中能运用智力劳动进行卓有成效的工作。信息分析是对各种相关信息的深度加工或高层次的信息服务，是一项具有研究性质的智能活动，信息分析工作具有鲜明的创造性，并具有重要的社会价值。

由此可见，信息分析是一项政策性和综合性很强的科学工作，它的内容既有自然科学，又有社会科学，并且和决策学、预测学、科学学、管理学、系统工程学等边缘科学互相联系与交叉，这些特点也决定了信息分析所使用的方法具有通用性和多样性。

2. 信息分析的功能

从信息分析的工作流程来看，信息分析具有以下四项基本功能。

(1) 整理功能。体现在对信息进行收集、组织，使之由无序变为有序。

(2) 评价功能。体现在对信息价值进行评定，以达到去粗取精、去伪存真、辨新、权重、评价、荐优的目的。

(3) 预测功能。体现在通过对已知信息内容的分析来获取未知或未来的信息。

(4) 反馈功能。体现在根据实际效果对评价和预测结论进行审议、修改和补充。

5.2.4 信息分析的流程

信息分析流程通常分为三个阶段：准备期、分析期和应用期。

1. 信息分析的准备期

对整个信息分析过程而言，准备期是保证信息分析达到目标的基础，包括以下主要工作。

(1) 组建分析队伍。一个好的信息分析团队应该由涉及多学科、具有综合知识的人员组成，这些人员包括相关领域专业技术人员、信息收集人员、信息分析人员以及经济和法律工作人员等。

(2) 确定分析目标。根据用户提供的分析需求，确定信息分析研究对象及分析目标，如竞争对手研究、行业技术现状调查，或者是特定技术研究等。

(3) 研究背景资料。针对研究对象采集背景资料，如行业技术现状、特定技术研究发展历史或相关竞争对手的技术动态、投资动向等。

(4) 选定分析工具。通常分析工具是指信息分析软件，在市场上流通的信息分析统计软件种类繁多、特点各异，在挑选分析统计软件时，应当充分考虑分析统计软件的优缺点，并根据分析研究的目的，选定合适的信息分析软件。

(5) 选择信息源。即选择信息分析的基础数据资源，有针对性地进行信息分析。在选择信息源时，应当根据研究目标以及研究层次，并充分考虑数据库的实际情况。

2. 信息分析的分析期

通常把分析期分为数据采集和数据分析两个阶段。相对于整个信息分析工作而言，分析期是信息分析工作的主体，其每一个环节都至关重要，无论哪个环节出现差错，都会影响信息分析结论的准确性。因而，谨慎、科学地处理每一个环节，是取得准确的信息分析结果的重要保障。

(1) 数据采集阶段。主要完成针对分析目标的原始数据的采集，即确定分析目标群，其过程包括确定专业领域、拟定信息检索策略、进行信息检索、确定分析样本数据库。

(2) 数据分析阶段。主要任务在于对分析样本数据库进行技术处理和分析解读，其过程包括数据清洗、数据聚集、生成工作图表和深度分析目标群、分析与解读数据及撰写分析报告等。

信息分析报告是信息分析工作的研究成果，一般来说，研究报告由题目、文摘、引言、正文、结论、参考文献或附注等几部分组成，并应包括以下主要内容。

① 拟解决的问题和要达到的目标。

② 背景描述和现状分析。

③ 分析研究方法。

④ 论证与结论。

在撰写分析报告时应当注意，分析人员必须以科学的态度、严谨的工作作风，客观地陈述和归纳分析结果，提供的分析报告应当有针对性，充分考虑分析报告的阅读对象及其习惯。

3. 信息分析的应用期

应用期的主要工作包括对信息分析报告进行评估、制定相应的应用战略以及应用战略的实施等。从理论上讲，应用期的工作是信息分析工作的延伸，信息分析的最终目的在于将信息分析的成果应用于实际工作中。因而，以积极的行动将这些分析成果用于配合制定企业、国家的发展战略，指导企业的经营活动或国家政策的贯彻实施十分重要，并有利于企业或国家相关产业在市场竞争中赢得有利地位。

5.2.5 信息分析的方法

科学的信息分析不仅需要有大量可靠的信息，而且需要恰当的分析方法，常用的现代信息分析方法如下。

1. 定性分析方法

定性分析方法是指以认识论和思维科学领域的有关理论为基础，根据有关课题的原生信息及其各种相关关系，对研究对象进行比较、评价、判断、推理、分析、综合，从而揭示出研究对象本身所固有的、本质的规律。

定性分析方法主要是为定量分析做准备；对定量分析的结果进行验证或评价，可在缺乏定量分析条件或不需要进行定量分析的情况下独立使用。

常用方法主要包括比较、分析与综合、推理、头脑风暴法。

2. 半定量分析方法

半定量分析方法是一种定性和定量相结合的方法，在定性评价中引入数学手段，使定性问题得以进行量化处理。

半定量分析方法可用于原始数据不足或不易获取，课题所涉及的相关因素过多等不易或不宜采用定量方法的场合。

常用方法主要有德尔菲法、层次分析法、交叉影响分析法。

3. 定量分析方法

定量分析是源于数学的一种研究方法，通过"做了什么""做了多少次""花了多长时间"等客观性问题进行分析。定量分析既重视观察实验、收集经验资料，又重视逻辑思维演绎推理，应用假说使得观察实验方法和数学演绎形式结合起来。

定量分析方法可用于原始数据充分，基础数据收集完善的场合。

常用方法主要有多元分析法、时间序列分析法、系统动力学方法、文献计量学方法。

5.2.6 信息分析的未来发展趋势

知识经济时代的到来，为信息分析研究工作创造了良好的发展机遇，也使信息分析研究在经济建设和社会发展中发挥着越来越大的作用，目前信息分析研究的发展趋势如下。

1. 信息分析研究国际化

随着现代信息技术的发展，尤其是 Internet 的出现，使得信息分析领域不断扩大，为各国之间信息分析研究的横向联合、协作奠定了基础。信息分析交流合作的国际化体现在信息分析服务范围的国际化和研究交流的国际化两个方面。

2. 信息分析研究领域扩展化

我国信息环境的重大变化进一步促进了信息分析领域的扩大，国内外研究相结合，研究领域由科技向经济和社会问题延伸，由政府企业转变到面向整个市场。

3. 信息分析市场化、商业化

信息分析研究不再仅是为政府部门服务，而成为以市场需求为导向的、满足用户需求的信息产品和信息商品。

4. 信息分析手段现代化

随着现代信息技术的发展和科学研究方法的普及，声像技术、计算机技术、网络技术、量化分析方法已进入信息分析研究领域，信息分析研究正由定性研究向定性与定量相结合及纯定量的方向转变。声像技术为信息分析研究提供了形象化的表达形式，各种数值型、事实型数据库的建立，为信息分析研究奠定了良好的基础，而一些辅助专家决策分析系统等应用软件也广泛应用于现代信息分析研究中。

5. 信息分析研究向高知识化、高智能化发展

现代信息分析研究不仅面向市场，实现商品化，而且逐步扩展到知识产权、商业秘密保护和高技术跟踪与预警等领域。

6. 信息分析人员社会化和专业化

信息分析研究是智力高度集约的跨学科、多层次、综合性的工作，它的从业人员正逐步从专职情报人员向兼职的专业多样化和知识综合化、知识复合型专家发展。

5.2.7　信息分析案例

案例一：大数据分析助推亚马逊业务转型发展

如果全球哪家公司从大数据分析中发掘出了最大价值，截至目前，答案可能非亚马逊莫属。作为一家"信息公司"，亚马逊不仅从每个用户的购买行为中获得信息，还将每个用户在其网站上的所有行为都记录下来：页面停留时间、用户是否查看评论、每个搜索的关键词、浏览的商品等。这种对数据价值的高度敏感和重视，以及强大的挖掘能力，使得亚马逊公司早已远远超出了它的传统运营方式。

亚马逊 CTO Werner Vogels 在 CeBIT 上关于大数据的演讲中，向与会者描述了亚马逊在大数据时代的商业蓝图。长期以来，亚马逊公司一直通过大数据分析，尝试定位客户和获取客户反馈。"在此过程中，你会发现数据越大，结果越好。为什么有的企业在商业上不断犯错？那是因为他们没有足够的数据对运营和决策提供支持。"Vogels 说，"一旦进入大数据的世界，企业的手中将握有无限可能。"

从支撑新兴技术企业的基础设施到消费内容的移动设备，亚马逊的触角已触及更为广阔的领域。

(1) 亚马逊推荐。亚马逊的各个业务环节都离不开"数据驱动"的身影。在亚马逊上买过东西的朋友可能对它的推荐功能都很熟悉，"买过 X 商品的人，也同时买过 Y 商品"的推荐功能看上去很简单，却非常有效，同时这些精准推荐结果的得出过程也非常复杂。

(2) 亚马逊预测。用户需求预测是通过历史数据来预测用户未来的需求。对于书、手机、家电这些产品 (亚马逊内部称为硬需求的产品)的预测是比较准的，甚至可以预测到相关产品属性的需求。但是对于服装这样软需求产品，亚马逊研究了十多年都没有办法预测得很好，因为这类东西受到的干扰因素太多了，例如，用户对颜色、款式的喜好，穿上去合不合身，爱人、朋友喜不喜欢等，这类东西太易变，买的人多反而会卖不好，所以需要更为复杂的预测模型。

(3) 亚马逊测试。你会认为亚马逊网站上的某段页面文字只是碰巧出现的吗？其实，亚马逊会在网站上持续不断地测试新的设计方案，从而找出转化率最高的方案。整个亚马逊网站的布局、字体大小、颜色、按钮以及其他所有的设计，其实都是在多次审慎测试后的最优结果。

(4) 亚马逊记录。亚马逊的移动应用让用户有一个流畅的、无处不在的体验的同时，也通过收集手机上的数据深入地了解了每个用户的喜好信息。更值得一提的是 Kindle Fire，内嵌的 Silk 浏览器可以将用户的行为数据一一记录下来。

以数据分析为导向的方法并不仅限于以上领域，亚马逊的企业文化就是冷冰冰的数据分析导向型文化，对于亚马逊来说，大数据意味着大销售量。数据显示出什么是有效的、什么是无效的，新的商业投资项目必须要有数据分析的支撑，对数据的长期专注促使亚马逊能够以更低的售价提供更好的服务。

案例二：日本三菱重工巧取经济信息

20 世纪 60 年代中期，日本三菱重工运用内容分析法探查了我国刚开发的大庆油田的情况。

1. 事件

第二次世界大战后，日本的经济高速发展，信息传递、查询技术的发展也非常迅速，日本人也开始重视信息的收集、开发和利用。在日本，5～10 分钟可收集到世界各地金融市场的行情；3～5 分钟可查询并调用日本国内一万多家重点公司、企业的经营数据；5 分钟模拟出国际国内经济因素变化可能给宏观经济带来的变动图和曲线；5～10 分钟可查询或调用政府的法律、法令和国会记录。这种现代化的信息处理技术大大提高了行政效率。

2. 背景

20 世纪 60 年代，日本出于战略上的需要，非常重视中国石油的发展状况，把中国石油建设情况作为情报工作的主攻方向。当时，由于各种原因，大庆油田的具体情况是保密的。然而，由官方对外公开播发的旨在宣传中国工人阶级伟大精神的极其普通的照片，在日本信息专家的手里则变成了极为重要的经济信息，揭开了大庆油田的秘密，这就是日本三菱重工的商业情报研究。

3. 信息分析

三菱重工从下列平淡的公开报道中分离出重要信息。

(1) 事实分析。1964 年 4 月 20 日，《人民日报》发表袁木、范荣康合写的通讯《大庆精神大庆人》，报道了大庆人吃大苦、耐大劳，为让祖国抛掉贫油帽子而忘我拼搏的感人事迹。三菱重工据此判断"中国已有大庆油田"。

(2) 方位分析。据 1966 年 7 月《中国画报》的封面照片，三菱重工发现铁人王进喜身穿大棉袄、头顶鹅毛大雪，猜测"大庆油田在冬季零下 30℃的东北地区"，如图 5-1 所示。

图 5-1 生产中的铁人王进喜

(3) 位置分析。据 1966 年 10 月《人民中国》中关于王进喜先进事迹的报道，三菱重工分析出"最早钻井地点是在北安东北部的马家窑"，并从地图上查到"马家窑是黑龙江省海伦县东面的一个小村庄"，从而发现大庆油田的准确地理位置。

(4) 产能分析。据 1966 年 7 月《中国画报》中关于大庆炼油厂反应塔的照片，三菱重工估算出反应塔上扶手栏杆和反应塔的直径，推算出大庆炼油厂的规模，估计大庆油田年产量为 100 万吨。1966 年大庆已有 820 口出油井，年产 360 万吨，估计到 1971 年大庆年产量可增至 1200 万吨。

推算方法很简单：首先找到反应塔上的扶手栏杆，扶手栏杆一般是 1 米多，以扶手栏杆和反应塔的直径相比，得知反应塔内径是 5 米。因此，日本人推断，大庆炼油厂的加工能力为每日 900 千升。如果以残留油为原油的 30%计算，原油加工能力为每日 3000 千升，一年以 330 天计算，年产量为 100 万千升。而中国当时在大庆已有 820 口井出油，年产量是 360 万吨，估计到 1971 年大庆油田的年产量将有 1200 万吨。又根据新闻报道王进喜出席了第三届全国人民代表大会，三菱重工可以肯定油田已出油。

(5) 信息分析。三菱重工推断："中国在近几年中必然会感到炼油设备不足，购买日本轻油裂解设备是完全可能的，所要买的设备规模和数量要满足每天炼油 1 万吨的需要。"

(6) 中标获利。三菱重工按照这样的推论迅速设计出相应的石油加工设备，当我国政府向世界各国征求开采大庆油田的设计方案时，三菱重工一举中标，稳稳赚得超额利润，而其他西方公司只有目瞪口呆的份。

5.3 » 信息预测及方法

日常生活与工作中，人们迫切需要获取各种各样的信息来辅助自己的决策，不但需要当前信息和历史信息，而且也需要未来的信息，由此产生了预测活动。

信息预测就是"鉴往知来"，它是指根据过去和现在已经掌握的有关某一事物的信息资料，运用科学的理论和技术，深入分析和认识事物演变的规律性，从已知信息推出未知信息，从过去信息导出未来信息，从而对事物的未来发展做出科学预测的方法。

作为一种超前认识活动，预测与学习(获取事物的已知信息)、实践(获取事物的现时信息)活动并列为人类认识活动的三大支柱。人类自古以来就十分重视预测活动，如我国的《易经》就是一部"预测之书"，其预测原理至今还是一个谜。

现在，人们已经承认预测是一门科学，但谁也说不清其科学原理是什么，信息真的是可预测的吗？信息预测的理论基础是什么？信息预测的方法能否加以总结？

5.3.1 信息预测的要素及原理

预测活动普遍存在于人类社会和现实生活中，人类在社会实践中，为达到某种目的，总要事前对所关心事物的发展趋势或可能结果做出判断和预算，预测的对象涉及的范围很广，几乎涉及人类社会的各个领域，如社会预测、经济预测、技术预测、军事预测等，这说明人类的实践活动离不开预测。

预测作为人类的一种探索性认识活动与主观臆断完全不同，是运用各种知识和科学手段，分析研究历史与现实资料，对所关心事物的未来发展趋势或可能结果进行事先的推测和判断。主观臆断是没有任何事实材料作为根据的，缺乏科学知识，因而它是一种随心所欲的臆断，如占卜术、星相术等。

预测就是预先推测，即事先对事物的未来发展状况进行描述。由于这种描述是在事物发生或出现之前进行的，因而它描述的不是事物本身，而是事物的信息替身，所以，预测本质上是一种信息活动，是一种由已知信息去推知未知信息的活动。

1. 信息预测的要素

要搞好预测，必须把握信息预测的四个基本要素。

(1) 信息要素。信息要素是在调查研究中掌握的反映过去、现实的有关情报、数据和资料，是预测的主要工作对象、工作基础和成果反映。

(2) 方法要素。方法是指在预测的过程中进行质和量的分析时所采用的各种手段。预测的方法按照不同的标准可以分成不同的类别。按照预测结果属性可以分为定性预测和定量预测；按照预测时间长短的不同，可以分为长期预测、中期预测和短期预测。按照方法本身，更可以分成众多的类别，最基本的是模型预测和非模型预测。

(3) 分析要素。分析是根据有关理论所进行的思维研究活动，根据预测方法得出预测结论之后，还必须进行两个方面的分析：一是在理论上要分析预测结果是否符合经济理论和统计分析的条件；二是在实践上对预测误差进行精确性分析，并对预测结果的可靠性进行评价。

(4) 判断要素。对预测结果采用与否，或对预测结果依据相关经济和市场动态所做的修正需要判断，同时对信息资料、预测方法的选择也需要判断。判断是预测技术中的重要因素。

2. 信息预测的原理

从理论上讲，世界上一切事物的运动与变化都是有规律、有原理的，因而都是可以预测的。

(1) 连续性原理。客观事物在发展过程中，常常是随着时间的推移而呈现出连贯甚至连续变化的趋势。也就是说，客观事物的发展具有合乎规律的连续性，事物未来的发展趋向同过去、现在的发展趋向必然具有一定的联系，我们只要发现这个趋势，找到这个联系，就可以预测未来，这就是预测的连续性原理。

预测不是拍脑袋，依照连续性原理进行预测，我们要找到那些趋势和联系，就必须建立在了解过去和现状的基础上，从大量历史的和现实的信息及数据中，分析、寻找、确认发展变化的规律性，并据此预测未来。

事物的连续性与时间密切相关，但连续性会随着时间的推移而逐渐减弱，所以，连续性原理主要应用在短期预测上。

(2) 因果性原理。有因才有果，有果必有因。世界上任何事物的发展变化都不是孤立的，各种事物之间都存在着直接或间接的联系，事物之间或构成一种事物的各种因素之间，存在着因果关系，存在着或大或小的相互影响、相互制约、相互促进的关系。我们分析这些因果，找到这些关系，就可以进行预测，这就是预测的因果性原理。

因果关系是事物之间普遍联系和相互作用的形式之一，在预测中，要重视对影响预测目标的因果关系的分析，把握影响预测目标诸因素的不同作用，由因推果，从而预测出趋势和相关因素可能产生的结果。

因果关系不一定发生在两件事物、两个变量之间，可以产生多重因果关系，这也是做多元回归分析进行预测需要面对的课题。

(3) 类比性原理。世界上许多事物在发展变化上具有相似的特征，社会、企业乃至家庭，过去、现在和未来，客观事物之间都存在着某种类似的结构和发展模式，存在着许多相似、类同的演变规律。相似、类同是对物质世界存在共同属性的反映，可以根据不同事物之间的具有相似或类同的特质来进行预测，可以根据已知事物的某种类似的结构和发展模式类推预测对象未来的结构和发展模式，这就是预测的类比性原理。

利用类比性原理进行预测需要注意一些约束条件，重点分析相似事物的共同基础是否满足，从而更好地进行预测。

当然，预测毕竟只是对未来预估和推测，预测不总是准确的。预测模型只是客观现实的一种近似，不论怎样调整、修正，预测模型都不可能彻底消除预测结果与实际发展状况之间的偏差，也不可能完全预期未来的不确定性。所以，对于预测来说，预测技术、预测本身只是一部分内容，更多的内容是预测反馈、预测分析、预测纠偏和预测管理；是多方交流、多方协调和多方沟通；是流程更新、流程执行和流程跟踪。

5.3.2　信息预测的特征

信息预测是信息预测人员利用已知的定量和定性信息及其他有关信息，借助一定的预测方法和预测工具，分析出信息流程的运动及未来发展和变化的规律。信息预测具有以下的特征。

1. 超前性

信息预测是对信息流程的事先反映，能够突破信息流程的现实规定和时间界限，预测其未来，揭示现实中尚不存在的信息运动状况。这对于克服实践活动中的盲目性、提高活动的有效性有现实的意义。

2. 探索性

探索性是指信息预测是不充分、不确定的，因为信息预测的内外影响因素越来越多，越来越复杂，各影响因素的作用不一，且各因素之间也有复杂的关系，加上预测方法、预测理论不成熟，预测对象不确定等，都大大增加了预测的难度，信息预测的探索性十分明显。

3. 不准确性

信息预测只能对信息流程的未来勾画出一个轮廓，指明其发展趋势，而且往往附带一些假定条件，预测结果大多是近似的。一般来说，预测的精确度随预测区间的不同而不同，长期预测误差大，短期预测误差小。

4. 灵活性

信息预测的具体内容、方法和结果都有较大的灵活性，预测什么、如何预测和要达到什么目标，可以根据需要和环境提供的条件灵活掌握。

5.3.3　信息预测的过程

无论何种性质的预测，其操作过程均可以概括为初始信息的提取、预测模型的建立和未来信息的推断三个流程，如图 5-2 所示。

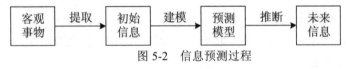

图 5-2　信息预测过程

1. 初始信息的提取

预测离不开初始信息，没有一定的已知条件，预测演算就无法进行，正所谓"巧妇难为无米之炊"。在定性预测中，必须有一定的已知事实作为推理的前提；在定量预测中，也必须有一定的已知数据作为推算的依据，初始信息的提取是预测过程中的首要环节。

为了准确有效地获取客观事物的信息，人类已经发明了不计其数的感测技术设备来延长自己的感觉能力，如延长视觉功能的望远镜、显微镜、CT，延长听觉功能的助听器、海洋声呐系统等。基于这些感测技术设备，人类发明了观察与实验技术来提取各种自然信息，发明了调查与统计技术来提取各种社会信息。

2. 预测模型的建立

虽然初始信息对于信息预测是必不可少的，但初始信息往往不能直接用于预测。在初始信息获得以后，常常还需要用适当的信息表达工具(符号标识系统)将其准确描述出来，建立一个便于预测者理解和操作的信息模型。

模型是客观事物的信息映象，它可以是定量的，也可以是定性的；可以是实物的，也可以是抽象的。但模型的建立要尽可能符合实际体系，这个原则称为拟合原则，这是全息原理的具体应用。如何提高预测模型的拟合程度是预测过程的关键和核心问题，也是区分不同预测技术和方法的主要标准。

3. 未来信息的推断

从已知的信息模型出发，按照一定的逻辑和数学规律推出所需新信息的过程，就是信息推断。对未来信息做出推断是预测的目的，信息提取和建模都是为推断服务的。数学上称推断为推导，逻辑学上称推断为推理，数学推导是定量的、精确的，逻辑推理是定性的、模糊的，预测推断往往是数学推导和逻辑推理的结合。

5.3.4　信息预测的步骤

神奇的预言是神话，科学的预言却是事实。

作为黑猩猩研究和精确预测项目的发起者，《超预测》的作者菲利普·泰洛克研究发现，通过训练，预测是可以做到并不断地提升准确率的。科学预测的能力并非神秘的天赐禀赋，并非源于身份职业，而是来自于思考方式，预测者的未来视野是先人一步获取成功的关键，信息预测的步骤如下。

1. 确定预测目标

确定预测目标就是确定信息预测的目的和任务，这是信息预测过程的第一步，只有明确了信息预测的目标，才能确定信息预测活动的进程和范围。

2. 制订预测计划

预测计划是预测目标和要求的具体化，主要确定预测的范围、期限、基本假设、需要收集的资料、可供选择的预测方法以及组织工作。

3. 收集并分析信息

信息预测的准确度在很大程度上取决于所需信息的完整性和准确性，这是使信息预测符合未来实际的一个前提。

4. 选择预测方法

现存的预测工具和预测方法已有不少，但任何一种方法都有其优缺点，这需要根据预测对象的本质特征，选择相应的信息预测方法。有时为了提高预测的准确度，可同时选择几种不同的方法，以便验证预测的结果，据此选取最佳的方法。选择预测方法首先需要了解各种方法的特点，如相关的时间范围、所适用的数学公式、模型的类型、准确度等；其次要明确预测对象及其所处环境的特征，如预测的时间跨度、预测需要的详细程度、预测对象所含的项目的多少、预测的用户情况等。

5. 给出预测结果

无论是定量预测，还是定性预测，都需要给出相应的定量预测结果或者定性预测结果。

6. 分析预测结果

由于多方面的影响，信息预测的结果不可能绝对准确，因此应允许误差的存在，但又不能使误差过大。分析预测的结果在一定程度上是分析误差产生的原因和各种条件的变化，并努力修正预测的结果，使预测结果更接近实际。预测结果检验的方法有如下。

(1) 相互检验。使用不同的预测方法对同一预测对象进行预测。

(2) 对比检验。用本人的预测结果与别人的预测结果进行对比。

(3) 专家预测。通过专家对预测结果进行咨询来估计。

7. 提供预测结果

分析了预测产生误差的原因，修正了预测的结果，就可以把最后的预测结果提供给用户。

5.3.5　信息预测的方法

信息预测的基本特征是尽可能充分地、综合地运用事物发展动态及相互关联的信息，利用各种科学的预测方法和技术手段，寻求对客观事物本质规律的准确提示。因此，人们用以预测的信息越完备，预测的方法手段越科学，对预测对象的规律性认识就越深入，预测结果就越可靠，信息预测作为科学决策活动的重要组成部分，其应用领域也日益拓展。

由信息预测过程可以看出，预测模型的建立是预测的核心问题，是否建模、建立何种模型，以及如何建模，是区分预测方法的主要标志。信息预测的主要类型有直观预测法、约束外推法、模拟模型法等。

(1) 直观预测法。直观预测法又称为定性预测法，即依靠人的直观判断能力进行直观判断从而预测未来的方法。常用的直观预测法有头脑风暴法、德尔菲法、专家会议法、主观概率法、关联树法、先行指标法等。此类方法主要用于社会预测、军事预测、科学技术预测和新产品开发预测等。

(2) 约束外推法。约束外推法又称为定量预测法，指在一系列大量随机现象中求得一定的约束条件的规律，以此推断未来的发展状况，如单纯外推法、趋势外推法、移动平均法、指数平滑法等。这种方法主要应用于经济预测中，也可以应用于科技发展预测中，它在所有预测类型中占有重要地位。

(3) 模拟模型法。模拟模型法又称为模型法，此法通过建立模型，并将模型进一步数学形式化，来预测某一对象的未来状态与现实状态之间的数量关系，主要包括回归分析与相关分析、最小二乘法、联立方程解、弹性系数法等。这种信息预测方法主要应用于经济预测中的中短期需求预测。

下面简要介绍信息预测方法中常用的几种方法：德尔菲法、专家会议法和头脑风暴法。

1. 德尔菲法

德尔菲法是专家调查法中的一种方法，它是根据经过调查得到的情况，凭借专家的知识和经验，直接或经过简单的推算对研究对象进行综合分析研究，寻求其特性和发展规律，并进行预测的一种方法。它的最大优点是简便直观，无须建立烦琐的数学模型，而且在缺乏足够统计数据和没有类似历史事件可借鉴的情况下，也能对研究对象的未知或未来的状态做出有效的预测。

1) 德尔菲法的特点

(1) 匿名性。从事预测的专家彼此都不知道其他有哪些人参加预测，他们是在完全匿名的情况下交流思想的。经典的德尔菲法采取匿名的发函调查形式，克服了地域限制以及专家会议法中易受权威影响、易受会议气氛影响和其他心理影响的缺点，匿名性保证了专家意见的可靠性。

(2) 反馈性。由于德尔菲法采用匿名形式，专家之间互不接触，仅靠一轮调查，专家意见往往比较分散，不易得出结论，为了使受邀的专家们能够了解每一轮咨询的汇总情况和其他专家的意见，组织者要对每一轮咨询的结果进行整理、分析、综合，并在下一轮咨询中反馈给每个受邀专家，以便专家们根据新的调查表进一步地发表意见。

(3) 统计性。在应用德尔菲法进行信息分析与预测研究时，对研究课题的评价或预测既不是由信息分析研究人员做出的，也不是由个别专家给出的，而是由一批有关的专家给出的，并对诸多专家的回答进行统计学处理。所以，应用德尔菲法所得的结果带有统计学的特征，往往以概率的形式出现，它既反映了专家意见的集中程度，又可以反映专家意见的离散程度。

2) 德尔菲法的实施过程

(1) 明确预测目标，制订实施计划。德尔菲法的预测目标通常是在实践中涌现出来的大家普遍关心且意见分歧较大的课题，此阶段的主要任务是选择和规划好预测课题，明确预测目标，并且制订相应的实施计划。

(2) 选择参加预测的专家。专家应该具有代表性，专家的人数要进行合理的控制。

(3) 编制调查表。调查表包括目标途径调查表、事件实现时间调查表、要求对问题做出一定说明的调查表、技术(方案、产品)评价调查表等。

(4) 反馈调查以及专家意见的统计分析与预测。经典的德尔菲法一般包括如图 5-3 所示的四轮征询调查，且在调查过程中包含着每轮间的反馈。

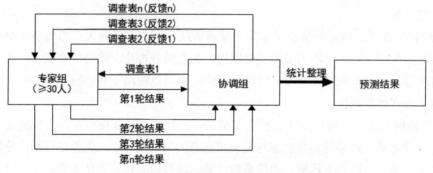

图 5-3　德尔菲法的实施过程

第一轮：由组织者发给专家不带任何附加条件，只提出预测问题的开放式的调查表，请专家围绕预测主题提出预测事件。组织者整理专家调查表，归并同类事件，排除次要事件，用准确术语提出一个预测事件一览表，并作为第二步的调查表发给专家。

第二轮：请专家对第一轮提出的预测事件发生的时间、空间、数量等做出具体预测，并说明理由。组织者统计处理调查表中的专家意见，统计出专家总体意见的概率分布。

第三轮：将第二轮的统计结果连同据此修订了的调查表(包括概率分布或事件发生的中位数和上下四分点)再发给专家，请专家充分陈述理由，尤其是在上下四分点外的专家，应重述自己的理由，并再次做出预测。组织者回收专家们的调查表，再进行与第二轮类似的汇总整理、统计分析与预测，形成第四张调查表。

第四轮：将第三轮的统计结果连同据此修订了的第四张调查表再发给专家，专家再次评价和权衡，做出新的预测，并在必要时做出详细、充分的论证。组织者依然要将回收的调查表进行汇总整理、统计分析与预测，并寻找出收敛程度较高的专家意见。

(5) 整理调查结果，撰写预测报告。组织者依据从专家那里得到的所有结果进行分析与综合，编写出信息预测报告，提交给用户。

3) 调查表的设计

这是德尔菲法能否成功实施的一个关键，调查表的设计需要考虑以下几个方面。

(1) 调查表的组成。一般包括主体和附件两部分，其中主体是由一系列预测事件组成的；附件是用来说明调查的目的和意义的，此外还包括专家回执表的设计，提供有助于专家进行判断的有关背景材料，提供反馈信息，设计专家权威程度的自我判断标准、有关表格以及其他专用的附件。

(2) 确定预测主题，设计预测事件。要求表格设计者明确调查的总目标和子目标，并对预测主题进行适当合理的分解。

(3) 提问的方式。对开放型的问题，有两种提问方式，一是自由回答式提问，主要用于自由阐述或说明某一对象；二是意见性提问，主要用于求证某一观点或结论。对封闭型的问题，也可分为两种提问方式，一是定量预测提问，要求对事件可能发生的时间、数量等做出定量的预测；二是选择、排序提问，要求对事件的方案、手段、因素和结果等做出比较和推断，也叫评估性提问。

(4) 对提问的基本要求。一要掌握提问的正确方式；二要措词准确，陈述简单明了，避免出现模棱两可、含义不清的话语；三要注意提问的单一性，即每一个提问应是单一的，避免组合事件；四要掌握提问的数量，以不超过专家的信息处理能力为限；五要讲究提问的版式设计，要求所设计的版式有助于专家的回答和结果处理，以方便专家为准则。

4) 选择专家的注意事项

(1) 要搞清楚什么是专家，专家的知识水平的标尺定在何处，是不是所选专家必须是各个领域中最权威的、最有影响的人呢？其实不是，这里所选的专家，是指对完成将要调查的问题具有充分知识和经验的人。

(2) 要注意专家群的结构，保证专家群样本结构的典型性和代表性，专家群的结构主要包括知识结构、职业结构、专业结构、年龄结构等。

(3) 要确定入选专家的条件，主要有两个要求：具有与调查内容有关的专业知识或工作经验；有回答问题的时间和责任感。

(4) 要注意所选专家的人数，专家的人数应当根据课题的需要和规模而定，一般人数是30 人左右，也有个别涉及面广泛的重大课题，人数可以多达 100 名。选定专家的人数还包括从内部和外部选择人数的比例问题，在可能的情况下，一般应同时从单位内部和外部选择，以课题的性质决定内部专家和外部专家人数的比例，这样才能保证调查结果的客观性、公正性和完整性。

2. 专家会议法

此法是把某一专业领域的专家组织在一起，就未来某个事件或过程发表意见，进行预测。专家会议法所请专家人数较多，可以集思广益，往往能达到"三个臭皮匠赛过诸葛亮"的预测效果。

但此法也有不足之处，主要表现在以下三个方面。

(1) 有效性受社会心理压力的影响，专家的社会地位、威望、性格、意见的强硬度和专家本身的心理素质等因素限制着其中某些专家意见的发表。主要表现为：屈服多数人的意见而放弃自己本来是正确的意见，社会学和心理学称之为集体效应和从众心理；屈服于某些威望高、有权威的专家而阻碍正确看法的提出；碍于面子而不愿修改自己以前提出的有错误的看法；某些性格固执和能言善辩的专家可能影响会议讨论的结果。

(2) 参加会议的专家通常把会议的目的看成是一个达成一致意见的过程，因而往往相互妥协，在他们看来，这种做法既能保证会议的顺利进行，又能使与会专家的自尊心不受损害，这就违背了专家会议的本来意愿，而得不到深思熟虑的、有效的预测结论。

(3) 由于专家大多数来自同一专业领域，此方法易带上专业偏见，从而影响预测的有效性。

3. 头脑风暴法

头脑风暴法(brain storm)是一种经过改良后的专家会议法，它一方面吸收了专家会议法利用专家集体智慧进行分析预测的特点，另一方面又较好地克服了专家会议法中个别专家意见左右预测结果的缺陷。其主要做法是努力创造一种公平讨论的环境，让所有与会专家自由发表自己的意见，充分发挥他们的创造性思维，互相启迪，互相影响，以期在短时间内构思出许多创造性设想，达到集体预测的目的。头脑风暴法的专家人数一般在 10 人左右，会议时间在 1 小时左右，可得到 10~100 个判断。

1) 头脑风暴法的特点

(1) 与会专家多来自与预测对象有关的各个领域，而不像专家会议法把与会的专家限制在单一的某一领域。

(2) 会议组织者一般应把研究对象和会议的目标限制在一定范围，以便集中精力研究问题，提出设想。同时，要在会议过程中就使用的术语做明确的、统一的规定。

(3) 与会专家不能对他人的设想提出怀疑，更不能当面否定、批评和指责别人，以免阻挠和中止专家们的创造性思维。

(4) 对已提出的任何设想，专家应共同分析和讨论，并在此基础上提出新的设想。在会议进行过程中，专家的身份平等，思想自由，可以畅所欲言。组织者应尽量控制和营造会议的自由氛围，使专家处于一种思想高度集中，同时又轻松自由的气氛之中。

(5) 一般要求专家只提设想，不做过多解释。专家发言时，不能使用书面材料，不能代替别人发言，不准私下交谈，每人的设想都要在会上公开。

(6) 会议进行时，组织者应做好记录工作，不论观点、设想是否正确，都要完整地记录下来，以留待组织者进一步整理、归纳和分析。

头脑风暴法的缺点主要是，用此法只能获得解决某问题的一组可行方案，各方案的重要性并不明显，因而一般不知道哪个方案最佳，不利于决策者分析。

2) 运用头脑风暴法的基本原则

(1) 禁止批评他人的建议，只许完善。

(2) 最狂妄的想象是最受欢迎的。

(3) 重量不重质，即为了探求最大量的灵感，任何一种构想都可被接纳。

(4) 鼓励利用别人的灵感加以想象、变化、组合等，以激发更多、更新的灵感。

(5) 不准参加者私下交流，以免打断别人的思维活动。

3) 头脑风暴法的实施过程

(1) 准备阶段。会议负责人应事先对所议问题进行一定的研究，弄清问题的实质，找到问题的关键，设定解决问题所要达到的目标。同时选定参加会议人员，一般以 5～10 人为宜，不宜太多。然后将会议的时间、地点、所要解决的问题、可供参考的资料和设想、需要达到的目标等事宜一并提前通知与会人员，让大家做好充分的准备。

(2) 热身阶段。这个阶段的目的是创造一种自由、宽松、祥和的氛围，使大家得以放松，进入一种无拘无束的状态。

(3) 明确问题。主持人扼要地介绍有待解决的问题，介绍时须简洁、明确，不可过分周全，否则，过多的信息会限制人的思维，干扰思维创新的想象力。

(4) 重新表述问题。经过一段讨论后，大家对问题已经有了较深程度的理解，这时，为了使大家对问题的表述能够具有新角度、新思维，主持人要记录大家的发言，并对发言记录进行整理，找出富有创意的见解，以及具有启发性的表述，供下一步畅谈时参考。

(5) 畅谈阶段。畅谈是头脑风暴法的创意阶段，为了使大家能够畅所欲言，主持人首先要向大家宣布畅谈的规则，随后导引大家自由发言、自由想象、自由发挥，相互启发和补充，真正做到知无不言，言无不尽，畅所欲言，然后将会议发言记录进行整理。

(6) 筛选阶段。会议结束后的一两天内，主持人应向与会者了解大家会后的新想法和新思路，以此补充会议记录，然后将大家的想法整理成若干方案，再根据诸如可识别性、创新性、可实施性等标准进行筛选。经过多次反复比较和优中择优，最后确定 1～3 个最佳方案，这些最佳方案往往是多种创意的优势组合，是大家的集体智慧综合作用的结果。

4) 头脑风暴法的实施案例

有一年，美国北部格外寒冷，大雪纷飞，电线上积满冰雪，大跨度的电线常被积雪压断，严重影响通信。过去，许多人试图解决这一问题，但都没有成功。后来，电信公司经理欲应用头脑风暴法，尝试解决这一难题，他召开座谈会，参加会议的是不同专业的技术人员，要求他们必须遵守以下原则。

(1) 自由思考。即要求与会者尽可能解放思想，无拘无束地思考问题并畅所欲言，不必顾虑自己的想法或说法是否"离经叛道"或"荒唐可笑"。

(2) 延迟评判。即要求与会者在会上不要对他人的设想评头论足，不要发表"这主意好极了""这种想法太离谱了"之类的"捧杀句"或"扼杀句"，对设想的评判，留在会后组织专人进行。

(3) 以量求质。鼓励与会者尽可能多而广地提出设想，以大量的设想来保证质量较高的设想的存在。

(4) 结合改善。鼓励与会者积极进行智力互补，在增加自己提出设想的同时，注意思考如何把两个或更多的设想结合成另一个更完善的设想。

按照这种会议规则，会上大家七嘴八舌地讨论开来，有人提出设计一种专用的电线清雪机，有人想到用电热来化解冰雪，也有人建议用振荡技术来清除积雪，还有人提出能否带上几把大扫帚，乘坐直升机去扫电线上的积雪。

对于这种"坐飞机扫雪"的设想，大家尽管心里觉得滑稽可笑，但在会上也无人提出批评。相反，有一位工程师在百思不得其解时，听到用飞机扫雪的想法后灵机一动，一种简单可行且高效率的清雪方法冒了出来。他想，每当大雪过后，出动直升机沿积雪严重的电线飞行，依靠高速旋转的螺旋桨即可将电线上的积雪迅速扇落。他马上提出"用直升机扇雪"的新设想，顿时又引起其他与会者的联想，有关用飞机除雪的主意一下子又多了七八条，不到一小时，与会的 10 名技术人员共提出 90 多条新设想。

会议结束后，公司组织专家对设想进行分类论证，专家们认为设计专用清雪机、采用电热或电磁振荡等方法清除电线上的积雪，在技术上虽然可行，但研制费用过多、周期长，一时难以见效。那种因"坐飞机扫雪"激发出来的几种设想，倒是一种大胆的新方案，如果可行，将是一种既简单又高效的好办法。经过现场试验，发现用直升机扇雪真能奏效，一个久悬未决的难题，终于在头脑风暴中得到了巧妙的解决。

5.3.6 信息分析与预测综合案例——情报研究决定企业命运

20 世纪 80 年代末期，IBM 公司对市场竞争趋势的判断出现重大失误，忽视了当时迅速发展的个人电脑革命，仍然认为大型主机硬件设备的研制开发会给公司带来持续的繁荣。面对瞬息万变的市场，IBM 集权化的组织结构和官僚化的管理体制，加快了公司经营危机的来临。20 世纪 90 年代，公司最终陷于严重的困境中，1991—1993 年间，IBM 公司的亏损超过147 亿美元，成为美国公司历史上最大的净亏损户，其在全球计算机市场上的销售排名在 1994年下降到第三位，股票价格下跌了 50%，公司发展和生存面临严峻的挑战。

1993 年 1 月，IBM 董事会决定辞退公司总裁，并由曾任职于麦肯锡管理咨询公司的美国RJR 食品烟草公司原总裁路易斯·郭士纳先生临危受命，担任 IBM 新的董事长兼首席执行官。

郭士纳先生一上台就发现该公司的竞争地位已受到实质性侵害，决定对公司的最高决策层和管理层进行改组，以完善具备战略性的领导体制，成立了 IBM 中、长期战略决策组织，即政策委员会和事业运营委员会，并认识到建立一个公司层面统一和正式的竞争情报体制的重要性，提出要"立即加强对竞争对手的研究""建立一个协调统一的竞争情报运行机制""将可操作的竞争情报运用于公司战略、市场计划及销售策略中"。

在郭士纳先生的大力支持下，IBM 公司启动了一个建设和完善竞争情报体系的计划，并建立了一个遍及全公司的竞争情报专家管理其全部运作的核心站点。IBM 公司的决策层希望通过该计划，能够及时准确地判断企业的竞争对手拉走 IBM 公司客户的企图。为了对付这些竞争对手，公司组织实施了"竞争者导航行动"竞争情报项目，重点针对 IBM 在市场中的12 个竞争对手，派出若干名高级经理作为监视每个竞争对手的常驻"专家"，责任是确保 IBM公司掌握其竞争者的情报和经营策略，并在市场上采取相应的行动，在此基础上建立公司的竞争情报体系。

该竞争情报体系包括完善的管理信息网络、监视竞争对手的常驻"专家"和与之协同工作的 IBM 公司的竞争情报人员，以及生产、开发、经营和销售等职能部门的代表，由这些人员构成一个个专门的竞争情报工作小组，负责管理整个计划中相关方面的竞争情报工作。分布在整个公司的各个竞争情报工作组每天对竞争对手进行分析，通过基于 Lotus 公司 Nores 软件的系统为工作组提供在线讨论数据库，能够使 IBM 公司全球各地的经理们和分析专家通过网络进入竞争情报数据库，并做出新的竞争分析。竞争情报小组还使用 IBM 公司的全球互联网技术获取外界信息，利用 IBM 公司内部互联网技术更新企业内部的信息。随着这一体系的不断完善，竞争情报开始融入 IBM 公司的企业文化中，在经营过程中发挥越来越重要的作用。

通过调整竞争情报工作重点及建立新的竞争情报体系，IBM 公司各部门的竞争情报力量能够有效地集中对付主要的竞争对手和主要威胁，并提供各种办法提高各竞争情报小组的协作水平，优化了原有的情报资源，增强了公司适应市场变化和对抗竞争的能力，最大限度地满足了全球市场上客户们的需求，公司销售收入持续增长，竞争情报在 IBM 公司经营改善中的作用也逐步显现出来。

据调查，在 1998—2000 年间，竞争情报对整个 IBM 公司业绩增长的贡献率分别为 6%、8% 和 9%。IBM 公司在信息技术行业中又重新获得了领先地位，到 2001 年公司利润总额达 80.93 亿美元，股东权益为 194.33 亿元，IBM 高速增长的商业利润再次受到公众的关注。

5.4 ▶ 信息评估方法

信息评估是按照一定的标准对信息集合的状况加以评判和估价，从而为信息资源的开发利用和信息源的组织提供选择依据。信息评价分为不同的层次和类型，如原始信息集合的评价、信息研究成果的评价、网络信息资源的评价和信息环境的评价等。这里主要阐述网络信息资源评估、信息研究成果的评价。

信息评估是信息收集人或信息管理机构对信息资源的一种评价行为，无论是传统的纸质信息载体，还是网络上的信息站点、电子出版物，都不可避免地要接受信息管理机构和信息用户的评估及选择。特别是在当前信息出版和发布量迅速增长的情况下，如何在海量信息中找到适合于用户的信息，而不至于使大量无关的信息占据有限的存储空间，对信息资源的评估、选择就显得十分重要。

5.4.1　网络信息资源的评估

所谓网络信息资源评估，就是根据一套网络信息资源评估指标体系，采取一定的评估方法来测定评估网络信息资源(包括网站资源、网页资源等)各方面的属性，以全面、综合地掌握评估对象的基本情况，进而方便地利用网络信息资源。

网络信息日益成为信息世界中的主流，因此我们把它作为一种独立的信息评估类型。由于网络信息自由存取和易用性的特点，导致网络信息增长速度快、范围广、种类多，但却缺乏组织和质量控制，呈现出泛滥无序的发展局面，这对用户的有效利用造成了不便。此外，用户对获取高质量网络信息的期望值越来越大，他们希望所获取的网络信息是有效的、可靠的、权威的、相关的、适用的。针对这种情况，发展网络信息资源的评估方法和相关标准与工具就尤其必要。进行网络信息资源评估，可以从信息海洋中过滤出有价值的部分，使那些信息污染和信息噪音不再与之相混淆，从而大大提高用户利用网络信息资源的效率和质量。

1. 网络信息资源评估的必要性

(1) 网络信息资源评估是网络信息资源组织的前提。由于网络检索工具和网络检索技术日趋简单实用，网络用户完全可以直接通过网络检索工具获得所需的网络信息资源。但由于因特网信息资源的无限性、无序性以及信息质量的优劣混杂，极大地阻碍了信息检索的有效性。因此，有必要为网络信息资源的组织搭建一个网络信息资源的筛选平台，依据网络信息资源评估指标体系对网络信息资源进行评价，取其精华去其糟粕，组织有价值的、用户所需要的信息，适时提供给用户。

(2) 网络信息资源评估是网络信息资源有效利用的依据。在纷繁复杂的网络世界里，用户对于如何访问最好的网站，如何搜索到有用的信息，如何获得最好的服务往往感到茫然。如果能够获取一定的网络信息资源评估结果，或者了解一些网络信息资源的评估标准以及评价方法，就可以掌握使用网络信息资源的主动权。用户可以依据网络信息资源评估结果有针对性地选择需要访问的网站或网页，从而保证自己的上网"冲浪"是建立在某种分析和判断基础上的"智能性"访问，同时还可以在更短的时间内对信息资源进行价值判断，这样不仅节约了大量的时间和金钱，而且真正做到了网络信息资源的有效利用。

(3) 网络信息资源评估是提高网络信息资源质量的保障。网络信息资源不是静态的，而是动态向前发展的。网站为了不断提高质量，专门设置用户意见箱或者制定一套有关网站使用的在线问卷调查表，这些都不失为改进网站质量的好方法。然而用户的意见和建议或多或少都带有主观色彩，含有个人的喜好，不够客观，而依据网络信息资源评估指标和采用一定的评估方法，就能相对客观地对网站进行全面的评估，让站点的创建者充分了解自己站点的优势、劣势所在，从而有针对性地改进网站的质量。

2. 网络信息资源评估的指标体系

目前，对网络信息资源评估的指标体系研究仍处于探索阶段，还没有形成一套公认的方法、准则和评估标准。对网络信息资源的评估一般是以网页或站点为评估单位，评估的指标体系是在借鉴传统的对印刷型文献评估的指标体系基础上，结合网络信息资源的特点，主要着眼于网页所提供的信息内容质量和信息存取方式等综合而成。

通过对不同类型网络信息资源评估指标进行统计和分析，参照网络信息资源评估的基本原则，有学者提出如图 5-4 所示的评估指标体系，该体系包括四大类主要的评估指标。

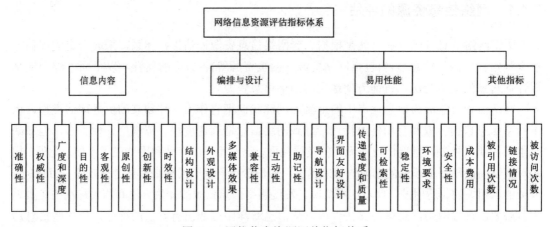

图 5-4 网络信息资源评估指标体系

(1) 信息内容评估指标。包括信息内容的准确性、权威性、广度和深度、目的性、客观性、原创性、创新性及时效性 8 项指标。

(2) 编排与设计评估指标。包括结构设计、外观设计、多媒体效果、兼容性、互动性及助记性 6 项指标。

(3) 易用性能评估指标。包括导航设计、界面友好设计、传递速度和质量、可检索性、稳定性、环境要求及安全性 7 项指标。

(4) 其他评估指标。包括成本费用、被引用次数、链接情况和被访问次数 4 项指标。

3. 网络信息资源评估的方法

网络信息资源评估的方法主要分为两类：定性评估方法和定量评估方法。

1) 定性评估方法

定性评估方法一般基于一定的评估准则与要求，根据评估的目的和用户需求，确定相关评估准则或指标体系，建立评估准则及各赋值标准，通过对评估对象大致评定，给出各网络信息资源的评估结果。评估结果有等级制、百分制或其他能指示网络信息资源质量综合水平的标准。评估准则和指标以定性为主，大多未设置相关的权重及进行量化处理，有些只是评估准则，并不涉及有关的数量关系。定性评估一般有问卷调查、专家评议等方式。

网络信息资源的评估本质上是对信息质量的评估，是一个价值判断过程，这一评判过程不能脱离人的主观判断。定性评估方法主要依靠评价者的主观判断，与网络信息资源评估的本质十分相符，而这一方法相对直观，特别适用于对信息内容要求较高的网络学术信息资源的评估，但是定性评估方法也存在一些问题。

(1) 评估指标体系的合理性。评估指标反映了人们对网络信息资源多方面属性的认识，是定性评估方法的基础，但评估指标体系的选择、建立、相关指标赋值、评价方法与过程往往具有不可克服的主观性，从而会影响评估的客观性。

(2) 评估的滞后性。网络信息资源的易变性和动态性使网络信息资源的评估工作往往滞后于实际情况的变化，并且网络信息资源内容广泛，形式多样，依靠有限的评估服务机构，依据复杂的评估指标体系，借助主观判断来对网络信息资源进行评估，很难全面、准确和及时地反映网络信息资源的变化情况。

(3) 评估结果的适用性。信息质量是相对的概念，与用户的特定需求及使用目的密切相关。由于网络信息资源用户的广泛性，即使网络信息资源评估考虑到用户的个性化特征与特定信息需求状况，但网络信息资源的质量指标仍很难完全满足用户个性化的信息需求，由此造成评估结果的适用性问题，如被评为四星级的高水平学术文献，对普通读者来说可能毫无用处。

(4) 问卷调查评估结果的可信性。问卷调查评估结果的可信水平与问卷的设计、抽样方法、样本数量、样本分布、调查费用等多种因素相关，公正性与可信性有时难以得到有效保证。例如，近两年比较热门的"我是歌手"评选网上投票活动，就被指有用各种手段拉选票做假的行为。

2) 定量评估方法

定量评估是利用数量分析方法，对调查统计数据进行分析，进而做出较系统、客观的评判。定量评估中最常用的是采用访问量统计，即基于网络用户对各网站的访问次数、登录情况、链接数量等进行统计分析，进而对用户兴趣、网站影响力、站点所提供信息的水平和可信度等做出评判，我国的互联网络信息中心(CNNIC)就是采用这种方法。但是就目前来看，单纯以定量方法评估网络信息资源，特别是网络学术信息资源还存在如下问题。

(1) 引文分析传统上用于学术论文的评价，同有着严格质量控制机制的印刷型学术论文间的引用相比，网络资源之间相互链接的原因要复杂得多，除了引证目的外，还包括许多随意性与不相关的链接，如广告。这些链接对反映网络信息资源的内在质量没有指示意义，它们的存在可能还会对评估分析产生一定干扰，影响评估结果的客观性。

(2) 链接分析通常利用搜索引擎作为数据收集工具，搜索引擎的局限性也使分析产生偏差。如 Ingwersen 在研究中发现，利用 AItaVista 进行布尔逻辑组合检索时，具有相同逻辑含义的两个检索式可能会得到不同的检索结果。

(3) 访问量统计的出发点是认为在一段时间内，用户访问网络信息资源的数量可间接反映网络信息资源的重要性，但事实上，用这种方法评估网络信息资源的质量有较大的局限性。目前各网页上的链接越来越多，从一个页面转到另一个页面也十分便捷，用户在浏览网页时具备随意性，访问量难以真实反映网站的质量。例如，提供免费邮箱可能增加网站的访问量，但这个增加的访问量不一定就反映出网站或页面的质量。

(4) 访问量统计需要在客户端或服务器端安装检测软件或加入模块，数据的统计涉及被评估网站有关信息的公开，数据获取有一定难度。另外，数据统计的真实性也存在问题，如服务器日志分析无法区分初次访问的用户和重复访问的用户。国际流行的独立用户将来自同一 IP 地址的访客视同为一人，对于大量以某一拨号方式上网的用户也都视作同一用户，这显然在统计上是不确切的。

5.4.2 信息研究成果的评价

信息研究成果的评价是指对高层次、高智力信息活动或情报活动的成果，如对综述、述评、信息研究报告、信息咨询报告等的水平和价值加以评判和估价。

1. 信息研究成果评价的准则

(1) 研究课题的意义准则。在评价课题的意义时应从其针对性、理论或方法的贡献，对科技、经济和社会发展的作用等方面来进行。针对性是指是否针对经济和社会发展的需要，是否结合国家发展战略的重点，是否符合本地资源的开发利用和生产的急需。课题在理论和方法上的贡献是指其对探讨新理论或新方法的作用。对科技、经济和社会发展的作用是指其促进科技、经济和社会协调发展的作用。

(2) 研究课题的科学水平准则。信息研究成果的科学水平应由其内容的科学性、创造性、先进性、可靠性、预见性、逻辑性、所含有效信息的量和信息提炼的程度来衡量。

(3) 研究课题的难易程度准则。研究课题的难易程度主要由研究规模、研究内容和研究方法等来反映。研究规模是指研究成果的加工度，即工作量的大小和研究成果的社会化程度。研究内容是指研究成果所提供的信息的密集度、所涉及学科专业面的广度和研究问题的深度。研究方法是指在综合分析中所采用的方法的繁简程度，其中也包括所采用的手段。

(4) 效益准则。这是从信息研究成果是否及时、主动，使用面和实际价值的大小等角度来衡量该成果对制定规划、确定科研方向、技术改造和技术创新等方面的社会效益和经济效益。简而言之，信息研究成果的效益应从经济效益、社会效益和学术价值 3 个方面来衡量。

2. 评价指标体系的建立

根据上述评价准则提供的思路和框架，信息研究成果评价的指标体系内容包括以下几个方面。

(1) 针对性。即用户和社会的需要度。

(2) 理论或方法上的贡献。即对探讨新理论或新方法的作用。

(3) 对科技、经济和社会发展的作用。即促进科技、经济和社会协调发展的作用。

(4) 科学性。即预测和对策的科学性。

(5) 创造性。即新发现、新见解或新内容。

(6) 适用性。即是否符合国情和发展方向。

(7) 先进性。即达到国际、国内、省市水平的情况。

(8) 可靠性。即材料完整、准确和结论的可靠性。

(9) 逻辑性。即研究过程各环节和研究内容各部分之间的合理性与逻辑性，综合分析及文字表达的简明性。

(10) 研究规模。即研究的工作量和研究成果的社会化程度。

(11) 研究内容。即提供信息的密集程度，涉及学科专业面的广度和研究问题的深度。

(12) 研究方法。即运用数学表达、定量描述、计算机处理等现代科学方法和手段的情况。

(13) 社会效益。即对制定政策规划和决策方案的帮助效果。

(14) 经济效益。即直接或潜在的经济效益。

(15) 学术和使用价值。即发表、宣读、评议、鉴定意见及用户的反映情况。

需要指出的是，在采用上述指标进行实际的信息研究成果的评价时可根据需要分别对这些指标的重要性程度，即权重进行赋值。

3. 信息研究成果的评价方法

从评价的步骤看，信息研究成果的评价方法主要有即时评价和最终评价。

(1) 即时评价。即时评价主要是根据信息研究成果本身所提供的科学价值、可使用价值和用户的初步反馈来进行，此时并不要求与成果可能产生的最终的精神或物质的社会经济效果相联系。这种方法适用于任何已经完成的信息研究成果的评价，它可以同信息研究工作的日常管理相联系，作为考核、评比的一个基本方法而长期实行。

(2) 最终评价。即对信息研究成果投入使用后产生的社会经济效果所进行的一种长远评价，其目标是追求信息研究成果产生的最终社会经济效果，而不是评价的最终完成。其重点不是考察信息研究成果的自身价值和水平与用户的最初反馈，而是着眼于收集和鉴定信息研究成果给社会、经济、政治和科技发展以及人的心理等方面所带来的影响后果。它是依据信息研究成果在使用中所起的作用，通过社会实践，转而产生的社会经济效果而进行的一种间接评价。最终评价的特点体现为：首先所需时间比较长，多半不能一次性完成；其次，最终效益是信息研究、决策管理、生产实践和信息研究成果本身等多方面共同创造的综合效益；最后，它不适宜做大量信息研究成果日常的、普遍的评价手段，在大多数情况下，它仅适于评价那些经过时间和实践证明的确实对社会产生了重要影响的一小部分突出成果，而不能用来评价所有的信息研究成果。

从整体上看，一个完整的信息研究成果的评价应当包括即时评价和最终评价，前者是后者的基础，后者为前者提供验证。在进行实际评价时，要注意以下两方面的问题：一是即时评价和最终评价相结合；二是综合性信息部门和专业性信息部门相区别，因为两者在研究方向、服务对象、成果构成和人员构成等方面都有所不同，所以对信息研究成果评价的侧重点也应当有所区别。一般来说，对综合性信息部门的信息研究成果的评价应侧重于成果的社会效益，而对基层信息部门的信息研究成果的评价应当侧重于其技术、经济效益，当然这也不是绝对的。

从所属的性质来看，信息研究成果的评价方法可分为定性评价法、定量评价法和模糊评价法。

(1) 定性评价法。通常是采取综合分析、因素分析、选举、推荐等方式进行，建立在主观判断的基础上，具有一定的局限性。它从选题到效果等方面概括性地设置几个条件或要求，再拿某一信息研究成果与之对比，从而区分出成果的高下和等级。

(2) 定量评价法。即在定性评价的基础上，对具体的评价条件或指标加以量化，再经过统计计算的一种信息研究成果评价方法。这种方法可分为评分法和公式法两种。评分法是通过确定评价项目，并分出等级，给出具体分值，然后综合平均，确定分值的高低，评价出信息研究成果的等级的方法。它进一步又可以分为均值法和方根法等。公式法是根据信息研究成果的特点，将其所涉及的诸多因素及其相互关系用公式表示出来，再把各项指标套进公式进行评价。

(3) 模糊评价法。即利用模糊数学中有关模糊变换和综合评判的概念，对信息研究成果的使用或信息服务效果进行模糊评价，它从效果的模糊性出发，利用模糊集合和通常的统计方法来加以评价。

5.4.3 信息资源管理经济效益评价方法

下面给出几种典型的信息资源管理经济效益评价方法。

1. 直接比较评价法

根据评价的内涵要求，可以直接利用下式评价经济效益与预期目标之间的关系：

$$\eta_\varepsilon = E_o / E_s \tag{5-1}$$

式(5-1)中，E_o 为客观实际情况，即信息资源管理经济效益的实际计算结果；E_s 为主观标准，即期望实现的信息资源管理经济效益目标；η_ε 为信息资源管理经济效益评价系数。显然，如果 $\eta_\varepsilon \geq 1$，则信息资源管理经济效益理想；反之，如果 $\eta_\varepsilon < 1$，则信息资源管理经济效益不佳(但信息资源管理活动仍然可能存在正的经济效益)。

明确而有价值的信息资源管理经济效益目标、以实事求是的科学态度确定信息资源管理活动实际的经济效益值是信息资源管理经济效益评价的前提和条件。所谓信息资源管理经济效益目标的明确而有价值，是指该目标符合一般的社会价值准则，具有可实现性，并有利于推动信息资源管理活动乃至整个信息经济的发展；所谓以实事求是的科学态度确定信息资源管理活动实际的经济效益值，就是以实事求是的态度确定在该信息资源管理活动中的投入、产出值。

在实际操作中，利用式(5-1)进行评价至少存在两个难点：一是信息资源管理经济效益目标值往往因社会层次、行业群体、历史阶段而异，这一特点淡化了其参照价值。二是信息资源管理对经济的贡献隐含于对其他信息经济活动的贡献之中，因此，实际产出值的确定通常比较困难。

为解决上述问题，我们可以考虑借用成本来替代经济效益，由此可得出如下派生的评价公式：

$$\eta_c = C_o / C_s \tag{5-2}$$

式(5-2)中，C_o 为信息资源管理活动中实际投入的成本；C_s 为期望的信息资源管理成本；η_c 为信息资源管理成本评价系数。显然，如果 $\eta_c \geq 1$，则信息资源管理经济效益不佳；反之，如果 $\eta_c < 1$，则信息资源管理经济效益理想。

式(5-2)解决了产出值难以计量的问题，但 C_s 值的确定仍然存在一定的难度。

在实际操作中，常常回避随评价主体价值准则不同而异的评价标准，并取另一管理方案的相关指标代之。这种评价，实际上就是不同信息资源管理方案的经济效益的比较，可用于不同管理方案的选优。

基于上述思想，式(5-1)和式(5-2)可分别改写为：

$$\eta_\varepsilon = E_1 / E_2 \tag{5-3}$$

$$\eta_c = C_1 / C_2 \tag{5-4}$$

式(5-3)和式(5-4)中，E_1、C_1 分别表示新信息资源管理方案的经济效益、成本；E_2、C_2 分别表示原信息资源管理方案的经济效益、成本；η_ε、η_c 分别为信息资源管理经济效益评价系数、成本评价系数。显然，如果 $\eta_\varepsilon \geq 1$ 或 $\eta_c < 1$，则信息资源管理经济效益理想；反之，如果 $\eta_e < 1$ 或 $\eta_c \geq 1$，则信息资源管理经济效益不佳。

2. 差额比较法

(1) 用产出的有用劳动成果与投入的社会劳动消耗之间的差值来表示。这种方法与前面对信息资源管理经济效益的定义对应，以绝对量的差额形式来评价信息资源管理经济效益，即

$$E = V - C \tag{5-5}$$

(2) 以资金流入量与流出量的差额来表示。用信息资源管理方案在整个寿命期中的资金流入量与流出量的差额(即净现值)来表示经济效益，即

$$\mathrm{NPV} = I - O = \sum_{t=1}^{n}[I_t(1+d)^{-t}] - \sum_{t=0}^{n-1}[O_t(1+d)^{-t}] \tag{5-6}$$

式(5-6)中，NPV 为信息资源管理方案的净现值；I 为方案寿命期内的资金流入量；O 为方案寿命期内的资金流出量；I_t 为 t 年资金流入量；O_t 为 t 年资金流出量；d 为贴现率；n 为方案寿命期。

3. 分离信息资源管理贡献评价法

信息资源管理的作用在于通过管理改善信息资源的生产、流通、分配和消费状况，实现信息资源开发利用活动的高效益。显然，这种作用是隐含的，是与以信息资源为中心的经济活动紧密结合在一起的。若以 E 表示信息资源管理的纯贡献，A_0 表示开展信息资源管理活动前的总产出，A_1 表示开展信息资源管理活动后的总产出，C_0 表示开展信息资源管理活动前的总成本，C_1 表示开展信息资源管理活动后的总成本，N 表示该信息资源管理方案被推广使用的次数，T 表示该信息资源管理方案的寿命期，则有：

$$E = [(A_1 - A_0) - (C_1 - C_0)]NT \tag{5-7}$$

4. 影子收益评价法

这是一种间接评价信息资源管理经济效益的方法。所谓影子收益，是指由于未开展信息资源管理活动而给信息资源的生产、流通、分配和消费活动带来的损失之和。例如，在因特网上建立联网管理基准规范(wired for management，WFM)后，增强了通用网络的启动界面、远程唤醒、固定资产管理、电源管理功能，从而显著地降低了网络的总体拥有成本(TCO)。

这些成本的降低可以看作 WFM 系统的影子收益。

影子收益虽然不是信息资源管理系统直接创造的，但却是开展信息资源管理之前客体实际出现的损失。这些损失是过去已经发生了的，是看得见、摸得着的，因而是可以统计和测算的，只是由于信息资源管理系统的建立而不存在了。这种评价方法的好处在于方便、易操作，因而是一种十分有效的方法。

5. 投资评价法

投资评价是信息资源管理经济效益评价的一项重要内容。投资评价并不把目标放在投资最少的信息资源管理方案上，而是寻求取得最大经济效益的途径和方法。进行信息资源管理投资评价的准则是：当投资相同时，取经济效益最大的方案；当投资不同时，取经济效益投资比最大的方案。

在进行投资评价时，人们经常采用投资回收期、追加投资回收期和投资效果系数三个评价指标。投资回收期是指回收一次投资所需要的时间，投资回收期短，意味着投资风险小，资金周转方便，经济效益好；反之，投资回收期长，意味着投资风险大，资金回笼慢，经济效益差。投资回收期可用下式表示：

$$P_t = I / R_p \tag{5-8}$$

式(5-8)中，P_t 为投资回收期(年)；I 为投资总额；R_p 为年资金回流量(其数额等于年收益加固定资产折旧提成)。

追加投资回收期是一个相对的投资回收期指标，可直接用于两个信息资源管理方案的比较评价。其基本思想是：假设有两个信息资源管理方案，新方案的投资为 I_1，年管理费用为 C_1，原方案的投资为 I_2，年管理费用为 C_2。如果 $I_1>I_2$，$C_1<C_2$，那么，新方案比原方案多花费投资(即追加投资)为 $\Delta I = I_1 - I_2$，而新方案比原方案节省的年管理费用为 $\Delta C = C_2 - C_1$，则追加投资回收期(记作 P_t)可利用式(5-9)进行计算：

$$P_t = \frac{\Delta I}{\Delta C} = \frac{I_1 - I_2}{C_2 - C_1} \tag{5-9}$$

追加投资回收期反映了两个相比方案经济效益差异的大小，表明了一个方案对另一个方案的优化程度。追加投资回收期越长，说明两个信息资源管理方案的经济效益相差越小；反之，追加投资回收期越短，说明两个信息资源管理方案的经济效益相差越大，较优信息资源管理方案越可取。

投资效果系数也称资金利润率，是单位投资资金取得的利润回报数额。投资效果系数越大，表明信息资源管理经济效益越好，其计算公式为

$$P_c = P / C \tag{5-10}$$

式(5-10)中，P_c 为投资效益系数；P 为利润总额；C 为投资总额。

信息资源管理经济效益评价是一项极其复杂的社会系统工程，应当说没有万能的方法。一般来说，凡是能够反映投入产出状况的指标均可不同程度地用于信息资源管理经济效益的评价。以上介绍的方法仅仅是众多评价方法中的几个典型代表。

信息资源管理经济效益评价的基本流程如图 5-5 所示。

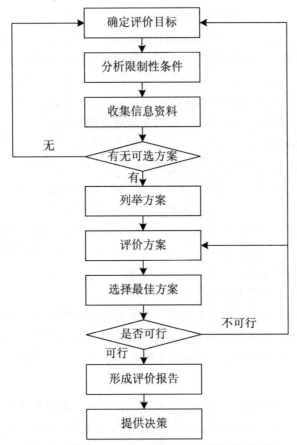

图 5-5 信息资源管理经济效益评价的基本流程

5.5 ▶ 信息综合利用案例

5.5.1 博大光通智慧城市管理与运营综合平台

"Microsoft Azure 智能云在提供 IaaS 服务的基础上，针对物联网和大数据的场景，提供了专属的、丰富的 PaaS 服务。其中，Azure IoT 中心提供了适用于开放源代码设备 SDK 并支持多种协议，帮助我们接入新网关和传感器的开发成本降低了 30%。与此同时，其连接和管理百万级设备资产的能力，使得项目建设实施周期缩短 25%，后期运营维护总成本降低 20%。最为重要的是，通过利用 Azure 的大数据能力和分析工具，帮助我们加速转型成为领先的新型智慧城市建设和运维一体化的解决方案和服务提供商。"

——吕海波，北京博大光通物联科技股份有限公司技术副总裁

1. 业务背景

随着信息技术应用的不断深入，传统的城市管理和运营模式也在发生着变革，中国各主要城市都将"智慧城市"的建设作为政府的首要工作之一。通过运用先进的信息技术与通信手段，收集、分析与整合城市运行中的各项关键信息，实现智能化的响应，促进城市的可持续发展。

智慧城市的基础是物联网的大规模使用,作为国内率先将物联网作为核心业务的科技企业之一,面对智慧城市建设的需求,博大光通希望打造一个基于感知能力和大数据的新型智慧城市解决方案,帮助城市管理者和相关职能部门实现综合化的城市管理与运营。该方案的三大愿景如下:

(1) 通过多样化的感知设备,进行数据收集、存储和分析,支撑运营决策。

(2) 跨部门、跨职能实现大数据的集中处理和交换,实现对城市的全景洞察。

(3) 通过丰富的生态 App 和服务,让城市更智能的服务生活。

要构建如此庞大的物联网应用平台,博大光通需要解决一系列的问题与挑战。

(1) 海量物联网设备。城市管理会涉及多个应用领域,其所采用的物联网设备和传感器的型号、系统、协议各不相同,既有使用 AMQP / MQTT 协议的,也有直接采用 HTTP 方式的。如果为多样化的设备建立多个接入平台,不仅会大幅增加研发成本与系统复杂度,也会给后期的运营带来难度,故研发团队需要在一个平台上实现统一物联网设备接入和管理。

(2) 海量的数据高并发传输与存储。城市管理中应用到的物联网设备高达数百万甚至是数千万,其每时每刻会产生大量的数据,不仅需要一个安全可靠的存储平台进行存储,更需要解决复杂网络环境中,消除数据高并发传输的障碍。

(3) 大数据挖掘的应用。仅仅收集数据并不能为智慧化的城市管理提供帮助,还需要为不同角色的管理者提供不同维度的洞察力,深入挖掘数据背后所隐藏的价值,最终实现及时在问题发生之前进行预警,辅助领导层做出正确的决策进行应对,保障城市运行的平稳安全。

2. 解决方案

作为技术型创业企业的博大光通首先想到了利用公有云来提供基础服务,然而国内的公有云服务提供商往往仅提供 IaaS 层面的服务,企业要实现平台的全部构想,不仅要融合物联网平台,更需要整合大数据能力。在经过全面的对比之后,博大光通最终选择了在 Microsoft Azure 智能云上打造智慧生态应用方案。系统架构图如图 5-6 所示。

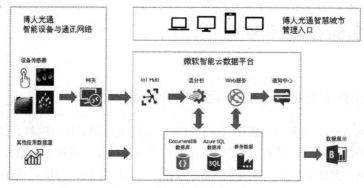

图 5-6 系统架构图

这一解决方案的主要应用包括以下几方面。

(1) 直接在 Azure 云上实现感知数据的统一接入。通过与微软的技术团队进行深入合作,博大光通的研发团队改变了以往采用虚拟机搭建基础架构并自行开发物联网后端的方式,直接使用 Microsoft Azure 智能云的 IoT 中心这一 PaaS 层的服务,对新型智慧城市中所涉及的多种终端进行连接、监视和控制。通过 IoT 中心服务,无论终端设备采用何种系统(Windows 或 Linux)和协议,都可以统一地接入一个云平台上,并将数据安全高效地存储到 Azure DocumentDB 以及 Azure SQL 数据库中,实现动态弹性的扩展,并由 Azure 存储服务提供地理冗余和可靠性支持，而无须担心数据持续增量和安全性。同时，在 Azure 上实现各部门间的数据与资源共享，消除以往存在的各部门信息孤岛，从而为城市管理提供全局化数据保障和洞察。

(2) 重在大数据应用，面向多种终端提供信息展示与管理。在应用层面，博大光通借助 Azure 智能云所提供 HDinsight 的大数据与分析能力，将城市运行中的结构化与非结构化数据在云上快速地完成数据处理与分析，并且可以在机器学习中创建不同的数据模型，为城市决策提供科学的参考依据。为了使市民、城市一线工作人员、政府决策者都能够获得所需的信息，博大光通借助 Azure Web 服务、通知中心等构建面向移动设备的 App，将新型智慧城市感知信息与地理数据整合，提供直观的可视化仪表板，方便城市管理者掌握最新城市运行动态，实时的预警与报告也可以大幅缩短一线员工在响应并处理燃气检修、井盖管理、污水排放管控等相关任务的时间，将垂直管理领域信息整合，提升效率。

3. 企业收益

博大光通借助 Microsoft Azure 智能云丰富的 PaaS 服务来构建满足新型智慧城市运营的物联网整体解决方案平台，获得了诸多显著的收益，这些收益包括以下几个方面。

(1) 更高效与安全地管理海量的物联网设备与数据。通过 Azure IoT 中心这一 PaaS 服务，博大光通的研发团队在一个平台上即可对使用 AMQP、MQTT 或 HTTP 等不同协议的高达千万数量级的物联网设备进行管理，并实现安全可靠的双向信息通讯。不仅如此，借助 Azure 数据中心的三线 BGP 网络优势，大幅降低了数据在双向传输过程中的延迟，满足了城市在智慧交通、能源安全、气象、生态等管理方面对于数据实时性的严苛要求，为新型智慧城市的良好运营奠定了可靠、精准的信息基础。

(2) 更丰富的数据展现形式，辅助管理者精准决策。得益于 Azure 所提供的一系列智能化与数据分析能力，博大光通能够为城市的管理者、决策者以及一线工作人员提供基于数据感知的洞察力。通过在云端的 HDInsight(完全托管在 Azure 上的 Hadoop)与机器学习能力，快速地发现问题，实现更加敏捷的城市应急管理与响应。此外，博大光通的研发团队无须经过复杂的开发与设计，就能够利用微软现有的技术和软件让各角色都可以在自己熟悉的设备上如 PC、智能手机或平板电脑上获得丰富直观的数据仪表板，并与地理信息整合，实现城市综合管理的全方位监测与精准化决策，如图 5-7 所示。

图 5-7　整合地理信息的新型智慧城市感知数据平台

(3) 降低成本,帮助企业专注新型智慧城市领域的创新。通过使用 Azure 所提供的丰富 PaaS 服务来替代传统大量采用虚拟机构建的 IaaS 架构,博大光通大幅降低了 IT 成本与维护的复杂程度。企业的技术团队无须再被底层基础架构的运维、更新等烦琐工作所束缚,也无须进行过多开发,即可使用 Azure 完成所需的任务,从而将更多的精力投入感知物联网与智慧城市应用场景的创新上,在新型智慧城市的发展中引入更多新的技术和应用,构建更加完善的生态体系,不断地提升企业在行业内的竞争力。

5.5.2 西门子知识管理平台

1. 背景

由美国 Teleos 和 KnowNetwork 两家机构共同主办的"最受赞赏的知识型企业"(the most admired knowledged enterprises,MAKE)评选活动始于 1998 年,目的是选出那些因创造、分享和应用知识而成为新经济领导型的企业,为实施知识管理项目的企业提供一个可供借鉴的标准。

每年在这项评选中,西门子均是位列前 20 强的企业之一,在知识管理方面下足了功夫。其知识管理主管京特·克莱门茨介绍:"西门子很强调知识管理,现在西门子有超过 150 个知识管理项目在全球推行,西门子的 ShareNet 系统(社区知识管理系统)联系着遍布 80 多个国家的 1.8 万名销售人员和市场专家。"

西门子是一家德国的跨国公司,总部位于慕尼黑。它拥有六大业务板块:信息和通信、自动化和控制、电力、交通、医疗和照明,六大业务板块分为六大集团,每个集团都独立运营。西门子的董事会坚信,全球创新网络——包括 190 个国家和 40 万名员工——是公司最大的资产,这些员工由全球知识网络联系起来,是创新的关键,也是提供技术、切合客户的解决方案和服务的关键。

过去数年中,众多全球性企业纷纷建立起自己的知识管理系统,然而,大多投入应用的知识管理系统都没有成功,甚至是失败的。与大多数企业不同,西门子的知识管理项目却是一个成功的案例,西门子在知识管理领域所获得的巨大成功主要归功于其在全球最大的事业部,即信息和通信网络公司(Siemens' Information and Communication Networks,ICN)成功实施的 ShareNet。

ICN 的 ShareNet 是一个包括 1.8 万名西门子 ICN 部门的,活跃在全球 80 多个国家和地区的销售人员、营销人员、业务开发及研发人员在内的虚拟网络社区。ShareNet 将这些遍布全球的专家通过网络联系在一起,让他们能够通过网络分享和拓展他们的知识,进而创造更完美的客户解决方案。ShareNet 虚拟网络社区的目标就是为了更好地探测区域性的知识创新,并且将其在全球范围内推广和运用。ShareNet 中涵盖了销售人员价值创造过程中创造和运用的显性和隐性知识,包括项目诀窍、技术和功能解决方案以及商业环境知识,如客户、竞争对手、市场、技术与合作伙伴等。ShareNet 重点关注那些基于经验的知识,其中的"官方文档"很少,更多的是个人陈述、评论、销售项目的经验或者经过验证的解决方案的争论。除了关于上述专题的结构化问卷调查,ShareNet 还提供了一些非结构化的空间,如聊天室、社区新闻、专题讨论组以及"紧急求解"(UR)。紧急求解是一个可以询问任何紧急问题的论坛,不设定明确的组织者。由于 ShareNet 可以超越时区限制和组织边界,所以成员通常在几个小时内就会得到回复。

2. 关键操作

1) 选准切入口

西门子早在 ShareNet 概念的形成阶段，就收集了将要使用 ShareNet 的所有员工的意见，这一做法使 ShareNet 能够考虑不同地区公司的文化差异，为随后该项目的全球推广铺平了道路。ShareNet 项目团队很早就意识到，知识管理系统的开发不应该是孤立的，不应该是从上到下地部署到各地区公司中。因此，ShareNet 项目团队中增加了来自总部和 15 个地区公司的 40 名销售代表，团队中的所有成员要共同参与项目中问题的诊断，在诊断过程中，所有销售代表都要求列举出一些不仅能在当地使用，而且能在全球使用的解决方案和实践。

在准确定位需求后，选择一个合适领域作为切入口也是知识管理系统成功实施的关键之一。ICN 的 ShareNet 团队首先选择为销售人员和营销团队建立一个知识共享系统，因为他们通过知识共享产生的效果是立竿见影的。后来的实施进程也证明了这个选择的正确性，ShareNet 系统在销售团队中取得巨大成功，这为 ShareNet 在西门子其他部门的实施起到很好的宣传和带动作用。

2) 挖掘隐性知识

ICN 要创建的系统不仅要能共享显性知识，而且要能帮助员工将自身的隐性知识也贡献出来。为此，ICN 将 ShareNet 设计成互动的知识管理平台，首先，显性知识按照内容被划分为不同的类别，如解决方案对象(技术性的或者功能性的知识)及环境对象(客户或者市场知识)。ShareNet 把有用的文件相互联系在一起，例如，一个销售方案通常会包括对一个客户的情况调查以及联系人，以便提供进一步的帮助。其次，隐性知识划分成紧急请求、论坛、新闻、聊天和成员字典等组成部分。ShareNet 的紧急请求功能可以让一个成员发出紧急信息，提醒其他成员，以寻求他们的帮助。对于一些非紧急的问题，需要对各种各样的想法和建议进行反馈，最好选择论坛。ShareNet 新闻是一个特殊的论坛，为 ShareNet 社区提供了留言板。ShareNet 聊天功能是基于因特网中继交谈(Internet relay chat，IRC)技术的，是 ShareNet 成员的虚拟会议室。ShareNet 成员字典是提供所有用户的联络信息、企业的详细资料和每个成员对于 ShareNet 的贡献等内容。通过上述模块，ICN 实现了系统内部的显性知识及隐性知识的管理和挖掘。

3) 本土化策略

为了通过 ShareNet 获取全球不同地域文化背景的员工所拥有的知识，西门子采取了本土化策略，即一种既能把全球员工的知识资源聚集起来，又能保留文化差异的方法，由总部和各地分公司共同制定 ShareNet 的战略方向，然后系统的主要战略性维护落到各本土分公司。

ShareNet 最初仅在四个试点国家(澳大利亚、中国、马来西亚和葡萄牙)展开实验。选择这些国家是因为它们都能与 ShareNet 团队和谐相处，能很好地代表西门子在全球的业务，并且 ShareNet 项目团队把试点地区作为迅速建立总部和地区公司之间关系的重要手段。为把本土化策略落到实处，西门子在各地区公司中选择 ShareNet 经理，分别设立共享委员会、全球编辑、IT 支持人员和用户热线。他们和全球各地的投稿者一起组成一个既注重全球总体战略，又关注各地区公司文化的全球本土化组织。在这个组织中，ShareNet 经理们起到一个跨文化"黏合剂"的作用。

据有关人士评价："ICN ShareNet 试图把所有地区的销售活动联系起来，以促进全球范围内的知识、最佳实践在地区公司的使用，并促进全球问题解决能力的形成。通过节省时间、成本和创造新的销售机会，ICN ShareNet 将实现巨大的、可衡量的商业效益，ICN ShareNet 将融入每个销售人员每天的工作中，是一个自我形成、不断成长的系统。"

4) 知识转化为股份

为保证知识管理系统在西门子内部持续地使用下去，ShareNe 团队必须不断地给 ShareNet 系统注入动力，并激励员工们向 ShareNet 提供并从中获取知识，这包括外在激励和内在激励两个方面。

开始，西门子推出了"上级奖励制度"，希望以此作为知识共享的短期推动力。在初创期，这种制度在一定程度上刺激了 ShareNet 的推广使用，但由于它没有真正奖励那些知识的贡献者，从而难以发挥长期、持续的激励作用。于是，ShareNet 经理们决定把奖励重点更多地放在参与者身上，并推出网上奖励制度。参与者可以因为质量高的投稿获得 ShareNet 股份。这个股份是一个灵活的激励方案，能够根据激励的需求做出调整。例如，知识发布和论坛反应为 3～20 股，每股在价值上大约相当于 1 欧元。ShareNet 的技术系统自动根据贡献进行股份分配。在实施股份奖励方案的前 4 个月中，股份激励系统产生了明显的效果。后来，这个奖励方案演变成一个"在线商店"。在那里，股份可以通过交易置换成一定范围内的产品，如专业文献和西门子便携电脑等。但是，数量上的成功却又带来质量的缺陷。于是，ShareNet 项目团队又引入星级评价程序，星级乘以某个特定权值就可以计算出贡献者所能得到的股份数量。通过引入评价程序，从而推进"投稿"质量的提高。

实际上，仅有少量的获奖员工把股份换成了实物，投稿的数量和质量等资料的公开化，使投稿者可以获得人人所共知的"专家"地位。这点日渐成为员工积极利用 ShareNet 的内在动力，提高了"投稿"员工的被认同感和成就感。

ShareNet 用户发表评论："虽然得到这样或那样的奖励作为一种激励，促进了与国际同事的知识分享，但这不是最重要的。日常工作得到赏识、受到重视、获得认可才最为重要，而这才是积极参与的关键所在。"为此，ShareNet 项目团队决定把更多的激励和奖励聚焦在"投稿"的员工身上，把大量评论性内容放进系统，使用户积极贡献知识、智慧、思想或提出不同的观点等，并使积极参与者创造知名度。通过这种方式，ShareNet 项目团队成功地把知识管理理念、信息管理系统，以及作为知识管理主体的人有机地结合起来。大多数西门子员工认为，借助 ShareNet 平台，绝大多数员工之间可以自由地分享知识。更确切地说，他们被捆绑在公司的一个全球化网络和虚拟社区内，并且遵循共同的行为守则，在 ShareNet 系统中获取和分享知识逐渐成为自己的习惯。

5) 向研发部门拓展

2003 年，西门子在低成本国家开发的软件达到 5%，于是，西门子制订了一个雄心勃勃的计划，利用大量的海外研发资源来降低成本。通过把研发分散到低成本的区域来削减成本的做法看上去很简单，但真正的挑战来自于把研发分散到全球的同时还要保持其高质量，与全球员工和合作伙伴共享知识，被视作这个计划执行的关键因素，这就强化了 ShareNet 向研发进行扩展的呼声。

负责业务改革和知识管理的副总裁 Janina Kugel 认为，ShareNet 向研发部门扩展，在销售和营销方面有许多值得借鉴的经验，但是，考虑到通信领域的诸多新挑战，以及研发功能模块的特殊要求，ShareNet 的许多系统功能和实施战略必须进行调整。

Kugel 认为，在研发部门拓展 ShareNet 存在三种方案：第一种方案，在整个研发社区中，简单地重复销售和营销部门的实施方法；第二种方案，使实施过程更加贴近研发，并建立几个由研发员工组成的小组；第三种方案，根据研发的流程定制实施过程，并逐步扩大 ShareNet 的使用范围。相比之下，第三种方案更可取。

除领导知识管理队伍，Kugel 还领导一个商业咨询团队，即 BT 团队。正当 Kugel 决定把 ShareNet 扩展到研发部门时，这个团队的员工们成功地完成了一个项目——分裂性变革流程，并将这个创新成果应用到运输等部门。BT 团队让 ShareNet 在这个项目中起到了中心作用，从此，正是这个项目促进了 ShareNet 快速融入西门子的研发工作中。

3. 案例启示

分析西门子公司的知识管理系统——ShareNet，可以发现，ShareNet 超越了知识管理的传统技术观，将知识管理系统成功上升为一个"社会—技术"系统，并聚焦于下列四个方面。

(1) 知识社区。试图跨组织边界达到全球的知识创新，使企业中各个领域的知识能够通过 ShareNet 得到共享，使员工可以对业务的相关主题进行经验交流，充分传播并利用已有的成功经验。

(2) 知识集市。如果说知识社区建立了人和人、人和组织以及组织和组织之间的联系，而知识集市则提供了有关知识管理的基础设施，它通过提供知识地图以及企业 Intranet 来进行最佳实践传输，保证所有员工能够访问最佳实践资源。

(3) 知识环境。知识环境主要是在"软"环境方面对企业知识管理提供支持，即在企业战略及价值观等方面推进知识管理在企业的实施，在组织中形成知识交流的气氛和知识共享的文化，使员工能有效地从业务中学习，从分布中学习，从虚拟团队中学习。

(4) 知识管理关键过程。建设知识社区、知识集市和知识环境，其最终目的是为了有效实现对企业知识过程的管理，使企业的知识共享、知识应用及知识创新上升到一个新的台阶。

西门子公司的知识管理实践还表现出一条通向知识管理的成功道路，即以业务目标为导向，依据一定的知识战略实施知识管理活动。这条道路强调了融合思想，即将企业的业务目标、知识战略和知识管理实施过程有机融合，坚持认为知识管理实践应"从企业战略、业务目标中来，并到企业战略、业务目标中去"。

这个案例中的一些经验和教训对国内企业的知识管理实践来说是值得借鉴的，主要有以下几点。

(1) 知识管理系统是一个"社会—技术"系统，成功的知识管理是"机械"方法和"人性化"方法的结合，需要用科学的发展观对待知识管理系统的开发、升级和维护。

(2) 实践社区是推进知识管理系统的核心概念，虚拟社区是实现知识管理的关键平台。

(3) 友好的 IT 应用环境对知识管理十分重要。

(4) 建立一个可行的实施知识管理的基本标准——知识管理框架模型。

(5) 建立具有充分资源和跨职能部门的知识管理核心团队，高层管理部门的支持是实施知识管理的必要条件。

(6) 建立知识管理的战略规划和针对业务目标的知识管理实施路径，是保持知识管理旺盛生命力的关键。

参考文献

[1] 朱庆华. 信息分析基础、方法及应用[M]. 北京：科技出版社，2015.

[2] 曾祥麒. 网络信息资源评价指标体系研究[D]. 南昌：江西财经大学硕士学位论文，2006.

[3] 文庭孝，杨思洛，刘莉. 信息分析[M]. 北京：机械工业出版社，2017.

[4] 李莉. 信息分析方法[M]. 北京：科学出版社，2017.

[5] 卢小宾. 信息分析概论[M]. 北京：电子工业出版社，2014.

复习题

一、单项选择题

1. 信息分析类型划分的方式不包括(　　)。

    A. 按领域划分　　　　　B. 按内容划分　　　　　C. 按分析人员划分　　　D. 按方法划分

2. 以下不是信息预测方法的是(　　)。

    A. 直观预测法　　　　　B. 约束外推法　　　　　C. 因果分析法　　　　　D. 模拟模型法

3. 依靠人的直观判断能力进行直观判断从而预测未来的方法称为(　　)。

    A. 定量预测法　　　　　B. 定性预测法　　　　　C. 模拟模型法　　　　　D. 以上答案都不对

4. 我国的信息分析工作大体上经历了(　　)个发展阶段。

    A. 4　　　　　　　　　　B. 5　　　　　　　　　　C. 6　　　　　　　　　　D. 7

5. 信息分析概念源于(　　)。

    A. 情报研究　　　　　　B. 软件分析　　　　　　C. 系统分析　　　　　　D. 工程分析

6. 我国的《易经》就是一部(　　)。

    A. 物理著作　　　　　　B. 分析著作　　　　　　C. 数学著作　　　　　　D. 预测著作

7. (　　)是信息收集人或信息管理机构对信息资源的一种评价行为。

    A. 信息预测　　　　　　B. 信息分析　　　　　　C. 信息评估　　　　　　D. 信息开发

二、多项选择题

1. 常用的现代信息分析方法包括(　　)。

    A. 定性分析方法　　　　B. 结构化分析方法　　　C. 半定量分析方法　　　D. 定量分析方法

2. 信息预测的基本要素包括(　　)。

    A. 信息要素　　　　　　B. 方法要素　　　　　　C. 分析要素　　　　　　D. 判断要素

3. 无论何种性质的信息预测，其操作过程均包括(　　)流程。

    A. 信息提取　　　　　　B. 信息推断　　　　　　C. 信息建模　　　　　　D. 信息发布

4. 信息预测方法中的德尔菲法的特点包括(　　)。

    A. 复杂性　　　　　　　B. 反馈性　　　　　　　C. 统计性　　　　　　　D. 匿名性

5. 网络信息资源评估的指标体系包括(　　)。

    A. 信息内容　　　　　　B. 编排与设计　　　　　C. 易用性　　　　　　　D. 复杂性

6. 网络信息资源评估的方法包括(　　)。

    A. 定性评估方法　　　　B. 定量评估方法　　　　C. 模型评估方法　　　　D. 综合评估方法

7. 下列属于直观预测法的有(　　　)。

    A. 头脑风暴法　　　　　B. 德尔菲法　　　　　C. 移动平均法　　　　D. 专家会议法

8. 信息分析的功能包括(　　　)。

    A. 整理功能　　　　　　B. 评价功能　　　　　C. 预测功能　　　　　D. 反馈功能

9. 信息分析流程通常分为(　　　)阶段。

    A. 整理功能　　　　　　B. 分析期　　　　　　C. 准备期　　　　　　D. 应用期

10. 信息分析按内容分为(　　　)。

    A. 跟踪型信息分析　　　B. 比较型信息分析　　C. 预测型信息分析　　D. 评价型信息分析

三、判断题

1. 回归分析法属于定量分析方法。　　　　　　　　　　　　　　　　　　　　(　　)

2. 预测是从已知信息推出未知信息。　　　　　　　　　　　　　　　　　　　(　　)

3. 专家会议法是一种预测方法。　　　　　　　　　　　　　　　　　　　　　(　　)

4. 不准确性不属于信息预测特征。　　　　　　　　　　　　　　　　　　　　(　　)

5. 信息评估是按照一定的标准对信息的价值进行评判和估价。　　　　　　　　(　　)

6. 网络信息评估就是以统计访问次数、登录情况、链接数量等进行统计分析。　(　　)

四、简答题

1. 简述信息资源管理的发展阶段及各阶段的特点。

2. 什么是信息分析？举例说明信息分析中内容分析法的步骤。

3. 简述信息预测的过程。

4. 信息预测有哪几种常用的方法？

5. 简述信息资源管理经济效益评价的一般程序。

6. 信息资源管理经济效益评价有哪几种典型的方法？

7. 举一个实际的案例，说明信息资源综合利用对提高企业竞争力的重要作用。

五、论述题

    现代企业越来越重视数据的收集、加工、应用，结合具体事例，谈谈你对商业数据分析是提高企业核心竞争力重要手段的理解。

第6章

信息资源的安全管理

随着云计算、互联网(含工业互联网)、物联网、大数据等 ICT 技术的不断发展及广泛使用，信息资源的公开、共享、交换程度将大大提高。与此同时，信息资源的安全问题也将日趋严峻。因此，对信息资源实施安全管理已经成为信息资源组织和管理的一项重要任务。

6.1 ▶ 信息资源安全管理概述

1. 信息资源安全的概念

信息资源安全是指信息资源所涉及的硬件、软件及应用系统受到保护，以防范和抵御对信息资源不合法的使用与访问，以及有意、无意的泄漏和破坏。

信息资源安全的范畴比一般意义上的计算机安全、软件安全、网络安全更广泛，它包括从信息的采集、传输、加工、存储、使用、运维等过程所涉及的安全问题。一般而言，信息资源安全主要包括下述几方面的内容。

(1) 从信息处理的角度，包括信息仅供有权限的人员合法合规地开发和使用，以保证信息的真实性；信息在传输的过程中不被删除、伪造、修改，以保证信息的完整性；信息不会被非法泄漏和扩散，以保证信息的机密性；信息的发送和接收者无法否认自己所做的操作行为，以确保信息的不可抵赖性(或抗抵赖性)。

(2) 从信息组织层次的角度，包括系统管理者对网络和信息系统有足够的控制和管理能力，以保证信息的可控制性；系统管理者准确跟踪实体运行达到审计和识别的目的，以保证信息的可计算性；网络协议、操作系统和应用系统能够相互连接、协调运行，以保证信息的互操作性。

(3) 从信息运行环境的角度，包括各种各样硬件设施的物理安全及其运行环境的安全。

(4) 从信息管理规范的角度，包括各种各样的规章制度、法律法规、人员安全性等。

2. 威胁信息资源安全的主要因素

威胁信息资源安全的主要因素包括四个方面：天灾、人祸、网络协议缺陷以及信息系统自身的脆弱性。

1) 天灾

天灾指不可控制的自然灾害，如地震、雷击、火灾、风暴、战争、社会暴力等。天灾轻则造成业务工作混乱，重则造成系统中断甚至造成无法估量的损失。

2) 人祸

人祸可分为"无意"人祸和"有意"人祸。

所谓"无意"人祸，是指人为的无意失误和各种各样的误操作造成的灾祸，典型"无意"人祸有：操作人员误删除文件；操作人员误输入数据；系统管理人员为操作员的安全配置不当；用户口令选择不慎；操作人员将自己的账号随意转借他人或与别人共享等。这些"无意"的人祸都可能对信息资源安全带来威胁，造成严重的不良后果。

所谓"有意"人祸，是指人为地对信息资源进行恶意破坏的行为。"有意"人祸是目前信息资源安全面临的最大威胁。"有意"人祸主要包括三种类型：恶意攻击、违纪和违法犯罪。

恶意攻击又分为两种方式：一种是主动攻击，即以某种手段主动破坏信息的有效性和完整性；另一种是被动攻击，即在不影响信息(或网络)系统正常工作的情况下，截获、窃取、破译重要机密信息。这两种恶意攻击方式均可对信息资源造成极大的危害，并导致机密数据的泄漏。

违纪主要是指内部工作人员违反工作规程和制度的行为。例如，银行系统的网络系统管理员与操作员的口令一致、职责不分等。

违法犯罪则主要包括下述情形。

(1) 制造和传播病毒。

(2) 非法复制。例如，侵犯著作权、版权等。

(3) 窃取机密。

(4) 金融犯罪。在电子商务日渐普及的今天，此类犯罪呈上升趋势。

(5) 色情犯罪。例如，利用网络传播色情图文、贩卖色情物品、进行色情交易等。

(6) 宣传邪教、恐怖主义、种族歧视等。

(7) 制造谣言。例如，在有关主页上发布虚假信息、假新闻等。

(8) 诬蔑诽谤。例如，利用计算机进行非法的图像合成、张冠李戴等。

3) 网络协议缺陷

目前互联网大都采用 TCP/IP 协议，该协议旨在支持不同厂商、不同型号、不同功能的网络设备协同工作，其主要缺陷如下：

(1) 伪装信任。攻击者可通过 TCP 的预计序列号伪装成信任主机与目主机建立连接。

(2) 网络监听。由于 TCP 包和 IP 包均没有数据加密功能，因此攻击者能轻易地通过嗅探器等网络工具非法获取主机传输的明文信息。

(3) 源地址欺骗。由于数据包明文发送容易被截获，而其中的源 IP 地址段又可以直接被修改为其他 IP 的地址，因此攻击者能通过修改源 IP 地址来伪装服务。

(4) 源路由选择欺骗。由于 IP 数据包的 IP Source Routing 选项是用于测试目的主机，其内容直接指明了到达节点的路由，因此攻击者能修改源 IP 地址来获得主机的合法服务。

(5) 路由信息协议攻击。由于路由信息协议(RIP)用于在局域网中发布动态路由信息，它是为局域网中的节点提供一致的路由选择和可达性信息而设计，但节点接收的信息并不进行真实性检查，因此攻击者能通过 RIP 进行信息窃听和信息伪造。

4) 信息系统自身的脆弱性

信息系统自身的脆弱性主要表现在下述几个方面。

(1) 计算机硬件系统的故障。因生产工艺或制造商的原因，计算机硬件系统本身有故障，如电路短路、断路、接触不良等引起系统的不稳定、电压波动的干扰等。

(2) 软件的"后门"。软件的"后门"是指软件公司的程序设计人员为了自便而在开发时预留设置的，旨在为软件调试、进一步开发或远程维护提供方便。然而，这些软件"后门"也为非法入侵提供了通道，一旦"后门"洞开，其造成的后果将不堪设想。

(3) 软件的漏洞。软件不可能是百分之百无缺陷和无漏洞的，这些漏洞和缺陷往往是黑客攻击的首选目标，软件的 BUG 便是典型的缺陷和漏洞。

3. 信息资源的安全管理模型

信息资源的安全管理是一项系统工程，涉及一系列的管理问题，它可由一个层次模型来描述，如图 6-1 所示。

图 6-1　信息资源的安全管理模型

从图 6-1 中(由下至上)可以看出，信息资源的安全管理涉及安全管理策略及制度、物理和环境安全、网络和通信安全、设备和计算安全、软件系统安全、数据信息安全等 6 个层次，各层之间相互依赖，下层是上层安全的基础，上层是下层安全的目标，最终目标是实现数据信息安全。

信息资源的安全管理模型中，每一层次主要包括的安全管理或安全技术内容如下。

(1) 安全管理策略及制度。包括安全法律法规、行政管理、建设管理、运维管理。

(2) 物理和环境安全。包括物理安全、环境安全。

(3) 网络和通信安全。包括网络架构、通信传输、边界防护、访问控制、入侵防范、恶意代码防范、安全审计、集中管控等基本要求。

(4) 设备和计算安全。包括身份鉴别、访问控制、安全审计、入侵防范、恶意代码防范、资源控制等基本要求。

(5) 软件系统安全。包括系统软件安全、应用软件安全。

(6) 数据信息安全。包括数据库系统安全技术、数据备份技术、终端安全技术、数据完整性鉴别技术、数据签名技术、信息审计跟踪技术、PKI 技术。

6.2 ▸ 安全管理策略及制度

安全管理策略及制度主要包括国家的安全法律法规、行政管理、建设管理和运维管理。

1. 安全法律法规

日益严重的计算机犯罪，要求国家尽快制定出严密的法律、法规，以改变计算机犯罪(信息犯罪)无法可依的局面。通过法律来规范和制约信息活动中人们的思想与行为，将信息资源安全纳入规范化、法治化和科学化的轨道。

目前，我国已颁布了多种有关信息资源安全的法规，如网络安全法、保密法、数据保护法、计算机安全法、计算机犯罪法等。这些法规的颁布，从一定意义上规范了人们在信息活动中的行为，并且也使合法的信息活动受到了保护。

一般来说，合法的信息活动一般应满足下述原则。

(1) 信息系统合法原则。按一定的法律程序注册、登记信息系统，不符合法律的信息系统不予注册，未注册信息系统的安全不受法律保护。

(2) 用户合法原则。进入信息系统的用户及其进入系统的目的必须经过严格审查，并登记注册。

(3) 信息公开原则。信息系统中允许收集、扩散、维护必要的相关信息，系统对这些信息的常规使用方式对法律公开。

(4) 信息利用原则。用户的有关信息可按用户确认和系统允许的形式保存在系统中，用户有权查询和复制这些信息，有权修改其相关内容。

(5) 资源限制原则。信息系统中保持的信息类型、时限和精确性应给予适当限制。

2. 行政管理

行政管理首先应遵循相关的安全管理原则，并由此建立相应的安全管理措施。

1) 安全管理原则

行政管理中安全管理原则有如下几个方面。

(1) 多人负责原则。每一项与信息安全有关的活动，都必须有两人或多人在场并签署安全记录。这些信息安全活动具体包括：

① 访问控制使用证件的发放与回收。

② 信息处理系统使用的媒介发放与回收。

③ 处理保密信息。

④ 硬件和软件的维护。

⑤ 系统软件的设计、实现和修改。

⑥ 重要程序和数据的删除及销毁。

(2) 任期有限原则。一般而言，任何人都不能长期担任与安全有关的职务，即信息安全工作不是专有的或永久性的。为遵循任期有限原则，工作人员应不定期地循环任职，强制实行休假制度，并规定对工作人员进行轮流培训，从而使任期有限制度得以切实执行。

(3) 职责分离原则。在信息处理系统工作的人员，不要打听、了解或参与职责以外的任何与安全有关的事情，除非系统主管领导批准。

出于对安全的考虑，下面每组内的两项信息处理工作应当分开。

① 计算机操作与计算机编程。

② 机密资料的接收和传送。

③ 安全管理和系统管理。

④ 应用程序和系统程序的编制。

⑤ 访问证件的管理与其他工作。

⑥ 计算机操作与信息处理系统使用媒介的保管等。

2) 安全管理的措施

信息系统的安全管理部门应根据管理原则和该系统处理数据的保密性,建立相应的管理措施。具体工作包括如下内容。

(1) 根据工作的重要程度,确定相关系统的安全等级。

(2) 依据系统的安全等级,确定安全管理的范围。

(3) 建立组织及人员制度,加强信息机构、人员的安全意识和技术培训及人员选择,严格执行上述的多人负责原则、任期有限原则和职责分离原则。

(4) 制定相应的机房出入管理制度。对于安全等级要求较高的系统,要实行分区控制,限制工作人员出入与己无关的区域。出入管理可采用证件识别或安装自动识别登记系统,采用磁卡、身份卡等手段,对人员进行识别、登记管理。

(5) 制定严格的操作规程。操作规程要根据职责分离和多人负责的原则,各负其责,不能超越自己的管辖范围。

(6) 制定完备的系统维护制度。对系统进行维护时,应采取数据保护措施,如数据备份等。维护时要首先经主管部门批准,并有安全管理人员在场,故障的原因、维护内容和维护前后的情况要详细记录。

(7) 制定应急措施。要制定系统在紧急情况下如何尽快恢复的应急措施,使损失减至最小。

(8) 建立人员雇用和解聘制度,对工作调动和离职人员要及时调整。其他措施包括做信息处理用的机器要专机专用,不允许兼作其他用机;终端操作员因事离开终端,必须将终端退回到登录画面,避免其他人员使用该终端进行非法操作;各种凭证、账表、资料要妥善保管,严格控制;各种工作安全记录要交叉复核,各类人员所掌握的资料要与其身份相符合等。

3. 建设管理

建设管理工作主要包括定级和备案、安全方案设计、产品采购和使用、自行软件开发、外包软件开发、工程实施、测试验收、系统交付、等级测评、服务供应商选择 10 项管理内容。

(1) 定级和备案。包括以书面的形式说明保护对象的边界、安全保护等级及确定等级的方法和理由;组织相关部门和有关安全技术专家对定级结果的合理性、正确性进行论证及审定;确保定级结果经过相关部门的批准;将备案材料报主管部门和相应的公安机关备案。

(2) 安全方案设计。包括根据安全保护等级选择基本安全措施,依据风险分析的结果补充和调整安全措施;根据保护对象的安全保护等级及与其他级别保护对象的关系进行安全整体规划和安全方案设计,并形成配套文件;组织相关部门和有关安全专家对安全整体规划及其配套文件的合理性和正确性进行论证和审定,经过批准后才能正式实施。

(3) 产品采购和使用。包括确保信息安全产品采购和使用符合国家的有关规定;确保密码产品采购和使用符合国家密码主管部门的要求;预先对产品进行选型测试,确定产品的候选范围,并定期审定和更新候选产品名单;对重要部位的产品委托专业测评单位进行专项测试,根据测试结果选用产品。

(4) 自行软件开发。包括确保开发环境与实际运行环境物理分开,测试数据和测试结果受到控制;制定软件开发管理制度,明确说明开发过程的控制方法和人员行为准则;制定代码编写安全规范,要求开发人员参照规范编写代码;确保具备软件设计的相关文档和使用指南，并对文档使用进行控制；确保在软件开发过程中对安全性进行测试，在软件安装前对可能存在的恶意代码进行检测；确保对程序资源库的修改、更新、发布进行授权和批准，并严格进行版本控制；确保开发人员为专职人员，开发人员的开发活动受到控制、监视和审查。

(5) 外包软件开发。包括在软件交付前检测软件质量和其中可能存在的恶意代码；要求开发单位提供软件设计文档和使用指南；要求开发单位提供软件源代码，并审查软件中可能存在的后门和隐蔽信道。

(6) 工程实施。包括指定或授权专门的部门或人员负责工程实施过程的管理；制定工程实施方案控制安全工程实施过程；通过第三方工程监理控制项目的实施过程。

(7) 测试验收。包括制定测试验收方案，并依据测试验收方案实施测试验收，形成测试验收报告；进行上线前的安全性测试，并出具安全测试报告。

(8) 系统交付。包括制定交付清单，并根据交付清单对所交接的设备、软件和文档等进行清点；对负责运行维护的技术人员进行相应的技能培训；确保提供建设过程中的文档和指导用户进行运行维护的文档。

(9) 等级测评。包括定期进行等级测评，发现不符合相应等级保护标准要求的及时整改；在发生重大变更或级别发生变化时进行等级测评；选择具有国家相关技术资质和安全资质的测评单位进行等级测评。

(10) 服务供应商选择。包括确保服务供应商的选择符合国家的有关规定；与选定的服务供应商签订相关协议，明确整个服务供应链各方需履行的信息安全相关义务；定期监视、评审和审核服务供应商提供的服务，并对其变更服务内容加以控制。

4. 运维管理

运维管理主要包括环境管理、资产管理、介质管理、设备维护管理、漏洞和风险管理、网络和系统安全管理、恶意代码防范管理、配置管理、密码管理、变更管理、备份与恢复管理、安全事件处置、应急预案管理、外包运维管理 14 项管理内容。

(1) 环境管理。包括指定专门的部门或人员负责机房安全，对机房出入进行管理，定期对机房供配电、空调、温湿度控制、消防等设施进行维护管理；建立机房安全管理制度，对有关机房物理访问，物品带进、带出机房和机房环境安全等方面的管理做出规定；不在重要区域接待来访人员和桌面上没有包含敏感信息的纸档文件、移动介质等；对出入人员进行相应级别的授权，对进入重要安全区域的人员和活动实时监视等。

(2) 资产管理。包括编制并保存与保护对象相关的资产清单，如资产责任部门、重要程度和所处位置等内容；根据资产的重要程度对资产进行标识管理，根据资产的价值选择相应的管理措施；对信息分类与标识方法做出规定，并对信息的使用、传输和存储等进行规范化管理。

(3) 介质管理。包括确保介质存放在安全的环境中，对各类介质进行控制和保护，实行存储环境专人管理，并根据存档介质的目录清单定期盘点；对介质在物理传输过程中的人员选择、打包、交付等情况进行控制，并对介质的归档和查询等进行登记记录。

(4) 设备维护管理。包括对各种设备(含备份和冗余设备)、线路等指定专门的部门或人员定期进行维护管理；建立配套设施、软硬件维护方面的管理制度，对其维护进行有效的管理，包括明确维护人员的责任、涉外维修和服务的审批、维修过程的监督控制等；确保信息处理设备必须经过审批才能带离机房或办公地点，含有存储介质的设备带出工作环境时其中重要数据必须加密;含有存储介质的设备在报废或重用前,进行完全清除或被安全覆盖,确保该设备上的敏感数据和授权软件无法被恢复重用。

(5) 漏洞和风险管理。包括采取必要的措施识别安全漏洞和隐患,对发现的安全漏洞和隐患及时进行修补或评估可能的影响后进行修补;定期开展安全测评,形成安全测评报告,采取措施应对发现的安全问题。

(6) 网络和系统安全管理。包括划分不同的管理员角色进行网络和系统的运维管理,明确各个角色的责任和权限;指定专门的部门或人员进行账号管理,对申请账号、建立账号、删除账号等进行控制;建立网络和系统安全管理制度,对安全策略、账号管理、配置管理、日志管理、日常操作、升级与打补丁、口令更新周期等方面做出规定;制定重要设备的配置和操作手册,依据手册对设备进行安全配置和优化配置等;详细记录运维操作日志,包括日常巡检工作、运行维护记录、参数的设置和修改等内容;严格控制变更性运维,经过审批后才可改变连接、安装系统组件或调整配置参数,操作过程中应保留不可更改的审计日志,操作结束后应同步更新配置信息库;严格控制运维工具的使用,经过审批后才可接入进行操作,操作过程中应保留不可更改的审计日志,操作结束后应删除工具中的敏感数据;严格控制远程运维的开通,经过审批后才可开通远程运维接口或通道,操作过程中应保留不可更改的审计日志,操作结束后立即关闭接口或通道;保证所有与外部的连接均得到授权和批准,应定期检查违反规定无线上网及其他违反网络安全策略的行为。

(7) 恶意代码防范管理。包括提高所有用户的防恶意代码意识,告知对外来计算机或存储设备接入系统前进行恶意代码检查等;对恶意代码防范要求做出规定,包括防恶意代码软件的授权使用、恶意代码库升级、恶意代码的定期查杀等;定期验证防范恶意代码攻击的技术措施的有效性。

(8) 配置管理。包括记录和保存系统的基本配置信息,如网络拓扑结构、各个设备安装的软件组件、软件组件的版本和补丁信息、各个设备或软件组件的配置参数等;将基本配置信息改变纳入系统变更范畴,实施对配置信息改变的控制,并及时更新基本配置信息库。

(9) 密码管理。包括使用符合国家密码管理规定的密码技术和产品。

(10) 变更管理。包括明确变更需求,变更前根据变更需求制定变更方案,变更方案经过评审、审批后方可实施;建立变更的申报和审批控制程序,依据程序控制系统所有的变更,记录变更实施过程;建立中止变更并从失败变更中恢复的程序,明确过程控制方法和人员职责,必要时对恢复过程进行演练。

(11) 备份与恢复管理。包括识别需要定期备份的重要业务信息、系统数据及软件系统等;规定备份信息的备份方式、备份频度、存储介质、保存期等;根据数据的重要性和数据对系统运行的影响,制定数据的备份策略和恢复策略、备份程序和恢复程序等。

(12) 安全事件处置。包括报告所发现的安全弱点和可疑事件;制定安全事件报告和处置管理制度,明确不同安全事件的报告、处置和响应流程,规定安全事件的现场处理、事件报告和后期恢复的管理职责等;在安全事件报告和响应处理过程中,分析和鉴定事件产生的原因,收集证据,记录处理过程,总结经验教训;对造成系统中断和造成信息泄漏的重大安全事件采用不同的处理程序和报告程序。

(13) 应急预案管理。包括规定统一的应急预案框架,并在此框架下制定不同事件的应急预案,包括启动预案的条件、应急处理流程、系统恢复流程、事后教育和培训等内容;从人力、设备、技术和财务等方面确保应急预案的执行有足够的资源保障；定期对系统相关的人员进行应急预案培训，并进行应急预案的演练；定期对原有的应急预案重新评估，修订完善。

(14) 外包运维管理。包括确保外包运维服务商的选择符合国家的有关规定；与选定的外包运维服务商签订相关的协议，明确约定外包运维的范围、工作内容；确保选择的外包运维服务商在技术和管理方面均具有按照等级保护要求开展安全运维工作的能力，并将能力要求在签订的协议中明确；在与外包运维服务商签订的协议中明确所有相关的安全要求，如可能涉及对敏感信息的访问、处理、存储要求，对 IT 基础设施中断服务的应急保障要求等。

6.3 ▶ 物理和环境安全

物理和环境安全是信息系统得以正常运行的基本条件，主要包括物理位置选择、物理访问控制、防盗窃和防破坏、防雷击、防火、防水和防潮、防静电、温湿度控制、电力供应、电磁防护。

1. 物理安全

物理安全是指中心机房场地本身的安全，主要包括物理位置选择、物理访问控制 2 项内容。

(1) 物理位置选择。包括机房场地应选择在具有防震、防风和防雨等能力的建筑内；机房场地应避免设在建筑物的顶层或地下室，否则应加强防水和防潮措施。

(2) 物理访问控制。包括机房出入口应配置电子门禁系统，控制、鉴别和记录进入的人员；重要区域应配置第二道电子门禁系统，控制、鉴别和记录进入的人员。

2. 环境安全

环境安全是指中心机房运行环境安全，主要包括防盗窃和防破坏、防雷击、防火、防水和防潮、防静电、温湿度控制、电力供应、电磁防护 8 项内容。

(1) 防盗窃和防破坏。包括将机房设备或主要部件进行固定，并设置明显的不易去除的标记；将通信线缆铺设在隐蔽处，可铺设在地下或管道中；设置机房防盗报警系统或设置有专人值守的视频监控系统。

(2) 防雷击。包括将各类机柜、设施和设备等通过接地系统安全接地；采取措施防止感应雷，如设置防雷保安器或过压保护装置等。

(3) 防火。包括设置火灾自动消防系统，能够自动检测火情、自动报警，并自动灭火；机房及相关的工作房间和辅助房应采用具有耐火等级的建筑材料；对机房划分区域进行管理，区域和区域之间设置隔离防火措施。

(4) 防水和防潮。包括采取措施防止雨水通过机房窗户、屋顶和墙壁渗透；采取措施防止机房内水蒸气结露和地下积水的转移与渗透；安装对水敏感的检测仪表或元件，对机房进行防水检测和报警。

(5) 防静电。包括安装防静电地板并采用必要的接地防静电措施；采用措施防止静电的产生，如采用静电消除器、佩戴防静电手环等。

(6) 温湿度控制。机房应设置温、湿度自动调节设施，使机房温、湿度的变化在设备运行所允许的范围之内。

(7) 电力供应。包括应在机房供电线路上配置稳压器和过电压防护设备；提供短期的备用电力供应(如 UPS)，至少满足设备在断电情况下的正常运行要求；设置冗余或并行的电力电缆线路为计算机系统供电，如提供多路供电系统；提供应急供电设施，如自备发电机。

(8) 电磁防护。包括电源线和通信线缆应隔离铺设，避免互相干扰；对关键设备或关键区域实施电磁屏蔽。

6.4 ▶ 网络和通信安全

按照数据通信和数据处理的功能，通常将网络和通信系统分成通信子网和资源子网两部分。其中，通信子网由具有交换功能的节点计算机和高速通信线路组成，主要承担网上的数据传输、交换和变换等通信处理工作；资源子网包括主计算机、终端、通信子网接口设备和软件等，主要负责全网的数据处理和向网络用户提供网络资源及网络服务。

以下所称的网络和通信系统，均包括通信子网系统和资源子网系统。

1. 网络和通信安全的概念

网络和通信安全是指网络和通信系统中的硬件(含主机、服务器及其他网络设备)和软件系统受到保护而不因偶然的或者恶意的原因遭到破坏，从而保证系统能连续可靠地运行。

按照开放系统互联(OSI)安全结构，网络和通信安全主要有鉴别(authentication)、访问控制(access control)、数据保密性(data confidentiality)、数据完整性(data integrity)、抗抵赖性(non-repudiation)等 5 种安全功能。

(1) 鉴别。提供对网络和通信系统中对等实体及数据来源的鉴别，包括对等实体鉴别和数据原发鉴别。其中，对等实体鉴别是在连接对方时或在数据传送阶段的某些时刻提供使用，用以证实一个或多个连接实体的身份；数据原发鉴别则对数据单元的来源提供识别。

(2) 访问控制。提供保护以对抗开放系统互联可访问资源的非授权使用，包括自主型访问控制和指定型访问控制。其中，自主型访问控制的授权由网络资源的所有者或者创建者自主决定；指定型访问控制的授权则由网络管理者根据先前制定的安全方针与访问规则统一规定。

(3) 数据保密性。对数据提供保护，防止因数据被截获而造成信息泄密，包括信息保密性、选择段保密性、业务流保密性。其中，信息保密性是指保护数据库中的信息或者通信系统中的信息；选择段保密性是指在信息中保护被选择的数据段；业务流保密性是指防止攻击者通过观察业务流来得到敏感信息。

(4) 数据完整性。防止非法用户对正常进行数据交换的数据实施修改、插入，以及在数据交换过程中可能存在的数据丢失等。

(5) 抗抵赖性。提供相关数据，以证实已经发生的操作，包括数据来源证明、数据递交证明和公证。其中，数据来源证明是指由接收者提供证据，防止信息发送者否认发送过信息；数据递交证明是指由发送者提供证据，防止信息接收的对象否认接收过信息；公证是指通信双方基于第三方的绝对信任，且第三方不能篡改信息。

同样，按照开放系统互联(OSI)安全结构，网络和通信安全的目标如下。

(1) 防止未经授权的数据访问。

(2) 防止数据的意外遗漏或重复数据。

(3) 防止利用隐含通道窃取机密信息，甚至设置"病毒"，使系统陷于瘫痪。

(4) 确保数据的发送正确无误。

(5) 确保数据的接收正确无误。

(6) 根据保密要求与数据来源对数据做标记。

(7) 提供可供安全审计的网络通信记录，防止对用户进行欺骗。

(8) 可对独立的第三方证明通信过程已经实现，并且通信内容已被正确接受。

(9) 在取得明确的可访问系统的授权许可后，才能与系统通信。

2. 网络和通信安全的基本要求

网络和通信安全主要包括网络架构、通信传输、边界防护、访问控制、入侵防范、恶意代码防范、安全审计、集中管控 8 项内容。

(1) 网络架构。包括保证网络设备的业务处理能力满足业务高峰期需要；保证网络各个部分的带宽满足业务高峰期需要；划分不同的网络区域，并按照方便管理和控制的原则为各网络区域分配地址；避免将重要网络区域部署在网络边界处且没有边界防护措施；提供通信线路、关键网络设备的硬件冗余，保证系统的可用性；按照业务服务的重要程度分配带宽，优先保障重要业务。

(2) 通信传输。包括采用校验码技术或加解密技术保证通信过程中数据的完整性；采用加解密技术保证通信过程中敏感信息字段或整个报文的保密性；在通信前基于密码技术对通信的双方进行验证或认证；基于硬件设备对重要通信过程进行加解密运算和密钥管理。

(3) 边界防护。包括保证跨越边界的访问和数据流通过边界防护设备提供的受控接口进行通信；能够对非授权设备私自联到内部网络的行为进行限制或检查，并对其进行有效阻断；能够对内部用户非授权联到外部网络的行为进行限制或检查，并对其进行有效阻断；限制无线网络的使用，确保无线网络通过受控的边界防护设备接入内部网络；能够对连接到内部网络的设备进行可信验证，确保接入网络的设备真实可信。

(4) 访问控制。包括在网络边界或区域之间根据访问控制策略设置访问控制规则，默认情况下除允许通信外受控接口拒绝所有通信；删除多余或无效的访问控制规则，优化访问控制列表，并保证访问控制规则数量最小化；不允许数据带通用协议通过。

(5) 入侵防范。包括在关键网络节点处检测、防止或限制从外部发起的网络攻击行为；在关键网络节点处检测和限制从内部发起的网络攻击行为；采取技术措施对网络行为进行分析，实现对网络攻击特别是未知的新型网络攻击的检测和分析；当检测到攻击行为时，记录攻击源 IP、攻击类型、攻击目的、攻击时间，在发生严重入侵事件时应报警。

(6) 恶意代码防范。包括在关键网络节点处对恶意代码进行检测和清除，并维护恶意代码防护机制的升级和更新；在关键网络节点处对垃圾邮件进行检测和防护，并维护垃圾邮件防护机制的升级和更新。

(7) 安全审计。包括在网络边界、重要网络节点进行安全审计，审计覆盖到每个用户，对重要的用户行为和重要安全事件进行审计；审计记录应包括事件的日期和时间、用户、事件类型、事件是否成功及其他与审计相关的信息；对审计记录进行保护，定期备份，避免受到未预期的删除、修改或覆盖等；审计记录产生时的时间应由系统范围内唯一确定的时钟产生，以确保审计分析的正确性。

(8) 集中管控。包括划分出特定的管理区域，对分布在网络中的安全设备或安全组件进行管控；能够建立一条安全的信息传输路径，对网络中的安全设备或安全组件进行管理；对网络链路、安全设备、网络设备和服务器等的运行状况进行集中监测；对分散在各个设备上的审计数据进行收集汇总和集中分析；对安全策略、恶意代码、补丁升级等安全相关事项进行集中管理；对网络中发生的各类安全事件进行识别、报警和分析。

3. 网络和通信安全技术措施

网络和通信安全的主要技术措施包括数据加密技术、密钥管理技术、访问控制技术、反病毒技术和防火墙技术等。

1) 数据加密技术

网络数据加密是网络安全中最有效的信息保护措施。网络数据加密的方式主要有链路加密、端对端加密以及混合加密等三种方式。

(1) 链路加密。链路层处在 ISO 参考模型的第二层，是用于传输数据的通信信道。链路加密是对网络中两个相邻节点之间传输的数据进行加密保护。

链路加密的基本原理是：在受保护数据所选定的路径上，任意一对节点之间的加密是独立实现的，即每条链路所使用的加密密钥是不同的，如图 6-2 所示。图中的 $E_i(x)(i=1,2,\ldots,n)$ 代表第 i 条链路的加密密钥。

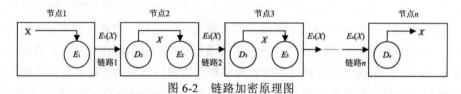

图 6-2　链路加密原理图

网络中传送的信息由报头和报文两部分组成。其中，报头是为了保证通信必用的控制信息，如信息传送的源节点地址、目的节点地址、路径选择信息、传送信息的长度等；报文则是真正要传送的用户数据信息。链路加密的加密算法经常同时对报文和报头进行加密，这不仅保护了传送的信息，而且还掩盖了源节点和目的节点的地址。链路加密一般采用硬件实现。

(2) 端对端加密。端对端加密是给一对用户之间的数据连续地提供保护，所以它要求各对用户采用相同的密钥，其原理如图 6-3 所示。

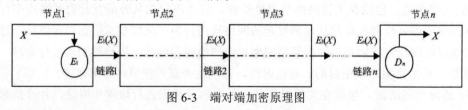

图 6-3　端对端加密原理图

端对端加密方式仅对报文信息进行加密，而报头中的控制信息部分则是以明文形式传送。端对端加密一般采用软件实现，当然也可以用硬件实现。

(3) 混合加密。为了保护报头中的敏感信息，获得更好的安全性，可以采用链路加密和端对端加密结合的混合加密方式。在该方式下，报文将被两次加密，而报头则由链路加密方式进行加密。

2) 密钥管理技术

密钥(key)是一系列控制加密、解密操作的符号。加密技术一般都采用加密算法来实现，而加密算法必须由密钥来控制。由于算法是公开的，因此明文的保密主要依赖于密钥的保密。在网络环境下，因用户和节点很多，需要大量的密钥。因此，如果没有一套妥善的管理方法，密钥一旦丢失或出错，其危险性是可想而知的。

密钥管理是一项复杂的工作，既包括一系列的技术问题，也包括管理人员的素质问题。密钥管理的基本任务是：在密钥的整个生命周期中，为密钥提供生成、注册、认证、分发、安装、存储、归档、撤销、注销、衍生和销毁等管理服务。密钥管理的目标是完成这些安全服务。

(1) 密钥生成。所谓密钥生成，是指为特定密码算法以安全的方式产生密钥。该项服务要求：密钥产生过程不会被篡改，产生方式不可预测，分发符合指定规程；某些密钥(如主密钥)生成要求有特别的安全措施，因为知道这些密钥就能访问所有相关密钥或衍生密钥。

(2) 密钥注册。所谓密钥注册，是指将密钥与实体联系起来。密钥注册一般由专门的机构提供，而且是在使用对称密码技术时应用。

(3) 密钥认证。密钥认证是指生成密钥证书以确保公开密钥与实体的联系。该项工作也是由专门机构提供的。

(4) 密钥分发。密钥分发是指为已授权实体安全地提供密钥管理信息的过程。

(5) 密钥安装。密钥安装是指在保证密钥不被泄露的方式下将密钥安装在密钥管理设备内。密钥只有安装后才能使用。

(6) 密钥存储。密钥存储是为当前或近期使用的密钥或备份密钥提供安全存储。密钥存储的主要方式有：物理存储，如存放在一个防拆设备内，或存放在磁盘或存储卡等外部设备中；将密钥加密后再用物理设备存储；用口令或 PIN 密码对密钥进行保护等。

(7) 密钥归档。密钥归档是指在密钥正常使用之后提供安全、长期的存储。

(8) 密钥撤销。如果怀疑某个密钥被泄漏或某些情况发生变更，便需要将密钥撤销。密钥被撤销后，可能仅用于解密和验证。

(9) 密钥注销。密钥注销就是解除密钥与实体间的关系。密钥注销是密钥撤销过程的一部分。

(10) 密钥销毁。密钥销毁是指将不再需要的密钥及其文档安全地销毁。密钥销毁将删除该密钥管理信息的所有记录，且销毁后的密钥将不能再恢复使用。某些密钥可能存储在电子设备或系统之外，销毁这些密钥还需要相关的管理措施。

3) 访问控制技术

为了保证网络系统的安全，拒绝非法用户使用系统资源，防止非法用户的盗窃或破坏，需要进行访问控制。网络的访问控制是从系统的处理能力方面对信息提供保护，它按事先确定的规则决定主体对客体的访问是否合法。

访问控制就是对访问的申请、批准和撤销的全过程进行有效的控制，以确保只有合法用户的合法访问才能予以批准，而且被批准的访问只能执行授权的操作。

访问控制技术主要包括身份识别、访问操作控制及审计跟踪。

(1) 身份识别。访问控制的第一道防线就是对用户身份的识别，通过身份识别来鉴定系统的访问者究竟是合法的还是非法的，从而阻止非法用户访问系统资源。身份识别常用的方法有指纹、掌纹、视网膜纹以及 IC 智能卡。其中，IC 智能卡识别方式是目前较为流行且性价比较高的方式。

(2) 访问操作控制。当用户被批准访问系统后，就要对访问操作进行控制，包括授权、确定访问权限、实施访问权限、信息流动等控制。

(3) 审计跟踪。审计跟踪是对用户访问操作过程进行完整的记录，包括用户使用的系统资源情况、使用的时间、执行的操作等。审计跟踪是访问控制的另一个重要方面，其目的在于当非法事件发生后能进行有效的、有原始证据的追查。

4) 反病毒技术

计算机病毒是指编制或者在计算机程序中插入的破坏计算机功能或者毁坏数据，影响计算机使用，并能自我复制的一组计算机指令或者程序代码。

计算机病毒是一种特殊形式的计算机犯罪，它的产生和蔓延已经给网络安全造成巨大的损害和威胁。因此，必须在充分分析计算机病毒的危害、种类、特点的基础上，研究反病毒技术，以预防并消除计算机病毒。

(1) 计算机病毒的危害。计算机病毒对网络系统、个人计算机的主要危害如下。

① 通过"自我复制"传染正在运行的其他程序，与其他运行程序争夺系统资源。

② 销毁存储中的大量数据，致使系统其他用户的数据蒙受损失。

③ 分割所使用的计算机系统，同时还会殃及与其联网的其他计算机系统。

④ 导致信息系统功能失灵、系统瘫痪等。

⑤ 反复传染拷贝，造成存储空间减少，并影响系统运行效率。

⑥ 空挂系统，造成显示屏幕或键盘的封锁状态。

(2) 计算机病毒的种类。从第一个计算机病毒("蠕虫")问世以来，关于目前究竟有多少种病毒的说法不一。无论现存多少种，病毒的数量仍在不断增加。据国外统计，计算机病毒以 10 种/周的速度递增。另据我国公安部统计，国内的计算机病毒以 4 种/月的速度递增。

计算机病毒种类众多，且有不同的分类方式。

① 按传染方式分为引导型、文件型和混合型病毒。其中，引导型病毒是利用优盘(或软盘)的启动原理工作，修改系统启动扇区。在计算机启动时首先取得控制权，减少系统内存，修改磁盘读写中断，在系统存取操作时进行传播，影响系统工作效率。文件型病毒一般只传染磁盘上的可执行文件(COM、EXE)等。在用户调用染毒的执行文件时，病毒首先运行，然后病毒驻留内存并伺机传染其他文件或直接传染其他文件。其特点是附着于正常程序文件中，成为程序文件的一个外壳或部件。混合型病毒兼有以上两种病毒的特点，既感染引导区又感染文件，因此这种病毒具有更强的传染性。

② 按连接方式分为源码型、入侵型、操作系统型和外壳型病毒。其中，源码型病毒较为少见，亦难以编写、传播。因为它要攻击高级语言编写的源程序，在源程序编译之前插入其中，并随源程序一起编译、连接成可执行文件；入侵型病毒可用自身代替正常程序中的部分模块或堆栈区，因此这类病毒只攻击某些特定程序，一般情况下也难以发现和清除；操作系统病毒可用其自身部分加入或替代操作系统的部分功能，因其直接感染操作系统，故这类病毒的危害性也较大；外壳病毒将自身附在正常程序的开头或结尾，相当于给正常程序加了个外壳，大部分的文件型病毒都属于这一类，如"黑色星期五""哥伦布日"病毒等。

③ 按破坏性可分为恶性病毒和良性病毒。恶性病毒是指在代码中包含有损伤、破坏计算机系统的操作，在其传染或发作时会对系统直接造成严重损坏，如破坏数据、删除文件、格式化磁盘、破坏主板等；良性病毒是指不包含直接破坏的代码，只是为了表现其存在或为说明某些事件而存在，如只显示某些信息，或播放一段音乐，或没有任何破坏动作但不停地传播。但是，良性病毒的潜在破坏性还是有的，它使内存空间减少，占用磁盘空间，降低系统运行效率，使某些程序不能运行，它还与操作系统和应用程序争抢 CPU 的控制权，严重时会导致系统死机、网络瘫痪。

④ 其他病毒，如宏病毒、网络病毒等。宏病毒主要是利用软件本身的宏能力来设计病毒，所以凡是具有宏编辑能力的软件都有宏病毒存在的可能，如 Word、Excel 等；网络病毒是指基于网络运行和传播，影响和破坏网络系统的病毒。

(3) 计算机病毒的特点。计算机病毒的主要特点如下。

① 人为破坏性。计算机病毒不是偶然自发产生的，而是人为编写的有意破坏的、严谨精巧的程序段，它是严格组织的程序代码，与所在环境相互适应并紧密配合。编写病毒的人的动机一般有：为了表现和证明自己；出于对上级的不满；出于好奇的"恶作剧"；为了报复；为了纪念某一事件等。计算机病毒不仅占用系统资源，还可以删除文件或数据、格式化磁盘、降低运行效率或中断系统运行，甚至使整个计算机网络瘫痪，造成灾难性的后果。

② 传染性。计算机病毒的再生机制使其能够自动地将其复制品或其变种传染到其他程序体上。例如，计算机病毒可以在运行过程中根据病毒程序的中断请求随机读写，不断进行病毒体的扩散。病毒程序一旦加载到当前运行的程序体上，就开始搜索能进行感染的其他程序，从而使病毒扩散到磁盘存储器和整个计算机系统。在网络环境下，计算机病毒的传播更为迅速，其病毒程序对系统的破坏性就更大。传染性是计算机病毒最根本的特征，是确定一个程序是否为病毒的首要条件。

③ 隐蔽性。即不经过程序代码分析或计算机病毒代码扫描，病毒程序与正常程序不易区别。在没有防护措施的情况下，计算机病毒程序取得系统控制权后，可以在很短的时间里大量传染。而在受到传染后，一般计算机系统仍然能够运行，被感染的程序也能执行，用户不会感到明显的异常，这就是计算机病毒的隐蔽性。正是由于这种隐蔽性，计算机病毒得以在用户没有察觉的情况下扩散传播。计算机病毒的隐蔽性还表现在病毒代码本身设计得非常短小，一般只有几百到几千字节，十分便于隐藏到其他程序中或磁盘的某一特定区域内。随着病毒编写技巧的提高，病毒代码本身还会进行加密或变形，使得对计算机病毒的查找和分析更困难，容易造成漏查或错杀。

④ 潜伏性。计算机病毒具有依附于其他媒体寄生的能力。一个编制巧妙的病毒程序，可以在合法文件中隐藏几天甚至几年而不被人们发现。只有条件满足后才开始发作，并进行破坏活动。在潜伏期间，系统的备份设备(主要是磁盘驱动器)会复制病毒程序，制成程序或数据的副本送到其他的部位，使之受传染。

⑤ 衍生性。计算机病毒是一段计算机系统可执行的文件(程序)，由若干个模块组成。这种程序体现了设计者的某种设计思想，一旦被恶作剧者或恶意攻击者模仿，甚至修改病毒的几个模块，就会变成一种不同于原病毒的新计算机病毒。

⑥ 可触发性。计算机病毒一般都有一个或几个触发条件，病毒能够判断这些条件是否成立。一旦条件满足，病毒程序就可以按照设计者的要求，在某个点上激活并对系统发起攻击。

这种预定的触发条件可能是特定的时间或日期、特定用户识别符的出现、特定文件出现或使用、文件使用次数等。计算机病毒的可触发性,本质上是一个逻辑炸弹。

⑦ 不可预见性。不同种类病毒的代码千差万别,病毒的制作技术也在不断地提高,病毒与反病毒技术相比永远是超前的。新的操作系统和应用系统的出现,软件技术的不断发展,也为计算机病毒提供了新的发展空间,这使得对未来病毒的预测更加困难。这就要求人们不断提高对病毒的认识,增强防范意识。

(4) 反病毒措施。计算机反病毒措施主要包括技术措施和管理措施。其中,技术措施是研制各种功能的防范计算机病毒的产品,包括软件、硬件和软硬结合的产品,为用户提供必要的预防和消除病毒的工具,抑制计算机病毒的蔓延,达到控制和消灭计算机病毒的目的;管理措施则是以预防为主的方式,加强对防范计算机病毒研究和使用的控制,保护用户的合法权益,防止计算机病毒的传染。

① 技术措施。技术措施主要包括软件措施和硬件措施。其中,软件措施是通过软件的方法来防止病毒侵入计算机系统,如病毒预防软件;硬件预防是通过硬件的方法来防止病毒,如设计病毒过滤器、改变现有系统结构等。

② 管理措施。计算机病毒预防的技术手段固然十分有效,但目前还不存在人们可以完全信赖的安全操作系统,也不存在万能的防病毒软件。因此,计算机反病毒的另一种有效方法就是管理措施。从管理上采取措施,既可以控制病毒的产生,也可以切断病毒传播的途径。

一般而言,管理措施包括两个方面,一是从整个社会的角度出发的管理措施,另一个是从计算机用户的角度出发的管理措施。

从整个社会的角度出发的管理措施主要包括下述内容。

- 建立健全计算机法律制度,使得对病毒制造者的处理有法可依,有章可循。
- 加强对计算机专业人员和广大计算机使用人员的信息安全教育和宣传,使其认清计算机病毒及其危害性,从而自觉增强防病毒意识。
- 加强软件产品市场的统一管理,尊重知识产权,依照《软件产品保护条例》保护软件产品,不随意复制和使用未经安全测试的软件,杜绝计算机病毒的交叉感染和传染渠道。
- 加强计算机病毒研究的管理和有关防治病毒产品的检查、控制。
- 加强信息系统安全研究队伍的建设,注重人员素质、职业道德和工作能力的培养。
- 抓好机密信息系统、重要信息系统(如与金融相关的系统)的计算机病毒防治工作。

从计算机用户的角度出发的管理措施主要包括下述内容。

- 规定用户的使用权限和使用环境,用户的任何操作都要在保证他人或系统安全的情况下进行。
- 对外来的系统或软件做使用规定,使用时要采取必要的病毒检测、清除和控制措施。
- 对系统和信息的存储外设做使用说明和保护措施,堵住外界病毒的传染渠道。
- 不能随意将本系统计算机与外界系统联网,防止病毒侵入。若外部信息网必须联入系统,要使用单独设备,且对处理过程中的任何卸载文件都要进行仔细检查。
- 建立系统应急计划,以便在系统遭受病毒破坏时将系统的损失降到最小。
- 对系统中予以保护的程序或数据文件进行经常性检查,对这些系统资源只允许读出操作,如需修改,要经允许并登记在案。

- 对系统文件和重要的数据文件进行写保护或数据加密。
- 严格控制卸载文件的执行，通过电子邮件接收的程序，要经过检测后方可使用。
- 建立适当的用户口令，规定合理的管理权限，严格限制计算机网上的可执行代码的交换。
- 对用户数据和程序要妥善保管，最好不要存于系统盘上，对系统中的重要数据要定期复制。
- 尽量不采用优盘或软盘引导，以增强硬盘的安全性。
- 要定期对优盘、软盘、硬盘等进行检测和杀毒。
- 建立系统使用的登记表制度，完整记录使用者姓名、时间、操作过程、机器状态，以及使用期间发现病毒的时间、危害情况、检测和杀毒情况。

5) 防火墙技术

防火墙是指设置在不同网络(如可信任的企业内部网和不可信的公共网)或网络安全域之间的一系列部件的组合。它是不同网络或网络安全域之间信息的唯一出入口，它能根据企业的安全政策控制(允许、拒绝、监测)出入网络的信息流，且本身具有较强的抗攻击能力。防火墙是实现网络和信息安全的重要基础设施。

在逻辑上，防火墙是一个分离器、一个限制器，也是一个分析器，它有效地监控了内部网和 Internet 之间的所有活动，保证了内部网络的安全。

防火墙主要有下述作用。

(1) 防火墙是网络安全的屏障。防火墙(作为阻塞点、控制点)能极大地提高内部网络的安全性，并通过过滤不安全的服务来降低风险。

(2) 防火墙可以强化网络安全策略。通过以防火墙为中心的安全方案配置，能将所有安全软件(如口令、加密、身份认证、审计等)配置在防火墙上。

(3) 防火墙还支持具有 Internet 服务特性的虚拟专用网(VPN)。通过 VPN，将企事业单位分布在世界各地的 LAN 或专用子网，有机地联成一个整体。这样不仅省去了专用通信线路，而且为信息共享提供了技术保障。

在大型网络系统中，根据其安全需要，可以在下述位置安装、部署防火墙。

(1) 在局域网内的 VLAN 之间控制信息流向时加入防火墙。

(2) Intranet 与 Internet 之间连接时加入防火墙。

(3) 在广域网系统中，由于安全的需要，总部的局域网可以将各分支机构的局域网看成不安全的系统。总部的局域网与各分支机构连接时，一般通过公网连接，需要采用防火墙隔离，并利用某些软件提供的功能构成虚拟专用网络(VPN)。

(4) 利用一些防火墙软件提供的负载平衡功能。如在公共访问服务器和客户端间加入防火墙进行负载分担、存取控制、用户认证、流量控制和日志记录等功能。

(5) 两网对接时，可利用硬件防火墙作为网关设备实现地址转换(NAT)、地址映射(MAP)、网络隔离(DMZ)以及存取安全控制，消除传统软件防火墙的瓶颈问题。

6.5 ▶ 设备和计算安全

1. 设备和计算安全的概念

设备和计算安全是指中心机房内的物理实体(设备)受到保护,以避免其受到环境因素(如火灾、电磁干扰)、未授权访问、供电异常、设备故障等方面的威胁,并规避组织面临资产损失、损坏、敏感信息泄露或商业活动中断的风险。

2. 设备和计算安全的基本要求

设备和计算安全主要包括身份鉴别、访问控制、安全审计、入侵防范、恶意代码防范、资源控制 6 项内容。

(1) 身份鉴别。包括对登录的用户进行身份标识和鉴别,身份标识具有唯一性,身份鉴别信息具有复杂度要求并定期更换;具有登录失败处理功能,应配置并启用结束会话、限制非法登录次数和当登录连接超时自动退出等相关措施;当进行远程管理时,应采取必要措施,防止鉴别信息在网络传输过程中被窃听;采用两种或两种以上组合的鉴别技术对用户进行身份鉴别。

(2) 访问控制。包括对登录的用户分配账号和权限;重命名默认账号或修改默认口令;及时删除或停用多余的、过期的账号,避免共享账号的存在;授予管理用户所需的最小权限,实现管理用户的权限分离;由授权主体配置访问控制策略,访问控制策略规定主体对客体的访问规则;访问控制的粒度应达到主体为用户级或进程级,客体为文件、数据库表级;对所有主体、客体设置安全标记,并依据安全标记和强制访问控制规则确定主体对客体的访问。

(3) 安全审计。包括启用安全审计功能,审计覆盖到每个用户,对重要的用户行为和重要安全事件进行审计;审计记录应包括事件的日期、时间、类型、主体标识、客体标识和结果等;对审计记录进行保护,定期备份,避免受到未预期的删除、修改或覆盖等;对审计进程进行保护,防止未经授权的中断;审计记录的时间应由系统范围内唯一确定的时钟产生,以确保审计分析的正确性。

(4) 入侵防范。包括遵循最小安装的原则,仅安装需要的组件和应用程序;关闭不需要的系统服务、默认共享和高危端口;通过设定终端接入方式或网络地址范围对通过网络实施管理的管理终端进行限制;发现可能存在的漏洞,并在经过充分测试评估后,及时修补漏洞;能够检测到对重要节点进行入侵的行为,并在发生严重入侵事件时报警。

(5) 恶意代码防范。采用免受恶意代码攻击的技术措施或采用可信计算技术建立从系统到应用的信任链,实现系统运行过程中重要程序或文件完整性检测,并在检测到破坏后进行恢复。

(6) 资源控制。包括限制单个用户或进程对系统资源的最大使用限度;提供重要节点设备的硬件冗余,保证系统的可用性;对重要节点进行监视,如监视 CPU、硬盘、内存等资源的使用情况;能够对重要节点的服务水平降低到预先规定的最小值进行检测和报警。

3. 设备和计算安全控制策略

设备和计算安全应考虑设备布置、设备供电、电缆、设备维护、场所外设备及设备处置与再利用等方面的安全控制。

(1) 设备布置安全。设备的布置应考虑下述因素。

① 设备的布置应有利于减少对工作区的不必要的访问。

② 敏感数据的信息处理与存储设施的布置应降低其使用期间被忽视的风险,即设施应处在有效的监视范围之内。

③ 要求特别保护的设备应与其他设备进行隔离,以降低所需保护的总级别。

④ 其他。如机房内设备的总体布置应力求美观、大方、整洁、清爽,具有一定的参观价值;为键盘配备隔膜,以防止灰尘堆积等。

(2) 设备供电安全。设备的供电可靠性对于保证信息系统的正常运行至关重要。因此,应采取有效措施确保设备的供电安全。

设备供电安全的主要措施包括:

① 为设备配备的电源必须符合设备制造商的技术规范。

② 通过建立多路供电、配备 UPS、配备备用发电机等措施,确保关键设备获得持续的电力供应。

③ 对供电设备的定期维护,如对 UPS 设备应定期检查,以确保其电量充足;发电机安装以后,应按制造商的要求进行定期测试,且应配备充足的燃料,以保障发电机能长时间工作;应急电源开关应位于设备室的紧急出口附近,以便在紧急事故情况下迅速断电;主电源故障情况下应配备应急照明。

(3) 电缆安全。用于传送数据或支持信息服务的电力电缆和通信电缆被截断后,将会造成信息丢失,甚至造成整个系统的运行中断;用于传送敏感信息的通信电缆被截获,会造成秘密泄露。因此,应采取适当的措施对电缆进行安全保护,防止截断或损坏。

保证电缆安全的主要措施如下。

① 无论电力电缆还是通信电缆应尽可能埋在地下,或必须得到适当的其他保护(如外套 PVC 管等)。

② 网络电缆线路应提防未经授权的截取或损坏。例如,电缆线路应通过电缆管道进行敷设,尽量避免电缆线路通过公共区域。

③ 电源电缆应与通信电缆分离,以防干扰。

④ 对于具有敏感信息或重要系统的设备,应采用相关控制措施保证线路安全。例如,电缆检查点和端点(或电缆接头)放在带锁的房间或盒里;用专用检测工具来检测与电缆搭接的非法仪器(如用 IDR 时域反射器检测同轴电缆,用 OTDR 光学时域反射器检测光缆);采用数据加密技术对传输的数据进行加密等。

⑤ 定期对线路进行维护,包括线路巡视检查和必要的线路技术指标的测试,及时发现线路故障隐患。

(4) 设备维护安全。设备维护不当会引起设备故障,从而造成信息的不可用,甚至信息的不完整。因此,应按照设备维护手册的要求或有关维护规程、程序对设备进行适当的维护,确保设备处于良好的工作状态,从而保证设备的持续可用性和完整性。

设备维护安全的主要措施包括:

① 按照供应商推荐的保养时间间隔和规范进行设备保养。

② 只有经授权的维护人员才能维修和保养设备。

③ 维修人员应具备一定的维修技能。

④ 储备一定数量的备品与配件。

⑤ 应保存有关设备维修、维护的记录。

⑥ 当设备送外进行保养时，应采取适当措施，以防止敏感信息的泄露。

⑦ 关键设备或有关重要部件应保存一定数量的冗余。

(5) 场所外设备安全。场所外设备(equipment off-premises)是指离开组织(或企业、单位)工作场所的设备，主要分为两类：一类是因工作需要，将设备带离组织外的工作场所，如因公外出所携带的笔记本电脑；另一类是固定在组织场所之外的设备，如移动通信公司的无人值守机房内的通信设备。

场所外设备可能遭受盗窃、未经授权的访问或环境因素的威胁，因此应考虑对场所外设备进行安全保护，且所提供的保护至少应等同于单位内相同用途的设备。

场所外设备安全的主要措施如下。

① 任何在单位外的设备使用，不管所有权、使用权如何，均应经管理层授权许可。

② 从场所带走的设备应严加保护。例如，可采用上锁的文件柜、清除桌面系统及对计算机的访问控制等措施。

③ 应始终遵守制造商有关保护设备的指南要求，如防止受到强电磁场的干扰。

④ 采用合适的物理防护装置(如保险罩)，以保护场所外的设备安全。

(6) 设备的处置与再利用安全。设备到期报废或改变其使用用途时，由于粗心会造成敏感信息的泄露。为确保设备的处置或再利用的安全，在设备处置或再利用之前应采取下述相关措施：

① 格式化计算机硬盘。

② 删除文件记录。

③ 物理销毁。

6.6 ▶ 软件系统安全

软件是不同功能的程序体的集合。软件作为一种特殊的产品，是重要的信息资源，它不仅是信息系统的核心，而且也是使用计算机的重要工具。

软件主要包括系统软件和应用软件。其中，系统软件是用于管理计算机中的 CPU、存储器、通信连接以及各种外部设备等所有系统资源的程序，其主要作用是管理和控制计算机系统的各个部分，使之协调运行，并为各种数据处理提供基础功能；应用软件是用来完成用户所要求的数据处理任务或实现用户特定功能的程序。

软件在信息安全中具有双重性：一方面它是安全保护的对象，是安全控制的重要措施；另一方面，它又是危害信息安全的重要途径和手段。

1. 软件安全概述

1) 软件安全的含义

软件安全(又称软件保护)包含两层含义：其一是指禁止非法拷贝和使用软件；其二是防止非法阅读和修改软件。

2) 威胁软件安全的形式

威胁软件安全的主要形式有下述四种。

(1) 以软件为手段，获取未经授权或修改授权以外的信息。例如，"特洛伊木马"是一种人为设计的隐藏在正常软件中的秘密程序，它使所寄存的软件在完成指定功能时可以执行非授权的任务，以实现不可告人的目的。目前，许多利用软件进行的计算机犯罪活动，都是通过"特洛伊木马"程序进行的，如"逻辑炸弹""意大利香肠战术"等。

(2) 以软件为手段，阻碍信息系统的正常运行或其他用户的正常使用。例如"计算机病毒"，它具有"特洛伊木马"的隐蔽性，但它们不一定是事先隐藏在软件中的，它们自身具有很强的再生机制，可以通过使用带有病毒的软盘而使信息系统受到"感染"，也可以通过电子邮件或文件传递而使计算机受到"感染"。应用程序或数据文件受到感染后，将造成程序和数据文件丢失或破坏。

(3) 以软件为对象，破坏软件完成指定功能。除了计算机病毒能破坏软件正常运行以外，还有其他一些人为或环境的因素，如故障、干扰和误操作也会影响软件的正常运行。

(4) 以软件为对象，复制软件。相对硬件来说，软件开发成本日益提高。由于软件本身不仅是产品，而且也是在竞争中取胜的核心技术。因此，窃取软件、复制软件产品日益成为一个突出的安全问题，这严重侵害了软件的知识产权。

3) 保证软件安全的措施

保证软件安全的主要技术措施有下述三种。

(1) 防拷贝。所谓防拷贝，就是通过采取一些加密措施，使得一般用户利用正常的拷贝命令或拷贝工具软件都无法将软件进行完整的复制，或者是所复制的软件不能正常运行。防拷贝技术是软件加密的核心技术，也是防止软件非法扩散的主要技术。目前，常采用的防拷贝方法是：通过修改磁盘基数表中的某些参数来格式化一些特殊的磁道，然后将被加密软件的一部分程序放在这些磁道中，使得一般用户无法拷贝这些特殊磁道中的内容，即所拷贝的只是源程序的一部分。软件只有具有防拷贝措施，才能有效地保护软件的知识产权。

(2) 防静态分析。所谓防静态分析，就是采取一些加密措施，防止用户在静态环境下通过反汇编获得源程序代码。防静态分析的主要方法是将识别磁盘特殊标记的程序放在比较隐蔽的地方，或者对其进行加密变换，以密文的形式放在软件中，使用时经解密执行。如果不运行解密程序，用反汇编命令无法阅读该特殊标记识别程序，从而可以防止非法用户对加密软件的静态分析和修改。

(3) 防动态分析。所谓防动态分析，就是阻止解密者的动态跟踪，使得在正常状态下无法用调试程序对软件本身进行跟踪执行。采取了上述的防静态分析措施以后，虽然阻止了非法用户对软件的静态分析和修改，但是这些用户仍可以利用调试程序对被加密的软件进行跟踪，运行解码程序，找到识别磁盘特殊标记的程序段，然后对其进行修改，使软件失去防拷贝功能。所以，软件安全还必须具有防动态分析措施。例如，可以采用"封锁键盘输入"的防动态跟踪技术，使程序在运行过程中封锁键盘的输入，即当用户想使用调试程序进行跟踪执行时，会出现机器不接受键盘输入的现象。

2. 系统软件的安全措施

系统软件的安全措施主要有三种：访问控制、隔离控制和存储保护。其中，访问控制和隔离控制可以防止对受保护对象的未经许可的接触；存储保护主要是避免多任务之间的相互干扰。

1) 访问控制

访问控制是确定谁能访问系统,能访问系统何种资源,以及在何种程序上使用这些资源。访问控制包括对系统各种资源的存取控制、对设备(如内存、磁盘等)的存放控制以及对文件和数据的存取控制等。

访问控制的目的在于:

(1) 保护存储在计算机内主要信息的保密性。

(2) 保护存储在计算机内个人信息的保密性。

(3) 维护计算机内信息的完整性,拒绝非授权用户,减少非法用户对重要文件进行修改的机会。

(4) 减少病毒感染机会,从而减少和延缓病毒的传播。

访问控制的基本任务包括:

(1) 规定要保护的资源。

(2) 规定可以访问该资源的实体,它可以是人,也可以是一段程序。

(3) 规定可对该资源执行的操作,如读、写、执行或禁止访问等。

完成上述访问控制任务的安全方案则应包括下述基本内容。

(1) 认证。在访问资源之前用户应证明身份。确认身份的方法可以用如磁卡、密钥、证书或口令、指纹、掌纹或视网膜等。

(2) 访问权限。对用户的访问权限进行规划,如可将用户分为特殊用户、一般用户、审计用户和作废用户,对不同的用户赋予不同的权限。

(3) 文件保护。对文件提供附加保护(如加密等),使非授权用户不能读到修改的内容。

(4) 审计。记录用户使用安全系统的过程,包括记录用户违反安全规定的时间、日期以及用户活动。

2) 隔离控制

隔离控制旨在防止未授权用户接触系统软件,其主要措施包括:

(1) 物理隔离,如把不同用途的计算机分配给不同安全级别的用户。

(2) 时间隔离,如使不同安全级别的程序在不同的时间使用计算机。

(3) 加密隔离,将文件和数据加密,使无关人员无法阅读。

(4) 逻辑隔离,如把各进程的运行限于一定的空间,使相互之间感觉不到其他进程或程序的存在。

3) 存储保护

对于系统软件的安全来说,对存储器的保护是一个最基本的要求。在单用户系统中,某时刻系统内存中只运行一个用户进程,此时存储器的保护只要使用户进程不影响系统运行就可以了;但在一个多任务系统中,内存既有操作系统,又有多个用户程序,为避免内存中程序的相互干扰,必须对内存中的程序和数据进行保护。

存储保护的目标就是保证系统内容互不干扰,其一般措施包括如下两项。

(1) 防止地址越界。每个进程都具有独立的进程空间,进程运行时地址越界,可能侵犯其他进程的空间,而影响其正常运行;也可能侵犯操作系统空间,导致系统混乱。因此,对进程所产生的地址必须检查,发现越界时产生中断,再由操作系统进行处理。

(2) 防止操作越权。对于多个进程共享的公共区域,每个进程都享有访问权,如有些进程可执行写操作，而其他进程只能执行读操作等。进程操作的基本规则是：对属于自己区域的信息，可读可写；对公共区域内获得授权使用的共享信息，可读而不可修改；对未获授权使用的信息，不可读也不可写。

3. 应用软件安全的基本要求

为了保证应用软件的安全，除了建立完善的管理规章和使用规程外，更为重要的是在应用软件的设计和开发时，采用相关的安全机制。应用软件的安全机制主要包括身份鉴别、访问控制、安全审计、软件容错、资源控制。

1) 身份鉴别

应用软件身份鉴别功能的基本要求如下：

(1) 对登录的用户进行身份标识和鉴别，身份标识具有唯一性，鉴别信息具有复杂度要求并定期更换。

(2) 提供并启用登录失败处理功能，多次登录失败后应采取必要的保护措施。

(3) 强制用户首次登录时修改初始口令。

(4) 用户身份鉴别信息丢失或失效时，应采用鉴别信息重置或其他技术措施保证系统安全。

(5) 对同一用户采用两种或两种以上组合的鉴别技术实现用户身份鉴别；登录用户执行重要操作时应再次进行身份鉴别。

2) 访问控制

应用软件访问控制功能的基本要求如下：

(1) 提供访问控制功能，对登录的用户分配账号和权限。

(2) 重命名默认账号或修改这些账号的默认口令。

(3) 及时删除或停用多余的、过期的账号，避免共享账号的存在。

(4) 授予不同账号为完成各自承担任务所需的最小权限，并在它们之间形成相互制约的关系。

(5) 由授权主体配置访问控制策略，访问控制策略规定主体对客体的访问规则。

(6) 访问控制的粒度应达到主体为用户级，客体为文件、数据库表级、记录或字段级。

(7) 对所有主体、客体设置安全标记，并依据安全标记和强制访问控制规则确定主体对客体的访问。

3) 安全审计

应用软件安全审计功能的基本要求如下：

(1) 提供安全审计功能，审计覆盖到每个用户，对重要的用户行为和重要安全事件进行审计。

(2) 审计记录应包括事件的日期、时间、类型、主体标识、客体标识和结果等。

(3) 对审计记录进行保护，定期备份，避免受到未预期的删除、修改或覆盖等。

(4) 对审计进程进行保护，防止未经授权的中断。

(5) 审计记录产生时的时间应由系统范围内唯一确定的时钟产生，以确保审计分析的正确性。

4) 软件容错

应用软件容错功能的基本要求如下：

(1) 提供数据有效性检验功能，保证通过人机接口输入或通过通信接口输入的内容符合系统设定要求。

(2) 在故障发生时，应能够继续提供一部分功能，确保能够实施必要的措施。

(3) 提供自动保护功能，当故障发生时自动保护当前所有状态，保证系统能够恢复。

5) 资源控制

应用软件资源控制功能的基本要求如下：

(1) 当通信双方中的一方在一段时间内未做任何响应，另一方应能够自动结束会话。

(2) 能够对系统的最大并发会话连接数进行限制。

(3) 能够对单个账号的多重并发会话进行限制。

(4) 能够对并发进程的每个进程占用的资源分配最大限额。

6.7 ▶ 数据信息安全

数据信息安全主要涉及数据存储安全、数据传输安全以及信息审计内容跟踪三方面。其中，数据存储安全主要包括数据库系统安全技术、数据备份技术、终端安全技术等措施；数据传输安全主要包括数据加密技术、数据完整性鉴别技术、数据签名技术等措施。

数据加密技术已在 6.4 节介绍，以下仅简要介绍数据库系统安全技术、数据备份技术、终端安全技术、数据完整性鉴别技术、数字签名技术和信息审计跟踪技术。另外，考虑到 PKI 技术是这些技术的综合应用，所以在本节最后也将对 PKI 技术进行简单介绍。

1. 数据库系统安全技术

数据库系统安全技术是指为保证数据库中的数据免遭破坏、修改、泄露、窃取等威胁和攻击而采取的技术方法，主要包括数据库加密技术、数据库用户安全管理技术、数据访问安全控制技术等。

1) 数据库加密技术

数据库的加密方式主要包括库外加密和库内加密。其中，库外加密方式是基于文件加密的方法，即把数据库作为一个文件，把每一个数据块当作文件的一个记录进行加密，而文件系统与数据库管理系统则是基于块号来进行数据交换；库内加密按加密的程度，分为记录加密、字段加密、数据元素加密三种，这三种库内加密方法分别是将库内的记录、字段以及数据元素当作一个文件进行加密的。

不管是采用库外加密还是库内加密方式，被加密后的数据库必须满足以下要求。

(1) 加密后数据库应能在数据库服务器上进行访问认证。

(2) 数据被加密后再存放到数据库系统中。

(3) 加密后的数据库不会对数据库的原有性能有太大的影响。

(4) 授权用户能确认他所使用数据的完整性和安全性。

2) 数据库用户安全管理技术

用户的安全管理就是对数据库用户进行分类并控制其操作权限的过程。为此，可将用户分为下述四类进行管理。

(1) 系统信息外围共享用户。此类用户仅对系统的部分结果性数据感兴趣，并不参与系统数据的处理工作，其权限就应该控制在对数据库部分数据的读取。

(2) 系统作业用户。此类用户参与系统数据的相关处理工作，拥有的权限应根据应用系统的要求，限定其对数据库的操作，但原则上不允许使用数据库提供的各类工具和实用程序。

(3) 系统维护用户。应具备系统作业用户的权限，以便在维护过程中能够顺利模拟系统的工作状况。此外根据需要，可授权其使用必需的数据库工具和实用程序。每位系统维护人员部应有自己的数据库用户。

(4) 数据库管理员(DBA)。其工作是全局性的，具有数据库管理的一切权限，也是最具破坏力的。对 DBA 管理的关键在于要针对系统的特点制订数据库的维护计划，以便通过口令管理限制 DBA 的生效时机和存活期。

3) 数据访问安全控制技术

系统中的数据根据其使用范围，可以分成公共数据和私有数据，数据访问控制旨在通过限制不同用户的访问模式，使用户只访问被批准的数据，从而保证私有数据的安全。具体安全访问方式如下。

(1) 运用视图进行访问控制。通过视图，可以在 SQL 语句中隐藏资料表中属于私有信息的字段和记录，同时限制用户只能对视图进行操作，使其无法直接访问数据元素。

(2) 运用存储过程进行访问控制。通过存储过程可以限制用户访问数据的范围并在控制下间接地存取数据。

(3) 运用触发器进行访问控制。使用触发器可以创建更为复杂的安全机制，将安全检查语句加入到触发器中，在诸如 insert、update 和 delete 等特定事件发生之前或之后触发，从而达到及时进行安全审核的目的。

(4) 运用字段加密进行访问控制。

2. 数据备份技术

数据备份是指将含有相同信息的数据存储到两个或多个相同或不同的存储介质上，以一定的机制判断数据的一致性，需要数据时用一定的方法提取数据。

1) 数据备份的内容。

备份的内容主要是重要的数据和文件，包括：

(1) 重要的数据或数据库；

(2) 系统文件(如注册表、System.ini、Win.ini 等)；

(3) 用户的应用程序；

(4) 日志文件；

(5) 整个分区或整个硬盘内容。

2) 数据备份的层次

数据备份主要有三个层次，即硬件级、软件级和人工级备份。

(1) 硬件级备份。硬件级备份是指用冗余的硬件来保证系统连续运行，当主硬件损坏时，后备硬件马上能够接替其工作。该方式可以有效地防止硬件故障对系统的影响。常用的硬件级备份有磁盘镜像、磁盘阵列、磁盘阵列柜、双机容错和集群、磁带机、自动磁带加载机、磁带库、光盘塔、光盘库以及光盘网络镜像服务器等。

(2) 软件级备份。硬件级的备份虽然保证了系统的连续运行，提高了系统的可用性，但是并不能够保证数据的安全性，要真正保证数据的安全性，需要进行软件级备份。软件级备份是指通过某种备份软件将系统数据保存到其他介质上，当系统出现错误时可以再通过软件将系统恢复到备份时的状态。由于这种备份是由软件来完成的，所以称为软件级备份。虽然用这种方法备份和恢复都要花费一定的时间，但它可以完全防止逻辑损坏，因为备份介质和计算机系统是分开的，错误不会复写到介质上。这就意味着，只要保存足够长时间的历史数据，就能够恢复正确的数据。

(3) 人工级备份。人工级备份最原始、最烦琐，但是最有效。对一个大中型的网络系统而言，如果要用人工方式从头恢复所有数据，耗费的时间恐怕会令人难以忍受。因此，全部数据都用人工方式恢复是不可取的，实际上也是不可能的。

总之，实用的备份系统是在硬件容错的基础上，将软件级备份和人工级备份相结合。如果系统出错，备份之前的数据用软件方法恢复，备份之后的数据用人工方式恢复。这样，不仅能够有效地防止逻辑错误，还能够节省备份和恢复的时间。

3) 数据备份的模式

数据备份的模式主要有三种：集中备份、本地备份和远程备份。

(1) 集中备份。集中备份是指整个系统的备份由一套备份系统完成。该模式的优点是硬件投资少、操作简单，缺点是对网络速度要求较高，较适合于小型网络系统。

(2) 本地备份。本地备份是指将一个大型网络划分成若干小型子网，在每个子网都使用集中备份。该模式的优点是不依赖于网络速度，备份速度高，响应时间短；其缺点是硬件投资较高，每个子网都须安装备份系统。

(3) 远程备份。远程备份(又称异地备份)是指利用网络技术将数据备份到远程各节点。该模式的优点是克服了本地备份的局限性，能安全地保存重要数据，从而能有效地实现远程灾难恢复。

4) 数据备份的方式

目前采用最多的备份方式主要有完全备份、增量备份、差分备份。

(1) 完全备份(full backup)。完全备份是对整个系统进行完全的备份，包括系统和数据。这种备份策略的优点是：当发生数据丢失的灾难时，只要用一盘磁带(即灾难发生前一天的备份磁带)，就可以恢复丢失的数据。其缺点有：备份的数据大量重复，需要备份的数据量较大，且备份所需的时间也较长。对于那些业务繁忙、备份时间有限的单位来说，选择这种备份策略是不明智的。

(2) 增量备份(incremental backup)。增量备份是每次备份的数据只是相对于上一次备份后新增加和修改后的数据。这种备份策略的优点是节省了磁带空间，缩短了备份时间。但它的缺点是当灾难发生时，数据的恢复步骤较复杂；另外，这种备份的可靠性很差，任何一盘增量备份磁带出了问题都会导致整个恢复工作失败。

(3) 差分备份(differential backup)。差分备份是每次备份的数据是相对于上一次全备份之后新增加和修改后的数据。差分备份策略有两个优点：首先，它无须每天都对系统做完全备份，因此备份所需时间短，并节省了磁带空间；其次，它的灾难恢复很方便。

5) 数据备份的基本策略

数据备份的基本策略主要包括：

(1) 在什么时间备份(备份时间)。

(2) 将什么数据备份(备份内容)。

(3) 以什么方式备份(完全备份或增量备份)。

(4) 通过哪组磁带驱动器备份(备份通道)。

(5) 备份到哪一个磁带组(备份目的地)。

(6) 备份保存多长时间(备份介质保存时间)。

具体策略应根据各个系统的运行情况及数据重要性确定。一般来说，业务数据的日常备份策略可按如下方法制定：每周在访问量比较小的时候做一次完全备份；每天对业务数据做一次完全备份或增量备份；每次业务数据有大调整后立即做一次完全备份。

3. 终端安全技术

终端安全是相对于系统级的安全而言的，泛指计算机信息的安全保护。

以往，安全专家、学者们大多较为关注系统级的安全问题。事实上，终端安全也至关重要，没有终端的安全就没有真正的网络安全。例如，金融业的犯罪问题一般都源于其信息系统的终端，包括业务网点的终端和柜员的 PC 终端。

终端安全技术措施一般包括以下几项。

(1) 基于身份验证的终端访问方式，防止非法使用机器。目前主要有三种身份验证的访问方式：口令加密身份验证、IC 卡技术的身份验证、非接触式的感应身份验证。其中，口令加密身份验证是最简单、最常用的方式，但因其可通过口令猜解或工具软件破解，因此仅适用于一般业务的终端保护，对关键业务(资产)的终端不适合；IC 卡技术的身份验证则是一种可靠、简单且较实用的终端访问方式，目前很多安全计算机系统将这种 IC 卡身份验证钥匙作为电脑的标准配置，而一些厂商已经推出了单独的电子身份认证锁；非接触式的感应身份验证是目前正在研究的一种新型访问技术，会在不久的将来进入实用化阶段。

(2) 终端操作系统(如 Windows、Linux 等)、应用软件本身的安全问题应得到足够的重视。一方面，开发商应密切跟踪这些软件存在的安全隐患，并及时完善；另一方面，用户方也应该密切关注这些软件的"补丁"情况，及时地更新软件。

(3) 自主和强制存取控制，防止非法访问文件。

(4) 多级权限管理，防止越权操作。

(5) 存储设备安全管理，防止非法软盘拷贝和硬盘启动。

(6) 数据和程序代码加密存储，防止信息被窃取。

(7) 预防病毒，防止病毒侵袭。

(8) 严格的审计跟踪，便于追查责任事故。

4. 数据完整性鉴别技术

数据完整性是指数据的正确性、有效性和相容性。其中，正确性是指数据的合法性，如数据型数据中只能含数字而不能含字母；有效性是指数据是否属于定义的有效范围；相容性是指表示同一事实的两个数据应相同，不一致就是不相容。

为了实现消息的安全传输，仅用加密技术是不够的。攻击者虽无法破译加密消息，但如果攻击者对其进行了篡改或破坏，接收者仍无法收到正确的消息。因此，需要有一种技术(或机制)来保证接收者能够辨别收到的消息是否是发送者发送的原始数据，这便是数据完整性鉴别技术(或机制)。换言之，数据完整性鉴别技术(或机制)旨在实现信息在其动态传输过程中的完整性。

数据完整性鉴别机制的基本原理是：消息的发送者将消息(即发送的信息)用数学算法 H 生成一个附件(称为原附件)，并将原附件与消息一并发送出去；消息的接收者收到消息和附件后，用同样的算法 H 对接收到的消息生成一个新附件，并把新附件与接收到的原附件相比较，如果相同，则说明收到的消息是正确的，否则说明消息在传送中出现了错误，如图 6-4 所示。

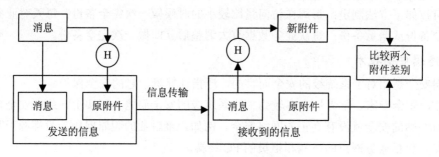

图 6-4　数据完整性鉴别示意图

5. 数字签名技术

数字签名是用来保证信息在传输过程中的完整性并提供信息发送者的身份认证。使用数字签名与使用手写签名的目的基本相同，都是为了证明消息发布者的身份。

数字签名可以确保下述安全问题的解决。

(1) 可信。消息的接收者通过签名可以确信消息确实来自于消息的发送者。

(2) 不可伪造。签名应是独一无二的，其他人无法假冒和伪造。

(3) 不可重用。签名是消息的一部分，不能再挪用到其他文件上。

(4) 不可抵赖。签名者事后不能否认自己签过的文件。

数字签名的实现是利用哈希函数(Hash)和 RSA 公开密钥算法来完成的，其基本原理可用图 6-5 描述。它主要包括以下步骤。

(1) 发送方用哈希函数(Hash)使消息产生散列值，即消息的指纹或称消息验证码。

(2) 发送方使用私人密钥对散列值进行加密，形成数字签名 S。

(3) 发送方把消息与数字签名一起发送给接收者。

(4) 接收方收到消息和签名后，用发送者的公开密钥解密数字签名 S，再用同样的哈希函数(Hash)对消息运算生成散列值。

(5) 接收方把自己生成的散列值与解密的数字签名相比较，看是否匹配，从而验证签名的真假。

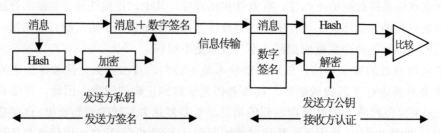

图 6-5　数字签名原理图

6. 信息审计跟踪技术

信息审计跟踪主要是指对使用网络系统的所有用户和所有操作进行审计和跟踪，确保所有经授权或未经授权的查询、修改活动都留有痕迹，从而提高系统的安全性能。

1) 信息内容审计跟踪范围

信息内容审计跟踪涉及的范围如下。

(1) 监视和记录网络系统的活动情况，使影响系统安全性的存取以及其他非法的操作留下线索，以便查出非法操作者。

(2) 检测和判定对系统的攻击，及时提供报警和处理。

(3) 提供审计报告，使系统安全管理人员能够了解运行情况。

(4) 识别合法用户的误操作等。

2) 信息内容审计跟踪的方式

信息内容审计跟踪的主要表现方式是操作日志，即依据操作日志来实现信息内容审计跟踪。

操作日志又分为系统级操作日志和记录级操作日志。其中，系统级操作日志主要由操作系统或数据库管理系统本身提供；而记录级操作日志则由应用软件或专门的信息审计跟踪软件提供。

信息内容审计跟踪的操作日志，既包括系统级操作日志，又包括记录级操作日志。而操作日志所记录的内容一般应包括操作人员、操作内容、操作状态、本机 IP 地址、进入或退出系统的 MAC 地址等信息。

具体而言，在设计和实现信息内容审计跟踪的操作日志时，应考虑下述因素：

(1) 对于敏感信息查询，记录查询的内容以及查询是否执行成功。

(2) 对于修改，需要记录修改前、后的值，以保留修改痕迹。相关内容的修改要集中记录，保证追踪的方便性和空间资源的有效利用。

(3) 对于删除，需要记录删除内容、时间和操作人员。

(4) 对于重要业务的开始和结束，也应详细记录其内容。

(5) 对于具有相同权限的不同用户，因其都可以进行同样的操作，更需要记录明确。

7. PKI 技术

1) PKI 技术简介

PKI 是 "public key infrastructure" 的缩写，意为 "公钥基础设施"。简单地说，PKI 技术是利用公钥体制来实现并提供安全服务的具有通用性的安全基础设施。公钥体制是一种基于非对称密码算法原理和技术的加密机制，是目前应用最广泛的加密体制。在这一体制中，加密密钥与解密密钥各不相同，发送信息的人利用接收者的公钥发送加密信息，接收者再利用自己专有的私钥进行解密。这种方式既保证了信息的机密性，又能保证信息具有不可抵赖性。目前，公钥体制广泛地用于 CA 认证、数字签名和密钥交换等领域。

PKI 能够为所有网络应用透明地提供采用加密和数字签名等密码服务所需的密钥和证书管理，因而用户可利用 PKI 平台提供的这些安全服务进行安全通信。

PKI 主要由终端用户群、RA(registration authority)操作员、CA(certificate authority)操作员、RA 服务器、CA 服务器、安全服务器、LDAP(lightweight directory access protocol)服务器等组成，其逻辑组成结构可由图 6-6 来描述。图中各部分的功能和作用如下。

(1) 终端用户群。终端用户群也被称为证书信任方,PKI 为证书信任方提供了检查证书申请者身份以及与证书申请者进行安全数据交换的功能。通常,这些用户在数据信息交换中同时扮演证书申请者和证书信任方的双重角色。

(2) RA 服务器。RA 服务器包括 RA 信息管理系统和 RA 数据库。其中,RA 信息管理系统的主要功能包括对用户进行身份审查和鉴别、对用户身份信息和公钥以数字签名的方式发送给 CA、接收 CA 返回的证书制作确认信息或制好的证书、发放 CA 证书、接收证书作废申请等。RA 数据库则主要存储相关用户及发放或作废的证书信息。

(3) CA 服务器。CA 服务器包括 CA 信息管理系统和 CA 备份数据库。其中,CA 信息管理系统主要对 CA 的有关日常事务进行管理,主要功能有进行 CA 的初始化、证书的审批、终端用户的证书签发、证书更新、终端用户证书废除、证书作废表的生成与发布、密钥托管和恢复、证书的归档等;CA 数据库主要存储一些终端用户的基本信息,包括 CA 证书的名字、CA 证书是否可用、CA 证书使用者的基本信息(名称、电子邮件地址)以及公钥等。

(4) 安全服务器。主要存放安全数据库以及 CA、RA 系统产生的所有操作日志。

(5) LDAP 服务器。LDAP 服务器包括证书数据库和 CRL(certificate revocation list)数据库(即废止证书数据库),证书数据库、CRL 数据库分别存放已签发的证书和作废证书的相关信息。它们作为网上的一种公共信息库,供用户进行开放式查询,用户可以从此处获得其他用户的有效证书(或作废证书)及其公钥。

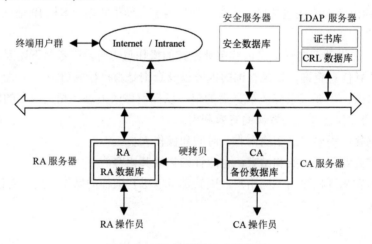

图 6-6　PKI 的逻辑组成结构图

基于 PKI 的通信机制,终端用户的数据通信建立在公钥的基础之上,而与公钥成对的私钥只掌握在彼此间进行通信的另一方。这个信任的基础是通过公钥证书的使用来实现的。公钥证书就是一个用户的身份与他所持有的公钥的结合,在结合之前,由 RA/CA 来证实用户的身份,并对该用户身份及对应公钥相结合的证书进行数字签名,以证明其证书的有效性。

2) PKI 技术应用案例

基于 PKI 的医院电子签名系统如图 6-7 所示,该系统采用国产商用密码技术(如 SM 系列算法)及其产品,构建医院的 PKI 体系(含数字签名系统、数字证书系统、时间戳服务系统),以期实现医院信息安全的"四个可信"目标:一是医院员工(含临床医生、护士、药剂师、管理人员)的身份可信,二是医院员工的行为可信,三是医院相关机构(如医生工作站、护士工作站、质量控制站、电子病历管理站)获得的电子病历数据可信,四是医院相关机构获得上述数据的时间可信。

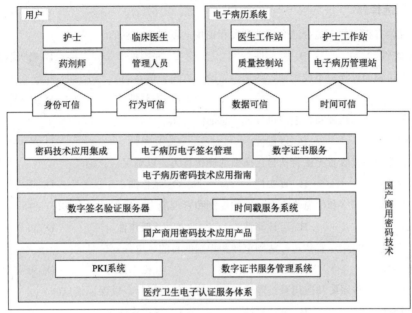

图 6-7 基于 PKI 的医院电子签名系统

参考文献

[1] 徐汉良,毛明等. 商用密码知识与政策干部读本[M]. 北京:人民出版社,2018.

[2] 中华人民共和国国家标准 GB/T22239—2019,信息安全技术网络安全等级保护基本要求[S].

[3] 中华人民共和国密码行业标准 GM/T0031—2014,安全电子签章密码技术规范[S].

[4] 中华人民共和国国家标准 GB/T28448—2019,信息安全技术网络安全等级保护测评要求[S].

[5] 中华人民共和国密码行业标准 GM/T0014—2012 数字证书认证系统密码协议规范[S].

[6] 甘仞初. 信息资源的组织与管理[M]. 北京:机械工业出版社,2003.

[7] 肖明. 信息资源管理[M]. 北京:电子工业出版社,2002.

[8] 中华人民共和国国家标准 GB/T 2260—1999,中华人民共和国行政区划代码[S].

[9] 科飞管理咨询公司. 信息安全管理概论——BS7799 理解与实施[M]. 北京:机械工业出版社,2002.

[10] 蔡立军,李立明,李峰. 计算机网络安全技术[M]. 北京:中国水利水电出版社,2001.

[11] 戴宗坤. 信息系统安全[M]. 北京:电子工业出版社,2002.

[12] 田亮,徐孟春,朱卫东. 基于特征值的网络信息检测与审计[J]. 计算机与现代化,2004(6):30-32.

[13] 陆德. 新经济与信息主管(CIO)和信息管理战略[M]. 北京:中国水利水电出版社,2001.

[14] 陈庄,巫茜等. 计算机网络安全工程师宝典[M]. 重庆:重庆出版社,2010.

📝 复习题

一、单项选择题

1. 信息仅供有权限的人员合法合规地开发和使用，以保证信息的(   )。
   A. 机密性　　　　　　B. 真实性　　　　　　C. 完整性　　　　　　D. 不可抵赖性

2. 信息在传输的过程中不被删除、伪造、修改，以保证信息的(   )。
   A. 机密性　　　　　　B. 真实性　　　　　　C. 完整性　　　　　　D. 不可抵赖性

3. 信息不会被非法泄漏和扩散，以保证信息的(   )。
   A. 机密性　　　　　　B. 真实性　　　　　　C. 完整性　　　　　　D. 不可抵赖性

4. 信息的发送和接收者无法否认自己所做的操作行为，以确保信息的(   )。
   A. 机密性　　　　　　B. 真实性　　　　　　C. 完整性　　　　　　D. 不可抵赖性

5. 系统管理者对网络和信息系统有足够的控制和管理能力，以保证信息的(   )。
   A. 可控性　　　　　　B. 可计算性　　　　　C. 互操作性　　　　　D. 可靠性

6. 系统管理者准确跟踪实体运行达到审计和识别的目的，以保证信息的(   )。
   A. 可控性　　　　　　B. 可计算性　　　　　C. 互操作性　　　　　D. 可靠性

7. 网络协议、操作系统和应用系统能够相互连接、协调运行，以保证信息(   )。
   A. 可控性　　　　　　B. 可计算性　　　　　C. 互操作性　　　　　D. 可靠性

8. 信息资源的安全管理模型包括(   )个层次。
   A. 5　　　　　　　　B. 6　　　　　　　　C. 7　　　　　　　　D. 8

9. 下述(   )不属于安全运维管理内容。
   A. 配置管理　　　　　B. 密码管理　　　　　C. 变更管理　　　　　D. 测试验收

10. 按照 OSI 安全结构，网络和通信安全主要有(   )种安全功能。
    A. 5　　　　　　　　B. 6　　　　　　　　C. 7　　　　　　　　D. 8

二、多项选择题

1. 信息资源安全包括信息的(   )等过程所涉及的安全问题。
   A. 采集　　　　　　　B. 传输　　　　　　　B. 存储　　　　　　　D. 运维

2. 信息管理规范的角度，信息资源安全包括(   )。
   A. 规章制度　　　　　B. 法律法规　　　　　C. 设备安全　　　　　D. 人员安全

3. 威胁信息资源安全的主要因素有(   )。
   A. 天灾　　　　　　　　　　　　　　　　　B. 人祸
   C. 信息系统自身的脆弱性　　　　　　　　　D. 网络协议缺陷

4. 恶意攻击主要包括的攻击方式有(   )。
   A. 硬件攻击　　　　　B. 主动攻击　　　　　C. 被动攻击　　　　　D. 软件攻击

5. 下述网络行为属于违法行为的是(   )。
   A. 窃取机密　　　　　B. 宣传邪教　　　　　C. 制造谣言　　　　　D. 诬蔑诽谤

6. TCP/IP 协议的主要缺陷有(   )。
   A. 软件后门　　　　　B. 伪装信任　　　　　C. 网络监听　　　　　D. 源地址欺骗

7. 信息系统自身的脆弱性主要表现在(　　)。

    A. 软件后门　　　　　B. 系统故障　　　　　C. 软件漏洞　　　　　D. 路由攻击

8. 网络和通信安全包括的基本要求有(　　)。

    A. 网络架构　　　　　B. 边界防护　　　　　C. 入侵防范　　　　　D. 恶意代码防范

9. 设备和计算安全包括的基本要求有(　　)。

    A. 身份鉴别　　　　　B. 恶意代码防范　　　C. 网络架构　　　　　D. 安全审计

10. 合法的信息活动一般应满足的原则有(　　)。

    A. 系统合法原则　　　B. 用户合法原则　　　C. 信息公开原则　　　D. 资源限制原则

11. 安全管理的原则包括(　　)。

    A. 多人负责原则　　　B. 恶意代码防范　　　C. 任期有限原则　　　D. 职责分离原则

12. 下述属于建设管理安全工作的是(　　)。

    A. 定级和备案　　　　B. 安全方案设计　　　C. 产品采购和使用　　D. 软件开发

13. 物理安全是指中心机房场地本身的安全,主要包括(　　)。

    A. 物理位置选择　　　B. 防水和防潮　　　　C. 物理访问控制　　　D. 防静电

14. 环境安全包括(　　)。

    A. 防雷击　　　　　　B. 电力供应　　　　　C. 防静电　　　　　　D. 电磁防护

15. 按照 OSI 安全结构,网络和通信的安全功能包括(　　)。

    A. 访问控制　　　　　B. 数据保密性　　　　C. 数据完整性　　　　D. 抗抵赖性

16. 保护软件安全的措施包括(　　)。

    A. 防拷贝　　　　　　B. 防静态分析　　　　C. 防动态分析　　　　D. 防应用

17. 系统软件的安全措施主要有(　　)。

    A. 身份认证　　　　　B. 访问控制　　　　　C. 隔离控制　　　　　D. 存储保护。

18. 应用软件的安全机制主要包括(　　)。

    A. 访问控制　　　　　B. 身份鉴别　　　　　C. 安全审计　　　　　D. 软件容错

三、判断题

1. 信息仅供有权限的人员合法合规地开发和使用。　　　　　　　　　　　　　(　　)

2. 信息在传输的过程中不被删除、伪造、修改。　　　　　　　　　　　　　　(　　)

3. 信息的发送和接收者无法否认自己所做的操作行为,以保证信息的机密性。　(　　)

4. 将系统的管理员与操作员的口令设置一样的行为属于违法行为。　　　　　　(　　)

5. TCP/IP 协议没有缺陷。　　　　　　　　　　　　　　　　　　　　　　　(　　)

6. 每一项与信息安全有关的活动都必须有两人或多人在场。　　　　　　　　　(　　)

7. 任何人都不能长期担任与信息安全有关的职务。　　　　　　　　　　　　　(　　)

8. 计算机操作与计算机编程可以是同一个岗位。　　　　　　　　　　　　　　(　　)

9. 等级评测不属于建设管理安全工作。　　　　　　　　　　　　　　　　　　(　　)

10. 系统安全等级一旦评定便长期有效。　　　　　　　　　　　　　　　　　(　　)

11. 资产管理属于运维管理的范畴。　　　　　　　　　　　　　　　　　　　(　　)

12. 应用软件安全要求能够对单个账号的多重并发会话进行限制。　　　　　　(　　)

四、简答题

1. 什么是信息资源安全?

2. 威胁信息资源安全的主要因素有哪些？

3. 什么是网络安全？网络安全包括了哪些主要的技术措施？

4. 什么是访问控制技术？它包含哪些技术措施？

5. 说明计算机病毒的种类、特点及其防范措施。

6. 什么是防火墙？说明其主要作用。

7. 什么是软件安全？威胁软件安全的主要形式及其防范措施有哪些？

8. 访问控制的主要目的是什么？有哪些基本任务？

9. 说明数据库安全技术及其保证措施。

10. 终端安全技术措施主要有哪些？

11. 什么是数据完整性？说明数据完整性鉴别机制的基本原理。

12. 什么是数字签名？说明实现数字签名的基本原理。

13. 什么是信息内容审计跟踪？在设计和实现信息内容审计跟踪的操作日志时，应考虑哪些因素？

14. 什么是 PKI？PKI 由哪几部分组成？说明基于 PKI 的通信机制。

五、论述题

结合具体信息化工程，论述其信息安全风险及其防范措施。

第 7 章

信息产业管理

信息产业是国民经济活动中从事信息技术设备和信息产品的开发、生产、流通与服务的产业群体。在这些产业的运营过程中，由于信息资源是最基本、最重要的要素，因此加强信息产业管理是信息资源管理的重要内容。

7.1 ▶ 产业结构概述

7.1.1 产业的定义

产业(industry)一词早已被人们所接受，但不同学科领域有不同的解释。法学界认为，产业是指"不动产"，如私有的土地、房屋、工厂等；政治经济学界认为，产业指"工业"，如产业工人、产业部门、产业革命等；古典经济学界认为，产业的主要内容是指物质资料生产部门，如农业、工业、建筑业和交通运输业等。

伴随经济学理论和方法的不断演进，现代经济学领域中分化出许多专门的学科，如专以"产业"为研究对象的"产业经济学"便是其中之一。在产业经济学中，"产业"这一概念并不仅指工业，而是指国民经济的各行各业，大至行业，小至部门；不仅包括生产部门，而且包括流通部门、服务部门以及文化教育业等。

国民经济是由各种不同但又相互关联的经济活动及相应的经济组织组成的复杂系统。为了研究国民经济各个组成部分的地位、相互联系和数量关系，根据经济活动及其组织在国民经济系统中的功能，或者根据劳动对象、劳动产品的特点，将这些经济活动和组织划分成不同的部分，每一个具有相同属性的部分被称为"产业"。

7.1.2 产业的分类方法

产业分类是通过分析各产业部门经济活动以及各产业部门的相互联系和比例关系，对构成国民经济的各种活动按照一定的标准进行分解与组合，以形成多层次产业门类的过程。

目前尚无国际通用的、统一的产业分类方法，基于不同的目的和不同的角度，可以形成不同的产业类别。以下介绍几种常见的产业分类方法。

1. 两大部类分类法

按产品在社会再生产中的使用目的，把社会生产部门分为两大部类：生产资料的生产部门统称为第Ⅰ部类，消费资料的生产部门属于第Ⅱ部类。

2. 三大部门分类法

把生产物质产品的基本部分划分为农业、轻工业和重工业三大部门。

3. 三次产业分类法

三次产业分类法是按生产过程的特征和产品性质划分的一种国民经济结构分类和统计的方法。该方法将全部经济活动分为第一产业(primary industry)、第二产业(secondary industry)和第三产业(tertiary industry)。

第一产业(又称第一次产业)是指人类可以直接从自然界取得产品以满足自己最基本生活需要的产业部门，主要指农业，包括种植业、畜牧业、渔业、林业、狩猎业等。

第二产业(又称第二次产业)是指人们利用自然资源经过加工取得产品以满足自己进一步生活需要的产业部门，主要指工业，包括制造业、采掘业、矿业、建筑业以及煤气、电力、自来水等。

第三产业(又称第三次产业)是指为人类生产、生活和社会发展提供服务以满足自己更多生活需要的产业部门，通常是指服务业，包括内外贸易业、金融保险业、房地产业以及运输业、邮电业、公用事业、科学研究、文化、娱乐、教育等部门。

从商品生产和消费的角度看，三次产业之间有如下区别。

(1) 生产者距离消费者的远近程度不同。第一次产业的生产过程是与自然的形成过程结合在一起的，所生产的为初级产品，因此生产者距离消费者相对较远；第二次产业的生产过程是对初级产品的再加工过程，生产者距离消费者较近；第三次产业则大多数是提供服务的人与接受服务的人直接接触。

(2) 产品形态不同。第一、二次产业生产有形产品，即农副产品和工业品，第三次产业提供无形产品，即服务。

(3) 生产过程与消费过程的结合程度不同。第一、二次产业的生产过程与消费过程是可以分离的，第三次产业的生产过程与消费过程是不可分离的。

4. 四大产业分类法

将国民经济按产业结构分为四大产业，分别为第一产业(农业)、第二产业(工业)、第三产业(服务业)和第四产业(信息产业)。

本章论述将沿用该分类法。

5. 标准产业分类法

标准产业分类法是为统一国民经济统计的口径而出现的。服务于产业结构研究的经济统计的基础就是产业分类的标准化，这种以统一经济统计口径为目的的标准产业分类法，一般应具备如下条件。

(1) 权威性。即由权威机构编制和颁布。

(2) 完整性。即标准产业分类应该尽可能地详尽、无遗漏。

(3) 广泛性。即标准产业分类应该便于进行各种目的的分析、研究和比较。

联合国为了统一世界各国产业分类，曾经颁布过"全部经济活动的国际标准产业分类索引(indexes to the international standard industrial classification of all economic activities)"，将"全部经济活动"首先分解成十大项，在每个大项下面分成若干中项，每个中项下面又分成若干小项，最后将小项分解为若干细项，细项下又分大、中、小、细共四级，而且还规定了相应的统计编码。其十个大项分别是：农业、狩猎业、林业和渔业；矿业和采石业；制造业；电力、煤气、供水业；建筑业；批发与零售业、餐馆与旅店业；运输业、仓储业和邮电业；金融业、不动产业、保险业及商业性服务业；社会团体、社会及个人的服务；不能分类的其他活动。

6. 密集度产业分类法

密集度产业分类法(又称资源集约度产业分类法)是根据不同的产业在生产过程中对某种资源(如资金、劳动力、技术等)的依赖程度的差异(密集程度、集约程度)来进行划分，将各产业分成劳动密集型产业、资金密集型产业、技术密集型产业三种类型。

劳动密集型产业(又称劳动集约型产业)是指单位劳动占用资金(资本)较少的产业，该类型产业对劳动的依赖程度较大。

资金密集型产业(又称资金集约型产业)是指单位劳动占用资金数量较多的产业，该类型产业对资本(资金)的依赖程度较大。

技术密集型产业(又称技术集约型产业)是指使用现代科学技术内容较多，或机械化、自动化程度较高的产业，该类型产业对技术的依赖程度较大。

密集度产业分类法是一种相对的产业划分方法。例如，钢铁工业、石油化学工业等通常被认为是资金密集型产业，机械工业和纺织工业同钢铁工业、石油化学工业等相比较就可以看作是劳动密集型产业，但电子计算机产业既可以看作是技术密集型产业，也可以看作是劳动密集型产业。

7. 日本产业分类法

日本产业结构审议会将日本的产业分为七类，分别为：基础材料产业(包括矿业、化学、石油、煤炭、水泥、玻璃、建筑用陶瓷、石料、钢铁、有色金属、金属材料等)；加工组装产业(包括一般机械、电气机械、运输工具、精密仪器等)；生活消费产业(包括食品、纺织、造纸、其他制造业等)；建筑业；商业；服务业；其他(包括农、林、水产业，电力、煤气、供水、金融、不动产、运输、通信等)。

8. 中国产业分类法

在中国的产业划分中，长期使用的是五部门分类法，即将国民经济划分为农业、工业、建筑业、运输业和商业。

随着产业结构的变化，第三产业在我国国民经济中的作用日益加强，比重也随之逐步上升，原来的五分法在实际应用中显现出很大的局限性。为此，1985 年 5 月在国务院办公厅转发国家统计局关于建立第三产业的报告中，对中国第一、第二、第三产业重新进行了划分并对其赋予了新的含义。其中，第一产业是指农业，包括林业、牧业、渔业等；第二产业是指工业，包括采掘业、制造业、自来水、电力、蒸汽、煤气、建筑业；第三产业则是指除上述第一产业、第二产业以外的其他产业。

由于第三产业涉及的行业较多且范围广，所以又将第三产业分为四个部门，包括一个流通部门和三个服务部门。流通部门包括交通运输业、邮电通信业、商业餐饮业、物资供销和仓储业等。三个服务部门则分别是：为生产和生活服务的部门，包括金融保险业、地质普查业、房地产业、公用事业、居民服务业、旅游业、咨询信息服务业和各类技术服务业；为提高科学文化水平和居民素质服务的部门，包括教育、文化、广播电视业、科学研究事业、卫生体育和社会福利业等；以及为社会公共需要服务的部门，包括国家机关、党政机关、社会团体以及军队、警察等。

7.1.3　产业结构的概念

产业结构是经济学领域中较新的概念，目前对这个概念有多种解释。例如，《辞海》中对产业结构就有三种解释：其一，指社会再生产过程中，生产生产资料和生产生活资料的物质部门之间的生产联系和比例关系，主要指农业、轻工业、重工业三者之间的比例关系；其二，指国民经济中各物质部门的组成及其相互间的生产联系和比例关系，如工业部门结构、农业部门结构；其三，通常指第一产业、第二产业、第三产业间的比例关系。再如，产业组织理论的创始人贝恩(J. S. Bain)认为，产业结构不是指产业之间的关系结构，而是指产业内的企业间关系。

一般而言，一个地区、一个国家的产业结构，是指其具有的产业类型及各类产业在国民经济中的比例关系。这种"比例关系"，一般可用两类指标来描述，一是各产业的就业人数及所占比例、各产业的资本额及所占比例等；另一个是各产业所创国民收入及其在全部国民收入中的比重。

7.2 ▶ 信息产业概述

7.2.1　信息产业的形成

根据产业经济学原理，某一产业的形成与发展必须具备三个充要条件：社会和经济发展的迫切需求、支撑产业发展的物质技术基础以及产业形成与发展所需的宏观政策环境。

信息产业的形成是一个历史的发展过程。即使是在生产力十分低下的原始农业社会，信息活动也是普遍存在的，如用眼神、手势和简单的音节传递信息，只不过是由于那时的各类生产活动规模都很有限，尚未形成产业而已。

信息产业的兴起是社会生产力发展的必然结果，也是社会分工的合理体现。随着生产力的发展，出现了社会分工，社会分工又进一步推动了生产力的发展，出现社会化大生产趋势，逐渐形成了不同性质的产业。社会分工越精细，劳动生产率就越高，产业结构体系就越复杂。在人类社会的不同历史阶段，一种新兴的产业总是伴随着一些新技术的产生和发展而确立起来的。在手工生产力为主的农业社会，体力劳动者作为生产的主体使用手工操作的简陋劳动工具，自然生物性能源和初级劳动对象占绝对优势，生产规模小，建立在农业技术基础上的产业结构是以第一产业——农业为核心。在机器生产力为主的工业社会，专业劳动者逐渐取代了简单的体力劳动者，机器体系成为劳动过程的轴心，矿物能源和二次能源充当着生产的主要动力，生产规模趋向大型化，建立在工业技术基础上的产业结构变成了以第二产业——工业为核心。随着工农业的高度发展，消费领域不断扩大，以服务业为主体的第三产业逐渐占据了国民经济的重要地位。在信息生产力为主的信息社会，信息劳动者正在成为劳动者的主体，信息技术正在改进普通的机器体系，多元化的新型能源结构正在革新单调、粗放的传统能源结构，以信息产业为核心的知识、智力、技术密集型产业结构正在取代原来的劳动、资本密集型产业结构。随着信息技术的进步和社会信息化水平的提高，信息产业逐渐从第三产业(及部分第二产业)中分化出来，作为国民经济的独立产业——第四产业迅速发展起来了。因此，信息产业的形成与发展要以农业、工业的发展为基础，以服务业的发展为前提。

信息产业的发展还与生产—消费关系有关。从本质上说，生产决定消费，而消费又对生产的发展有反作用。人类的消费需求主要有三种：维持生存的需求、扩展体力和智力的需求以及娱乐和享受的需求。这三种消费需求的排列顺序为：首先是维持生存的需求，其次是娱乐和享受的需求，最后是扩展体力和智力的需求。在上述的四大产业中，第一产业(农业)生产的产品基本上是用来维持人的生存的；第二产业(工业)和第三产业(服务业)生产的产品和劳务中的消费资料，除一部分直接用于维持人的生存外，绝大部分都用来满足人类扩展体力及娱乐享受的需求；第四产业主要是用来满足人类扩展智力及娱乐享受需求的。随着人们消费需求水平的日益提高，信息产业正在逐渐取代传统产业成为现代社会产业结构的核心。

今天，信息产业已成为当今工业发达国家众多产业中最活跃、最具生命力的高技术产业，信息产业已是现代经济形成和发展的重要支柱和条件。统计资料表明，发达国家信息产业的产值占国民生产总值的比重已达 40%～60%，年增长率是传统产业的 3～5 倍。因此，从某种程度上讲，信息产业的发展水平已经成为衡量一个国家经济发展水平的重要标志。

7.2.2　信息产业的定义

如同"信息""信息资源"的概念一样，作为从事信息设备制造以及信息的生产、加工、存储、流通和服务的"信息产业"，也是一个动态概念，目前尚无统一的标准定义。其原因主要有三：首先，信息产业本身处于高速发展之中，其内涵难以确定；其次，世界各国的产业结构不同，因而对信息产业的理解存在差异；最后，随着信息技术的飞速发展以及由它产生的巨大社会影响，信息产业的内容也将不断发生变化。

以下是国内外有关学者对"信息产业"的代表性定义。

(1) 美国信息产业协会(ALIA)将信息产业定义为，信息产业是指依靠新的信息技术和信息处理的创新手段，制造和提供信息产品和信息服务的生产活动组合。

(2) 欧洲信息提供者协会(EURIPA)将信息产业定义为，信息产业是指提供信息产品和信息服务的电子信息工业。

(3) 英国信息经济学家马丁在 1987 年出版的《信息社会》中指出，信息产业是信息物品和服务的综合生产活动，包括与信息相关的技术、生产结构、生产者、创造发明者和用户。

(4) 国家信息中心于清文教授认为，信息产业是以开发和利用信息资源为中心内容的产业活动，包括信息产品与服务的生产、分配、交换和利用。

(5) 中国经济学家乌家培教授认为，信息产业的定义有广义和狭义之分。狭义的信息产业是指直接或间接地与电子计算机有关的生产部门；广义的信息产业是指一切与收集、存储、检索、组织加工、传递信息有关的生产部门。

(6) 中国科学技术信息研究所刘昭东研究员认为，信息产业是指从事信息技术研究、开发与应用，信息设备与器件的制造，以及为经济发展和公共社会需求提供信息服务的综合性生产活动和基础结构。

上述从不同角度对"信息产业"的表述能满足不同的目的和需要,且其本质内容是基本一致的。因此,综合这些观点,我们认为,信息产业是指国民经济活动中从事信息技术设备和信息产品的开发、生产、流通与服务的产业群体。

信息产业的发展基础是信息资源和现代信息技术。其中,信息资源是人类社会活动中各类客观的、真实的信息构成,是知识和智慧的源泉,它既可以满足人类物质生活的需要,又可以满足开发物质资源的需要;而现代信息技术则是一种以计算机技术和电信技术为基础,对文字、数字、声音、图像和各种传感信号的信息进行获取、加工处理、存储、传播和使用的技术,它主要包括信息获取技术、信息处理技术、信息传输技术和信息应用技术等四项技术。

7.2.3 信息产业的特征

信息产业与其他传统产业相比,具有下述特征。

(1) 信息产业是新兴的战略型产业。第二次世界大战后,高新技术的快速发展极大地改变着产业结构,信息产业与生物工程产业、新材料新能源产业一并被列为未来社会最重要的三大新兴产业。这里,新兴产业包括三层含义:其一是诞生不久,产业时间新;其二是突破传统观念,产业概念新;其三是面对未来,产业发展新。

由于信息资源已经成为现代社会的第一战略资源,因而信息产业也就处于最突出的战略性地位。在高新技术产业相继产生并构成新兴的产业群时,信息产业在新兴产业群中是具有导航和促进作用的产业。一个国家、一个地区或者一个城市的发展,都越来越依赖于以信息产业为基础的信息社会发展水平。

(2) 信息产业是技术、知识、智力密集型产业。传统产业是以物质为主要生产资料,依赖于体力劳动的机械化或自动化途径生产。信息产业的主要资源是信息资源,并以知识和智力的研究开发、交流服务为主要职能。信息产业的核心技术(如计算机技术和通信技术)始终是高新技术的主流并且处于尖端科学前沿的技术,代表着人类最新智慧的结晶。

(3) 信息产业是高投入、高风险、高增值型产业。信息产业的技术、知识和智力密集性决定了它不仅需要较高的智力投入,而且还需要大量的资金投入。无论是信息产品的研究开发还是提供服务,没有掌握先进信息技术的高级专业人才,没有充裕的资金支持,是不可能发展起来的;随着信息产业的发展规模不断扩大,竞争越来越激烈,人力风险和资本风险将更加突出;正因为信息产业具有智力密集和资金密集的高投入特征,所以其信息产品才具有高价值、高增值和高效益的特点,如一个 1 千克的集成电路的价值可以超过一辆几吨重的豪华轿车。

(4) 信息产业是受科技影响大、更新快、易变型的产业。信息产业的更新换代速度是其他任何产业所不能比拟的,这主要是由于科学技术的进步大大缩短了信息产品从开发研制到生产使用的周期。以计算机发展为例,在前 30 年间的发展就经历了 4 代,目前正向第 5 代、第 6 代迈进。现在市场上的计算机每隔几个月就有新产品型号问世,计算机软件的版本每年都在升级。据统计,目前平均每 3 个月就有一项新的信息技术问世,每年信息技术的专利超过 30 万件,信息产品的平均寿命周期在两年半左右。

(5) 信息产业是辐射面广、高渗透型产业。由于信息的广泛传播性和信息技术应用的广泛性,使得信息产业可以渗透到社会的各个领域、各个产业或相关产品中,其影响力可能涉及一个部门、一个地区，甚至整个国家。换言之，其他许多产业部门的产品和产值都包含有信息产业的产值信息。信息产业辐射、服务于社会经济的各个领域，从而提高了社会经济发展的整体水平。

(6) 信息产业是需求快、高增长型产业。自 20 世纪 60 年代以来，信息产业一直以高于其他产业的增长速度迅猛发展，其年平均增长率为 20%，形成了较大的产业规模。信息产业的发展，创造了更广泛的市场需求和应用领域。

(7) 信息产业是低公害、省资源、可持续发展型产业。首先，信息产业本身是低公害、省资源产业，如 50 千克的光纤光缆传输的信息与 1000 千克的铜制电缆相当，但其消耗的能量仅是后者的 5%；其次，信息产业可以为社会资源的合理配置起到导向作用，以便将有限的物质资源和人力资源按照一定的比例分配到国民经济的各个部门，以提高整个社会的生产力水平，从而在全社会范围内节省物质资源和能源；最后，信息产业还可向其他产业提供信息技术和信息服务，改造提升这些产业(尤其是传统的制造业)，从而使各类非信息产业节省物质资源和能源，并减少其对环境的污染。

(8) 信息产业是高就业型产业。信息产业本身就是一个庞大的产业群，加之信息产业的发展带动了文化、教育、服务产业的发展，并将众多产业引向电子化和信息化。因此，信息产业提供了量大面广的职业和就业机会，并创造了许多新的职业，而且社会对它的需求之广也在其他产业之上。例如，20 世纪 70 年代，美国、日本、英国等发达国家的信息职业占全部职业的比例已经达到28%～41%；再如，在美国实施的"国家信息基础结构(NII)"计划中，仅个人通信服务业就将提供多达 30 万个就业岗位。

7.2.4　信息产业的地位和作用

信息产业的形成与发展，引起了产业结构、就业结构、资源结构以及社会结构的巨大变化，极大地推动了人类社会生产力的发展，并且在相当程度上改变了生产方式、经营方式、竞争方式乃至国际关系。因此，信息产业在现代经济社会中具有举足轻重的地位和作用。简单地说，信息产业具有先导作用、软化作用、替代作用和优化作用。

1. 先导作用

根据产业结构原理，产业的发展是有层次的，即在一定时期内，各产业在国民经济发展中的地位和作用是不同的，有主导产业、先导产业、衰退产业、基础产业之分。其中，主导产业(又称"盛阳产业")是指构成国民经济产业结构主体、决定整个产业结构发展的产业；先导产业(又称"朝阳产业")是指处于技术领先地位、代表整个国民经济产业结构发展趋势的产业；衰退产业(又称"夕阳产业")是指产业已经成熟、正在走向衰退的产业；基础产业是指为其他产业提供原材料、动力、基础条件的产业。

从产业政策来看，各国都是大力发展主导产业，促进产业发展的良性循环；加强先导产业的导入，实行战略发展策略；引导衰退产业安全退出，发挥其余热。

今天，信息产业凭借自身的强大生命力，经过不断发展，已迅速从传统产业中独立出来，成为国民经济产业结构中的先导产业。这主要表现在：一方面，信息产业在其发展过程中，通过与传统产业相互融合、渗透，可以促进传统产业的改造与升级，使传统产业重新获得生机和活力。例如，汽车工业通过采用 CAD/CAM/CAQC 以及 ERP 等技术，不仅大大节约了原材料和制造成本，而且使型号更新快、技术更先进、驾驶更舒适、质量更高、用户更满意，从而使汽车工业——这一工业时代的代表性产业更加繁荣兴旺。信息产业与传统产业的关系就像是火车头与车厢的关系。另一方面，信息产业还是促进其他高技术产业形成和发展的基础。因为信息技术是现代高技术群的核心和领头技术，其他许多高技术及其产业难以突破的障碍都只有在信息技术及其产业取得相应突破后才能消除。由于各种高技术功能的实现，都要不同程度地应用信息技术，因此其他高技术产品都必然以相应的信息技术设备为其部件和功能子系统。这样，信息产业的发展水平对其他高技术产业的发展是至关重要的，它的作用如同传统产业中机械制造业为其他工业部门提供各种装备工具一样。

信息产业的先导地位还体现在下述三点。

(1) 信息产业可以为国民经济各产业的发展方向、规模、速度以及寻求机遇而导向，使各类产业都能抓住有利时机，及时地、科学地、健康地发展。

(2) 信息产业也可以为社会资源的合理配置导向，以便将有限的物质资源和人力资源，根据社会成员的各种需要，按照一定的比例分配到国民经济的各个部门。

(3) 信息产业还可以为经济活动中的各类决策导向。因为面对复杂的现代经济和现代化生产时，需要决策的问题不仅数量多、难度大，而且决策要求时间紧、牵涉面广、竞争激烈，只有依靠准确及时的信息，决策者才可以做出科学正确的决策。

2. 软化作用

正如计算机系统是由硬件和软件构成一样，所有的社会系统(包括自然系统、人造系统、复合系统等)都是由软件和硬件构成的。例如，二胡演奏中，二胡是硬件，乐谱是软件；机械加工系统中，车床、工件、劳动力是硬件，工作方案、工艺流程和管理制度等是软件。不同的是，这里所说的"软件"和"硬件"有其特殊的含义："硬件"是指具有实体性、物质性和直观性的物体，而"软件"则是指非实体的方法、程序、制度、关系、服务等。

"软化"是一种形象的表述，是指社会系统中属于"软件"部分的量所占的比重越来越大，已经或即将超过属于"硬件"部分的过程。

信息产业的软化作用是指信息产业对国民经济结构具有软化作用。当今世界各国国民经济基础结构变化的突出特点是，世界经济模式正由以往的刚性结构逐步向柔性结构转化，即从以生产重、厚、长、大的重型化"硬件"产品为中心的时代，向以高效而智能化的知识生产和信息服务活动为主的"软件"经济结构时代过渡。这种经济结构软化趋势主要表现在：①产业结构软化。其一是软产业在国民经济产业比重中上升，硬产业比重下降；其二是制造业等硬产业经济中，软化的趋势也日益明显。②就业结构软化。就业人口中从事农林和制造业的蓝领工人人数在不断下降，而从事经营管理、研究开发、咨询服务等"软职业"的白领工人所占比例越来越大。③消费结构软化。人们的消费重心正从对商品的多少、大小、轻重等硬性需求转向美观、轻巧和高品质等软性需求，从对物质、能量等硬件商品的单一需求转向物质与精神并重的双重消费。文化娱乐、学习、旅游等精神生活在消费支出中占有越来越大的比重。④投资结构软化。其一是指整个国民经济总投入中对软产业的投资比重不断增加，其二是指投资趋向的软化，即现代经济活动的投资正由大工程、先进设备、基建项目等"硬投入"逐步转向人才、智力、信息、服务等"软投入"方面。⑤贸易结构软化。服务贸易在全球经济贸易中所占的份额越来越大，特别是随着信息商品化向信息市场化发展，信息产品和信息服务的贸易已变得与物质产品的贸易一样重要。此外，还有大量的信息贸易活动隐含在技术转让、设备引进、人才交流等经济活动中。在未来的世界贸易中，信息资源将成为一种重要的贸易对象和贸易手段。

3. 替代作用

在以材料为主要生存环境的第一代人类文明(农业文明)中，人们靠山吃山、靠水吃水，到处寻找适合自己生存的绿洲。

在以能量为主要生存环境的第二代人类文明(工业文明)中，人类不再靠频繁地迁居来适应资源条件，而是利用动力机器，让资源流动起来，造福于人类。但是，工业文明也带来了自然资源的过度开采、能源过度消耗、土地沙化、环境污染等问题，严重地危害了人类的生存环境。

自 20 世纪 80 年代以来，信息产业崛起，解决和将继续解决工业文明时代留下的创伤，因为信息具有明显的替代作用。信息的替代作用主要表现在：①信息对物质资源的替代。信息技术、信息产品和信息服务可以大大节约国民经济活动中各项基本物质资源的消耗，即用信息替代了物质资源。例如，一种新的设计方案可以减少这种产品所使用的物质材料；一种新的加工方式就可以减少能源的消耗。据统计，在 1972—1982 年的 10 年间，发达国家汽车制造企业通过新的设计使每一辆车的重量减少了 450 多千克。②信息对人力资源的替代。信息对人力资源的替代作用，不仅体现在对资源的节约上，还体现在各级各类的管理中，庞大的计算机信息管理系统取代了各种文件传送式的办公方式和各类手工业务操作方式，替代了管理劳务，大大节省了人力并提高了管理的效率。另外，微型计算机、程控生产线和智能机器人的使用，也节约了大量的人力资源。③信息对资本的替代。以智能信用卡等电子货币为载体的银行信用体系，使现代社会的经济活动由货币交换方式变为信息、信用交换方式。电子转账系统把原来的货币流和票据流的资金运动，转变为信息流的运动，大大减少了在途资金，加快了资金的周转，提高了资金的利用率，这等于是用信息替代了资本。④信息对其他资源的替代。以信息通信产业为例，长途电话的广泛使用可以大大减少交通的压力。据调查，在我国的长途电话业务量中，14.4%可替代用户坐飞机出差 1 次，69.6%可替代用户乘车船出差 1 次。

4. 优化作用

信息生产力作为现代生产力的要素，与劳动者、劳动工具和劳动对象共同构成现代生产力的基础。信息产业通过信息生产力的形成，优化生产要素，引导生产要素进行优化配置，促进生产力的有序发展。

在国民经济各产业中，通过信息要素与劳动力要素相结合(如对劳动工具和劳动对象注入信息含量)，可以提高生产力系统的整体水平和使用效率。因为信息的注入，不仅可以增强劳动者的技术熟练程度和技能水平，从而引发技术创新和发明创造，还可以使劳动工具智能化，使劳动对象(信息)获得再生。

在国民经济各产业中，通过信息要素与生产力系统管理者的结合，可以提高社会生产力系统的有序度，从而使生产力诸要素达到优化组合。

7.3 ▶ 信息产业的分类

因人们对信息产业的认识不能统一，所以各国对信息产业的划分和描述也略有差异。

7.3.1 国外的分类方式

美国学者波拉特(M.U.Porat)把信息产业分为两个信息部门，即第一信息部门(primary information section)和第二信息部门(secondary information section)。其中，第一信息部门为市场信息活动部门，指所有在市场上出售信息产品与信息服务的信息行业，包括知识生产和发明性产业(如研发业)、信息流通与传播产业(如广播、电视业)、风险经营与管理产业(如金融、保险业)、市场调查和协调性产业(如广告业)、信息处理与传递服务产业(如电信通信业)、信息产品制造产业(如计算机制造业)、某些政府活动产业(如邮政服务、地方教育)、信息活动的支撑设施产业(如建筑物、办公设施)8 个分支产业；而第二信息部门则非市场信息活动部门，指政府或非信息企业中为内部消费而创造的一切信息服务，包括政府事务管理部门和民间事务管理部门，如图 7-1 所示。

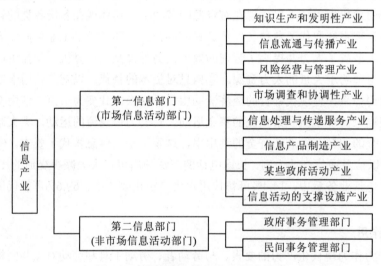

图 7-1 波拉特的信息产业分类体系

美国信息产业协会否定了以计算机技术为核心的分类法，并以信息资源为核心，将信息产业分成八类：广播网、通信网、通信技术、集成技术、信息服务、信息包、软件服务、信息技术。

日本科学技术与经济协会提出的信息产业结构，由 2 个产业群 10 个分支产业构成，如图 7-2 所示。其中，2 个产业群是指信息技术产业和信息商品化产业，而信息技术产业和信息商品化产业又分别包括 3 个分支产业(即机器产业、软件产业和提供信息媒介产业)和 7 个分支产业(即报道产业、出版产业、咨询产业、代理人型产业、教育产业、教养产业和数据库产业)。

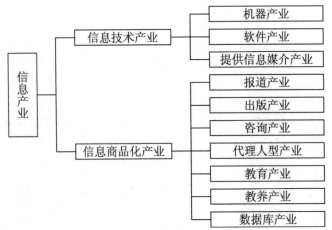

图 7-2　日本的信息产业分类体系

7.3.2　中国的分类方式

我国对信息产业的分类方式也较多，但具有代表性的主要有三种，即信息产业的宏观分类法、信息产业的行业分类法和信息产业的广义分类法。

1. 信息产业的宏观分类法

简单地讲，信息产业的宏观分类法就是将信息产业分为两类：信息工业和信息服务业。其中，信息工业指信息技术设备制造行业，包括计算机设备、网络设备、仪器仪表等制造业；信息服务业是指从事信息服务的行业，包括公益性信息服务业(如图书馆、档案馆、信息/情报中心、广播、电视、新闻、出版等)和产业性信息服务业(如信息咨询业、数据库业、系统集成业、网络服务业、信息监理业、中介服务业、文献信息服务经营实体等)。

本书第 8 章将专门介绍信息服务业管理，且该章的"信息服务业"的含义正是基于该分类法来理解的。

2. 信息产业的行业分类法

从我国国民经济活动的行业分布来看，信息产业应由下述 6 个行业组成。

(1) 信息基础设施业，包括计算机、通信、记录设备制造，广播电视及其他传媒设备制造，信息建筑物建造装修等行业。

(2) 信息生产开发业，包括研究开发、发明创新、数据库开发以及气象、测绘、勘察、计量等行业。

(3) 信息报道分配业，包括新闻报道、广播电视、报纸杂志、出版印刷以及教育等行业。

(4) 信息传播流通业，包括邮政、电信、计算机网络等行业。

(5) 信息提供服务业，包括文献服务、报道服务、检索服务、咨询服务以及网络内容提供服务等行业。

(6) 信息技术服务业，包括软件开发、信息处理、系统集成以及技术培训维护等行业。

3. 信息产业的广义分类法

从广义上看，我国的信息产业大体上可分为 3 个层次，即信息技术部门、信息商品化部门(直接信息部门)和准信息部门(间接信息部门)，如图 7-3 所示。

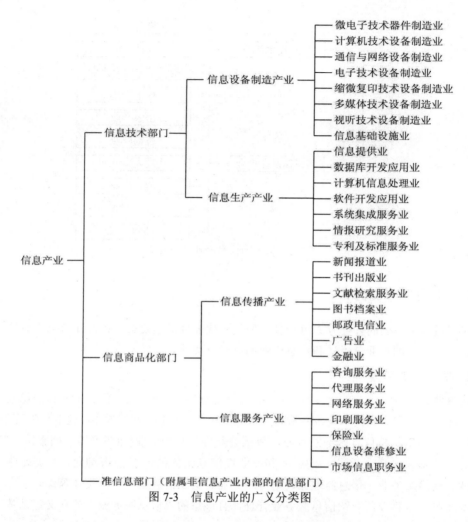

图 7-3　信息产业的广义分类图

在图 7-3 中，信息技术部门是指生产信息产品或提供信息技术服务的部门，包括信息设备制造产业和信息生产产业。其中，信息设备制造产业又包括微电子技术器件制造业、计算机技术设备制造业、通信与网络设备制造业、电子技术设备制造业、缩微复印技术设备制造业、多媒体技术设备制造业、视听技术设备制造业、信息基础设施业等；信息生产产业又包括信息提供业、数据库开发应用业、计算机信息处理业、软件开发应用业、系统集成服务业、情报研究服务业、专利及标准服务业等。

信息商品化部门是指在信息技术部门的支持下，代理社会、企业和家庭生活方面的信息化活动的部门。所谓代理，是指代理社会、企业或家庭进行围绕其主体活动的信息收集、判断与实施。信息商品化部门有两个基本特征：第一，生产活动的成果是信息产品，第二，生产活动的成果作为商品在市场上进行交换。信息商品化部门包括信息传播产业和信息服务产业，其中，信息传播产业包括新闻报道业、书刊出版业、文献检索服务业、图书档案业、邮政电信业、广告业、金融业等；信息服务产业包括咨询服务业、代理服务业、网络服务业、印刷服务业、保险业、信息设备维修业、市场信息职务业等。

准信息部门是相对于信息商品化部门而言的，其生产活动性质及产品用途均与信息商品化部门类似，二者的本质区别在于它们的产品交换形式不同：准信息部门的产品不通过市场进行交换。准信息部门的活动组织形式依附于非信息产业，是非信息产业生产活动的一个环节。

4. 信息产业的其他分类法

《中国信息产业年鉴》(2017 版)将信息产业分为电子信息制造业、软件和信息技术服务业两大类。其中，电子信息制造业分为通信设备、雷达、广播电视设备、电子计算机、家用视听设备、电子器件、电子元器件、电子测量仪器、电子工业专用设备、电子信息机电、其他电子信息行业 11 个行业，共 38 个门类；软件和信息技术服务业分为软件产品、信息技术服务、嵌入式系统 3 个行业，共 20 个门类。

杨宇成在论文"供给侧改革视角下的成都信息产业链发展研究"中把信息产业分为下述五大类：

(1) 底层产业。包括基础元器件、传感器、新型显示器、太阳能光伏、电子材料和其他电子专用设备产业。

(2) 核心产业。主要分为集成电路、计算机、智能硬件、基础软件、工业软件和关键应用软件产业。

(3) 信息基础设施产业。包括通信设备、广播电视设备和网络设备，它们能为信息应用提供基础设施平台。

(4) 信息技术服务和应用产业。包括消费类信息产品、智能终端、信息咨询业、软件服务以及与各行各业相结合的信息服务业。

(5) 新业态。包括大数据、云计算、物联网、VR/AR、人工智能等。

7.4 ▸ 信息产业的产业管理

7.4.1　信息产业的产业管理含义

所谓信息产业的产业管理(以下简称产业管理)，是指为了满足国民经济发展的需求，对信息产业中的产业活动进行计划、组织、协调和控制的社会活动的全过程。

产业管理的主体是各级政府中的信息产业管理部门，包括国家工业和信息化部、各省市的工业和信息化厅(局)；产业管理的客体是信息产业中的各项社会活动，包括信息产业的规模和水平、信息产业的组织结构，信息产业内各行业活动的协调以及信息产业与其他产业之间的关系等；产业管理的任务，就是对内促进信息产业的发展，对外协调信息产业和其他产业之间的关系；完成任务的标准，就是满足国民经济发展的需求，因此产业管理者必须站在国家利益的立场上，支持那些能够满足国民经济发展对信息产业要求的活动。

7.4.2　信息产业的产业管理内容

按照信息产业的产业管理任务，其产业管理工作主要包括信息产业的政策管理、信息产业发展的宏观调控、信息产业的市场监管、信息化的进程推进、信息产业的技术创新和信息企业的运营指导等内容。

1. 信息产业的政策管理

信息产业的政策管理，是指信息产业管理部门通过信息产业政策对产业进行管理。其中，信息产业政策是指信息产业管理者为实现某种经济目标而形成的与信息产业相关联的所有经济制度、法律制度与规范、措施的总和。由于信息产业是由许多企业组成的，企业的运作是该企业管理者的工作，产业管理者不可能去直接指挥企业的各种生产经营活动，而只能通过建立相应的政策法规来规范企业管理者的行为，使企业管理者按照国民经济发展的要求去行动。

信息产业政策不是单个的政策，而是一套较为完整的政策体系。一般情况下，信息产业政策体系大致包括如下一些政策。

(1) 发展政策。包括信息产业的发展方向；发展战略以及战略规划；战略重点规划部署。

(2) 投资政策。包括有关风险投资、交叉融资、引进外资的政策；国家为扶持信息产业发展而采取的优惠贷款、税收、补贴、产业发展基金等政策措施。

(3) 技术政策。包括有关技术创新、技术转让、技术引进政策；有关推动信息产业发展的关键技术选择。

(4) 人才政策。包括信息专业人员的培养、考核、定级机制以及人才流动政策等。

(5) 市场政策。包括信息产品的服务质量、规范与标准；市场交易活动的管理办法；反不正当竞争与制止行业垄断的政策措施。

(6) 国际政策。包括涉及信息产业发展的各种进出口限制，如对国外信息服务提供者的市场准入及其限制措施，对越境数据流的控制等。

(7) 基础设施政策。包括作为社会公共品的信息基础设施建设与发展措施，特别是通信网络等基础设施的统筹建设问题。

(8) 相关法律法规。包括各种相应的信息产业法律和法规，如电信法、信息公开条例、数据保护法、知识产权法、新闻出版法规等。

2. 信息产业发展的宏观调控

信息产业活动是以生产社会化的形式进行的，其生产活动必须进行宏观调控。

在市场经济条件下，企业行为总是要受到利益的驱动，因此某些企业为了追求自身利益的最大化，其行为活动有可能偏离国家利益，这就要求信息产业管理者从整体来协调、控制和约束企业的行为。

3. 信息产业的市场监管

市场调节机制是推动信息产业生产要素流动、促进信息资源优化配置的基本运行机制，对于组织、调控信息产品的生产与流通也是重要的手段。因此，信息产业管理者要大力培育和发展信息市场体系，完善信息交易法规和信息市场管理制度，使市场调节机制在法制的轨道上运行，使信息市场在国家宏观调控下得到规范，逐步地形成有序的信息市场体系。

企业在这样的信息市场体系中，将由于克服行政束缚和行业垄断而获得充分的自主经营权，同时也将承受信息市场竞争的压力而产生新的发展动力。

4. 信息化的进程推进

在信息化过程中，既有信息产业、信息企业的信息化问题，也有非信息产业、非信息企业的信息化的问题，还有国民经济信息化、社会信息化问题。对于前者，自然是信息产业管理任务的组成部分，对于后两者，也是信息产业管理的任务。因此，信息产业肩负着推进各类信息化进程的责任。

5. 信息产业的技术创新

在信息产业管理中，要大力推进产业内各部门科研结构的优化组合和改组转制，在企业建立技术开发中心，或者建立虚拟研发组织，实现技术创新、市场开拓和生产经营一体化。要积极引入高技术风险投资基金的运作方式和机制，为技术创新创造必要的外部环境，坚持"有所为有所不为"的原则，选准突破口，力争在一些重要领域取得新突破。

要促进信息产业的技术创新，信息产业管理者、信息产业的相关企业必须把握下述几点。

(1) 要充分调动各方面的积极性，形成政、产、学、研、用相结合的格局，逐步建立企业主动、市场拉动、环境促动、政府推动的产业化运行机制。

(2) 企业要成为技术成果产业化的主体力量，积极瞄准国内外的现有市场、潜在市场，担负起技术创新的重任。

(3) 科研院所、高等院校的科研成果要以产业化或取得经济效益为目标，把产品化、商品化放在突出的位置，主动将自身建设成为信息产业技术创新的源泉和中心。

(4) 产业技术创新不能闭门造车，要与当前国际信息产业的科技水平接轨，使我国信息技术成为世界信息产业技术体系不可分割的组成部分。

6. 信息企业的运营指导

信息产业管理者既不能代替企业管理者去管理企业，也不能对企业的生产运营不闻不问。对信息企业的生产、经营活动给予具体指导，并帮助企业建立现代企业制度，帮助企业做好各项工作，也是信息产业管理者的根本任务之一。

7.5 ▶ 信息产业的运行

7.5.1 信息产业的运行机制

运行机制是指组织自身运行调节的方式与规律，它直接决定着组织的运行效率。

信息产业的运行机制可用汽车行驶图来形象地描述，如图 7-4 所示。

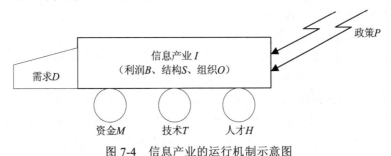

图 7-4 信息产业的运行机制示意图

图 7-4 中，各因素之间的关系可用下列公式表示：

$$I(B,S,O) = f(D,P,M,T,H) \tag{7-1}$$

式(7-1)中，$I(B,S,O)$ 表示衡量信息产业的发展状况和综合水平的三个要素：利润 B(即产业的盈利情况)、产业内部结构 S(即产业的利润率及增长率的稳定情况、创新活动的有序情况)、产业内部组织 O(即产业内部组织协调机制、管理体系等)。$f(D,P,M,T,H)$ 表示影响信息产业发展状况和综合水平的 5 个因素：市场需求(D)是信息产业发展的拉动力，满足更新、更高和更广泛的信息需求永远是信息产业的发展目标；信息产业政策(P)是信息产业发展的重要推动力，科学、合理的信息产业政策将推动信息产业加速前进和发展；资金(M)是信息产业发展的重要保证；信息技术(T)的进步与创新能使信息产业获得更高的运行效率；信息人才(H)在信息产业发展过程中处于十分关键的位置，尤其是负责关键岗位和核心业务的人才，其素质将直接影响信息产业的发展速度和水平。

7.5.2 信息产业的运行效率

效率是指某一系统通过消耗一定的投入而实现某种目标或产出的能力与水平，其实质是对投入与产出的比较与评价。

在经济活动中常常用经济效益来表示：

$$E = V_I - V_O \tag{7-2}$$

式(7-2)中，E 为经济效益，V_I 为产出，V_O 为投入。

信息产业运行效率可借助信息产业经济效益来评价。信息产业的经济效益高，说明其对全社会信息资源的管理水平高，反过来也刺激着信息产业进一步加大对信息资源开发利用的力度，并促使整个经济向信息经济阶段发展。

在具体评价信息产业运行效率时，一般使用经济效益中的利润率。利润率越高，说明信息产业满足消费者信息需求的能力越强，社会的信息资源得到了信息产业较高水平的开发和消费者较大程度的利用，即信息产业具有较高的运行效率。

除了利润率外，还经常使用下述指标对信息产业的运行效率进行评价。

(1) 产业内的企业规模与规模经济。

(2) 产业组织(主要指产业内企业间的竞争)是否适度而具有活力。

(3) 产业对整个社会就业的贡献。

(4) 产业对社会资源存量的开发利用(主要表现为对投资尤其是固定资产投资的吸引力)。

(5) 产业对整个经济增长的贡献。

(6) 产业创新的速度及其扩散的效果。

为了提高信息产业运行效率，必须对上述影响信息产业发展状况和综合水平的 5 个因素(D,P,C,T,H)进行认真分析和研究，并依此制定相关的措施。

(1) 刺激需求。如加强国家信息基础设施建设，促进信息资源开发利用；开展信息技术培训，促进信息技术的普及；通过制定收费上限、补贴政策或免费政策，鼓励全民使用信息设施与资源；实施网络贸易系统，开展电子商务活动，减免网络交易的税收等；大力推进信息化进程，增强产业界、消费者对信息产业及信息社会的认识与信心。

(2) 刺激对信息产业的投资。如在政府政策引导、市场利益驱动的基础上，鼓励全社会的投入，对信息产业在资本市场上的融资行为给予支持和倾斜；在政府信息基础设施建设、公益型机构的网络建设与应用、政策法规的制定和普及宣传方面由政府投入，而在信息基础设施和商用网络的建设上由企业自行投入，从而形成合理而高效的投资分工格局；打破对信息产业的垄断，鼓励有序竞争。

(3) 推进信息技术的进步。如对信息技术研究与开发重点予以资助，引进风险投资机制，加速信息技术的发展和产业化，形成技术与产业之间的良性循环与互动；保护知识产权，严厉打击各种侵害信息技术与信息产业知识产权的行为；建立相应的开发园区和推广中心，为信息技术的开发与推广提供基地等。

(4) 提高信息人才素质。如规范建立信息人才培养机构，并制订科学的教学计划，适时培养既懂技术又懂管理的复合型人才；加强信息产业的人力资源管理，重视信息产业队伍的合理构成，加强员工的再培训。

(5) 政策措施。如建立各种现代企业制度，明晰产权，从根本上增强信息产业的活力。

7.6 ▶ 信息产业与信息化

从传统产品信息化、企业信息化，到国民经济信息化、社会信息化，尽管具体应用部门是企业和政府，但是信息产业因其特殊的地位，也肩负着不可推卸的重要责任。

7.6.1 信息化概述

1. 信息化的定义

信息化(informatization)一词，是日本社会学家梅棹忠夫于 1963 年在其发表的著作《信息产业论》中首次提出的。1967 年，日本政府的一个科学技术与经济研究小组在研究经济发展问题时，对照"工业化"概念，正式提出"信息化"概念，并尝试从经济学角度界定其内涵：信息化是向信息产业高度发达且在产业结构中占优势地位的社会——信息社会前进的动态过程，它反映了由可触摸的物质产品起主导作用向难以捉摸的信息产品起主导作用的根本性改变。尽管现在看来，这一定义并不全面，但它无疑为后来的信息化理论研究及其实践奠定了基础。

由于"信息化"涉及各个领域，是一个外延很广的概念，因而不同领域和行业的研究人员往往站在不同的研究角度，对信息化有不同的理解，致使其内涵的表述不尽一致。

从硬件设备和技术支持的角度，可以将信息化理解为：

(1) 信息化主要是指以计算机技术为核心来生产、获取、处理、存储和利用信息。换句话说，信息化就是计算机化，或者再加上通信化。

(2) 信息化就是要在人类社会的经济、文化和社会生活的各个领域中广泛而普遍地采用信息技术。

(3) 信息化就是通信现代化、计算机化和行为合理性的总称。通信现代化是指社会活动中的信息流动是基于现代化通信技术进行的；计算机化是社会组织内部和组织间信息生产、存储、处理、传递等广泛采用先进计算机技术和设备管理的过程；行为合理性是人类活动按公认的合理准则与规范进行。

从经济角度，可以这样理解信息化：

(1) 信息化是指国民经济发展从以物质和能源为基础向以知识和信息为基础的转变过程，或者说是指国民经济发展的结构框架重心从物理性空间向知识性空间转变的过程。

(2) 信息化在经济学意义上是指由于社会生产力和社会分工的发展，信息部门和信息生产在社会再生产过程中占据越来越重要的地位，发挥越来越重大作用的一种社会经济的变化。

从信息化的社会结果和运动过程，则将其理解为：

(1) 信息化是生产特征转换和产业结构演进的动态过程，这个过程是由以物质生产为主向以知识生产为主转换，由相对低效益的第一、第二产业向相对高效益的第三、第四产业演进。

(2) 信息化是指从事信息获取、传输、处理和提供信息的部门与各部门的信息活动(包括信息的生产、传播和利用)的规模相对扩大，在国民经济和社会发展中的作用相对增大，最终超过农业、工业、服务业的全过程。

(3) 信息化即信息资源(包括知识)的空前普及和空前高效率的开发、加工、传播和利用，人类的体力劳动和智力劳动获得空前的解放。

(4) 信息化是利用信息技术实现比较充分的信息资源共享，以解决社会和经济发展中出现的各种问题。

一般可以认为，信息化是指在人类社会活动中，通过广泛采用信息技术，从而更加有效地开发和利用信息资源、推动经济发展和社会进步的过程。

2. 信息化的层次

信息化的过程是一个渐变的过程，包括由低级到高级的产品信息化、企业信息化、信息产业化—产业信息化、经济信息化和社会信息化 5 个层次，如图 7-5 所示。

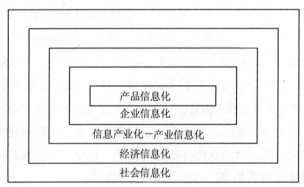

图 7-5　信息化的层次结构图

(1) 产品信息化。产品信息化包括两层含义：其一是产品本身所含信息成分的比重越来越大，物质成分的比例越来越小，产品特征越来越表现出由物质产品向信息产品的转化；其二是产品中增加了越来越多的智能化元器件，提高了产品的信息自处理功能。

(2) 企业信息化。通俗地讲，企业信息化是指企业在产品的设计、生产、营销和企业的组织结构、人员配置、运行管理等各个环节中，十分注意开发和利用信息资源，广泛使用信息技术、信息产品或信息劳务，大力提高企业效益和市场竞争力的过程。

关于企业信息化的其他定义及其相关特征，参见本章第 7.6.2 节。

(3) 信息产业化—产业信息化。信息产业化是指由分散的信息活动演变成整体的信息产业的过程，是社会信息活动逐步走向产业化道路的必经阶段。信息产业化要求以市场需求为导向，将过去分散在传统国民经济三次产业和各行业部门中与信息生产、分配、流通、交换等直接相关的单位和资源进行优化整合，以便把各种类型的信息活动按产业发展要求重新进行组织，从而在微观上形成专门从事信息活动的经济实体，在宏观上形成一个具有相对独立地位的产业——信息产业。信息产业化主要表现为信息产品商品化、信息机构企业化、信息服务产业化。

产业信息化是指在由同类企业(非信息企业)所组成的各个产业部门内,通过大量采用信息技术和充分开发利用信息资源而提高劳动生产率和产业效益的过程。产业信息化不但促进了传统产业的升级换代,使传统产业部门的组织结构、管理体制、经营模式都发生了彻底的变革,而且反过来又使社会信息需求得以极大地扩展,带动了信息产业的发展壮大。产业信息化主要表现为生产过程自动化、经营管理智能化、商业贸易电子化。

信息产业的出现不仅改变了已有的经济结构,而且还为传统产业改造提供了先进的技术设备和信息资源,并在改造传统产业的过程中促使其向扩大信息消费的更高阶段发展。所以,在信息产业化的同时必然出现产业信息化,而且信息产业化和产业信息化是以"互补共进"的方式共同发展的。

(4) 经济信息化。经济信息化是在信息产业化和产业信息化的基础上发展起来的,它是指通过对整个社会生产力系统实施自动化、智能化控制,在社会经济生活和国民经济活动中逐步实现信息化的过程。从发展层次上看,经济信息化是信息产业化和产业信息化的互补共进过程,其结果是传统产业因信息产业的不断渗透而得到改造并向深度发展,信息产业则由于传统产业的支持继续向广度发展,并逐渐成为国民经济第一大产业,最终达到整个国民经济的信息化。经济信息化主要表现为信息经济所创造的价值在国民生产总值中所占的比重逐步上升,直至主导地位。

(5) 社会信息化。社会信息化是信息化的高级阶段,它是指在人类工作、消费、教育、医疗、家庭生活、文化娱乐等一切社会活动领域里实现全面的信息化。社会信息化是以信息产业化和产业信息化为基础、以经济信息化为核心向人类社会活动的各个领域逐步扩展的过程,其最终结果是人类社会生活的全面信息化,主要表现为:信息成为社会活动的战略资源和重要财富;信息技术成为推动社会进步的主导技术;信息人员成为领导社会变革的中坚力量。

7.6.2　信息化工程

根据信息化的层次结构,应该说在其 5 个层面均包含相关的信息化工程,而且有些工程还有可能是跨层面的。在此,仅简要介绍三个具有广泛代表意义的信息化工程,即企业信息化、电子政务和电子商务。

1. 企业信息化

企业信息化是社会信息化建设中的基础信息化工程。实践表明,企业信息化是企业获取竞争优势的根本手段,是企业经济现代化的主要标志,也是企业在市场竞争中充满生机和活力的根本所在。

1) 企业信息化的含义

企业信息化是指企业在生产、流通及服务等各项业务活动中,充分利用现代信息技术、信息资源和环境,通过对信息资源的深化开发和广泛利用,不断提高生产、经营、管理、决策的效率和水平,进而提高企业经济效益和企业竞争力的过程。

就内容而言,企业信息化应包括产品设计的信息化、生产过程的信息化、产品/服务销售的信息化、经营管理信息化、决策信息化以及信息化人才队伍的培养等多个方面。但总体来说，企业信息化的主要内容可概括为下述几个方面。

(1) 人员信息化。人员信息化主要包括下述工作内容。

① 建立企业信息部门和信息主管。企业信息主管(CIO)是全面负责信息技术和系统的企业高级管理人员。其工作职责是：统一管理企业的信息资源；负责管理企业信息技术部门和信息服务部门，制订信息系统建设发展规划；参与高层决策，从信息资源和信息技术的角度提出未来发展方向的建议，保证企业决策符合信息竞争的要求；负责协调信息系统部门与企业其他部门之间的信息沟通和任务协作。企业信息主管一般由懂得信息技术的高级情报人员担任。

② 建立一支专门从事信息工作的人才队伍。

③ 提高全体员工的信息化技能和信息化意识，鼓励全体员工参与信息资源的管理和开发。

④ 制定、实施企业信息化标准规范及规章制度。

(2) 建立企业各类信息系统与信息网络。建立企业各类信息系统与信息网络包括建立企业资源管理系统(MRP-II/ERP)、办公自动化系统(OA)、计算机辅助设计/计算机辅助制造/计算机辅助工艺规划/产品数据管理(CAD/CAM/CAPP/ PDM)系统、生产过程控制及自动化系统(PCAS)等，进而建立企业内部网(Intranet)，并与国际互联网(Internet)相连，以便于企业生产、流通或服务信息系统有效运转并利用信息网络等手段与外界进行商务往来，实现企业的全面信息化。

(3) 开展电子商务与网络经营。在信息系统和信息网络建设的基础上建立企业商务网站，开展网络营销和在线销售，实现企业信息化建设的效益。

就一个具体的企业而言，其信息化内容不可能面面俱到。例如，一个商贸型企业就不必考虑生产过程控制系统。不同的企业可以根据自身的性质、类别、规模、基础等实际情况，有所取舍，有所侧重。

2) 企业信息化的总体技术架构

企业信息化主要包括 5 个层面的技术内容，即基础支持层、业务支持层、决策支持层、信息安全系统以及运行保障系统，并且每个层面上又包括了相关的技术内容(或系统)，其总体技术架构如图 7-6 所示。

(1) 基础支持层。基础设施技术内容如下。

① 软件平台，包括数据库系统、操作系统、中间件系统等。

② 硬件平台，包括综合布线系统、网络通信系统、服务器、计算机终端等。

(2) 业务支持层。业务支持层包括由底层(操作层)到高层(管理层)的下述几个系统。

① 生产过程控制系统(process control system，PCS)，又称制造自动化系统(manufacturing automation system，MAS)。该系统的基本功能就是在工控计算机的控制和调度下，完成设计及管理中指定产品的制造任务，并将制造现场的不同信息，实时地反馈到相关部门。PCS 主要包括生产数据采集、工序监控、设备监控、物料监控、工序排产监控等功能模块。

② 制造执行系统(manufacturing executive system，MES)。MES 是根据 ERP 系统(或手工输入)下达的合同订单，通过质量设计、生产设计、合同归并、合同计划、材料申请、合同跟踪、质量控制直至成品发货等一系列处理过程，对生产进行合理有效的计划、组织、控制和调整，从而使生产经营活动协调有序地进行。MES 主要包括工序详细调度、资源分配和状态管理、生产单元分配、过程管理、劳动力管理、维护管理、质量管理、文档控制、产品跟踪和产品清单管理、性能分析和数据采集等功能模块。

③ 企业资源计划系统(enterprise resource planning，ERP)。ERP 是建立在信息技术基础上，以系统化的管理思想，对企业资源进行科学调配，从而使企业最大化地创造社会财富。ERP 包括计划管理、财务管理、生产管理、销售管理、人事劳资管理、物资管理等模块。

④ 电子商务系统(electronic commerce，EC)。EC 是企业通过电子方式(互联网)进行商务活动，是企业与客户、供应商、合作伙伴的电子连接。EC 包括企业外部网站、客户关系管理、网上交易管理、电子支付管理等功能模块。

⑤ 企业行政事务管理系统或办公自动化系统(office automation，OA)。OA 是改变企业办公模式、提高办公效率的重要系统，包括公文管理、会议管理、短信管理、电子邮件、后勤管理、项目管理等功能模块。

决策支持层	企业经济运行系统	企业经营决策系统	企业领导查询系统	信息安全系统	运行保障系统
业务支持层	企业行政事务管理系统（OA）				
	电子商务系统（EC）				
	企业资源计划系统（ERP）				
	制造执行系统（MES）				
	生产过程控制系统（PCS）				
基础支持层	软件平台（数据库系统、操作系统、中间件系统等）				
	硬件平台（综合布线系统、网络通信系统、服务器、存储器、计算机终端等）				

图 7-6 企业信息化的总体技术架构图

(3) 决策支持层。决策支持层包括下述系统。

① 企业经济运行系统。该系统是以企业经济运行指标体系为基础，通过整合企业内各业务运行系统的数据资源和外部信息，对企业经济运行的状态实施监控，为企业经济运行分析提供依据。该系统包括经济运行指标管理、外部数据采集和管理、经济运行监控、经济运行分析等功能模块。

② 企业经营决策系统。该系统是以企业业务应用系统为基础，对企业各业务应用系统的数据资源和外部信息进行收集、整理和分析，通过对数据进行深层次的分析，把数据转化为知识，为公司的各级决策者提供决策活动所需的有价值的支持信息，实现对企业生产经营决策管理的科学性和实时性。该系统包括联机分析处理、数据挖掘分析等功能。

③ 企业领导查询系统。该系统是以企业内部各业务应用系统为基础，为企业内各级领导提供方便、快捷地反映公司生产、经营和管理状况的实时信息和分析统计信息，帮助各级领导及时、准确、全面地把握公司生产、经营和管理的现状，发现企业运行中存在的问题，为公司发展战略的制定和宏观调控等决策活动提供信息支持。该系统包括业务管理信息查询、经济运行信息查询、查询管理等功能模块。

(4) 信息安全系统。信息安全系统主要包括：

① 安全管理策略及制度。

② 物理和环境安全。

③ 网络和通信安全。

④ 设备和计算安全。

⑤ 软件系统安全。

⑥ 数据信息安全。

(5) 运行保障系统。运行保障系统主要包括：

① 运行管理系统。

② 标准化体系建设。

③ 政策体系。

④ 组织体系。

⑤ 人才培养。

⑥ 资金保障。

⑦ 推进措施。

3) 企业信息化的标志

企业信息化的标志主要体现在下述几个方面。

(1) 观念信息化。信息意识，特别是企业领导信息观念的提高是企业信息化的关键。只有在企业领导、科技人员及全体职工对信息化的重要性有充分认识的前提下，才能广泛利用信息技术开发企业信息资源，推动企业的技术创新工作。

(2) 管理手段信息化。信息化要求用现代信息基础设施和先进的信息技术手段去收集、处理、开发信息，运用网络技术、通信技术、数据库技术和智能信息工具等手段进行信息活动，实现信息网络化，以及开展网络商务活动(如网络营销、电子商务等)。

(3) 企业决策信息化。利用信息手段，及时、准确、全面地收集和掌握市场信息资源及相关的竞争情报，并依此进行科学合理的技术、管理创新决策，是企业在瞬息万变、纷繁复杂的市场竞争中抓住发展机遇、赢得竞争的法宝。

(4) 信息加工处理深度化。将收集到的市场信息与相关的竞争情报进行认真的分析研究，用发展、创新的思维进行深度加工处理，提供市场发展动态、产品创新与需求预测、技术发展趋势、新技术新成果等重要信息资料，作为企业决策者、产品开发者、市场产品营销和市场服务人员及时调整创新方案、市场对策的依据，实现企业通过信息化推动技术创新的目的。

(5) 组织管理信息化。信息化管理优化的目标是"及时、准确、适用、完整、经济"，使信息快速产生应有的经济效益、社会效益。加强信息化的管理是信息化建设中的一个重要方面，建立完善的信息管理结构及各种管理规章制度，采用现代化的信息技术，保证信息传递过程的高效率，做到信息收集不遗漏、信息处理不混乱、信息反馈不耽误。

2. 电子政务

电子政务是经济信息化和社会信息化的重要内容，是一项跨层面的信息化工程，是信息化的龙头工程，更是当前和今后一段时期我国信息化工作的重点。

1) 电子政务的含义

电子政务是指政府机关采用现代信息技术，开发应用信息资源，调动人力资源信息潜能，建立与之相适应的组织模式、管理方式和工作流程，推进政务管理现代化建设，并为公众提供贴近式优质服务的过程。

电子政务是一项覆盖各级政府部门的大型复杂的系统工程，其实现以信息技术为基础。它是一个基于先进的计算机技术和网络通信技术构建成的一个高质量、高效率、智能化办公系统。它通过大型数据库、文档数据库、电子邮件、远程通信以及 Internet 技术来实现本单位与上/下级单位之间的公文运转、信息交流和信息共享，快速有效地接收各种上级机关的文件、下级单位的上报信息，组织、协调电子政务系统内的各种信息，使社会公众能够方便、快捷地获取所需信息。

2) 电子政务的总体技术架构

电子政务主要包括 5 个层面的技术内容，即基础设施层、支撑平台层、应用系统层、信息安全体系以及运行保障体系，其总体技术架构如图 7-7 所示。

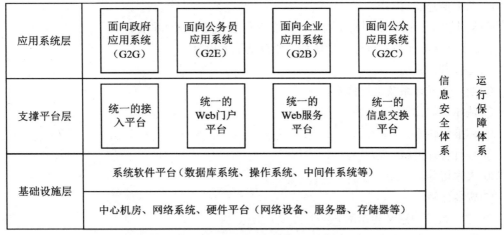

图 7-7　电子政务的总体技术架构图

(1) 基础设施层。基础设施层的技术内容包括：

①信息服务中心机房。

②网络系统。

③硬件平台，包括网络设备、服务器、存储器、计算机及外设等。

④系统软件平台，包括数据库系统、操作系统、中间件系统等。

(2) 支撑平台层。支撑平台层的技术内容如下。

① 统一的接入平台，为 GSM/GPRS，Internet，PSTN 和 CDMA 等多种接入用户提供一站式服务接入。

② 统一的 Web 门户平台，为接入用户提供统一的应用服务访问界面。

③ 统一的 Web 服务平台，为接入用户提供各种应用服务。

④ 统一的信息交换平台，为政府各个部门的业务网提供了统一的业务数据交换功能。

(3) 应用系统层。应用系统层包括以下四个"面向服务"。

① 面向政府应用系统(government to government，G2G)。主要指政府部门内部的应用系统，如办公自动化系统、决策支持系统、协同工作系统等。

② 面向公务员应用系统(government to employee，G2E)。主要指政府为其公务员提供服务的应用系统，如人事管理系统、人才培训系统等。

③ 面向企业应用系统(government to business，G2B)。主要指政府为企业提供服务的应用

系统，如电子工商行政管理系统、电子税务系统、电子采购系统、有关"金"字工程等。

④ 面向公众应用系统(government to citizen，G2C)。主要指政府为社会公众提供服务的应用系统，如网站、一站式服务系统、社会保障系统等。

(4) 信息安全体系。与企业信息化类似，电子政务的信息安全体系也包括下述技术内容。

① 安全管理策略及制度。

② 物理和环境安全。

③ 网络和通信安全。

④ 设备和计算安全。

⑤ 软件系统安全。

⑥ 数据信息安全。

但从其技术层面和应用角度而言，比企业信息化更加深入和宽广。

(5) 运行保障体系。运行保障体系主要包括下述内容。

① 运行管理系统。

② 统一领导体系及组织体系。

③ 法律法规体系。

④ 标准化体系。

⑤ 项目管理措施。

⑥ 人才培养。

⑦ 资金保障。

3) 电子政务的意义和作用

一般而言，政府主要有四大职能：经济调节、市场监管、社会管理和公共服务。因此，电子政务就是要实现政府这四大职能的电子化和网络化，提高政府部门依法行政的水平，这正是电子政务的意义和作用所在。

(1) 电子政务能有效地完善政府的经济调节职能。政府是现代化经济发展不可缺少的管理部门。在市场经济条件下，政府不再直接干预企业的经济活动，而是主要依靠宏观调控手段进行经济调节。宏观调控是指政府通过调节社会总供给和总需求，保持经济总量平衡、促进经济健康发展的行为。因此，政府对市场经济发展过程中出现缺陷的校正和调控，必须建立在掌握充分信息的基础上，同时还必须具有现代化的调控手段。

电子政务能有效地完善政府的经济调节职能，主要表现在以下几个方面。

① 电子政务有利于提高政府的经济调控效率和水平。依靠电子政务系统，政府可以建立政府组织之间、政府与企业、政府与社会公众之间便利的网络沟通以及快捷的反馈机制，从而极大地提高政府对市场信号变化的反应能力，提高政府的经济调控效率和水平。

② 电子政务有利于提高政府经济调节决策的科学化水平。电子政务的建立和发展，为政府经济调节的决策科学化提供了有力的工具。通过建立面向领导层的决策支持系统，使得经济决策所需的信息能够快速准确地采集、检索和分析，避免了依靠经验或者信息不完全导致的盲目决策，提高了政府决策的科学化水平。

③ 电子政务建设有利于拉动内需。电子政务的建设可以创造商机，拉动内需，促进信息产业的发展。而信息产业的发展又可以带动与之相关产业群的发展，形成新的经济增长点或消费热点，拉动内需。仅以 IT 设备及软件的政府采购为例，电子政务建设中的 IT 产品采购

量以每年 30%以上的速度在增长；预计未来几年内，政府部门对办公自动化硬件设备、路由器、交换机等基础网络设备仍有很大的需求；对平台软件、网络安全软件、应用软件等软件产品也有相当大的需求。

(2) 电子政务能有效地完善政府的市场监管职能。政府的市场监管职能，是指政府通过法律、法规对各类市场交易行为进行监督管理的一系列活动。市场监管的主要目的是通过对各类市场交易中市场主体的资格认证、交易行为和秩序的规范与约束、交易权益的保护等监督管理，维护公平竞争的市场秩序、提高市场竞争的效率。

加强政府市场监管的有效性，主要体现在制定市场交易行为规范、开展监督检查、纠正违法违规行为、维护市场主体合法权益等环节。市场监管的重点是市场交易活动中的市场准入、公平竞争和维权。

在市场监管的过程中，实现以信息管理为核心的监管方式是必然趋势。我国政府通过实施"金关""金税""金信"等电子政务工程，对于完善政府的市场监管职能起到了至关重要的作用。

(3) 电子政务能有效地完善政府的社会管理职能。政府的社会管理职能就是政府为推动社会进步所建立公正、安全、文明、健康的社会发展环境，以及针对各类社会公共事业所进行的管理活动。

电子政务的实施使政府对社会的管理、沟通更加方便。各种证件(包括入户籍、身份证、护照、驾照、结婚证等)的办理、重要的通知(如入学通知、迁址申报与通知)发布以及社会安全与福利、个人应向政府缴纳的各种税款和费用等都可以通过网络完成，从而方便了社会公众，强化了政府社会管理职能。另外，利用电子政务系统还可以实现政府与社会的良性互动，使社会公众参政议政的机会大大增加。

(4) 电子政务能有效地完善政府的公共服务职能。电子政务对政府效能的提高集中体现在管理能力、决策能力、应急处理能力和公共服务能力的提高上。电子政务建设给企业和社会公众带来的最大好处，就是政府的服务效率和质量都明显提高了。电子政务的服务模式正在朝着"一窗式""跨机关""24 小时""自助式""永远在线""最多跑一次"的方向发展。

总之，电子政务的实施，将使政府的政务工作更有效、更精简、更公开、更透明，使政府更好地为企业、公众提供服务，进而使政府、企业、社会公众间的关系更加和谐、协调。

3. 电子商务

1) 电子商务的含义

狭义而言，电子商务是指在互联网上用保密方式进行的商务活动，也称电子交易(E-commerce)；广义上讲，电子商务是指所有企业和个人均可参与的，在以信息高速公路为前提的安全可靠的网络基础设施上进行的商务活动，也称为电子商业(E-business)。一般来说，电子商务是指利用网络环境进行的一切商务活动，包括生产活动、营销活动、流通活动以及服务活动等。

电子商务的主要模式包括企业对企业电子商务(B2B)、企业对政府电子商务(B2G)、企业对消费者电子商务(B2C)、政府对消费者电子商务(G2C)、消费者对消费者电子商务(C2C)。

2) 电子商务的总体架构

电子商务的总体架构如图 7-8 所示。

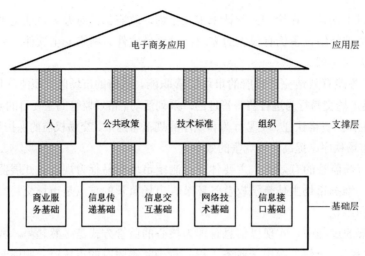

图 7-8　电子商务的总体架构图

(1) 应用层：1 间房屋。

应用层主要是电子商务应用，包括电子证券、电子银行、电子采购、网络营销、网络广告、虚拟购物、虚拟旅游、网上拍卖、在线出版等。

(2) 支撑层：4 根支柱。

① 人。包括买家、卖家、中间商、服务商、信息系统人员以及管理人员等。

② 公共政策。包括税收政策、法律法规、隐私政策等。

③ 技术标准。包括文件格式标准、安全标准、网络协议、支付协议。

④ 组织。包括交易伙伴、竞争对手、各种协会组织、政府机构等。

(3) 基础层：5 个地基。

① 商业服务基础结构。包括智能卡的安全与认证、电子支付、电子目录等。

② 信息传递基础结构。包括电子数据交换、电子邮件、超文本传输协议等。

③ 信息交互基础结构。包括超文本标记语言、Java 语言、万维网、虚拟建模标记语言等。

④ 网络技术基础结构。包括电信网络、有线电视网络、移动网络、互联网、增值网、广域网、局域网、企业内部网、企业外部网等。

⑤ 信息接口基础结构。包括数据库接口、用户接口、应用程序接口等。

3) 电子商务对经济社会的作用

电子商务作为一种特殊的商务活动，对经济社会的影响是革命性的。具体而言，它对经济社会的作用主要包括以下四方面。

(1) 改变了传统的商务活动方式。生产者和消费者均通过互联网开展采购、销售、配送、结算等活动，减少了许多不必要的中间环节，缩短了生产与消费的空间路径、时间路径以及人际路径。

(2) 改变了企业的管理模式。消费者可通过网络来展示自己的特殊化、个性化需求，促使生产企业为了取悦客户、获得更多的订单，不断地完善营销方式(如"网络营销")、改造流通环节(如"虚拟商场")，甚至改变生产组织方式(如"零库存")。

(3) 产生了全新的金融服务模式。网上银行、银行卡支付网络、银行电子支付系统以及电子支票、电子现金等新型服务，将传统的金融业带入一个全新的服务模式。

(4) 改变了政府管理的行为方式。在电子商务时代,对政府管理行为也提出新的要求,电子政府或称网上政府将成为一个重要的社会角色,网上完税、网上招标等商务活动也将普及。

7.6.3　信息化水平测度方法

信息化水平测度是对一个组织(如国家、地区或企业)的信息化水平进行度量,以便更好地实施信息化建设。

对信息化水平的测度方法开展研究,主要有两个目的:其一是利用它来评价一个组织(可以是一个国家、一个地区甚至一个企业)的信息化的发展程度,诊断该组织在其信息化发展过程中存在的问题;其二是用它来定量分析该组织信息化的正确发展方向和目标。

下面简要介绍国外常用的信息化水平测度方法、中国国家信息化水平评价方法、企业信息化水平评价方法。

1. 国外常用的信息化水平测度方法

目前,国外的信息化水平测度方法较多,其中具有代表性的方法有美国的波拉特信息经济法、日本的小松信息化指数法以及美国的 IDC 信息社会指数法。

1) 波拉特信息经济法

该方法的基本思想是:首先将整个经济划分为农业、工业、服务业和信息业四大产业;其次按照图 7-1 的波拉特信息产业分类体系将信息部门从国民经济各部门中逐个识别出来,并将信息部门分为一级信息部门和二级信息部门并测量其规模;最后利用两个指标(即信息部门增加值占国民生产总值的比重、信息部门就业人数占总就业人数的比重)来度量信息化水平。

2) 小松信息化指数法

小松信息化指数法包括社会信息化指数法和产业信息化指数法两种。

(1) 社会信息化指数法。该方法的基本思想是:从邮政、电信、广播、电视以及新闻出版等行业中抽取出 4 个一级指标和 11 项二级指标(见表 7-1),并按相关算法得到每项二级指标的指数,然后再基于一级指标按一定的加权规则得出信息化指数,并以此来度量信息化水平。

表 7-1　社会信息化指数

一 级 指 标	二 级 指 标
信息量	(1) 每人发信数/年
	(2) 每人通话次数/年
	(3) 每百人报纸发行数/天
	(4) 每万人一年内书籍发行网点数
	(5) 每平方千米人口密度
信息装备率	(6) 电话机人数/百人
	(7) 电视机数/百人
	(8) 计算机数/万人
通信主题水平	(9) 第三产业就业人数占全部就业人数的百分比
	(10) 在校大学生数/百人
信息系数	(11) 个人消费支出中,非商品支出与商品支出和非商品支出之和的比率

(2) 产业信息化指数法。该方法的基本思想是：用包括三个指标(硬件装备率、软件装备率和通信能力装备率)的产业信息化指数来度量信息化水平。其中，硬件装备率是指相应产业中人均占有多少金额的硬件，软件装备率是指相应产业中 5 年内软件的人均投资额，通信能力装备率是指相应产业中人均占有的线路容量。

上述三个指标的计算公式分别为

硬件装备率(金额/人) = 相应产业所有计算机设备金额/相应产业就业人口

软件装备率(金额/人) = 相应产业 5 年内软件费用合计金额/相应产业就业人口

通信能力装备率(人均 b/s) = 相应产业线路容量/相应产业就业人口

3) IDC 信息社会指数法

IDC 方法类似于小松信息化指数法的社会信息化指数法，只是具体指标不同而已，如表 7-2 所示。

表 7-2　IDC 信息社会指标

一 级 指 标	二 级 指 标
信息基础设施	有线/卫星覆盖率
	移动电话拥有量
	传真机拥有量
	本地电话花费数
	电视拥有量
	收音机拥有量
	电话出错率
	电话线数
计算机基础设施	软硬件费用比
	PC 机联网比例
	教育用 PC 机数
	政府/社区用 PC 机数
	家庭用 PC 机数
社会基础结构	公民自由
	新闻出版自由
	报纸发行量
	高等教育人数比重
	中等教育人数比重
因特网基础结构	电子商务
	因特网主机数
	因特网供应商
	因特网家庭用户
	因特网商务用户

2. 中国国家信息化水平评价方法

根据国家信息化工作领导小组关于"建立全国统一的信息化指标体系"的要求，2001 年 7 月 29 日，原信息产业部召开国家信息化指标工作会议，发布了《国家信息化指标构成方案》。

1) 国家信息化指标构成

国家信息化指标由 20 项指标组成，如表 7-3 所示。

表 7-3　中国国家信息化指标体系表

序号	指标名称	指标解释	指标单位
1	每千人广播电视播出时间	目前,传统声、视信息资源仍占较大比重,用此指标测度传统声频、视频信息资源	小时/千人(总人口)
2	人均带宽拥有量	带宽是光缆长度基础上通信基础设施实际通信能力的体现,用此指标测度实际通信能力	千比特/人(总人口)
3	人均电话通话次数	话音业务是信息服务的一部分,通过这个指标测度电话主线使用率,反映信息应用程度	通话总次数/人(总人口)
4	长途光缆长度	用来测度带宽,是描述通信基础设施规模最通常使用的指标	芯长公里
5	微波占有信道数	目前微波通信已经呈明显下降趋势,用这个指标反映传统带宽资源	波道公里
6	卫星站点数	由于我国幅员广阔,卫星通信占有一定地位	卫星站点
7	每百人拥有电话主线数	目前,固定通信网络规模决定了话音业务规模,用这个指标反映主线普及率(含移动电话数)	主线总数/百人(总人口)
8	每千人有线电视台数	有线电视网络可以用作综合信息传输,用这个指标测度有线电视的普及率	有线电视台数/千人(总人口)
9	每百万人互联网用户数	用来测度互联网的使用人数,反映互联网的发展状况	互联网用户人数/百万人(总人口)
10	每千人拥有计算机数	反映计算机的普及程度,计算机指全社会拥有的全部计算机,包括单位和个人拥有的大型机、中型机、小型机、PC 机	计算机拥有数/千人(总人口)
11	每百户人拥有电视机数	包括彩色电视机和黑白电视机,反映传统信息设施	电视机数/百户(总家庭数)
12	网络资源数据库总容量	各地区网络数据库总量及总记录数、各类内容(学科)网络数据库及总记录数构成,反映信息资源状况	吉(G)比特
13	电子商务交易额	指通过计算机网络进行的所有交易活动(包括企业对企业,企业对个人,企业对政府等交易)的总成交额,反应信息技术应用水平	亿元
14	企业信息技术类固定投资占同期固定资产投资的比重	企业信息技术类投资指企业软件,硬件,网络建设、维护与升级及其他相关投资,反映信息技术应用水平	百分比
15	信息产业增加值占 GDP 比重	信息产业增加值主要指电子、邮电、广电、信息服务业等产业的增加值,反映信息产业的地位和作用	百分比
16	信息产业对 GDP 增长的直接贡献率	该指标的计算为:信息产业增加值中当年新增部分与 GDP 中当年新增部分之比,反映信息产业对国家整体经济的贡献	百分比
17	信息产业研究与开发经费支出占全国研究与开发经费支出总额的比重	该指标主要反映国家对信息产业的发展政策。从国家对信息产业研发经费的支持程度反映国家发展信息产业的政策力度	百分比

(续表)

序号	指标名称	指标解释	指标单位
18	信息产业基础设施建设投资占全国基础设施建设投资比重	全国基础设施投资指能源、交通、邮电、水利等国家基础设施的全部投资,从国家对信息产业基础设施建设投资的支持程度反映国家发展信息产业的政策力度	百分比
19	每千人中大学毕业生比重	反映信息主体水平	拥有大专毕业文凭数/千人(总人口)
20	信息指数	指个人消费中除去衣食住外杂费的比率,反映信息消费能力	百分比

2) 国家信息化指标的意义

建立全国统一的信息化指标体系,对于科学评价国家及地区信息化水平,正确指导各地信息化发展都具有重要意义。

世界信息化的迅速发展,不仅对各国经济发展产生了深远的影响,而且对信息化的理论研究提出了新的要求,特别是信息化发展水平分析方法的研究显得尤为重要。采用定量分析方法对国家和地区信息化发展水平进行测算,可以从数量上揭示不同国家和地区信息化发展的状况,以及同一国家和地区不同时期信息化发展的程度,从统计规律角度总结信息化发展的一般规律和趋势,为进一步的理论和政策分析创造基础条件。

通过对信息化指标的统计分析,定量地衡量国际及各地区的信息化发展程度,可以提高政府推进信息化建设决策的科学性和准确性,使宏观决策部门和行业管理部门能够有效地指导和促进信息化建设工作,为研究制订信息化经济和社会发展计划提供量化、科学的依据,进而推动国家和地区的经济、社会发展。

3. 企业信息化水平评价方法

国家信息化测评中心于 2002 年 7 月 26 发布了《中国企业信息化指标体系》。该指标体系能够较为科学和客观地评价中国企业信息化水平,并引导企业在有效益、务实、统筹规划的基础上实施企业信息化工程。

1) 企业信息化指标体系的设计原则

企业信息化指标体系的设计遵循目的性、简约性、可操作性和可延续性四大原则。

(1) 目的性原则。企业信息化指标体系的设计,从"以信息化带动工业化"的战略任务出发,旨在引导企业信息化建立在有效益、务实、统筹规划的基础上。指标体系为政府了解企业信息化应用情况和进行相关决策服务,为企业提高信息化水平服务,从领导、战略、应用、效益、人力资源、信息安全等多个方面,引导中国企业信息化健康发展。

(2) 简约性原则。尽量选取较少的指标反映较全面的情况,为此,所选指标要具有一定的综合性,指标之间的逻辑关联要强。

(3) 可操作性原则。所选取的指标应该尽量与企业现有数据衔接,必要的新指标应定义明确,便于数据采集。

(4) 可延续性原则。所设计的指标体系不仅可在时间上延续,而且可以在内容上拓展。

2) 企业信息化基本指标

企业信息化基本指标包括了 7 个一级指标和 21 个二级指标,如表7-4 所示。

表 7-4 企业信息化指标体系表

序号	一级指标	二级指标	指标解释	指标数据构成
1	战略地位	信息化重视度/分	反映企业对信息化的重视程度和信息化战略落实情况	企业信息化工作最高领导者的地位；首席信息官(CIO)职位的级别设置；信息化规划和预算的制定情况
2	基础建设	信息化投入总额占固定资产投资比重/%	反映企业对信息化的投入力度	软件、硬件、网络、信息化人力资源、通信设备等投入
3		每百人计算机拥有量/台	反映信息化基础设施状况	大、中、小型机；服务器；工作站；PC 机
4		网络性能水平/分	反映信息化基础设施状况	企业网络的出口带宽
5		计算机联网率/%	反映信息化协同应用的条件	接入企业内部网的计算机数量的比例
6	应用状况	信息采集的信息化手段覆盖率/分	反映企业有效获取外部信息的能力	采集政策法规、市场、销售、技术、管理、人力资源信息时信息化手段的应用状况
7		办公自动化系统应用程度/分	反映企业在网络应用基础上办公自动化状况	是否实现了日程安排、发文管理、会议管理、信息发布、业务讨论、电子邮件、信息流程的跟踪与监控等
8		决策信息化水平/分	信息技术对重大决策的支持水平	是否有数据分析处理系统，方案优选系统、人工智能专家系统等
9		核心业务流程信息化水平	核心业务流程信息化的深广度	主要业务流程的覆盖面及质量水平
10		企业门户网站建设水平/分	反映企业资源整合状况	服务对象覆盖的范围、可提供的服务内容
11		网络营销应用率/%	反映企业经营信息化水平	网上采购率、网上销售率
12		管理信息化的应用水平/分	反映信息资源的管理与利用状况	管理信息化应用覆盖率及数据整合水平
13	人力资源	人力资源指数/分	反映企业实现信息化的总体人力资源条件	大专学历以上的员工占员工总数的比例
14		信息化技能普及率/分	反映人力资源的信息化应用能力	掌握专业 IT 应用技术的员工的比例；非专业 IT 人员的信息化培训覆盖率

(续表)

序号	一级指标	二级指标	指标解释	指标数据构成
15	人力资源	学习的电子化水平/分	反映企业的学习能力和文化的转变	电子化学习的员工覆盖率;电子化学习中可供选择的学习领域的覆盖率
16	安全	用于信息安全的费用占全部信息化投入的比例/%	反映企业信息化安全水平	用于信息安全的费用包含软件、硬件、培训、人力资源支出
17		信息化安全措施应用率/分	反映企业信息化安全水平	信息备份、防非法侵入、防病毒、信息安全制度与安全意识培养等措施的应用状况
18	效益指数	库存资金占用率/%	反映企业信息化效益状况	库存平均占用的资金与全部流动资金的比例
19		资金运转效率/(次/年)	反映企业信息化效益状况	企业流动资金每年的周转次数
20		企业财务决算速度/天	反映企业信息化响应水平	从决算指令的发出到完成一次完整的虚拟财务决算所需的最短时间
21		增长指数	反映企业绩效	销售收入增长率、利润增长率

3) 企业信息化基本指标计算方法

企业信息化的 21 项基本指标的计算方法分别如下。

(1) 信息化重视度/分。

① 企业信息化工作最高领导者的地位:最高领导者是一把手,得 100 分;是二把手,得 70 分;是第三把手,得 50 分;是中层部门领导得 30 分。

② 首席信息官(CIO)职位的级别设置:a)正式设置 CIO 职位,得 50 分,否则得 0 分;b) CIO 的职位级别处于企业最高层,得 50 分,处于中层,得 25 分。

该要素项的汇总分是:若 a)项得 0 分,则得分为 0;否则,将 a)和 b)的得分相加。

③ 信息化规划和预算的制定情况:a)单列信息化规划,得 50 分,分散在总体规划中,得 25 分,无成文的信息化规划,得 0 分;b)单列信息化预算,得 50 分,分散在总体预算中,得 25 分,无成文的信息化预算,得 0 分。

该要素项的汇总分是:将 a)和 b)得分相加。

本指标总分为:①、②、③的得分相加除以 3。

(2) 信息化投入总额占固定资产投资比重/%。信息化投入总额的计算口径包含软件、硬件、网络、信息化培训、聘用专业 IT 技术人员发生的直接费用、通信设备、维护费用投入。本指标的得分由以下公式计算(总分最高为 100 分):

$$\frac{近 3 年平均每年本企业信息化投入总额占固定资产投入的比重}{50\%} \times 100$$

若企业成立时间少于 3 年的,可以按照实际成立时间计算。

(3) 每百人计算机拥有量/台。计算机拥有量的计算口径为:能够正常运转的大、中、小型机以及服务器和工作站，并包括主频在 75MHz(含)以上的 PC 机。本指标得分由以下公式计算(总分最高为 100 分)：

$$\frac{\text{本企业拥有的能够正常运转的计算机总数}}{\text{员工总数}} \times 100$$

(4) 网络性能水平/分。企业网络的出口带宽小于 128K(含)得 30 分，在 128K 和 512K(含)之间得 50 分，在 512K 和 2M(含)之间得 70 分，在 2M 和 10M(含)之间得 80 分，在 10M 和 100M(含)之间得 90 分，在 100M 以上得 100 分。

通过调制解调器和普通电话上网，带宽在 128KB(含)以下，即使可以同时开辟多个连接通道，得分依然按 30 分计。

(5) 计算机联网率/%。计算机的统计口径与指标(3)相同。本指标得分由以下公式计算：

$$\frac{\text{接入本企业内部网的计算机总量}}{\text{本企业拥有的能够正常运转的计算机总量}} \times 100\%$$

(6) 信息采集的信息化手段覆盖率/分。企业在进行政策法规、市场、销售、技术、管理、人力资源等 6 个领域的信息采集时，信息化手段占有重要的位置，每覆盖一个领域得 16 分，全部覆盖，得 100 分。

(7) 办公自动化系统应用程度/分。本指标计分方法为：如果没有建立基于 Intranet/Extranet 的企业网，得 0 分；在具备基于 Intranet/Extranet 的企业网的基础上，实现信息流程的跟踪与监控的得 5 分，实现面向外部的电子公文交换的得 5 分，每实现一个其他功能(见下列举)得 1 分，总分乘以 3.85，满分为 100 分。

其他功能包括文档共享、收文管理、发文管理、会议管理、签报管理、周报(月报)管理、信息集成、信息发布、业务讨论、电子邮件、个人数据管理、档案管理、人力资源管理、固定资产管理、日程安排、决策支持(具备数据库、模型库和方法库)等。

(8) 决策信息化水平/分。本指标为定性考核指标，初级水平为 50 分，中级水平为 80 分，高级水平为 100 分。其中，初级水平是指通过信息资源的开发利用，能为企业决策提供初步支持；中级水平是指能开展数据分析处理，对各种决策方案进行优选，为企业决策提供有力的辅助支持；高级水平是指采用人工智能专家系统，进入管理决策智能化。

(9) 核心业务流程信息化水平。本指标为综合考核指标，初级水平为 50 分，中级水平为 80 分，高级水平为 100 分。其中，初级水平是指信息化覆盖部分主要业务流程，业务流程自身及业务流程之间的信息流通不畅，在主要业务流程方面存在比较严重的信息孤岛现象；中级水平是指信息化覆盖 80%以上的主要业务流程，并能实现及时充分的数据共享；高级水平是指主要业务流程全部实现最优控制。

(10) 企业门户网站建设水平/分。本指标包括两个要素：①对有关服务对象覆盖一个得 1 分，总分乘以 7.2，满分 50 分，这些服务对象包括企业员工、招聘对象、管理者、决策者、最终客户、供应商、其他合作伙伴；②对有关服务功能覆盖一个得 1 分，总分乘以 6.25，满分 50 分，这些服务功能包括信息发布、网上采购、网上销售、客户网上自助服务、员工入口、移动商务、消息自动传送、业务报警功能。

本指标总分为上述两个要素分之和。

(11) 网络营销应用率/%。经电子商务产生的销售额/采购额占总销售额/采购额的比例。

若以下两点满足其一，则认为是经电子商务产生的销售额/采购额。

① 线上沟通并达成交易。

② 采取在线支付方式。

网上销售率和采购率按下述公式分别为

$$网上销售率 = \frac{当年电子商务产生的销售额}{全年总销售额} \times 100\%$$

$$网上采购率 = \frac{当年电子商务产生的采购额}{全年总采购额} \times 100\%$$

本指标得分=网上采购率×50 + 网上销售率×50

(12) 管理信息化的应用水平/分。本指标包括两个要素：①管理信息化的应用覆盖率，计分方法为覆盖 1 项加 1 分，结果乘以 6.25，管理信息化的应用领域包括财务管理、购销存管理、生产制造管理、分销管理、客户关系管理、人力资源管理、商业智能、电子商务等；②管理信息化的数据整合水平，计分方法为有关系数据库中，若有 2 个实现共享为 2 分，3 个实现共享为 3 分，依此类推；结果乘以 6.25。这些数据库包括财务、购销存、生产制造、分销、客户关系、人力资源管理、商业智能、电子商务等。

本指标总分为①和②的分数相加。

(13) 人力资源指数/分，计算公式如下：

指标分值=有大专(含)以上学历的员工数占员工总数的百分比×100

(14) 信息化技能普及率/分。本指标包括两个要素：①掌握专业 IT 应用技术的员工的比例，指掌握专业 IT 技术的员工占全部正式员工的比例。计分方法：该比例大于 15%，得 35 分；10%～15%，得 28 分；5%～10%，得 24 分；3%～5%，得 17 分；1%～3%，得 10 分；1%以下，得 5 分；②管理层非专业 IT 人员的信息化培训覆盖率，统计口径为管理层包含高层管理者、中层管理者和基层管理者，需接受过 2 小时以上的正式培训，方可进入培训覆盖的范围。计分方法为管理层非专业 IT 人员的信息化培训覆盖率(%)×65。

本指标总分为以上两要素分值之和。

(15) 学习的电子化水平/分。本指标包括两个要素。

① 电子化学习的员工覆盖率，计分方法如下：

$$员工覆盖率 = \frac{正式参与企业组织的电子化学习项目的员工数量}{企业全部员工数量} \times 100\%$$

② 电子化学习中，可供选择的相关学习领域的覆盖率，计分方法为各选项有 1 项加 1 分，总分乘以 7.2，满分 50 分。这些选项包括管理、营销、财务、企业文化等，生产及工作技术、技能、规章制度等。

本指标总分为以上两要素分值之和。

(16) 用于信息安全的费用占全部信息化投入的比例(%)。计算口径如下：用于信息安全的费用包含安全软件、安全硬件、信息安全培训、信息安全人力资源支出。

指标分值计算方法如下：该比例大于 30%，得 100 分；20%～30%，得 90 分；15%～20%，得 80 分；10%～15%，得 70 分；5%～10%，得 50 分；5%以下，得 20 分。

(17) 信息化安全措施应用率/分。本指标计分方法如下：重视员工安全意识的培养及制定严格的员工信息安全制度，得 2 分，每采取一个相关安全措施，加 1 分，结果乘以 7.6，满分 100 分。

这些安全措施包括本地实时备份、本地定时备份、异地实时备份、异地定时备份、拥有 2 个(含)以上的 ISP、安装了防火墙、安装了企业级杀毒软件并严格按照供应商要求按时升级、全面安装了单机版杀毒软件并严格按照供应商要求按时升级、安装了邮件加密系统、建立了虚拟专用网、网络流量相关的设备(如档案服务器、网络服务器、防火墙等)有备份。

(18) 库存资金占用率/%。数据采集的跨度不得超过 3 年。

先按下式计算库存资金占用率：

$$库存资金占用率 = \frac{库存平均占用的资金}{全部流动资金} \times 100\%$$

再按下式计算实施信息化后库存资金占用率降低率：

$$库存资金占用率降低率 = \frac{信息化实施前库存资金占用率 - 信息化实施后库存资金占用率}{信息化实施前库存资金占用率} \times 100\%$$

本指标分值计算方法为：库存资金占用率降低 80% 以上得 100 分，降低 60% 以上得 80 分，降低 50% 以上得 60 分，降低 20% 以上得 20 分，降低 20% 以下得 0 分。

(19) 资金运转效率/(次/年)。数据采集的跨度不得超过 3 年。

企业流动资金每年的周转次数增长幅度的计算方法为

$$周转次数增长幅度 = \frac{信息化实施后企业流动资金每年的周转次数}{信息化实施前企业流动资金每年的周转次数} \times 100\%$$

指标分值计算方法为：企业流动资金每年的周转次数是原来的 5 倍以上得 100 分，3~5 倍得 80 分，2~3 倍得 60 分，1~2 倍得 20 分。

(20) 企业财务决算速度/天。本指标考察企业实现一次完整的虚拟财务决算所需的最短时间。

指标得分计算方法为：实现 24 小时以内完成决算为 100 分；1~10 日为 80 分；10~20 日为 60 分；20~30 日为 30 分，30 日以上为 0 分。

(21) 增长指数。本指标为综合考核指标，是根据现阶段对信息化的认识制定的重要参考指标，包括考察企业自身销售收入的增长比率、企业自身利润的增长比率、行业平均销售收入增长比率、行业平均利润增长比率以及它们之间的关系等。通过对企业自身发展变化的考察，以及与同期行业状况的比较，判断企业信息化在相关方面带来的影响。

增长指数的计算方法为

$$增长指数 = K_1 \times \frac{企业自身销售收入增长比例 - 行业平均销售收入增长比例}{行业平均销售收入增长比例}$$
$$+ K_2 \times \frac{企业自身利润增长比例 - 行业平均利润增长比例}{行业平均利润增长比例}$$
$$+ K_3 \times 企业自身销售收入增长比例 + K_4 \times 企业自身利润增长比例$$

式中，K_1，K_2，K_3，K_4 为各项的系数，具体数值针对不同的行业各不相同。

考察期限为近 3 年，企业成立时间少于 3 年的，可以按照实际成立时间计算。

4) 企业信息化总得分的计算方法

基于企业信息化指标体系(见表 7-4)的企业信息化水平评价的总得分按下式计算：

$$I = \sum (P_i \times W_i) \tag{7-3}$$

式(7-3)中，I 表示指标体系的总得分，P_i 表示第 i 个指标的得分，各指标的满分都是 100 分；W_i 表示第 i 个指标的权重，所有指标权重的和为 100%，其中前五大类一级指标的权重分别为：战略地位为 10%，基础建设为 20%，应用状况和效益指数为 50%，人力资源为 15%，安全为 5%。

5) 企业信息化指标体系的结构和测评组织方法

企业信息化基本指标是反映信息化基本情况的统计调查指标，可以形成对企业信息化基本发展状况的标准化客观定量分析结论，以用于社会统计调查和政府监测。

为了反映企业信息化效益状况，在基本指标测评之外，由专门的第三方中介机构进行企业信息化补充指标和企业信息化评价指标的相关工作。

企业信息化补充指标是在企业信息化基本指标基础上，结合不同行业、不同对象特点，以信息化实效为评价目标的效能评价指标，形成对企业信息化实效的定量分析结论。企业信息化补充指标由适宜度和灵敏度两大类指标构成。适宜度指标包括战略适宜度、投资适宜度、应用适宜度、资源匹配适宜度和组织与文化适宜度；灵敏度指标包括信息灵敏度、管理运行灵敏度和对外反应灵敏度。企业信息化补充指标适用于企业自测和企业信息化水平评价定级。

企业信息化评价指标是对影响企业信息化实效的特殊非定量因素进行判断的评价指标，以此形成对企业信息化评价的定性分析结论。企业信息化评价指标由评价实施机构中的专家咨询组进行评价。

6) 企业信息化指标的意义

企业信息化建设是一场革命，在提高企业管理水平、促进管理现代化、转换经营机制、建立现代企业制度、有效降低成本、加快技术进步、增强市场竞争力、提高经济效益等方面都有着现实和深远的意义，是带动企业各项工作创新和升级的突破口，也是解决当前企业管理中突出问题的有效措施。

企业信息化是一项系统工程，涉及企业的方方面面。制定企业信息化指标体系的目的，是在宏观战略和具体操作上指导企业的信息化进程，帮助我国企业在信息化建设过程中少走弯路，提高效益。

对企业而言，企业信息化指标体系的建立，将有助于企业明确信息化的战略和目的，有助于企业深化改革、提高管理水平、完善经营机制、提高效率、提高可持续发展能力、合理计算并提高信息化的投入产出比、改善竞争表现，并在全球经济竞争中扮演更加重要的角色。

7.6.4 信息产业对传统产业信息化的推进作用

现代社会已经进入信息时代，信息产业的迅猛发展，给传统产业带来极大的冲击。因此，在过去一段时期里，有许多人在惊呼：传统产业已如夕阳西沉，即将消亡了。然而，事实并非如此：传统产业不仅没有消亡，而且迎着信息社会、知识经济的挑战，也在迅速发展。传统产业作为社会经济的基础产业的地位并没有动摇，所不同的是，传统产业表现出了一种新的且工业文明时代所没有过的特征。

诚然，传统产业的产值在国民经济中的比例在下降，就业人数也在大幅度减少。但是，传统产业在满足人们物质生活需求的任务上并没有减少。因为人们的衣食住行是任何时候都必须满足的且要求越来越高，人们仍然需要物质产品(如住房、汽车、桌椅等)和能源供应(如煤炭、电力、燃气等)。换言之，传统产业的绝对规模不仅不能下降，而且还必须上升，传统产业必须以比过去相对少的人力资源去生产出更多人所需要的物质产品。

因此，从事传统产业的人士应该意识到：面对上述形势，决不能走老路，必须自觉地进行信息化建设，接受信息产业的帮助，加快自身改造。而且，这种面向信息化的企业自身改造的必然性、紧迫性、自觉性是传统产业有史以来所没有过的。

具体而言，信息产业对传统产业信息化的推进作用主要表现在"技术辅助、观念更新、管理重建、业务外包、扩容增值"5 个方面。其中，技术辅助需要信息产业提供高质量的信息产品，观念更新、管理重建、业务外包、扩容增值需要信息产业提供高水平的信息服务。

1. 技术辅助

信息产业利用自身的技术优势，向传统产业提供高质量的信息技术设备和信息产品，是传统产业实施信息化的基础和前提。但是，不能过分强调信息技术的作用，要摆正其位置——"辅助"作用。这里的"辅助"有两层含义：其一，信息技术在信息化的各要素中处于辅助的位置，不要理解为信息化就是信息技术化；其二，信息产业在信息化单位从事信息开发的人员，要能够与信息化单位的业务人员沟通，按其要求办事，不要越俎代庖，代替信息化单位去思考和决策。

因此，所谓"3 分技术 7 分业务"正是对技术辅助的最好量化描述。

2. 观念更新

观念更新固然是信息化建设单位管理者自己的事，但是出于种种原因，他们并不了解或不甚了解新的信息管理理念。信息产业由于职业的原因，自然对此熟悉得多，因此应该向他们宣传全新的信息管理理念，也可以在信息咨询业务中提供这方面的服务。信息产业提供的服务水平的高低直接影响信息化建设单位的观念更新。

3. 管理重建

管理重建(又称组织重建、流程重组)是指传统企业通过信息产业提供的信息服务、信息技术和信息内容，用科学的原则，对企业的管理组织或作业流程进行重新设计和思考，从提高企业的运行效率和经济效益出发，在工作程序、组织机构、管理目标、员工素质、规章制度等方面对传统企业进行彻底的、根本性的变革。

管理重建仍然离不开信息产业的帮助。管理重建一般包括诊断阶段、计划阶段、执行阶段和评价阶段。其中，诊断阶段的历史和现状调查、提出重建目标及其在重建中需要解决的主要问题，计划阶段提出重建方案，以及评价阶段对重建的效果和存在的问题进行检查、分析、评价，都需要信息产业领域的人员参加，尤其是其中如何将管理重建与信息技术相结合的方案，更是离不开信息产业的技术人员。

4. 业务外包

业务外包是指传统产业通过合同、协议或其他相互信任的合作方式，将其信息化建设业务(如单项信息系统、集成系统或信息中心整个业务管理)外包给信息企业来承担。

业务外包是信息产业为传统产业的主要服务方式，因此信息产业应该为信息化建设单位提供高水平、高质量的信息服务。

5. 扩容增值

扩容增值指向传统产业的物质产品注入信息技术，或者利用信息技术将丰富的信息注入产品之中，提高产品的信息含量，从而提高产品附加值，达到增加企业经济效益的目的。

信息产业与传统产业合作并实现传统产业产品的扩容增值也是信息产业的重要服务模式。

参考文献

[1] 杨宇成. 供给侧改革视角下的成都信息产业链发展研究[J]. 通信与信息技术，2017(2).

[2] 中国信息产业年鉴编委会. 中国信息产业年鉴(2017 年)[M]. 北京：电子工业出版社，2017.

[3] 岳剑波. 信息管理基础[M]. 北京：清华大学出版社，2002.

[4] 甘仞初. 信息资源的组织与管理[M]. 北京：机械工业出版社，2003.

[5] 肖明. 信息资源管理[M]. 北京：电子工业出版社，2002.

[6] 张燕飞，严红. 信息产业概论[M]. 武汉：武汉大学出版社，1998.

[7] 司有和. 信息产业学[M]. 重庆：重庆出版社，2001.

[8] 左美云. 世界信息产业的新发展及我们的机遇[N]. 计算机世界，1997-10-27.

[9] 中国软件测评中心. 计算机信息系统集成项目管理基础[M]. 北京：电子工业出版社，2004.

[10] 胡昌平，黄晓梅，贾君枝. 信息服务管理[M]. 北京：科学出版社，2003.

[11] 中国软件测评中心. 计算机信息系统集成项目管理基础[M]. 北京：电子工业出版社，2004.

[12] 谢红芳，童一秋. 信息资源开发利用与管理事务全书[M]. 北京：中国科学技术出版社，2001.

复习题

一、单项选择题

1. 将经济活动和组织划分成不同的部分，每一个具有(　　　)的部分被称为"产业"。

    A. 相同属性　　　　　　B. 不同属性　　　　　　C. 相异属性　　　　　　D. 共同属性

2. 产业的分类方法有(　　　)种。

    A. 1　　　　　　　　　　B. 2　　　　　　　　　　C. 4　　　　　　　　　　D. 多种

3. 信息产业是(　　　)。

    A. 主导产业　　　　　　B. 先导产业　　　　　　C. 衰退产业　　　　　　D. 夕阳产业

4. 信息产业的分类方法有(　　　)。

    A. 2 种　　　　　　　　B. 3 种　　　　　　　　C. 多种　　　　　　　　D. 10 种

5. 国家信息产业管理的主体是(　　　)。

    A. 国家工信部　　　　　B. 国家安全部　　　　　C. 国家公安部　　　　　D. 国家民政部

6. 市场需求是信息产业发展的(　　　)。

    A. 向心力　　　　　　　B. 推动力　　　　　　　C. 拉动力　　　　　　　D. 合力

7. 产业政策是信息产业发展的(　　)。

    A. 向心力   B. 推动力   C. 拉动力   D. 合力

8. 办公自动化系统属于(　　)。

    A. G2G   B. G2B   C. G2E   D. G2C

9. 社会保障系统属于(　　)。

    A. G2G   B. G2B   C. G2E   D. G2C

10. 电子税务系统属于(　　)。

    A. G2G   B. G2B   C. G2E   D. G2C

11. 电子商务是指利用(　　)进行的一切商务活动。

    A. 网络环境   B. 物联网环境   C. 人工智能   D. 信息系统

二、多项选择题

1. 三次产业分类法将产业分为(　　)。

    A. 第一产业   B. 第二产业   C. 第三产业   D. 第四产业

2. 下述(　　)属于产业结构的比例关系。

    A. 各产业的就业人数及所占比例   B. 各产业的资本额及所占比例

    C. 各产业所创利润及其比例   D. 各产业所创国民收入及其比例

3. 产业的形成与发展具备充要条件有(　　)。

    A. 环境保护需要   B. 物质技术基础   C. 宏观政策环境   D. 社会经济发展需求

4. 信息产业是指国民经济活动中从事信息技术设备和信息产品的(　　)的产业群体。

    A. 开发   B. 生产   C. 流通   D. 服务

5. 新兴产业包括的含义有(　　)。

    A. 产业时间新   B. 产业技术新   C. 产业概念新   D. 产业发展新

6. 信息产业是(　　)。

    A. 技术密集型产业   B. 知识密集型产业   C. 智力密集型产业   D. 信息密集型产业

7. 各产业在国民经济发展中的地位和作用是不同的,有(　　)之分。

    A. 主导产业   B. 先导产业   C. 衰退产业   D. 基础产业

8. 信息产业是(　　)。

    A. 主导产业   B. 先导产业   C. 衰退产业   D. 朝阳产业

9. 信息产业的地位和作用主要体现在(　　)。

    A. 先导作用   B. 软化作用   C. 替代作用   D. 优化作用

10. 信息产业的软化作用主要表现在(　　)。

    A. 产业结构软化   B. 就业结构软化   C. 消费结构软化   D. 投资结构软化

11. 信息产业的替代作用主要表现在(　　)。

    A. 信息对物质资源的替代   B. 信息对交通工具的替代

    C. 信息对资本的替代   D. 信息对人力资源的替代

12. 信息基础设施产业包括的设备有(　　)。

    A. 通信设备   B. 软件系统   C. 广播电视设备   D. 网络设备

13. 当下的"新业态"信息产业包括(　　)。

    A. 大数据   B. 云计算   C. 物联网   D. 人工智能

14. 信息产业管理的工作内容主要包括信息产业的(　　)。

    A. 政策法规　　　　　B. 宏观调控　　　　　C. 市场监管　　　　　D. 技术创新

15. 衡量信息产业的发展状况和综合水平的要素有(　　)。

    A. 产业总量　　　　　B. 产业利润　　　　　C. 产业内部结构　　　D. 产业内部组织

16. 影响信息产业发展状况和综合水平的因素有(　　)。

    A. 市场需求和产业政策　　　　　　　　　　B. 资金

    C. 技术　　　　　　　　　　　　　　　　　D. 人才

17. 企业信息化包括(　　)。

    A. 产品设计的信息化　　　　　　　　　　　B. 服务销售的信息化

    C. 生产设备的信息化　　　　　　　　　　　D. 决策信息化

18. 政府的主要职能是(　　)。

    A. 经济调节　　　　　B. 市场监管　　　　　C. 社会管理　　　　　D. 公共服务

19. 电子商务涉及的环节有(　　)。

    A. 生产活动　　　　　B. 营销活动　　　　　C. 流通活动　　　　　D. 服务活动

20. 信息化水平测度是对一个(　　)的信息化水平进行度量。

    A. 国家　　　　　　　B. 地区　　　　　　　C. 企业　　　　　　　D. 个人

21. 信息产业对传统产业信息化的推进作用主要表现在(　　)。

    A. 技术辅助　　　　　B. 观念更新　　　　　C. 管理重建　　　　　D. 扩容增值

三、判断题

1. 第一、二次产业生产有形产品。　　　　　　　　　　　　　　　　　　　　(　　)

2. 第三次产业既提供有形产品又提供无形产品。　　　　　　　　　　　　　　(　　)

3. 产业结构是指其具有的产业类型及各类产业在国民经济中的比例关系。　　　(　　)

4. 信息产业是指国民经济活动中从事信息技术设备和信息产品的开发、生产、流通与服务的产业群体。　　　　　　　　　　　　　　　　　　　　　　　　　　　　(　　)

5. 信息产业是新兴的战略型产业。　　　　　　　　　　　　　　　　　　　　(　　)

6. 新兴产业是指产业的技术新。　　　　　　　　　　　　　　　　　　　　　(　　)

7. 信息产业是低就业型产业。　　　　　　　　　　　　　　　　　　　　　　(　　)

8. 主导产业又称为盛阳产业。　　　　　　　　　　　　　　　　　　　　　　(　　)

9. 信息产业对国民经济结构具有软化作用。　　　　　　　　　　　　　　　　(　　)

10. 信息产业能够引导生产要素进行优化配置。　　　　　　　　　　　　　　(　　)

11. 重庆市信息产业的主管部门是市大数据局。　　　　　　　　　　　　　　(　　)

12. 信息产业主管部门不能参与 IT 企业的运营指导。　　　　　　　　　　　(　　)

13. 生产过程的信息化是企业信息化的重要内容。　　　　　　　　　　　　　(　　)

14. 电子政务就是要实现政府相关职能的电子化和网络化。　　　　　　　　　(　　)

15. "金信"工程属于企业信息化工程。　　　　　　　　　　　　　　　　　(　　)

16. "最多跑一次"是电子政务的发展方向。　　　　　　　　　　　　　　　(　　)

17. 信息化水平测度方法仅有 2 种。　　　　　　　　　　　　　　　　　　(　　)

18. 企业首席信息官(CIO)职位的级别设置体现了企业重视信息化的程度。　　(　　)

19. 企业信息安全的投入费用部分反映企业信息化安全水平。　　　　　　　　(　　)

四、简答题

1. 什么是产业？三次产业之间有什么区别？

2. 按照中国产业分类法，简述我国的产业分类情况。

3. 简述信息产业的地位、作用和特征。

4. 什么是信息产业的产业管理？产业管理的主体和客体分别是什么？

5. 信息产业的产业管理的任务和内容分别是什么？

6. 信息产业的运行机制与哪些因素有关？

7. 企业信息化的基本含义是什么？其基本技术框架的内容是什么？

8. 企业信息化的标志主要体现在哪些方面？

9. 电子商务的含义和作用是什么？

10. 谈谈对信息化指标进行统计分析的意义。

11. 简述企业信息化指标对企业信息化建设工作的意义。

12. 谈谈信息产业的发展对传统产业信息化工作的影响。

五、论述题

结合"双创"工程项目，论述 IT 公司的运行机制。

第 **8** 章

信息服务业管理

正如第 7 章所述，信息产业一般由信息工业和信息服务业两大部分构成。其中，信息工业是先导、"硬件"，而信息服务业则是环境、"软件"。二者相辅相成、互动发展，信息服务业的效率与规模依赖于信息工业的发展水平；同时，信息工业的进步，又受制于信息服务业的发展现状。因此，为了更有效地利用信息资源，在发展信息工业的同时，一定要大力推进信息服务业的发展，建立科学的服务体系，使软、硬件匹配并协调发展。

8.1 ▶ 信息服务与信息服务业概述

8.1.1 信息服务

1. 信息服务的概念

服务是指为集体(或他人)工作或根据他人的特殊需要而进行的活动。

信息服务作为一种特定范围的活动，是与信息和信息工作密切相关的。信息服务概念有广义和狭义之分。广义的信息服务概念泛指以产品或劳务形式向用户提供和传播信息的各种信息劳动，包括信息的收集、整理、存储、加工、传递以及信息技术服务和信息提供服务等；而狭义的信息服务(或称信息提供服务)则是指专职信息服务机构针对用户的信息需要，将开发好的信息产品以用户方便的形式准确传递给特定用户的活动。

开展信息服务包括 5 个基本要素：信息用户、信息服务者、信息产品、信息服务设施、信息服务方法。其中，信息用户是信息接收者，是信息服务的对象，是信息产品的利用者，是信息服务业发展的需求动力；信息服务者是从事信息服务的各机构及机构中的有关人员，是信息服务的主体，他通过选择、加工、提供信息产品来满足用户的信息需要；信息产品是指信息服务者收集、整理加工的各种已知的或潜在的社会信息、科学知识及科研成果，它构成了信息服务区别于其他服务的本质特征；信息服务设施是信息服务的物质基础和必要手段，包括计算机、通信设备、复印机、图书流动车等技术设备，以及阅览室、情报咨询室、照排室等服务场所；而信息服务方法则是指开展信息服务中的各类操作技巧、方式、程序，如索引技术、软件技术、视频技术等，它是实现信息服务效能的必备"软件"。

2. 信息服务的内容

信息服务的内容主要包括开展对信息用户、信息来源、信息服务方式及信息服务组织等四方面的研究。

(1) 信息用户研究。信息用户研究是指对信息用户的信息需求与行为的调查与研究，包括用户类型、心理，用户需求的类型、特点，用户获取与利用信息的行为规律，以及用户培训等。

对信息用户进行调查与研究是保证信息服务工作质量的前提。信息服务的对象是人，而每个人都是出于不同目的、采用不同手段来获取和利用信息的，并且因用户使用信息方式的不同，也使信息利用呈现出不同的特征。因此，在信息服务实践中若不首先了解用户及其需求模式，则难以保证所提供信息产品的针对性、增值性和准确性。

(2) 信息来源研究。信息来源研究是指对信息来源进行收集、整理，包括对不同时间、不同专业(或行业)、不同区域、不同层次的各类信息进行有目的、有计划的收集、整理和加工。信息来源研究是信息服务的重要基础性工作。在内容上，并不是所有的信息都是有用的；在形式上，特定的用户对信息类型及载体是有特定要求的；在价值上，对信息的甄别、取舍也需要一定的专业技巧和技术手段。因此，要用科学的手段与方法，系统地、有针对性地收集信息并在此基础上进行整理、加工，去除冗余信息、增加信息准确度，为用户充分利用信息产品提供条件。

(3) 信息服务方式研究。信息服务方式研究是指将经过加工、整理、储存的信息以不同的方式提供给用户，直接为用户服务的工作，包括以文字、实物、口头或传媒等形式进行信息传播、报道，开展销售、借阅、检索、复制、代译、咨询等传统信息服务，以及数据库与联机检索、信息软件开发、信息通信等各类电子信息服务。信息服务方式(或信息利用)研究是信息服务的中心工作，信息服务方式越丰富多样，技术手段越先进高效，用户对信息产品的利用就越方便、越充分。

(4) 信息服务组织研究。信息服务组织研究是指对有关信息服务组织机构进行有效的协调、指挥、控制与调节，包括信息服务组织体系、经济管理、运行机制、人才培养、政策和立法等方面。

3. 信息服务的基本特征

(1) 社会性。信息服务的社会性体现在信息的社会产生、传递与利用方面，以及信息服务的社会价值、效益及社会规范方面。

(2) 控制性。信息服务的开展关系社会的运行、管理和服务对象的利益，因而是一种置于社会控制之下的社会化服务，服务业务的开展受国家政策的直接导向和法律的严格约束。

(3) 知识性。信息服务是一种知识密集型服务，不仅要求服务人员具有综合知识素质，而且要求用户具备相应的知识储备，只有在用户知识与信息相匹配时才能有效地利用信息服务。

(4) 关联性。信息、信息用户与信息服务之间存在着必然的关联关系，三者之间的内在联系是组织信息服务的基本依据，这种依据客观地决定了信息服务的组织形式和用户管理与工作模式。

(5) 时效性。信息服务具有鲜明的时间效应，由于某一事件的信息只有在及时使用的情况下才有理想的使用价值，过时的信息将无价值甚至产生负面效应，因而在服务中存在信息的"生命周期"问题。

(6) 指向性。任何信息服务都指向一定的用户和用户信息活动，由此决定服务中的信息定向传播、组织、获取和利用,即信息服务的定向组织模式。

(7) 伴随性。社会信息的产生、传递与利用伴随用户的主体活动而发生,这种伴随性决定了必须按用户主体活动的内容、目标和任务组织信息服务,辅助用户主体活动的进行。

(8) 共享性。除单一面向某一用户的专门服务外,面向大众的公共信息服务可以为多个用户同时使用,这一特征与物质供给的唯一模式具有实质性区别。

8.1.2 信息服务业

1. 信息服务业的概念

所谓信息服务业,是指从事信息服务工作的行业,即从事信息的收集、整理、存储、加工、传递以及信息技术服务和信息提供服务等工作的各种行业。

信息服务业是信息产业中的软产业部分,是从事信息资源开发和利用的重要产业部门,是连接信息工业(信息设备制造业)和信息用户之间的中间产业。信息服务业对生产与消费的带动作用大、产业关联度高,发展信息服务业有助于扩大信息设备制造业的需求和增加对信息用户的供给。信息服务业已成为当今世界信息产业中发展最快、技术最活跃、增值效益最大的一个产业。因此,信息服务业的发展不仅仅是一个行业、一个产业的问题,关系国民经济与社会发展的全局。

2. 信息服务业的业务结构

信息服务业的业务结构可以视为“信息服务机构—信息服务载体—信息服务方式”的三维结构,如图 8-1 所示。

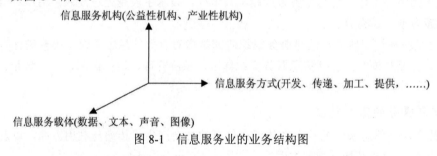

图 8-1 信息服务业的业务结构图

(1) 信息服务机构。信息服务机构主要包括两大类,一是公益性信息服务机构,二是产业性信息服务机构。

公益性信息服务机构(或公益性服务业)是指那些非营利性信息服务实体,如图书馆、档案馆、信息(情报)中心、广播、电视、新闻、出版等机构。

产业性信息服务机构(或产业性信息服务业)是指那些从事经营性信息服务的实体,如信息咨询业、数据库业、系统集成业、网络服务业、信息监理业、中介服务业、文献信息服务经营实体和其他信息经营服务等。

(2) 信息服务方式。信息服务方式一般包括信息资源开发服务、信息传递与交流服务、信息加工与发布服务、信息提供与利用服务、信息技术咨询服务、信息活动组织与信息保障服务等。

当然,按信息服务的客体类型、加工深度、业务形式,信息服务还可以有其他多种分类方式。

按信息传递、处理和提供信息客体类型，信息服务方式分为：实物信息服务(包括材料、样品、样机信息服务)、交往信息服务(包括信息发布服务等)、文献信息服务(包括传统文献服务和电子文献服务)、数据服务。

按信息加工深度，信息服务方式分为一次服务(以原始信息为内容的服务)、二次服务(包括目录、题录、文摘、索引服务)、三次服务(在原始信息基础上的研究、综述与评价服务)。

按业务形式，信息服务方式分为信息传输服务(通信服务)、宣传报道服务、信息发布服务、新闻出版服务、信息提供服务、信息检索服务、信息资源开发服务、信息分析预测服务、咨询服务、系统开发服务、信息代理服务、信息监理服务等。

(3) 信息服务载体。信息服务载体是指在信息服务过程中信息的表现形态，主要有四种：数据、文本、声音、图像。

8.2 ◈ 信息服务机构

本节将介绍常见的信息服务机构，包括咨询服务机构、信息技术服务公司、传播机构、图书馆、情报机构、档案机构、教育机构等。

8.2.1　咨询服务机构

咨询(consult 或 consultation)，是指询问、磋商、会诊、评议。咨询服务机构就是从事咨询活动的专门组织。

1. 咨询服务机构的类别

咨询服务机构主要有两种分类方式，即按管理形式分类和按服务对象分类。

按管理形式划分，咨询服务机构可分为下述三类。

(1) 官方咨询机构。这类咨询机构直接由政府部门管辖，成为政府机关中的一个职能部门，国内县、市以上各级政府都有政策研究室，一些机构、组织设置的调研室都属于此类。国内的官方咨询机构对政府工作负责，无营利性质。在国外，如果一个咨询机构每年签订的咨询合同总数中，有80%以上来自政府部门，其实质就成为官方咨询机构了。

(2) 半官方咨询机构。这类咨询机构隶属于政府某一部门，有50%的咨询任务来自官方，其余部分接受社会有关部门委托。这类机构具有法人地位，在为社会服务时也收取费用，其收入除了用于咨询成本外，余下部分作为本机构发展基金。我国一些地方性科技情报研究所可列入此类，这类机构本质上仍属于非营利组织。

(3) 民间营利性咨询机构。这类机构只要按法律规定进行注册即可开展工作，咨询人员的收入和咨询机构的发展都靠其赚取的咨询费开支。这类咨询机构的发展固然受到政府政策导向的影响，但更主要是由市场需求和咨询业务质量及咨询人员的声誉决定的。

按服务对象划分，咨询机构也可分为下述三类。

(1) 为官方服务的咨询机构。即为政府部门服务的咨询机构，如美国兰德公司(Rand)是最具典型性的为官方服务的咨询机构。该公司每年可提供400份左右的研究报告，这些报告涉及政策科学、人口、教育、能源、住房、通信卫星、军事战略、城市问题、水资源以及各政治、军事集团等60个领域。兰德公司实质上是美国政府的高级智囊团。另外，德国的总体经济发展专家委员会、日本总理府也是为官方服务的咨询机构。

(2) 为企业服务的咨询机构。即为企业承担咨询任务的咨询机构，如世界上著名的四大会计师事务所(普华永道、德勤、毕马威、安永)、美国波士顿"小阿瑟"公司、中国的新华信公司等。据统计，在欧美等经济发达国家，管理咨询业以每年 20%的速度增长，并日益显著地渗透到了政治、经济生活的许多领域。

(3) 为公众服务的咨询机构。即直接为公众的切身利益服务的咨询机构。例如，我国的"12345"市长热线服务、"114"服务，相关电视台的健康养生咨询节目，美国的私人理财顾问等。

2. 咨询服务机构的服务内容

咨询服务的内容主要包括政策咨询、管理咨询、工程咨询、技术咨询、投资咨询、专业咨询等。

(1) 政策咨询。政策咨询也叫综合咨询，或称决策咨询，这是全局性、战略性或综合性的咨询，其内容可涉及科技、经济和社会发展等方面的长远规划；地区性、区域性的综合开发，还有关于能源、资源、环境、城市和交通等重大问题的咨询。这些咨询可为各级领导部门的重大决策提供论证依据，是重要的智能参谋服务。

(2) 管理咨询。以有关企业的经营管理咨询为主体，也包括有关经济、工商事务、科学技术和交通运输等各类管理问题的咨询。美国称为管理咨询，日本则称之为企业诊断。

(3) 工程咨询。从项目的规模来看，大至各类规划、大中型工程项目、矿区和港口建设等，小至一个工厂企业的建设或改造，均可作为工程咨询的内容；从项目全生命周期的输出成果类型来看，工程咨询内容则包括项目的立项、可行性研究、初步设计、详细设计、设备部署、营运策略、系统维护等。

(4) 技术咨询。技术咨询通常以产品的技术服务为主，如改进产品设计、改进生产工艺、提高劳动生产率、解决三废治理、技术引进咨询等。

(5) 投资咨询。投资咨询是为了实现工商业投资计划所做的前期服务性咨询。咨询机构通过对投资项目的各种环境条件(包括政府政策环境、金融税务环境和自然生态环境等)和市场前景做专门的调查和分析，为投资者的投资决策提供专门的指导性意见。

(6) 专业咨询。专业咨询是指涉及面较窄、专业性较强的实际事务咨询，如会计咨询、法律咨询、商务咨询、安全咨询、医务咨询等。

8.2.2 信息技术服务公司

信息技术(information technology)是扩展人类信息器官功能的技术集合，包括信息获取技术、信息传输技术、信息处理技术和信息应用技术。信息技术服务公司就是从事信息技术咨询、开发、应用及服务的专门组织。

从所从事的业务角度，信息技术服务公司主要可分为信息咨询公司、数据库服务公司、信息集成公司、网络服务公司、信息工程监理公司、服务外包公司、大数据服务中心和云计算服务公司等。这些公司所从事业务及管理内容的详细介绍参见 8.3～8.10 节。以下仅简要介绍其主要服务内容。

(1) 信息咨询公司。主要提供包括信息的获取、传输、处理及应用等技术的咨询服务。

(2) 数据库服务公司。主要提供以数据库为中心的信息服务。

(3) 信息集成公司。主要提供网络，计算机硬件、软件的集成服务，为用户提供完整的集成化解决方案。

(4) 网络服务公司。主要提供网络接入服务和网络内容服务。

(5) 信息工程监理公司。主要提供信息系统项目的监督和管理，确保项目建设行为的合法性、科学性、合理性和经济性。

(6) 服务外包公司。主要提供信息技术外包(含数据中心、桌面、网络、应用等服务)、业务流程外包(含客户关系管理，供应链管理、人力资源管理、行政管理、财务管理、知识管理等)等服务。

(7) 大数据服务中心。主要提供数据支撑、数据本身、数据融合等服务。

(8) 云计算服务公司。主要提供机房资源、网络资源、计算资源、存储资源、支撑软件、应用软件、信息安全、企业上云、开放集成、测评审计等服务。

8.2.3　传播机构

传播机构(又称新闻传播机构)是指通过运用不同的传播媒介(或传播工具)及技术，采集、选择、加工大量事实信息，使之变成新闻信息并传递给社会公众的单位。

1. 传播机构的类别

按所使用的载体及其信息传输方式的差异，传播机构主要有电视台、广播电台、电影厂、通讯社、报社、出版社、杂志社、广告公司、自媒体等。

电视台是运用电子微波、卫星通信等现代电子技术，以视听复合的电视媒介为手段，以同步传送和接收声音、图像、文字为主要方式进行信息传播活动的机构。电视台一般包括采录素材、编辑制作、调度、编排、交换、播出电视节目等功能部门。

广播电台是利用有线电和无线电等通信技术，以听觉的广播媒介为手段，以播音和收音为主要方式进行信息传播活动的机构。广播电台一般包括采集、编辑、录制、调度、播出广播节目等功能机构，并设有播音室、录音室、控制室、复制室、效果配音室、审听室、磁带库等专用场地。

电影厂是生产、制作电影的文化机构。电影厂既生产具有娱乐审美型的故事片、动画片、风光片，也生产教学报道型的科教片、纪录片。

通讯社是以采集和发布新闻为职能，以报社、广播台、电视台为主要对象的新闻机构。国际上著名的通讯社有美联社、路透社、法新社、新华社等。其中，新华社是中国的国家通讯社，在国内数十个省、市、自治区、直辖市以及我国香港、澳门地区建有分社，在国外100余个国家和地区建有分社，它除了采集和发布国际、国内重要的新闻和信息外，还向中央和各部门提供参考材料。另外，中国新闻界和归侨界知名人士还主办有非官方的中国通讯社，它是专为海外华侨、港澳台同胞和外籍华人服务的。

报社是编辑、出版报纸的新闻机构。报社的业务活动主要包括采集新闻、撰写言论、编辑版面、校勘文字、征刊广告、印刷出版、组织发行、采购纸张、通讯保障、新技术应用等。报纸属于印刷和视觉媒介，其信息容量大，成本低廉，便于复制、保存，且阅读不受时空限制，因而它是历史最悠久的新闻传播媒介。

出版社是负责编辑出版书籍、期刊及其他出版物的机构。出版社的主要活动包括制定选题、选定作者、组织稿件、审阅书稿、编辑加工、定稿发稿、装帧设计、校对付印以及书稿的排版、改样等。在我国，所有正式向社会发行的图书都必须由出版社出版。

杂志社(又称期刊社)是编辑、出版期刊的机构。杂志社的业务活动主要包括采集信息、组稿约稿、加工稿件、制作文摘、编辑版面、征刊广告、校对正误、出版发行等。杂志社一般由 5 类部门(单位)主办：专门杂志社、图书出版社、学术机构或大专院校、政府部门、工商企业中设立的期刊出版部门。相对于报纸的新闻性，杂志的学术性、知识性更突出，更接近于图书。

广告公司是专门从事广告的设计、制作、代理、发布和咨询的机构。广告是联系企业和客户的桥梁，广告既是宣传商品、促进销售的手段，也是沟通社会、传播知识、影响生活风尚的信息传播渠道之一。

自媒体是指公众借助博客、微博、微信、脸书、推特等公众网络载体发布自己的所见所闻与所思所想。自媒体以其现代化、电子化的手段向不特定的大多数或者特定的单个人传递规范性及非规范性信息。与传统媒体相比，它具备私人化、平民化、普泛化以及自主化等新特点。

2. 传播机构的服务内容

传播机构的主要服务内容如下。

(1) 事实报道。对客观世界不断发生的各类新情报、新事件及其发展变化状况进行迅速、及时、准确、真实的播放或发布。

(2) 思想宣传。通过新闻，宣传某种主张、提倡某种行为规范、反映民众心声、宣传政党或政府的路线、方针和政策等。

(3) 舆论引导。对客观事实包括社会舆论进行有选择的报道、评价，以引导和影响社会舆论。

(4) 知识传播。如新闻和评论中所含知识的传播，各类广播、讲座、电视大学中所进行的知识传授，以及科教影片中的知识传播等。

(5) 娱乐服务。如广播的音乐、戏剧、曲艺栏目，电视的文艺、体育节目，报纸的文化、生活专版等。

(6) 广告宣传。如规范社会公众行为的公益广告，沟通产销、指导消费、推销商品的收费广告等。

8.2.4 图书馆

图书馆是从事收集、加工、整理并保存文献资料，进而向社会公众提供服务的文化教育机构。

1. 图书馆的职能

图书馆的基本职能包括文献收集、文献整理、文献典藏和文献服务等四个部分，这些职能间相互联系、相辅相成。其中，文献收集是整个图书馆工作的物质基础；文献整理是准确、深入地传递文献信息必不可少的技术处理手段；文献典藏则既是保存人类文化遗产，又是为提供多次、反复利用所必需的保证；文献服务是文献信息价值的最终实现，它包括流通推广工作(外借、阅览、复制、读者教育等)和情报服务工作(文献检索与报道、参考咨询、情报研究等)。

2. 图书馆的服务内容

图书馆的上述四种职能中，最重要的职能就是文献服务。具体而言，图书馆主要包括下述服务内容。

(1) 传统服务。包括图书阅览、外借等服务内容。

(2) 常规设备服务。包括文献复制、视听等服务内容。

(3) 二次文献服务。通过编制题录、资料汇编、文摘等方式，向社会公众提供服务。

(4) 数字图书服务。建立现代化的数字图书资源及现代化的图书馆网络，为特定的用户开展信息服务，包括电子期刊(如知网平台、维普平台等)、电子书(如超星平台、书生平台等)、在线文献服务(如标准、专利等)等。

(5) 其他服务。如剪报服务、资料翻译、古籍修复等。

8.2.5　情报机构

所谓"情报"，是指一切最新情况的报道。情报机构就是从事情报的收集、处理和传播的专门组织。

1. 情报机构的类别

情报机构按工作内容可划分为如下类型。

(1) 文献中心。文献中心是科学地、有组织地收藏各类文献资料，并为各种用户提供便于利用的服务，满足其情报需求的服务性机构，它重于对文献表征的加工。

(2) 情报检索中心。情报检索中心是按一定的科学方法加工、组织、存储情报，并根据用户需要提供查取、检索服务的情报机构，它既有地域范围的划分，也有专业范围的划分。

(3) 情报分析中心。情报分析中心是对情报进行分析、提炼、浓缩、鉴定、评价、综合，并由此总结和报道这些研究结果的服务机构，它重于对文献内涵的加工。其情报产品有目录、速报、述评、调查报告、事实与数据建议指南等。

(4) 情报交流中心。情报交流中心是收集、组织、存储并交流计划中的、进行中的或已完成的研究活动和工程项目的记录或文献，根据用户需求提供相关情报服务的机构，其工作重点是情报的交流。

(5) 情报咨询中心。情报咨询中心是专门接受各类问题的查询，并能指示情报源的机构。

(6) 数据中心。数据中心是利用电子数据处理设备加工、组织、存储各类数据，一般以数据库和通信技术为手段为用户提供情报服务的机构。

2. 情报机构的服务内容

情报机构通过有组织地对情报进行收集、整理、加工、存储、检索、分析、研究等业务活动，从而使情报得到充分有效的利用。情报的服务内容，主要包括：

(1) 掌握世界政治、经济、科技、文化发展动态，以利于战略决策。

(2) 提供各种有针对性的咨询服务，以利于科学运作。

(3) 筛选、研究、传播科技情报，提供有效服务，以加快科研进程并促进技术革新。

(4) 传播最新知识，提高社会的科学文化水平。

8.2.6 档案机构

档案是经过立卷归档处理、被集中保管的一切能反映社会各项活动原貌的、具有考查使用价值的各种文件材料，是一种重要的信息资源。档案机构就是从事收集、整理、鉴定、保管、统计、检索、编撰、公布和利用档案的专门组织。

1. 档案机构的类别

在我国，档案机构主要有三类：各级政府档案馆，部门档案馆，企事业单位档案馆。

(1) 各级政府档案馆。由中央和地方政府分别设立，分为综合性档案馆(如中央档案馆、重庆市档案馆等)和专门性档案馆(如中国人民解放军档案馆、上海市城建档案馆等)两种。

(2) 部门档案馆。由中央各部委和地方各厅局分别设立，如外交部档案馆、中国电影资料馆、全国地质资料馆等。

(3) 企事业单位档案馆。根据实际工作需要在大型企业、事业单位设置档案馆。例如，重庆钢铁公司档案馆、南京大学档案馆等。

2. 档案机构的服务内容

档案馆的主要服务内容包括：

(1) 接收、征集各类档案及资料。

(2) 对所获得的档案及资料进行价值鉴定、系统整理，并妥善保管，以延长使用寿命。

(3) 采取各种灵活手段，充分开发和利用档案信息资源。例如，编制检索工具、举办宣传展览、接待档案查阅、公布档案文件、编辑出版档案史料、扫描制作数字档案、有限度地加入信息网络平台等。

8.2.7 教育机构

教育机构是指按照一定的社会要求，在一定的场所组织教育者向受教育者的身心施加有目的、有计划、有组织的影响，以使受教育者发生预期变化的机构。教育机构对于社会的延续、发展和更新发挥着巨大作用。

1. 教育机构的类别

教育机构的类别划分方式多种多样，具体如下。

(1) 按教学手段划分，有面授、函授、广播、电视等教育机构。

(2) 按教学时间安排划分，有全日制、半日制、半工半读、业余等教育机构。

(3) 按培养目标和范围划分，有普通、职业、专业、技工等教育机构。

(4) 按教育程度划分，有幼儿、初等、中等、高等乃至研究生各级教育机构。

(5) 按教育制度划分，有正规学校、成人文教机构和儿童教育机构三类。

图 8-2 是按教育制度划分的教育机构体系结构图。

2. 教育机构的服务内容

不同的教育机构，其服务内容是不一样的。

(1) 幼儿园。其服务内容主要是培养并发展幼儿(3~6 岁学龄前)健全的身心。

(2) 小学。其服务内容是给儿童进行德、智、体、美、劳等各方面的基础教育，为他们进一步接受中等教育打下良好的基础。

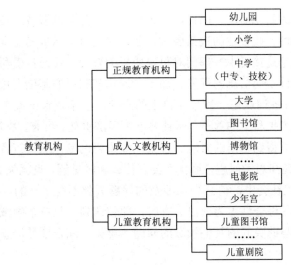

图 8-2　教育机构体系结构图

(3) 中学(中专、技校)。中学的服务内容主要有二：其一是为国家培养劳动力后备军，其二是为高等教育提供生源；中专(技校)的服务内容则是为各企事业单位培养中级专门人才和熟练技工。

(4) 大学。大学的服务内容是为企事业单位培养中高级的专门技术人才与科研人才。

(5) 成人文教机构。成人文教机构包括公益性的图书馆、博物馆、美术馆、文化宫、俱乐部、职工之家、剧院、电影院等，是正规学校教育的一种补充。成人文教机构的服务内容主要有：一方面向社会公众提供再教育、普及教育甚至科学研究的场所及机会；另一方面为社会培养和发展新的爱好与技能，尤其是为丰富业余文化生活提供了必要条件。成人文教机构传播知识信息的特点是灵活、实用、便捷、多样，且有很强的自娱与自主性。

(6) 儿童教育机构。儿童教育机构也称校外教育机构，包括少年宫、儿童图书馆或阅览室、儿童文化馆、文化公园、少年之家、少年科技站、少年体校、儿童运动场、儿童影院或儿童剧院等。其服务内容是：配合学校培养儿童德、智、体、美全面发展。例如，通过组织丰富多彩的活动，对青少年进行思想品德教育，帮助少先队开展校外活动，培养科技、文艺、体育等方面的爱好者等。

8.3 ▷ 信息咨询业及管理

8.3.1　信息咨询业的含义

所谓信息咨询，是指咨询人员受用户委托，通过调查研究，运用专门的知识、技能和经验，依靠科学方法和技术手段，以协助用户解决复杂的管理、技术问题的活动。信息咨询业就是指从事信息咨询的产业群体。

信息咨询业属于知识密集型的服务产业，国外有人称之为"知识工业"，它具有以下 5 个基本特征。

(1) 信息性。信息咨询的过程实质上就是信息加工的过程，是一种开发、加工、选择和利用社会的信息资源的信息活动。因而，咨询服务主要是信息服务。信息咨询机构无论是接受政府部门有关全局性、政策性的决策咨询，还是接受有关单位和企业的建议性、审议性的信息化项目咨询；无论是接受生产部门对科研成果的咨询，还是接受科研部门对生产课题的咨询，都是基于对各种不同信息的开发、加工、选择和利用的基础上做出的可行性结论。

(2) 独立性。信息咨询业是一种独立自主的产业，它不依赖于某个决策者或决策机构。信息咨询机构不仅要维护科学的尊严，而且要承担经济责任。再有，决策者之所以需要咨询，是为了从咨询专家那里得到不同的看法和答案。如果咨询专家从决策者或决策机构的意志出发，并按其意图去研究和思考问题，那就不会有什么新鲜见解，也就失去了信息咨询的意义。

(3) 综合性。现代社会中，信息咨询涉及的课题大都不是单一的，而是综合的，尤其是战略性问题的决策，其综合性更为突出。有时，即使遇到一些单个领域的决策问题，在咨询研究过程中也要考虑与此关联的其他领域的问题。可见，综合性是信息咨询研究和信息咨询业的又一重要特征。

(4) 实用性。信息咨询工作是为领导的决策服务的，咨询人员提出的建议或决策方案要符合实际，具有较大的实用价值。无论是对政府部门的大政方针提供咨询服务，还是对企业单位进行“诊断”，都必须讲究实用。即使是长期性、战略性的问题研究，也应提出实用的、可行的意见。否则，就不符合决策工作的要求。

(5) 经营性。信息咨询是一项提供与实际咨询问题有关的专业知识和技术的服务性工作，它与其他行业一样需要自身的投入和产出。信息咨询机构，尤其是从事工程、技术与管理的信息咨询机构，大多数是通过收取费用的方式来经营和发展自己的。这是咨询业社会化的重要标志。信息咨询以智力为资本提供咨询成果，承担经济和技术责任。咨询成果是一种知识形态的商品，具有效用性。一方面，咨询成果本身凝结着智力劳动所提供的创造性服务，是有价值的；另一方面，咨询成果应用于生产、经营部门，能产生看得见的经济效益。

8.3.2　信息咨询服务的方法

信息咨询服务主要是智力服务，为服务对象提供信息、知识和决策方案。信息咨询服务的方法包括各种类型，归纳起来主要有三种：调查研究方法、智囊方法和模型法。

1. 调查研究方法

该方法的基本思想是：咨询人员通过对业主单位进行调查，收集相关信息及数据，并由此进行分析和研究，提出决策意见或决策方案。

2. 智囊方法

该方法主要是通过专家咨询为特定问题提供解决方案。智囊方法按其内容和形式的不同，又分为德尔菲法、头脑风暴法、缺点列举法、希望列举法和哥顿法等。

德尔菲法起源于 20 世纪 40 年代末期，首先由美国的兰德公司使用，之后便很快在世界上盛行起来。其基本思想是：由信息咨询服务机构先选定与咨询问题有关的专家约 30 人，并与他们建立适当的联系，联系的主要方式是信件往来，提出问题请专家回答，将他们的意见经过综合、整理、归纳后匿名反馈给各位专家，再次征求意见。这种方式经过多次的反复、循环，使专家们的意见逐渐趋于一致，并以此作为解决问题的根据，再由主持单位进行分析整理，最后得出解决方案。

头脑风暴法的基本思想是：以会议形式邀请相关领域专家参加咨询工作，与会的专家无拘无束，畅所欲言，不受限制，不加批判，越议越深，越议越专，越议越明。该方法有互相提示的优点，不会相互干扰。用头脑风暴法进行咨询服务时，可以集思广益，功效突出。

缺点列举法的基本思想是：针对要研究的问题，逐一列举缺点，然后针对缺点一一提出改进方案。缺点列举法也是一种很有成效的咨询服务方法。

希望列举法与缺点列举法的思路正好相反，它对要解决的问题先提出希望，之后再逐一研究达到这种希望所需要的条件。

哥顿法类似于头脑风暴法，是 1964 年由美国人哥顿创造的。哥顿法研究也是通过会议进行，但研究内容和研究目的只是由主持人掌握，并不公开。例如要设计一种新型屋顶，主持人便提示"把一个东西围起来，有哪些围法"。于是围绕这一问题，与会者纷纷出谋设计。主持人将其中有助于屋顶设计的设想抽提出来，产生最终方案。之所以要这样，是为了不拘束大家的思想。否则一提出设计屋顶，一切屋顶的现成结构将可能约束大家的思路，就很难开发出新奇的创造成果了。

3. 模型法

模型法是信息咨询服务中一种比较特殊的方法。模型法主要借助于相关模型进行，包括实物模型、图形模型和数学模型等。其中，实物模型用来模仿实际系统的物理状态与运动形态，常用于工程问题咨询；图形模型是实物模型的抽象表现，它主要用图表显示系统的信息流程、物质流程及其间的相互关系，常用于管理问题咨询和技术问题咨询；数学模型则是客观对象存在的数量与空间形式的数学表示，它用各种数学符号和数值来描述工程、管理、技术和经济等有关因素及它们之间的数量关系，常用于工程问题咨询和投资问题咨询。

8.3.3　信息咨询服务的程序

信息咨询服务应该有一个科学的工作程序，才能确保咨询项目按质、按期完成。当然，由于咨询机构的类型、规模和历史不同，各个咨询机构都有一套适合自己特点的工作程序。例如，日本野村综合研究所咨询研究的工作程序包含有 8 个步骤：与委托人第一次洽谈→组成课题组→事前调查→制订调查计划书→签订合同→调查开始→中间报告→成果报告；而美国的阿索·迪·立脱尔咨询公司咨询研究的工作程序则包含 9 个步骤：用户提出需求→谈判→组织力量→初步调查→提出建议书→签订合同→开始工作→中间报告→最终报告。

一般来说，信息咨询服务应包括 5 个步骤：受理咨询业务、制订咨询计划、进行咨询调查研究、编写咨询报告、辅助用户实施咨询项目。

1. 受理咨询业务

受理咨询业务是开展咨询服务的第一步，主要包括下述工作内容。

(1) 用户向受理方提出服务要求，咨询方根据用户的申请对用户要求进行初步调查，在可行性分析的基础上确定是否接受该委托。

(2) 咨询方着手同用户进行洽谈与协商，经双方协商后就咨询服务的内容、要求、期限、费用等问题达成原则协议，签署合同书。

(3) 双方在合同中需明确的主要问题有：①咨询课题的业务性质、范围；②咨询课题的目的、要求以及咨询要解决的具体问题；③咨询工作量、计算业务经费；④咨询工作完成时间以及结果形式；⑤解决问题的方式以及双方的责任和义务。

2. 制订咨询计划

接受用户委托后，为了有效地履行合同中的责任和义务，咨询方应确立与咨询项目内容和要求相匹配的责任群体——项目课题组，注意课题组成员的各种优势搭配，充分发挥整体力量，确保咨询项目的顺利完成。

课题组负责人应组织专业人员对课题做深入调查研究，掌握课题结构、主要矛盾、涉及的基本问题，弄清咨询项目的难度，明确开展服务的思路，提出技术路线，在此基础上制订课题计划。

课题计划的主要内容包括：

(1) 咨询课题目的与要求。

(2) 咨询任务的分配与人员组织。

(3) 工作的主要内容和方法。

(4) 日程安排。

(5) 资料设备的准备。

(6) 课题的经费开支。

(7) 咨询的技术路线与步骤。

(8) 咨询报告要求与结果提交等。

3. 进行咨询调查研究

开展咨询研究工作前，需进行调查研究工作，包括收集、鉴别、整理与课题相关的信息。具体来讲，调查研究工作主要包括下述两项任务。

(1) 信息收集。信息收集是调查研究的基本任务。信息收集方法一般有两种：文献信息检索方法和调查方法。其中，文献信息检索方法要求首先准确完整地收集咨询项目的相关信息，并对这些信息进行鉴别，滤去无法反映真实情况的数据和资料，然后对经过筛选的信息资料进行归类和整理，以便做出进一步分析；调查方法一般又分为综合调查法和专门调查法两种，综合调查法主要采取座谈会、个人面对面交流、调查表等形式与用户共同调查需要的信息，专门调查法则是对一些重要的信息亲自深入现场调查，以确保信息的准确性。

(2) 信息分析。信息分析是调查研究的核心任务。它通过对有关资料的分析、计算和综合得出咨询结论。当这些结论通过检验并确认可信性后，咨询方应对其进行归纳总结并编写分析报告，同时提出两种以上的解决方案，供用户进行评价选择。

总之，除资料的准确和可靠外，分析结果的正确与否还取决于所采用的分析方法。在方法使用上应注意两个问题：一是针对课题及资料的具体情况选择适当方法；二是保证所用方法的正确性，避免出错。

4. 编写咨询报告

咨询结果经过归纳和总结后，将以书面报告的形式提交给委托者。为保证咨询报告的可行性和有效性，应邀请用户单位和其他单位的专家对报告的主要观点、数据资料、建议方案做最后的审查，以不断修正咨询报告。

咨询报告一般应包括课题名称、引言、正文、结语和附录(含背景材料及原始资料)等基本内容。

(1) 课题名称。报告名称应与咨询课题名称相一致。

(2) 引言。报告的引言是咨询工作的概括，用于阐明主要内容、任务和要达到的目标。

(3) 正文。报告的正文为咨询的主体部分，内容包括原始资料的归纳、数据处理、所做的分析、结果及检验等。

(4) 结语。报告的结语为咨询结论的总结和建议，同时指出应用时要注意的问题。

(5) 附录。附录部分收录可供用户参考的原始资料。

咨询报告一般采用综述或述评的形式，综述是对某课题的发展状况、研究成果、当前主要问题与相应的解决办法、发展趋势做一概括与综合，不做具体评价。述评是在综述的基础上，对问题的解决方法及现有的一些观点加以评述，表明自己的观点，提出一些建议。叙述过程中应注意层次清晰，结构合理，语言表达精练，论证具有说服力。

5. 辅助用户实施咨询项目

由于用户缺乏实施方案的经验与能力，为了保证项目的实施，达到预期的咨询目标，用户要求咨询机构继续承担任务，提供指导帮助，一般采取以下方式参与实施。

(1) 通过答疑的方式提供具体的实施建议。

(2) 参与制订具体实施计划的过程。

(3) 与用户共同实施方案，并对遇到的具体问题进行处理。

(4) 对用户进行培训，定期或不定期进行实施效果的回访，根据用户的反馈信息不断咨询工作。

用户与咨询公司之间是一种紧密的合作关系。项目开展前，咨询公司与客户将进行充分的交流，在充分理解或共同制定客户的战略意图和业务发展方向后，与客户一起规划项目方案和步骤。项目实施过程中，咨询公司应代表客户的利益，参与到各个层面上进行充分的协作，对项目进行科学有效的管理，并承担相应的责任。这样不仅可以帮助用户顺利完成项目工作本身，还能帮助客户增强自身可持续发展的能力。

8.3.4　信息咨询业的管理

成功的咨询机构，离不开良好的管理措施或策略。这些措施包括日常事务管理、咨询人员管理、咨询业务流程管理以及咨询成果管理等。

1. 日常事务管理

日常事务管理的目标就是通过发挥咨询机构的计划、组织、指挥、协调、监督、控制等管理职能，确保企业内部有一个良好的工作氛围。这些管理职能具体体现在下述方面。

(1) 正确地确定业务发展目标，根据客观情况的发展，及时调整和修订目标。

(2) 合理组织力量，保证各项咨询业务的顺利实施。

(3) 制定各项管理制度，建立组织机构，确定分配政策。

(4) 对业务活动进行监督和控制，保证各项目标的实现。

2. 咨询人员管理

咨询企业作为高智力型企业，一般利用咨询服务机构成员较为丰富的知识、经验来帮助委托单位取得咨询项目的成功，因此咨询服务中人员的管理是关键。

咨询人员管理包括建立一整套有关咨询人员选拔、培养及使用考核的管理措施。

(1) 咨询人员选拔措施。咨询公司在招聘咨询人员的过程中，要考虑的因素有：咨询人员应具备该领域丰富的知识，需通过考试取得一定专业的从业资格，至少从事咨询服务两年以上，具有良好的职业道德等。

(2) 咨询人员培养措施。公司管理者应随时与咨询人员进行工作沟通，确定个人须补充学习什么、提高什么，根据个人的特点、专长进行专门化的定向培训或深造，培训方法一般有送大学深造、专题讲座以及内部交流经验等。

(3) 咨询人员考核措施。咨询公司应注重咨询人员的业绩考核与激励，对于不同层次的咨询人员(包括与项目有关的咨询人员、项目主管、项目经理等)的考评内容，由公司核心领导组成考评小组，对每个人进行业绩评价，同时依据客户的反馈效果对员工做出客观评价，给予一定的奖励与惩罚，以激发员工工作的积极性、主动性、创造性。

3. 咨询业务流程管理

咨询企业应对咨询业务所经历的一系列过程进行规范化处理和有序化管理，以确保咨询服务的高质量和高效率。咨询业务流程是一个不断改善和优化的过程，咨询公司首先针对组织业务进行初步流程设计，然后在实践中对其进行调整，如此不断循环往复，以获取科学规范的咨询流程。

具体而言，针对咨询业务流程，应做好下述五点。

第一，在承担项目前，尽可能地分析本企业是否有足够的优势承接该项目，用户是否可以在项目实施中受益，这样可以确保承办方与委托方双方的利益不受损。

第二，在签订合同时，明确各方当事人的责任与权利，并就每项咨询内容详细地说明，从而保证咨询目标的准确性。

第三，咨询公司根据合同的要求，制定咨询工作进度表，进度表以日为单位，并落实到每一个咨询员工，这样就保证了每位咨询员的责任和咨询进度。

第四，对于咨询业来讲，经验是最为宝贵的财富，咨询员之间经常讨论是高质量咨询结果的保证。

第五，要经常与客户沟通，保证咨询产品切合实际，具有可行性。对于客户较为敏感的信息，严守保密职责，尽可能做到诚实、可信、可靠。

4. 咨询成果管理

咨询企业应对研究的咨询项目的成果进行效益评估：对于具有实用性、新颖性、先进性的技术成果应申请成果鉴定；对于成功的咨询项目，应作为个案分析的典型融入咨询企业的数据库中；那些具有普遍应用价值的成果则在企业内部推广作为企业内部的知识经验进行交流。

为了保证对咨询项目成果评估的科学性和公正性，必须做好下述两项工作。

(1) 建立咨询成果评价指标体系。咨询成果评价指标体系是保证评价客观性的关键。

(2) 确定具体的评价方法。目前主要有两种，一种是定性的评价方法(如层次分析法和模糊评价法等)，另一种是定量评价方法(如数学优化方法、小波理论等)。当然，应根据具体的公司咨询业务，选取合适的方法。

咨询企业实施项目成功的关键在于：一方面积累丰富的经验知识，另一方面拥有较完整的各种专业知识数据库。企业咨询的历史越悠久，所积累的经验和专业数据库内容越丰富，越会成为许多咨询委托者青睐的对象。

8.4 ▸ *数据库业及管理*

　　数据库技术、计算机技术和通信技术是现代信息技术的三大支撑技术。数据库技术存在于信息资源开发工作的各个领域，凡是涉及信息存储、处理、检索、交流或分析研究的地方，都可以利用数据库技术来提高其工作效率。实质上，数据库技术已经成为工业化社会向信息化社会过渡的一个重要标志。

8.4.1　数据库业的含义

　　数据库业是指对信息进行收集、加工和组织，使其成为计算机可读介质，并根据用户需要，通过通信介质及其他现代化手段进一步利用和传递信息等各种服务的总称。

　　随着信息技术的飞速发展，信息服务手段发生了根本性变革，出现了以计算机和现代通信技术为手段的新兴信息服务业。在社会信息化程度不断提高的今天，信息资源的开发和利用主要是将信息资源数字化、电子化，建成各种类型的数据库，使之能在计算机网络上运行，为广大用户服务。我们可以从全球范围的新闻出版业来看数据库建设所占的主导地位。

　　信息产业的发展在很大程度上取决于数据库的开发和建设。如有"世界经济报王"之称的《日本经济新闻》报社，其总收入的 50%来自于数据库服务。该报社通过建立大型数据库及联网检索系统，将收集的大量信息进行分析、筛选、提炼，不仅为本报采编人员提供大量参考资料，还为企业提供咨询和宏观发展预测。

8.4.2　数据库服务的作用

　　现代信息服务离不开数据库，数据库服务的作用主要表现在：

　　(1) 能提高效率。在信息的存储、处理、检索、交流、分析等工作环节，数据库正以其无与伦比的高效、方便、准确替代人工操作。

　　(2) 是现代计算机信息检索，尤其是国际联机检索的重要基础。

　　(3) 可同时满足不同地域、不同用户提出的不同方面的信息查询、检索、咨询需求。

　　(4) 能使信息服务机构的日常收集、登录、分编、流通、咨询以及办公等工作实现自动化、现代化。

　　(5) 可与其他现代信息服务技术相结合，形成多功能、综合性计算机信息系统。

8.4.3　数据库业的现状及管理

1. 数据库业的现状

　　在我国，数据库业主要存在下述不足。

　　(1) 内容结构不合理。我国数据库业普遍存在投入多、产出少；数量多、产值小；二次信息多、一次信息少；小库多、大库少的现状。

　　(2) 商品化程度低。主要表现在开发、生产者自用数据库大大多于商用数据库；馆藏文献型数据库大大多于商业型数据库；商情数据库少且信息内容不齐全；小规模数据库所占数量比例较大；多为单机使用，联网率低。因此，数据库的使用价值低，利用率不高，经济效益低下，市场化能力低。

(3) 产业结构不合理。数据库作为商品应具有商品的一切属性。规范、完整的数据库产业结构应由数据库生产者、数据库中介商、代理商和数据库用户等部分组成，彼此分工合作，并形成社会强大的生产格局。然而，现在我国的数据库业则由生产者一家包产包销包宣传，这种小生产性质的经营方式是与现代生产方式格格不入的，将抑制数据库的健康发展。

(4) 规范化程度低。一方面，在数据库设计上，同类数据库的字段名称、字段长度、检索途径、数据库管理系统等都有很大出入，甚至还不符合建库约束条件，不能保证数据库的完整性；另一方面，各类数据库标准不一，各自为政，通用性很低，影响了资源共享。

(5) 缺乏全局性的规划和协调。各数据库机构自行决策，各相关行业间缺乏分工合作，往往造成重复建设、重复引进、开发深度不够等一系列问题，不仅增加了开发成本，而且造成大量信息资源的闲置浪费，致使出现"无主管部门、无主导领域、无主要方向"的"三无主"状态。

2. 数据库业的管理策略

为了促进我国数据库产业的发展，必须采用下述措施。

(1) 加速商品化。其一，由技术驱动变为市场驱动，针对市场需求更好地配置数据库资源，不能一味追求数据库生产的技术；其二，充分发挥市场经济体制的作用，在公平、公正、公开的竞争环境下，对数据库外包者、生产者、销售者实施优胜劣汰，促使数据库生产业更快发展；其三，增加商业、商情数据库的比重，并完善、丰富其内容及信息量，提高数据库的实用性和利用率；其四，使数据库服务工作企业化，面向市场，扩大商用范围，加强广告宣传和用户培训，提高数据库的商业化程度。

(2) 走规模经营道路。数据库生产经营体制应实行产销分离，走商品化、专业化之路。其一，集中财力购置先进设备，与国外大型数据库联网，发展大型的数据库联机检索系统和数据检索中心，实现产品规模化，以库养库，进而扩大再生产；其二，建立结构完整的由数据库生产商、广告代理商、销售商和用户组成的数据库产业系统，并提高各部分的专业化程度，以利于改进技术，提高质量；增加服务类别及服务渠道，提高效率，实现规模经营的经济效益。

(3) 数据库类型多样化。国外的数据库类型很多，有文字型、数值型、图像型、声音型、多媒体型、电子服务型、软件型等；而我国大多为文字型和数值型两种。信息技术的突飞猛进早已为数据库业的发展开辟了广阔的领域，我们应积极发展联机检索；同时，大力发展光盘数据库、多媒体数据库，以适应社会需求。

(4) 倚重政策、法律手段。其一，数据库产业是一个高投入、高产出的产业，急需国家在政策上的支持与保护，以获得优先发展；其二，数据库产业的发展将会涉及信息资源开发问题、知识产权保护问题、数据安全问题、个人数据(隐私)保密问题、跨国数据流控制问题、数据库商贸经营问题等。因此，必须加强立法建设，从而为数据库业的发展创造良好的法治环境。

(5) 遵循协调发展原则。其一，应对数据库业的发展方向做统一的研究、规划，有组织、有计划地开发数据库，以避免短期行为；其二，对科技、经济、信息、高校等不同系统的数据库建设、自建库、引进库的合理布点、利用以及各数据库与国际性联机系统的接口联网等，进行统一协调、规划，防止各自为政、重复建设，避免浪费；其三，加强数据库业与信息咨询业、出版业、图书情报业、教育业等的联系与合作，优势互补，降低成本，提高数据库的利用效率和效益。

(6) 加快信息服务网络化步伐。一方面，数据库是网络建设的基础，但其开发周期长，且需要投入大量人、财、物资源；而任何一个机构所建立的数据库都不可能将所有的数据收集齐全，这就影响数据库发挥最大作用，更直接影响了数据库业的经营利润。另一方面，联机网络是数据库产业赖以生存和发展的关键，它能提高信息共享性，提高数据库利用率，从而带来数据库产业规模的发展、壮大。由此可见，数据库与网络化这二者的发展是相辅相成的，只有建好各级网络数据库系统并实现联机检索，才能最大限度地满足用户需要，最终取得最佳经济效益。

(7) 向国际化发展。数据库产业走向国际化也是自身发展的必由之路。其一，要尽快提高数据库的标准化程度，用国家标准及国际标准加以规范，统一数据库及网络资源建设标准，实现数据库软硬件系统及其所涉及的通信和网络系统的标准化；其二，制定统一的数据库质量标准，加强管理，提高数据加工人员的素质，确保数据采集、加工、录入的科学性、准确性，建立一个结构合理、性能先进、功能齐全的高质量、高信誉的数据库；其三，通过与国际著名联机系统联网，充分利用海外数据库并发展海外市场，输出我国的数据库产品，来扩大与各国间的合作，进入世界大市场。

8.5 ▶ 系统集成业及管理

当前，系统集成已成为计算机应用信息系统建设过程中的重要环节，甚至贯穿于整个系统建设的始终。系统建设单位越来越清醒地认识到，软硬件设备固然是构成信息系统不可缺少的部分，而系统集成则是把这些软硬件设备有机地构成一个有效整体的根本保证。因此，越来越多的系统建设单位将信息化系统建设托付给系统集成商，期望通过系统集成商的工作来加速本单位信息化建设的步伐。于是，一种介于系统建设单位和第三方设备供应厂商之间的系统集成业便异军突起，格外引人注目。

8.5.1 系统集成业的含义

什么是系统集成？至今仍无严格确切的定义，以下是几种具有代表性的定义。

(1) 系统是指为达到某一目标而形成的某一组元素的有机结合，而系统本身又可作为一个元素参与多次组合，这种组合过程可概括地称为系统集成。

(2) 系统集成是根据用户需求，优选各种技术和产品，将各个分离的"信息孤岛"连接成为一个完整、可靠、经济和有效的整体，并使之能彼此协调工作，发挥整体效益，达到整体优化。

(3) 系统集成是为实现某一应用目标而进行的，基于计算机、网络、数据库系统的大中型计算机应用的信息系统建设过程。

(4) 系统集成是针对某种应用目标而提出的全面解决方案(total solution)的实施过程。

(5) 系统集成是各种技术的综合实现过程，也是各种产品设备的有机组合过程。

综合上述定义，我们认为，系统集成就是根据信息化系统建设单位发展的要求，将网络设备(如交换机、路由器等)、计算机硬件(如主机、存储器、防火墙等)、软件(包括数据库、系统软件、工具软件、安全软件、应用软件等)组合成为有效实用的、具有良好性价比的计算机应用信息系统的全过程。该过程由技术咨询、方案设计、网络及计算机硬件设备选型、软件选型、网络建设、应用软件开发、售后服务、维护支持和培训等一系列活动组成。

系统集成业则是指从事系统集成业务的产业群体。

系统集成业主要呈现下述特征。

(1) 从业人员队伍庞大，包括设计、研制、施工、调试、维护等服务人员。

(2) 通常要采用大量的新技术，因此对设计人员素质要求高，设计人员应具有高度专业化的知识、经验和能力。

(3) 打交道的供货商多，且各级供货商分布在各地，相互关系复杂。

(4) 服务项目的生命期通常较短，且使用与维护的要求非常复杂，尤其是客户对服务的要求较高。

(5) 与建筑业类似，对工程的系统化、规范化的组织与管理要求高。

(6) 发展新行业、新客户较困难。系统集成项目要求对用户的行业经验有较好的掌握，而行业间差异较大，难以渗透。

8.5.2 系统集成服务的内容

概括来讲，系统集成服务的内容包括技术咨询、方案设计、网络及计算机硬件设备选型、软件选型、网络建设、应用软件开发、售后服务、维护支持和培训等系统集成的全部活动。

从系统集成的层次角度，系统集成服务的内容主要包括应用功能集成、支撑系统集成、技术集成和产品集成。

1. 应用功能集成

应用功能集成是指将用户的实际需求和实际应用功能在同一系统中加以实现。应用功能的集成不仅反映出系统集成商对用户系统建设目标的理解程度，而且直接影响后续其他层次任务的集成。应用功能的集成是在系统需求分析、系统设计及应用软件开发等阶段完成的，最终是在用户所建成的支撑环境中通过应用软件实现的。

例如，常见的用户应用需求有：办理日常事务(收发邮件、文件处理等)和业务办理(检索、查询、分析、计算等)等。如何将这些功能集成在一个系统(或一个界面)中，便是系统集成服务的重要内容。一般用户往往依据应用功能实现的好坏来判定系统建设的成败。

2. 支撑系统集成

支撑系统 (又称平台系统)集成是指为了实现用户的应用需求而必须建立的支撑环境的集成。

平台系统可分为两部分：一部分是直接为应用软件的开发提供开发工具和环境的应用软件开发平台；另一部分是用于实现数据处理、数据传输和数据存储组织的基础支撑平台，包括服务器平台、网络平台及数据库平台。

系统集成要求各子系统之间的平台系统要统一，特别要有统一的数据库平台和开发平台，以保证数据格式的一致性，避免过多的数据接口和数据转换，提高工作效率和应用效率。

平台系统集成的目标就是使不同的支撑平台之间能够协调一致地工作，使集成系统的整体性能优良。

例如，用户需要远程查询功能，这就要求集成商不仅要为用户解决远程访问的通信手段，而且还要建立供查询使用的查询数据库和相应的服务器。于是，就要用户提供三个支撑系统：网络平台、数据库平台和服务器平台，这三个平台便共同组成了实现远程查询应用系统的支撑环境。

3. 技术集成

无论是系统的功能目标、应用需求的实现，还是支撑系统之间的集成，实际上都是通过各种技术之间的集成来实现的。技术集成是整个系统集成中的核心，这就要求系统集成企业不仅要熟知各种技术及相应的产品，而且还要了解这些技术(产品)的集成能力及其实现手段。

从软件实现的角度，技术集成主要包括界面集成、代码集成和数据集成。

(1) 界面集成。所谓界面集成，是指系统集成中的各子系统的屏幕要具有统一的界面和风格。

应用系统的操作界面是业主形象的具体体现。界面设计应符合用户习惯、方便用户操作，为用户提供易读易懂的信息形态。一个友好的界面能够为用户建立良好的工作环境，激发用户努力学习、主动工作的热情。

(2) 代码集成。代码是人为确定的代表客观事物(实体)名称、属性、状态的符号或者是这些符号的组合。所谓代码集成是指系统集成中要有统一的代码设计，以便于识别和区分，避免造成混乱。

代码设计包括公用代码设计和专用代码设计。其中，公用代码包括单位代码、职工代码、物料代码、子系统代码和功能代码；而专用代码则包括程序名称代码、数据库(表)名称代码、数据字段名称代码等。

(3) 数据集成。数据集成是技术集成乃至系统集成的核心和关键。数据集成就是使系统集成中的各子系统之间实现数据共享、避免数据冗余。

如果只是实现了在统一的平台上开发很多彼此独立的子系统，这不是系统集成，只有实现了数据集成才是真正意义上的系统集成。数据集成主要包括以下内容。

① 建立主题数据库。美国学者詹姆斯·马丁(James Martin)提出了"数据环境"的概念，认为信息系统一般有四类数据环境：第一类是数据文件，第二类是应用数据库，第三类是主题数据库，第四类是信息检索系统。信息系统集成的重要标志是达到高档次的数据环境——主题数据库和信息检索系统。主题数据库是经过科学的规划和设计而建立起来的具有共享性和一致性的数据环境。其特点是面向决策(经营)主题，而不是面向一般的应用项目，其数据结构和存储方式完全独立于职能领域和业务过程。因此，要认真设计和建立主题数据库，而不能按用户视图建立所谓应用数据库。

② 合理设计共享数据库。合理设计共享数据库也是数据集成的重要环节。共享数据库设计不好，各子系统之间数据调用接口会随着应用项目的增加而大量增加，最后导致系统的臃肿和瘫痪。以企业信息系统为例，职工基本情况数据库可以作为共享数据库，这样企业的相关应用系统(如人事管理、财务管理、生产计划管理等)都要用到该数据库，从而使其真正起到共享的作用，减少大量的数据冗余。

③ 建立数据关联。数据集成的另一个重要方面就是各子系统之间的数据调用，即建立各子系统之间的数据关联，以构成一个完整的应用系统，保证数据的唯一性和一致性。数据关

联是在详细调查各子系统数据输入和输出的基础上建立的，可以建立数据调用表或数据关联图，说明需调入数据的路径、库(表)名和字段名，关联双方的数据类型和长度要保持一致，并在程序中实现数据调用。

4. 产品集成

应用功能、支撑系统及技术的集成，其最终的表现形式都落实在具体的产品集成上。所谓产品集成，就是把不同厂商、不用型号、不同应用的产品或设备(包括软件)依照设计要求有机地组合在一起。产品集成是系统集成的外在表现形式，也是系统集成最终、最直接的体现。

长期以来，许多用户，甚至许多系统集成商都把产品集成作为系统集成的第一目标，并错误地认为只要能把各种产品"攒合"起来就大功告成，所以往往导致系统集成项目的失败。事实上，这种实现了设备物理连接的"集成"，仅仅可以视为"物理集成"，它还没有从根本上解决系统的功能集成和信息集成，即"逻解集成"。

其实，要实现产品集成，必须注意两点：其一是要对应用功能、支撑系统及技术等三个层次的集成进行深入调查、设计；其二是对所集成的设备或产品要有较深入、透彻的了解，最好有这些产品的集成经验，至少应使用过同类产品。一个系统集成商所掌握的产品设备越多，其所具备的系统集成能力就越强。

8.5.3 系统集成业的管理

系统集成业是一个新兴产业，为了使其规范化地可持续发展，应该从战略(国家政策)、战术(企业管理)、操作(项目管理)等多层面对其实施管理。

1. 系统集成业战略层面的管理

从国家政策的角度，系统集成业战略层面的管理措施主要有以下几种。

(1) 加快制定和完善系统集成业的相关国家、行业标准及规范。包括软件(系统软件、应用软件、工具软件)、数据库(工程数据库、实时数据库、图形/图像库等)、网络通信(Internet/ Intranet)、产品编码、数据交换、系统集成、信息服务等国家标准与行业标准。

(2) 加强对信息市场、计算机信息服务业市场的宏观管理，采取具体措施整顿市场，建立公平竞争的环境，促进系统集成业健康发展。

(3) 以"官、产、学、研"模式整合社会人力资源，建设若干个系统集成技术工程研究中心或开放实验室，加强系统集成技术及典型应用系统(如 CAD / CAPP/CAM/PDM，ERP，MES，MIS，CIMS 等)技术开发，研制典型应用系统软硬件成套产品，并实现商品化生产。

(4) 利用多种途径，培养大批精通信息技术、经营管理的"集成型"复合人才，促进系统集成技术队伍的发展壮大。同时，要采取切实有效的措施为信息集成人才创造良好的工作环境，防止人才流失。

通过制定和贯彻上述政策与措施，我国计算机系统集成服务将会得到更好、更快的发展。

2. 系统集成业战术层面的管理

从企业管理的角度，系统集成业战术层面的管理措施主要有以下内容。

(1) 加强组织管理。系统集成一般要求开发多个子系统，需要组织一支阵容强大的队伍，因此，必须加强组织管理。系统集成应由一家集成商牵头，在该集成商的统一组织指挥下开展工作。首先，为了保证各子系统进度均衡，要合理搭配子系统开发组人员，即按合作单位、子系统的大小和难易程度以及人员对业务开发工具的熟练程度进行人员搭配，且每个开发组都要配备一名较有经验的人员参与系统分析和设计。其次，一旦人员确定下来，一般不要轻易变更，即从调查、设计到开发都是原班人马。否则，将因新的人员的加入造成时间(包括"磨合"时间、了解和熟悉工程背景的时间等)和精力的浪费。

(2) 加强施工管理。系统集成是一项浩大的系统工程，涉及多种业务知识，涉及整体的配合和协调，因此应像对待其他建设工程一样加强对工程的管理。要经常召开平衡会议，协调各子系统的进度，监督和检查工程质量，解决存在的问题，使工程整体推进、健康发展。

(3) 加强文档管理。文档是信息集成系统的重要管理文件，是系统设计、施工、维护的重要依据。文档管理主要包括三项内容：其一是文档类别(或内容)的完整性，要求所提交的文档包括所有子系统的所有内容；其二是文档格式的统一性和规范性，要求所提交的文档严格按照系统集成文档的相关规范(标准)进行编制；其三是文档管理的科学性，要求建立一套科学的文档保存、流转的管理办法。

3. 系统集成业操作层面的管理

从项目管理的角度，系统集成业操作层面的管理措施主要是：针对系统集成项目管理的5个过程(启动过程、计划过程、执行过程、控制过程、收尾过程)实施战术管理。

(1) 启动过程管理。项目启动过程是指确定一个信息集成项目可以开始的过程。项目启动阶段的管理工作主要包括提出项目需求书；提出项目的技术/实施解决方案；提出项目可研报告；提出项目的立项报告；确定项目章程。

(2) 计划过程管理。项目的计划过程是指项目实现既定目标所进行的有效的、可控的计划安排过程。项目计划阶段的管理工作主要包括确定项目的工作范围；确定执行项目的相关活动，并明确每项活动的职责；确定这些活动的逻辑关系和完成顺序；制订项目计划及其辅助计划。

(3) 执行过程管理。项目的执行过程是指协调人、财、物资源，执行计划的过程。项目执行阶段的管理工作主要包括项目团队管理；项目管理系统(如使用 MS Project 2000 或其他项目管理软件)建设；项目采购管理。

(4) 控制过程管理。项目控制过程是指为确保项目按既定目标实现所采取的监督和检测过程。项目控制阶段的管理工作主要包括项目进度控制、项目变更控制、项目质量控制、项目成本控制。

(5) 收尾过程管理。项目收尾过程是指完成既定目标并有序结束项目的过程。项目收尾阶段的管理工作主要包括准备项目验收文档、会同业主方组织项目验收(或鉴定)会、项目维护管理。

8.6 ▷ 网络服务业及管理

随着计算机与通信技术的高速发展，信息服务业已进入网络时代。网络服务始于 20 世纪 70 年代发展起来的联机检索服务，但是因其存在着封闭性、多终端式、协议非标准及可伸缩性差等弊端，最终被开放式的 Internet 服务所取代。

8.6.1 网络服务业的含义

网络服务业是指直接从事信息的采集、加工、传播、交流并且以信息产品通过网络向社会提供服务的产业群。换言之，网络环境下的信息服务业就是网络服务业。

随着 Internet 的不断发展和逐渐普及，网络环境下的信息服务集传统信息服务优势为一体，成为继报刊、广播、电视等三类基本媒体以后的第四类信息媒体。

Internet 具有信息传播容量大、快捷方便、全球覆盖、自由与交互等特点，兼备了报刊、广播、电视等三大传媒所具有的一切表现形式；同时，它还改变了以往大众传媒的信息单向瞬时传播、受众被动同步接收的缺陷，使大众传媒的控制权由传播者向用户转移，信息传播由发布向服务过渡。

基于 Internet 的信息服务将更加方便和有效，用户可在自己方便的时间主动通过 Internet 选择接收与发布信息，提高了信息处理、存储与自由交互的能力。

8.6.2 网络服务的模式

网络服务模式的有两种划分方法：基于网络层次的服务模式和基于网络服务商的服务模式。

1. 基于网络层次的服务模式

基于网络层次的服务模式主要有下述 5 种。

(1) 基础通信服务。即通过建设骨干网络设施，提供 Internet 接入、光纤线路租赁等服务。例如，中国电信的网络租赁服务。

(2) 网络增值服务。即通过在电信的物理链路上架构的广域网，将 Internet 的物理资源和技术资源按用户的需求进行重新组合集成后，向企事业单位提供网络接入、管理与运行服务。例如，基于移动通信的教育城域网系统。

(3) 信息增值服务。即在网络增值服务的基础上，面向个人用户开展网上服务(如电子邮件、电子商务等)，并提供公众信息、广告信息、增值信息等。例如，美国 AOL 公司便是主要利用信息增值服务方式的在线时间获取收益。

(4) 信息内容服务。即提供信息内容的服务，包括频道、门户、搜索引擎、个人免费主页、系列邮件订阅、新闻内容等。例如，Yahoo 公司便是通过信息内容服务来得到经济回报的。

(5) 信息技术服务。即提供网络系统软硬件技术服务，典型的案例有 IBM、HP、SUN、Microsoft 等知名 IT 公司提供服务器、网络设备、Internet 软件及应用软件等信息技术服务。

2. 基于网络服务商的服务模式

基于网络服务商的服务模式主要有下述 5 种。

(1) SI 服务。SI(system integrate)服务的主要内容包括门户网站、企业资源规划(enterprise resource planning，ERP)、客户关系管理(customer relationship management，CRM)、供应链管理(supply chain management，SCM)、产品数据管理(product data management，PDM)等。

(2) ISP 服务。ISP(Internet service provider)服务的主要内容包括互联网接入(包括有线、无线)、虚拟主机、主机托管、网页制作与维护等。

(3) ICP 服务。ICP(Internet content provider)服务的主要内容包括搜索引擎、内容检索、新闻服务、电子邮件、城市服务、电子游戏以及各种信息(包括政府信息、专业信息、行业信息和综合信息等)服务。

(4) IDC 服务。IDC(Internet data center)服务的主要内容包括 E-mail、域名注册、虚拟主机、企业形象宣传网站。

(5) ASP 服务。ASP(application service provider)服务商的主要内容包括电子商务、应用托管以及各种应用服务，如 E-mail、企业门户以及 ERP、CRM、SCM 等各种应用系统。

8.6.3 网络服务业的管理

在我国，由于网络服务业管理的科学体系尚未形成，管理较为混乱，主要表现在：缺乏网络服务的法律、法规，缺乏网络服务业的管理与监督机制，网络服务业的收费不合理，网络服务的质量差等。因此，加强网络服务业管理十分必要。

从宏观上，应构建网络服务业的社会管理体系，具体工作包括下述几个方面。

(1) 建立网络服务业的社会管理体系。针对网络服务业存在的问题，应对其管理属性开展研究，实现专业化的管理机制；将网络服务业与一般的服务行业相区别，改变目前多部门管理信息产业，而网络服务业又无专门部门管理的现象。

(2) 完善网络服务业管理法规，建立网络服务业的监督机构。目前，我国用于网络服务业管理的法律法规主要有《保密法》《公司法》《经济合同法》《专利法》《产品质量管理条例》以及市场经济主体法律体系等。这些法规在一定程度上、一定范围内解决了网络服务业的某些问题。例如，《保密法》规定了涉及国家安全和国家利益的信息传播与使用范围；《经济合同法》规定了合同的签订、履行、变更和解除形式、违约责任等；《公司法》对产业的经营做出了规定；《专利法》明确了专利信息服务及专利转让问题；《产品质量管理条例》规定了质量管理的基本原则；市场经济主体法律体系明确了市场管理的法规等。然而，这些法律法规对信息产业的特殊问题却无法解决。因此，健全网络服务业法规已成为一个十分重要的问题，只有在健全法律法规的基础上，才能完善网络服务业的社会监督工作，使其规范化地可持续发展。

(3) 加强网络服务市场管理。网络服务市场是网络服务活动的实现场所，也是市场体系中不可缺少的有机整体。但是，由于网络服务的"产品"及其交易的特殊性，使市场呈现出形态的多元性与隐蔽性、市场交易方式的便捷性与多样性等特有的形式与规律。因此建立一个完善的市场管理体制和运行机制，并将其价格管理纳入物价管理部门的工作范畴，才能保证网络服务业在一个公平、有序的市场竞争环境下健康发展。

从微观上，应加强网络服务商(企业)的内部管理，其内容可以概括为下述的"6M"管理。

(1) 人事(men)。包括企业内部全部人员的管理，主要内容有员工的招聘、培训、考核奖惩、职务任免、职务升降等。

(2) 经费(money)。包括对企业内部全部资金的管理，主要内容有资金投入管理、产业预算、流动资金安排、成本分析、利润分析、工资发放及发展资金分配等。

(3) 机器(machines)。包括对企业内部全部信息设备的管理，主要内容有各种信息设备的使用、维护等。

(4) 物料(material)。包括对企业全部"物料"的管理，主要是对信息资源的开发、组织、利用中的"原料"(一次信息资源)、"半产品"(二次信息资源)以及"产品"(信息产品)进行管理。

(5) 方法(methods)。方法管理是指对信息生产的方式与作业操作的管理，涉及生产计划管理、质量管理、作业管理和全面控制等。

(6) 士气(morale)。士气是网络服务企业生产经营中的重要因素，士气管理是一种精神文化管理，主要包括宣传、鼓动及精神文明活动的组织管理。

8.7 ▶ 信息监理业及管理

信息系统建设是一项投资大、周期长、知识密集、高风险的系统工程，因其涉及的技术层面广、集成难度大，加之用户需求不明确、可行性论证不充分、合同书条文不清晰、系统开发不规范等，往往造成项目延误、重复建设、水平落后，甚至成为"豆腐渣"工程。因此，为了降低信息系统工程实施的风险，必须对信息系统工程项目进行监理。于是，信息监理业便应运而生。

8.7.1 信息监理业的含义

所谓信息监理业是指从事信息系统工程监理的服务行业。

(1) 信息系统工程是指信息化工程建设中的信息网络工程、信息资源工程和信息应用工程的新建、升级和改造工程，它涵盖了计算机工程、网络工程、通信工程、结构化布线工程、智能大厦工程、软件工程、系统集成工程以及有关信息化建设的工程及项目。

(2) 监理中的"监"是监视、督察的意思，它有视察、检查、评价、控制等从旁纠偏、督促实现目标的意思；"理"通常指"条理、准则"或者"管理"的意思，所以"监理"可以理解为以某项条理或准则为依据，对一个项目、业务、活动与行为进行监视、督察、控制和评价。

(3) 信息系统工程监理是指依据国家有关法律法规、技术标准和信息系统工程监理合同，对信息系统工程项目实施监督管理。

信息监理业的重要特性之一是服务性。信息系统工程监理单位应是知识密集型的机构，它本身不是直接的生产者，是为信息系统工程建设单位提供智力服务的机构；信息系统工程监理单位的劳动与所得报酬是技术服务性的，它不能承包工程，不得参与信息系统工程承建的盈利分配。反之，项目的承包单位(即施工单位)也不得参与信息系统工程的监理。

信息系统工程监理业的重要特性还有其专业性，这是其赖以生存的重要条件。信息系统工程监理单位必须能在信息系统工程项目建设的全过程中，利用信息系统工程监理所要求的5 个维度(包括监理对象维度、监理目标维度、监理内容维度、监理支撑维度、监理实施维度等)的专业知识结构，及时地发现与解决信息系统工程设计、施工中存在的问题。

8.7.2 信息监理服务程序及服务方式

1. 信息监理的服务程序

信息监理的服务程序包括 4 个步骤：签订监理合同、编制监理计划、实施监理工作、验收监理项目，如图 8-3 所示。

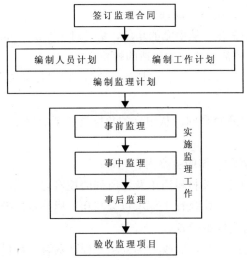

图 8-3　信息监理的服务程序

1）签订监理合同

监理单位承担监理业务时，首先应与建设单位签订书面的信息系统工程监理合同，监理合同一旦签订，就具有法律效力，双方必须严格按照合同规定的内容展开工作。

监理合同主要包括下述内容。

(1) 监理的主要工作。这是编制监理计划的主要依据，也是监理合同的标的。

(2) 双方的权利与义务。

(3) 监理费用及支付方法。

(4) 违约责任及对争议问题的解决办法。

(5) 其他事项。

2）编制监理计划

监理计划的编制主要包括编制人员计划和编制工作计划。

人员计划是指监理单位应根据合同的内容、项目的特征和监理单位自身的状况确定项目总监理工程师、监理工程师以及其他监理人员，且各类人员必须具备相应的任职资格，并出具相应的证明材料。

工作计划则是根据签订的监理合同和承包方(设计、施工单位)的项目开发计划，编制详细的监理工作计划，该计划经企业审核确认后作为监理工作开展的依据。其内容包括：

(1) 信息系统工程建设中的关键点和关键活动。

(2) 信息系统工程建设中的报告制度和内容。

(3) 信息系统关键点验收标准和要求。

(4) 监理报告制度和内容。

(5) 信息系统结项验收标准以及应归档的资料。

3）实施监理工作

实施监理工作主要包括三部分工作内容：项目实施前的监理(事前监理)、项目实施过程中的监理(事中监理)、项目质保期内的监理(事后监理)。

(1) 事前监理。事前监理工作的主要内容包括：

① 协助建设方对信息系统项目的战略性、经济性、技术性进行可行性论证。

② 协助企业进行信息系统整体规划。

③ 通过调查研究企业需求，从中立的角度，基于对企业需求和软件产品的全面了解，帮助企业进行业务和软件的评估，找到最合适的解决方案。

④ 协助企业进行项目招投标工作，包括招标文件的编制、招标活动的组织、投标单位设计方案的评审等。

⑤ 协助企业签订项目开发合同，从中立的角度进行全面评估，选择最合适的承包方(设计、施工单位)。

(2) 事中监理。事中监理工作的主要内容包括：

① 审查承包方提交的设备及材料清单及其所列的规格与质量。

② 督促、检查承建单位严格执行工程承包合同和工程技术标准。

③ 调解业主与承包方之间的争议。

④ 检查工程进度和施工质量，验收分部分项工程，签署工程付款凭证。

⑤ 督促整理合同文件和技术档案资料。

⑥ 按计划、分阶段或定期提交监理报告，向企业单位报告信息系统工程监理活动情况，如出现重大情况，必须及时报告。

⑦ 对项目实施过程中发生的变更进行评估和责任归属，并根据不同情况进行必要的处理，以保证项目的顺利进行。

(3) 事后监理。在信息系统项目质保期内产生的质量、安全等方面的问题，监理单位仍负有责任，应该督促承包单位及时予以解决，保证系统的正常运行。

4) 验收监理项目

监理项目验收工作的主要内容包括：

(1) 提交项目验收资料，包括监理工作总结报告、监理设计变更及工程设计变更报告、各种监理的签证资料、信息系统工程效果评价报告等。

(2) 根据项目验收标准进行项目验收，并编制项目验收报告。

(3) 编制系统升级及维护计划。

(4) 按照项目实施合同审查工程结算。

(5) 组织业主和承包方进行工程竣工初步验收，提出竣工验收报告。

2. 信息监理的服务方式

根据监理内容和程度的不同，信息监理的服务方式主要有三种：咨询式监理、里程碑式监理和全程式监理。

(1) 咨询式监理。咨询式监理是最简单的一种监理服务方式，业主方投入经费少，监理公司的工作量小且责任轻，仅适合有较好的信息系统建设与管理经验、技术力量较强的业主采用。该方式只对业主就信息系统工程建设过程中提出的问题进行解答，其性质类似于业务咨询或方案咨询。

(2) 里程碑式监理。里程碑式监理是将信息系统的建设划分为若干个阶段，在每一个阶段结束都设置一个里程碑，里程碑到来时通知监理公司进行审查或测试。该方式比咨询式监理产生的费用要多，但监理方的责任更重；该方式的确定需要承包方认定，否则就会因对里程碑的界定不同而互相推诿，致使监理单位无法进行过程控制，易造成返工，浪费建设资金。该方式适合对信息化建设有一定的管理经验和技术力量的业主采用，对承包方的素质要求较高。

(3) 全程式监理。全程式监理是一种复杂的监理方式，不但要求对信息系统建设过程中的里程碑进行审查，还应该派相应人员全程跟踪、收集信息系统开发过程中的信息，不断评估承包方的开发质量和效果。这种方式费用最高，监理方的责任也最大，适合那些对信息系统的开发不太了解、技术力量偏弱的业主采用。

8.7.3　信息监理业的管理

为了确保信息监理业的健康发展，必须加强信息监理企业和信息监理项目的管理工作。

1. 信息监理企业的管理

信息监理企业的管理措施包括以下内容。

(1) 制定企业的长期发展目标与战略，包括业务范围、市场目标、盈利目标、资金结构、社会责任等。

(2) 激励企业员工的工作热情，包括实行竞争性工资制度；提高员工生活福利，如医疗、养老保险等；鼓励技术人员取得相关专业资格证书，增加职业吸引力；实行各种奖励政策，提高公司的凝聚力。

(3) 提高企业的技术水平。由于信息系统工程项目技术的先进性与复杂性不断地加大，因此要求监理企业的技术水平也得不断提高，包括充实企业的技术专长，增加技术储备；建立各级技术人员的培训机制，提高企业技术人员的专业素质；密切跟踪国际技术前沿，不断更新公司的项目管理体系(含质量管理体系)。

(4) 重视发挥品牌效应与专长的培育。信息监理企业大都处于初创阶段，应重视形成自己独特的特点，树立良好的服务品牌。由于信息系统工程涵盖的领域十分广泛，一个监理公司不可能对每一种类型的项目都熟悉，因此要突出自己的专长。与其"样样懂、门门温"，不如集中人力、物力做好较少几个领域的监理工作，创出品牌。

2. 信息监理项目管理

对信息监理项目的管理措施，可以归结为"五大控制、两个管理、一个协调"。其中，五大控制是指质量控制、进度控制、投资控制、信息安全控制及知识产权保护控制；两个管理是指合同管理和信息管理；一个协调是指协调多方面关系。

(1) 质量控制(quality control)。主要是通过对工程集成商资质的核查、软硬件设备质量的控制、项目设计阶段的设计方案的审核、施工阶段的质量监控、工程质量事故的处理、工程质量评定和测试等进行控制。

(2) 进度控制(time control)。主要是通过项目管理的一系列方法，对项目各个阶段进度计划进行审核，使施工阶段的工程进度按照预定的计划进行。

(3) 投资控制(cost control)。主要通过核实设备价格、审查决策阶段投资概算、审查工程设计阶段投资预算、招标阶段投资控制、施工阶段工程计量与付款控制、验收阶段审核等来进行控制。

(4) 信息安全控制(information security control)。主要通过对信息系统设计方案的审核，对实施过程中信息安全方面的监控，来确保信息系统工程符合建设单位的信息安全，同时，也要符合国家相关的信息安全规范。

(5) 知识产权保护控制(intellectual property protection)。此部分的控制是贯穿整个信息系统工程全过程的控制。监理方的工程师应按照国家有关知识产权保护的规定严格要求信息系统工程承建方遵守法规。

(6) 合同管理。即协助业主招标和拟订工程合同,在施工阶段监督集成商执行合同的情况,督促合同双方履行合同规定的义务,调解合同纠纷以及管理合同违约索赔。

(7) 信息管理。即管理监理过程中发生的合同、文档以及工程资料。

(8) 协调多方面关系。即协调业主、承包商以及外部供应商等多方面的工作关系。

8.8 ▷ 服务外包业及管理

在知识经济时代,随着经济全球化趋势的不断强化,承接服务外包(尤其是国际服务外包)已成为我国服务业实现产业转移和升级的重要手段,特别是大力承接国际服务离岸外包,更是企业推进产业链升级、提高国际分工地位和专业化能力的战略举措。

8.8.1 服务外包的内涵

外包(outsourcing)源于制造业,最早起源于家具行业,后来发展到汽车行业和 IT 行业。外包又称分包,从其形式上看,类似于目前国内外流行的代工(original equipment manufacture,OEM)或贴牌(original brand manufacturer,OBM)生产模式。

随着 IT 技术迅速发展、贸易自由化程度的提高以及跨国公司战略模式的改变,在服务行业(如会计、法律、营销、研发设计、人力资源管理等)也出现越来越多的外包现象。因此,便出现了服务外包。

所谓服务外包,是指某组织为了降低成本、提高效率、强化核心能力、增强适应性,依托现代信息技术、网络技术、通信技术,将价值链中部分服务性业务以合同形式委托给其他组织来完成的一种商业模式。其中,"某组织"是指服务外包的委托方,又称发包方,它可以是政府机构,也可以是企事业单位;"其他组织"是指服务外包的受委托方,又称为接包方,它一般是擅长某特定服务的营利性组织。发包方委托给接包方的服务性业务往往是基础性的、共性的、非核心的或不擅长的业务。

一般来说,服务外包具有下述属性。

其一,服务外包由发包方、接包方和外包合同三大要素构成,发包方将自身的一部分业务交由接包方来完成,并通过外包合同规范双方的行为、保证双方的利益。

其二,发包方转移给接包方的业务通常是非核心的业务(往往处于价值链的低端)和不擅长的业务(能力不足或效率不高,可能处于价值链高端)。

其三,发包方外包服务业务的主要目的是为了降低成本、提高效率、强化核心能力和应变能力。

其四,服务外包(尤其是离岸服务外包),必须依托信息技术、网络技术和通信技术来实现(服务外包实际上是基于 IT 的外包)。

8.8.2　服务外包的类别

按不同的分类方法，服务外包有不同的类别。例如，基于业务领域的不同分为信息技术外包(information technology outsourcing，ITO)、业务流程外包(business process outsourcing，BPO)；基于服务交付是否跨越国界分为离岸外包(包括近岸外包)和在岸外包；基于发包方发包程度不同又分为部分外包和全面外包等。

目前，被业内广泛认可的服务外包分类方法是基于业务领域分类法。按照该分类法，服务外包具体类型如图 8-4 所示。

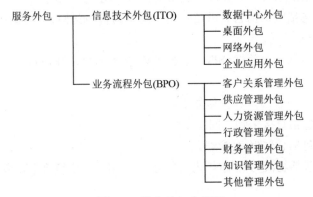

图 8-4　服务外包分类图

1. 信息技术外包(ITO)

信息技术外包除了提供常规的 IT 服务外，还涉及对发包方进行某种程度的转移管理职责(如接包方有时候"接管"发包方的资产或员工)。服务内容包括产品支持、咨询、开发以及集成服务等。服务方式可以在客户的地点或远程提供服务。具体而言，信息技术外包服务类型主要有数据中心外包、桌面外包、网络外包、企业应用外包。

(1) 数据中心外包。数据中心外包是一种按年度或多年度的服务外包关系，涉及运营服务器/主机平台(含存储设备)方面的日常管理职责。数据中心外包合同通常包括客户有关的运营管理服务。例如，基于 ITIL 服务理念，围绕计算硬件级问题可提供"帮助台管理"服务；围绕基础设施软件或操作系统软件问题，可提供"应用管理"服务。

(2) 桌面外包。桌面外包是一种按年度或多年度的服务外包关系，涉及运营桌面/客户平台方面的日常管理职责。这些服务包括产品支持与专业服务的任意组合(或所有)，只要它们与桌面资源(包括桌面外设)的持续管理有关。桌面系统可包括任何一种客户系统，包括笔记本电脑、远程员工和移动员工的客户系统等。桌面外包合同通常包括客户有关的运营管理服务。例如，围绕计算硬件、基础设施软件或操作系统软件级问题，可提供"帮助台管理"或"应用管理"服务，可在客户地点或非现场提供服务。

(3) 网络外包(企业与公共网)。网络外包是一种按年度或多年度的服务外包关系，涉及管理、强化、维护及支持终端、核心网络基础设施、企业电信资产(包括固话与无线)等方面对持续性网络或电信管理的服务事宜。

(4) 企业应用外包。企业应用外包是一种按年度或多年度的服务外包关系，涉及在服务器/主机或桌面平台中管理、强化及维护定制应用或打包应用软件方面对持续性应用的服务事宜。

2. 业务流程外包(BPO)

业务流程外包(BPO)是指把一个或多个 IT 密集型业务流程委托给一家服务提供商,让其拥有管理和控制选定的流程。这些业务流程是已经详细定义的,并能使用可测量方法来执行的。业务流程外包服务包括客户关系管理、供应管理、人力资源管理、行政管理、财务管理、知识管理和其他管理等。

(1) 客户关系管理。客户关系管理内容具体如下:

① 客户选择,包括细分市场/潜在客户的统计分析数据、活动设计以及通信规划等。

② 客户获取,包括销售机会管理、现场销售自动化等。

③ 客户保留,包括电话销售、电话营销、网络销售与营销、自助柜台、查询处理/问题解决以及现场服务自动化等。

④ 客户扩展,包括客户数据分析、追加销售/交叉销售、其他营销、市场推广与客户维护流程等。

(2) 供应管理。供应管理内容具体如下:

① 购买流程,包括直接采购、间接采购。

② 存储流程,包括仓储/库存管理。

③ 移动流程,包括物流与运输(国内与国际)、分销、供应链规划以及其他供应链管理流程等。

(3) 人力资源管理。人力资源管理包括薪资管理、在线津贴登记、健康与福利津贴管理、退休户口管理、灵活的支出账户、行政、招募、背景核查、教育与培训、临时性工作人员管理以及其他人力资源流程等。

(4) 行政管理。行政管理包括文档管理、资产管理、房地产管理以及其他管理等。

(5) 财务管理。财务管理内容具体如下:

① 财务与会计,包括应付账(包括出差与开支)、应收账、记账、总分类账、税务管理、金库与现金管理、管理会计、电子支付(如信用卡或自动票据交换所)、"暂记"账户余额的核对、收益分析、预备资产清单、风险分析,以及其他财务与会计等。

② 支付服务,包括支票、EDI(电子数据交换)、企业与公司信用卡、信用证、自动票据交换所、电子发票与支付以及保险。

(6) 知识管理。知识管理,也称知识流程外包(knowledge process outsourcing,KPO),是业务流程外包的高端业务类型,相比一般的服务外包具有高附加值和高利润率的特点,侧重于流程创新、新产品研发和业务分析为主的领域,且包括一定程度的诊断、判断、解释、决策和结论等。

(7) 其他管理。其他管理包括金融业务、卫生保健业务、制造业务等。

8.8.3 软件服务外包管理

软件外包一般都会涉及发包方和接包方。其中,发包方是指把软件业务外包出去的一方,而接包方则是负责帮助发包方完成软件外包业务并提供服务的一方。为了使发包方和接包方真正实现"双赢",必须做好软件外包管理工作。所谓软件外包管理,是指发包方依据既定的规范和流程,评估选择合适的接包方,采用合适的发包方式,签订合同、监控软件开发质量、验收最终成果的过程。

一般来说，软件服务外包管理包括选择接包方、签订外包合同、监控服务过程、验收成果等流程。

1. 选择接包方

选择接包方主要包括邀标、评估接包方、确定接包方等环节。

(1) 邀标。发包方应准备《外包项目招标书》及相关项目背景材料，并分发给相关候选接包方；接包方按发包方要求，在指定日期内递交《外包项目投标书》(或《外包项目应标书》)及相关商务及资质证明材料。

(2) 评估接包方。对相关候选接包方的技术能力、过程能力、人力资源能力、企业规模、国际化能力等进行评估，主要评估指标包括：

① 技术方案是否令人满意。

② 开发进度是否可以接受。

③ 性能价格比。

④ 能否提供较好的持续服务(维护)。

⑤ 是否具有开发相似产品的经验。

⑥ 以前开发的产品是否有良好的质量。

⑦ 开发能力与过程管理能力。

⑧ 资源(人力、财力、物资等)是否充足并且稳定。

⑨ 信誉以及外界对其评价。

⑩ 是否已经取得业界认可的证书，如 ISO 质量认证、CMMI 认证等。

⑪ 是否可以有效进行知识产权保护。

⑫ 是否有完善的数据备份和规避风险的方法。

⑬ 地理位置是否合适。

(3) 确定接包方。根据候选接包方的综合竞争力排名，挑选出最优的接包方。

2. 签订外包合同

发包方和接包方依据《外包项目招标书》和《外包项目投标书》，进行商务谈判，以达成共识，并由此签订《外包服务合同书》。该合同书一般应包括外包业务范围、交付成果物、交付限期、金额、支付方式、诚信守约等基本原则条款；交付的成果物、报告书、借与的资料、软硬件物品等的保密规定，成果物的知识产权、信息和数据的管理方法；以及验收条件、发生不合格情况时的责任约定等特有条款。

3. 监控服务过程

监控服务过程主要包括进度管理和质量管理。

(1) 进度管理。外包方应定期检查接包方的进展情况，并记录到《外包开发过程监控报告》。监督和检查内容包括实际进度是否与计划相符，接包方的投入是否充分，工作成果的质量是否合格，一般从接包方定期提供的日报、周报、月报、里程碑报告等文档中获取相关的信息。同时，发包方应当督促接包方纠正工作偏差。如果需要变更合同、产品需求或开发计划，则按照事先约定好的变更控制流程处理变更请求。

(2) 质量管理。为了确保外包业务的开发质量，事前必须明确作业基准、文档标准、质量基准、开发流程等，尽可能使开发作业、信息传递标准化。表 8-1 罗列出了一些质量控制事项。

表 8-1　质量控制事项

序　号	质　量　项　目	说　　明
1	文档标准	格式、用语、编码等
2	设计标准	格式、方法、模板等
3	编程标准	编码格式、命名规则、注释要求等
4	测试标准	测试设计、测试方法、测试记录等
5	进度管理流程	报告格式、内容、周期、工作机制等
6	质量管理流程	检查方法、评审模式、工作机制等
7	问题管理流程	问题确定、分类、调查、诊断、解决等
8	变更管理流程	变更记录、审查、归类、批准、协调等
9	成果验收标准	验收标准、方法、时间、载体等

4. 验收成果

验收成果包括验收准备、成果审查、验收测试、问题处理、成果交付等环节。

(1) 验收准备。接包方将待验收的工作成果准备好，并将必要的材料提前交给发包方；发包方慎重地组织验收人员；双方最终确定验收的时间、地点等。

(2) 成果审查。验收人员审查接包方应当交付的成果，如代码、文档等，确保这些成果是完整且正确的。

(3) 验收测试。验收人员对交付的产品进行全面的测试，确保产品符合需求。

(4) 问题处理。如果验收人员在审查与测试时发现工作成果存在缺陷，则发包方应当视问题的严重性与接包方协商，给出合适的处理措施：①如果工作成果存在严重的缺陷，则退回给接包方。接包方应当给出纠正缺陷的措施，双方协商第二次验收的时间。给发包方带来损失的，应当依据合同对接包方做出相应的处罚；②如果工作成果存在一些轻微的缺陷，则接包方应当给出纠正缺陷的措施，双方协商是否需要第二次验收。

(5) 成果交付。当所有的工作成果都通过验收后，接包方将其交付给发包方。至此，整个软件服务外包项目完成。

8.9 ▶ 大数据业及管理

数据是国家基础性战略资源，是 21 世纪的"钻石矿"。全面推进大数据发展，加快建设数据强国，对提升政府治理能力、优化民生公共服务、促进经济转型和创新发展有重大意义。

8.9.1 大数据业的含义

大数据(big data)是指数据规模大小超出常规数据库工具获取、存储、管理及分析能力的数据集合。

大数据具有"4V"特征，即巨量性(volume)、时效性(velocity)、多样性(variety)、高价值性(value)。

(1) 巨量性。数据体量巨大，以 TB、PB 甚至 EB、ZB 来计量。

(2) 时效性。数据处理实时性要求高，一般要求在短时间内(≤1秒)处理出结果。

(3) 多样性。数据类型复杂，不仅有结构化数据(如地理数据、财务数据)，而且还有大量异构的半结构化数据(如 Web 日志、电子邮件等)和非结构化数据(如图像、视频等)。

(4) 高价值性。数据的整体价值在不断提高。

大数据业指以数据生产、采集、存储、加工、分析、服务为主的相关经济活动行业，包括数据资源建设、大数据软硬件产品的开发、销售和租赁活动，以及相关数据服务的行业。

8.9.2　大数据业的服务类型

大数据业的服务类型主要有三种，即数据支撑服务、数据本身服务、数据融合服务。

(1) 数据支撑服务。即支撑大数据的各类硬件、软件、平台、方法、工具涉及的相关服务。其中，硬件包括网络设备、存储设备、安全设备、计算设备等；平台包括数据中心平台、云平台等；方法和工具主要包括数据采集、数据分析(在线机器学习、自然语言处理、图像理解、语音识别、空间分析、基因分析等)、数据展示(含智能报表、数据可视化等)。

(2) 数据本身服务。即数据本身涉及的相关服务，包括数据采集服务、数据清洗加工服务、数据整合服务、数据治理服务、数据交易服务、数据分析服务、数据可视化服务、数据安全服务等。

(3) 数据融合服务。即大数据与其他行业领域融合产生的新型服务业态，如智慧城市大数据服务、智慧医疗大数据服务、智慧城管大数据服务、智慧交通大数据服务、智慧农业大数据服务等。

8.9.3　大数据业管理

大数据业是国家战略性新兴产业，为了促进其健康发展，需要加强政府的宏观管理和企业的微观管理。

1. 政府的宏观管理措施

从政府层面的管理措施，应体现"20字"的管理方针，即"统筹协调、开放共享、应用引领、创新驱动、安全规范"。

以推动数据开放与共享、加强技术产品研发、深化应用创新为重点，以完善发展环境和提升安全保障能力为支撑，打造数据、技术、应用与安全协同发展的自主产业生态体系，全面提升我国大数据的资源掌控能力、技术支撑能力和价值挖掘能力。

(1) 统筹协调。发挥政府统筹协调作用，一是加强国家、省市、部门、地方大数据发展政策衔接，优化大数据产业布局，形成协同发展合力；二是加大政府政策支持和引导力度，营造良好的大数据产业发展的政策法律法规环境，形成"政产学研用"统筹推进的机制。

(2) 开放共享。树立数据开放共享理念，一是完善相关制度，推动社会经济及各行业数据资源开放共享与信息流通；二是汇聚国内外大数据技术、人才和资金等要素资源，坚持自主创新和开放合作相结合，走开放式的大数据产业发展道路。

(3) 应用引领。强化市场应用的引领作用，发挥我国市场规模大、应用需求旺的优势，以国家战略、人民需要、市场需求为牵引，加快大数据技术产品研发和在各行业、各领域的应用，促进跨行业、跨领域、跨地域大数据应用，形成良性互动的产业发展格局。

(4) 创新驱动。突出创新驱动发展战略，瞄准大数据技术发展前沿领域，强化创新能力，提高创新层次，以企业为主体集中攻克大数据关键技术，加快产品研发，发展壮大新兴大数据服务业态，加强大数据技术、应用和商业模式的协同创新，培育市场化、网络化的创新生态。

(5) 安全规范。坚持安全保障作用，一是坚持发展与安全并重，增强信息安全技术保障能力，建立健全安全防护体系，保障信息安全和个人隐私；二是加强行业自律，完善行业监管，促进数据资源有序流动与规范利用。

2. 企业的微观管理策略

大数据企业的微观管理策略涉及人财物、产供销等方方面面，但其核心策略是加强数据资产管理。

具体而言，企业的数据资产管理包括数据标准管理、数据模型管理、元数据管理、主数据管理、数据质量管理、数据安全管理、数据价值管理、数据共享管理 8 个方面。

(1) 数据标准管理。数据标准是指保障数据的内外部使用和交换的一致性、准确性的规范性约束。数据标准管理是指通过统一的数据标准制定和发布，结合制度约束、系统控制等手段，实现企业大数据平台数据的完整性、有效性、一致性、规范性，推动数据的共享开放，构建统一的数据资产地图，为数据资产管理活动提供参考依据。

(2) 数据模型管理。数据模型是现实世界数据特征的抽象，用于描述一组数据的概念和定义；从抽象层次上描述了数据的静态特征、动态行为和定义。数据模型所描述的内容有三部分，即数据结构、数据操作和数据约束，形成数据结构的基本蓝图，也是企业数据资产的战略地图。数据模型管理是指在信息系统设计时，参考业务模型，使用标准化用语、单词等数据要素来设计企业数据模型，其管理内容包括数据模型的设计、数据模型和数据标准词典的同步、数据模型审核发布、数据模型差异对比、版本管理等。

(3) 元数据管理。元数据是描述数据的数据，按用途不同分为技术元数据、业务元数据和管理元数据。元数据管理是指为获得高质量的、整合的元数据而进行的规划、实施与控制行为。元数据管理的内容可以从以下六个角度进行概括，即"向前看"："我"是谁加工出来的；"向后看"："我"又支持了谁的加工；"看历史"：过去的"我"长什么样子；"看本体"："我"的定义和格式是什么；"向上看"："我"的父节点是谁；"向下看"："我"的子节点是谁。

(4) 主数据管理。主数据是指用来描述企业核心业务实体的数据，是企业核心业务对象、交易业务的执行主体；也是在整个价值链上被重复、共享应用于多个业务流程的、跨越各个业务部门和系统的、高价值的基础数据，是各业务应用和各系统之间进行数据交互的基础。主数据管理通过对主数据值进行控制，使得企业可以跨系统地使用一致的和共享的主数据，并由此提供来自权威数据源的协调一致的高质量主数据，降低成本和复杂度，从而支撑跨部门、跨系统数据融合应用。

(5) 数据质量管理。数据质量是保证数据应用效果的基础，衡量数据质量的典型指标有 6 个：完整性(数据是否缺失)、规范性(数据是否按照要求的规则存储)、一致性(数据的值是否存在信息含义上的冲突)、准确性(数据是否错误)、唯一性(数据是否是重复的)、时效性(数据是否按照时间的要求进行上传)。数据质量管理是指运用相关技术来衡量、提高和确保数据质量的规划、实施与控制等一系列活动，以期企业可以获得干净、结构清晰的数据。开展数据质量管理，是企业开发大数据产品、提供对外数据服务、发挥大数据价值的必要前提，也是企业开展数据资产管理的重要目标。

(6) 数据安全管理。数据安全管理是指对数据设定安全等级，按照相应国家/组织相关法案及监督要求，通过评估数据安全风险、制定数据安全管理制度规范、进行数据安全分级分类，完善数据安全管理相关技术规范，保证数据被合法合规、安全地采集、传输、存储和使用；企业通过数据安全管理，规划、开发和执行安全政策与措施，提供适当的身份以确认授权、访问与审计等功能。数据安全管理的目标是建立完善的、体系化的安全策略措施，全方位进行安全管控，通过多种手段确保数据资产在"存、管、用"等各个环节中的安全，做到"事前可管、事中可控、事后可查"。

(7) 数据价值管理。数据价值管理是对数据内在价值的度量，可以从数据成本和数据价值(收益)两方面来开展。其中，数据成本一般包括采集、存储和计算的费用(人工费用、IT 设备等直接费用和间接费用等)和运维费用(业务操作费、技术操作费等)；数据价值(收益)则主要从数据资产的分类、使用频次、使用对象、使用效果和共享流通等方面来计量。

(8) 数据共享管理。数据共享管理是指开展数据共享和交换，实现数据内外部价值的一系列活动。数据共享管理包括数据内部共享(企业内部跨组织、部门的数据交换)、外部流通(企业之间的数据交换)、对外开放。其中，数据内部共享的关键步骤是打通企业内部各部门间的数据共享瓶颈，建立统一规范的数据标准与数据共享制度；而数据外部流通和对外开放可以通过数据直接交易与提供数据分析信息等两种方式实现，将数据中符合共享开放的数据作为应用商品，以安全合规的形式完成共享交换或开放发布。

8.10 ▶ 云计算业及管理

云计算是推动信息技术能力实现按需供给、促进 ICT 资源充分利用的全新业态，是 ICT 服务模式创新的集中体现，是信息时代国际竞争的制高点和经济发展新动能的助燃剂。云计算引发了 IT 系统开发部署模式的创新，成为承载各类应用的关键基础设施，并为大数据、物联网、人工智能等新兴领域的发展提供基础支撑。

8.10.1 云计算业的含义

云计算(cloud computing)是指一种通过网络可伸缩、弹性的共享物理和虚拟资源池以按需自服务的方式供应和管理的模式。其中，资源包括服务器、操作系统、网络、安全、软件、应用及存储设备等。

云计算业是指提供云计算资源及其相关服务的经济活动行业。按照所提供的服务类型，云计算服务企业可分为 IaaS(infrastructure as a service)服务商、PaaS(platform as a service)服务商、SaaS(software as a service)服务商、MSP(cloud management service provider)服务商。

(1) IaaS 服务商。该服务商主要提供 IT 基础设施服务，如网络、虚拟机、存储、安全等服务。

(2) PaaS 服务商。该服务商主要提供 IT 平台服务，如提供应用系统的开发、测试、体验环境等。

(3) SaaS 服务商。该服务商主要提供软件服务，如通过互联网提供按需付费应用软件(如财务系统)、工具软件(如测试软件)等。

(4) MSP 服务商。该服务商主要提供企事业单位上云的相关服务，重点解决其上云涉及的相关问题，如企业是将业务完全放在云上还是部分业务上云，如何保证系统在迁移过程中的稳定性，如何管理复杂的多云和混合云环境等。

8.10.2 云计算业的服务内容

目前，云计算业主要提供机房资源服务、网络资源服务、计算资源服务、存储资源服务、支撑软件服务、应用软件服务、信息安全服务、企业上云服务和其他服务。

(1) 机房资源服务。该服务也称"托管服务"，即利用服务商的机房、机柜资源，相关企事业单位将其 ICT 设备、业务系统"托管"给服务商，服务商则依照机房个数、机柜个数或机架 U 数收取年度服务费。

(2) 网络资源服务。服务商提供网络资源的相关服务，包括网络专项服务，按线路带宽收费；应用负载均衡服务，按应用实例个数计费；安全交换区服务(含文件同步、数据库同步)，按 IP 个数计费；web 应用加速服务，按次数收费；视频直播加速服务，按带宽、次数计费。

(3) 计算资源服务。服务商提供计算资源的相关服务，包括虚拟主机服务，按核(个数)、内存量(G 为单位)、系统硬盘(G 为单位)进行计费；CPU 服务，按核的个数计费；GPU 服务，按核的个数计费；内存服务，按内存量(G 为单位)计费。

(4) 存储资源服务。服务商提供存储资源的相关服务，包括应用存储服务，按数量(个数)或按存储量(G 为单位)计费；数据存储服务，按数量(个数)或按存储量(G 为单位)计费。

(5) 支撑软件服务。服务商提供基础软件的相关服务，主要包括操作系统(如 Windows、Linux 等)服务，按套计价；数据库(如 Oracle、达梦等)服务，按套计价；中间件(含商业应用、开源消息等)服务，按套计价；信息资源目录服务，按套计价。

(6) 应用软件服务。服务商提供应用软件的相关服务，主要包括邮件系统、舆情系统、财务系统、HR 系统、ERP 系统、CAX 系统等，均按功能、套计价。

(7) 信息安全服务。服务商提供网络安全的相关服务，主要包括 VPN 接入服务，按流量(M 为单位)计费；用户身份认证服务，按套计费；安全监控服务(SOC)，按检测点计费；安全防护服务(如入侵监测服务、入侵防护服务等)，按套计费；安全审计(含网络行为审计、数据库审计、应用系统审计等)服务，按次、套或实例个数计费；安全漏洞扫描(含常规漏扫、主要时期漏扫、系统上线漏扫等)服务，按次计费；网站监测(含页面可用性监控、页面访问性能监控、错别字及敏感词监控、访问量分析等)服务，按站点数或服务次数计费；网站防护(含防护 WAF、DDoS 攻击防护、SSL 加密、后门程序清除、渗透服务、网页防篡等)服务，按站点数或服务次数计费。

(8) 企业上云服务。服务商提供企业上云的相关服务，主要包括为企业提供人力资源管理、行政管理、财务管理等云服务，提高其经营管理的科学性和效率；为企业提供采购管理、生产管理、销售管理、供应链管理、客户资源管理等云服务，提升其运营管理水平；为企业提供计算机辅助设计、产品开发等云服务，并且在云端部署开发、设计环境，提升其研发效率和创新水平；为企业提供 MES(制造执行系统)、生产数据等系统"上云"，优化其生产控制流程，提升其生产效率和水平。

(9) 其他服务。例如,开放集成服务(含云设计、云开发、云集成等服务)、测评审计服务(含测试评估、治理、审计等服务)、云数据中心运营管理服务(含能耗管理、资源管理、运营管理等服务)。

8.10.3 云计算业管理

云计算业也是国家战略性新兴产业,为了促进其健康发展,也需要加强政府的宏观管理和企业的微观管理。

1. 政府的宏观管理措施

从政府层面,云计算业的管理或推进措施主要体现在四个方面,即优化发展环境、促进产业转型、推进应用进程、增强技术能力。

(1) 优化发展环境。其一,推进网络基础设施升级,包括基础电信企业和互联网企业网络的升级改造、网络结构的优化、光纤宽带网络承载能力的提升等;其二,完善云计算市场监管措施,包括云计算相关业务的监管、云服务相关业务经营许可审批和事中事后监管、市场秩序规范等;其三,指导示范应用,包括高水平标杆的树立、相关企业的差距对标、云服务平台利用率和应用水平的提升等。

(2) 促进产业转型。其一,支持软件企业向云计算转型,包括支持建立面向云服务的公共服务平台、公共测试平台;其二,完善云服务产品和解决方案,包括面向企业的办公、生产管理、财务管理、营销管理、人力资源管理等 SaaS 服务产品和面向个人的信息存储、家居生活、学习娱乐等云消费服务;其三,促进云计算关键设备研发和产业化,包括芯片、基础软件、服务器、存储、网络以及软件定义网络、新型架构计算设备、超融合设备、绿色数据中心、模块化数据中心、存储设备、信息安全产品等。

(3) 推进应用进程。其一,发展工业云服务,包括工业云平台(含工具库、模型库、知识库等)、工业专用软件、工业数据分析、在线虚拟仿真、协同研发设计等云服务;其二,推进政务云应用,包括基于云计算的政务信息化建设模式和服务模式的构建、利用云计算服务的服务能力提升、应用云计算的现有电子政务信息系统的改造整合、推动安全可靠软硬件产品规模化应用等;其三,支持云服务创新创业,包括云计算发展创业创新平台的构建、创投基金的设立、中小企业的协同创新、云服务新技术(含大数据、物联网、人工智能、区块链)及其新业务的研发、新业态(含平台经济、分享经济等)的形成等。

(4) 增强技术能力。其一,研究先进的云计算技术,包括新型虚拟化技术(含容器、微内核、超融合等)、虚拟机热迁移技术、大规模数据处理技术、内存计算技术、科学计算技术、大规模分布式存储技术、计算资源管理技术等;其二,制定云计算标准体系,包括云计算技术、管理、服务、应用标准等;其三,开展云服务能力测评工作,围绕人员、技术、过程、资源等云计算服务关键环节,建立健全测评指标体系和工作流程,开展云计算服务能力、可信度测评工作。

2. 企业的微观管理策略

从云计算服务企业层面,其管理策略主要体现在三个方面,即云服务运营管理、云服务业务管理、云服务安全管理。

(1) 云服务运营管理。包括云服务部署管理、云服务提供管理、云服务监控管理等。

(2) 云服务业务管理。包括业务计划管理、客户关系管理、财务流程管理、计量计费管理等。

(3) 云服务安全管理。包括安全和风险管理、服务连续性管理等。

参考文献

[1] 中国信息通信研究院. 云计算发展白皮书. 2019.

[2] 中国信息通信研究院. 数据资产管理实践白皮书(4.0). 2019.

[3] 工业和信息化部. 云计算发展三年行动计划(2017—2019 年)，2017.

[4] 王雄. 云计算的历史和优势[J]. 计算机与网络，2019，45(2):44.

[5] 工业和信息化部. 云计算发展三年行动计划(2017—2019 年)，2017.

[6] 岳剑波. 信息管理基础[M]. 北京：清华大学出版社，2002.

[7] 张燕飞，严红. 信息产业概论[M]. 武汉：武汉大学出版社，1998.

[8] 谢红芳，童一秋. 信息资源开发利用与管理事务全书[M]. 北京：中国科学技术出版社，2001.

[9] 于青. IT 企业发展战略[M]. 北京：经济管理出版社，2002.

[10] 司有和. 信息产业学[M]. 重庆：重庆出版社，2001.

[11] 鲍居武，曹军，金瑞玲. 计算机系统集成案例分析[M]. 北京：北京理工大学出版社，1999.

[12] 胡昌平，乔欢. 信息服务与用户[M]. 武汉：武汉大学出版社，2000.

[13] 北京信息安全测评中心. 信息系统工程监理[M]. 北京：中国标准出版社，2003.

[14] 何曙光，李钢，齐二石. 信息系统工程监理研究[J]. 天津大学学报(社会科学版)，2004，6(2):164-167.

[15] 徐海琛，张献华，卫红. 信息系统工程监理概述[J]. 国土资源信息化，2004(1):36-40.

[16] 陈庄，李秦伟，柴乐才. 计算机网络安全技术[M]. 重庆：重庆大学出版社，2001.

[17] 张志檀. 计算机应用信息系统安全设计[M]. 北京：中国石化出版社，2002.

[18] 张青，黎明，赵正文. 软件工程项目管理[M]. 成都：电子科技大学出版社，2006.

[19] 王德双，戴金龙，崔启亮. 软件外包全流程解析[J]. 程序员，2006(08):58-61.

[20] Jan Van Bon. 基于 ITIL 的 IT 服务管理基础篇[M]. 章斌译. 北京：清华大学出版社，2007.

[21] 华晓红. "十一五"期间中国对外经济贸易热点问题[M]. 北京：对外经济贸易大学出版社，2007.

[22] 慕之. 外包模式不是想出来的[J]. 软件世界，2005(04):48-49.

[23] 洪刚. 外包定义与国际市场. 中国服务外包网(http://chinasourcing.mofcom.gov.cn/). 2010-08-12.

复习题

一、单项选择题

1. (　　)是信息接收者，是信息服务的对象。

　A. 信息用户　　　　　B. 信息服务者　　　　C. 信息产品　　　　D. 服务设施

2. (　　)是指信息服务者收集、整理加工的各种已知的或潜在的社会信息、科学知识及科研成果。

    A. 信息用户　　　　　　B. 信息服务者　　　　　C. 信息产品　　　　　D. 信息服务设施

3. 索引技术、软件技术、视频技术等属于(　　)。

    A. 信息用户　　　　　　B. 信息服务方法　　　　C. 信息产品　　　　　D. 信息服务设施

4. 信息服务业是信息产业中的(　　)部分。

    A. 硬产业　　　　　　　B. 基础产业　　　　　　C. 支撑产业　　　　　D. 软产业

5. 国外将(　　)称之为"知识工业"。

    A. 数据库业　　　　　　B. 信息咨询业　　　　　C. 信息监理业　　　　D. 物联网业

6. 德尔菲法属于信息咨询服务方法的(　　)。

    A. 物理方法　　　　　　B. 调查研究方法　　　　C. 智囊方法　　　　　D. 模型法

7. 信息咨询服务应包括(　　)个步骤。

    A. 2　　　　　　　　　B. 3　　　　　　　　　C. 4　　　　　　　　D. 5

8. 支撑系统又称(　　)。

    A. 平台系统　　　　　　B. 中间系统　　　　　　C. 安全系统　　　　　D. 标准系统

9. 门户网站属于(　　)服务模式。

    A. ASP　　　　　　　　B. ICP　　　　　　　　C. ISP　　　　　　　D. SI

10. 主机托管服务属于(　　)服务模式。

    A. ASP　　　　　　　　B. ICP　　　　　　　　C. ISP　　　　　　　D. SI

11. 代工生产模式是指(　　)模式。

    A. OEM　　　　　　　　B. ODM　　　　　　　　C. OCM　　　　　　　D. OBM

12. 贴牌生产模式是指(　　)模式。

    A. OEM　　　　　　　　B. ODM　　　　　　　　C. OCM　　　　　　　D. OBM

13. BPO 的含义是(　　)。

    A. 硬件外包　　　　　　B. 数据外包　　　　　　C. 业务流程外包　　　D. 软件外包

14. 智慧交通大数据服务属于大数据中的(　　)。

    A. 数据支撑服务　　　　B. 数据本身服务　　　　C. 数据应用服务　　　D. 数据融合服务

15. GPU 服务属于(　　)。

    A. 存储资源服务　　　　B. 应用软件服务　　　　C. 计算资源服务　　　D. 信息安全服务

二、多项选择题

1. 服务是指(　　)而进行的活动。

    A. 为集体工作　　　　　　　　　　　　B. 为他人工作

    C. 根据他人的特殊需要　　　　　　　　D. 为自己

2. 开展信息服务包括的要素有(　　)。

    A. 信息用户　　　　　　B. 信息服务者　　　　　C. 信息产品　　　　　D. 信息服务方法

3. 信息服务内容主要包括开展对(　　)等方面的研究。

    A. 信息用户　　　　　　　　　　　　　B. 信息来源

    C. 信息服务组织　　　　　　　　　　　D. 信息服务方式

4. 信息服务的基本特征有(　　)。

    A. 社会性　　　　　　　B. 控制性　　　　　　　C. 开放性　　　　　　D. 关联性

5. 信息服务业的业务结构可以视为( )的三维结构。

    A. 信息服务效率   B. 信息服务机构

    C. 信息服务载体   D. 信息服务方式

6. 信息服务机构主要包括( )。

    A. 公益性信息服务机构   B. 公立性信息服务机构

    C. 产业性信息服务机构   C. 私营性信息服务机构

7. 以下属于产业性信息服务机构的有( )。

    A. 信息咨询业   B. 图书馆   C. 数据库业   D. 信息监理业

8. 按信息加工深度,信息服务方式分为( )。

    A. 一次服务   B. 二次服务   C. 三次服务   D. 四次服务

9. 信息服务载体主要有( )。

    A. 数据   B. 文本   C. 声音   D. 图像

10. 信息咨询业具有的特征有( )。

    A. 信息性   B. 知识性   C. 独立性   D. 实用性

11. 咨询服务的方法包括( )。

    A. 物理方法   B. 调查研究方法   C. 智囊方法   D. 模型法

12. 信息咨询服务包括的步骤有( )。

    A. 受理咨询业务   B. 制订咨询计划

    C. 进行咨询调查研究   D. 辅助用户实施咨询

13. 咨询机构管理措施包括( )。

    A. 日常事务管理   B. 咨询人员管理

    C. 咨询业务流程管理   D. 咨询成果管理

14. 数据库业涉及( )。

    A. 信息存储   B. 信息呈现   C. 信息检索   D. 信息分析

15. 系统集成业的从业人员包括( )等服务人员。

    A. 设计   B. 研制   C. 测试   D. 施工

16. 系统集成服务的内容主要包括( )。

    A. 应用功能集成   B. 支撑系统集成   C. 技术集成   D. 产品集成

17. 从软件实现的角度,技术集成主要包括( )。

    A. 功能集成   B. 界面集成   C. 代码集成   D. 数据集成

18. 系统集成项目包括( )。

    A. 启动过程   B. 计划过程   C. 执行过程   D. 控制过程

19. 网络的服务模式的划分方法有( )。

    A. 基于网络层次的服务模式   B. 基于应用的服务模式

    C. 基于网络服务商的服务模式   D. 基于外包的服务模式

20. 信息监理的服务程序包括的步骤有( )。

    A. 签订监理合同   B. 编制监理计划   C. 实施监理工作   D. 验收监理项目

21. 实施监理工作主要包括( )工作内容。

    A. 事前监理   B. 事中监理   C. 事后监理   D. 事后绩效评价

22. 信息监理的服务方式有( )。

    A. 选择性监理   B. 咨询式监理   C. 里程碑式监理   D. 全程式监理

23. 信息监理项目的管理措施中的控制措施有( )。

    A. 质量控制   B. 进度控制   C. 投资控制   D. 信息安全控制

24. 大数据具有的特征有( )。

    A. 巨量性   B. 时效性   C. 多样性   D. 高价值性

25. 大数据业的服务类型包括( )。

    A. 数据支撑服务   B. 数据本身服务   C. 数据应用服务   D. 数据融合服务

26. 企业的数据资产管理包括( )。

    A. 数据标准管理   B. 数据模型管理   C. 元数据管理   D. 主数据管理

27. 按照所提供的服务类型，云计算服务企业有( )服务商。

    A. IaaS   B. PaaS   C. SaaS   D. MSP

28. 从政府层面，云计算产业的管理或推进措施主要体现在( )。

    A. 优化发展环境   B. 促进产业转型   C. 推进应用进程   D. 增强技术能力

29. 从云计算服务企业层面，云计算产业的管理策略主要体现在( )。

    A. 云服务资源管理   B. 云服务运营管理   C. 云服务业务管理   D. 云服务安全管理

三、判断题

1. 广义的信息服务包括信息的收集、整理、存储、加工、传递等服务。 ( )

2. 信息服务设施是信息服务的基本要素。 ( )

3. 信息服务业是指从事信息服务工作的行业。 ( )

4. 信息服务业是信息产业中的硬产业部分。 ( )

5. 信息服务业是连接信息工业(信息设备制造业)和信息用户之间的中间产业。 ( )

6. 信息(情报)中心属于产业性信息服务机构。 ( )

7. 网络服务业属于产业性信息服务机构。 ( )

8. 编写咨询报告属于咨询服务的重要步骤。 ( )

9. 产品集成是指把不同厂商、不用型号的产品有机地组合在一起。 ( )

10. 网络增值服务是一种网络服务模式。 ( )

11. 人事(men)管理不属于"6M"管理的范畴。 ( )

12. 项目的施工单位也不得参与信息系统工程的监理。 ( )

13. 数据中心外包属于 ITO 范畴。 ( )

14. 知识管理是业务流程外包的高端业务类型。 ( )

15. 数据资产管理是大数据业宏观管理的核心策略。 ( )

16. MSP 服务不属于云计算服务。 ( )

四、简答题

1. 信息服务的要素是什么？它们之间是如何相互作用、相互联系的？

2. 简述信息服务业的三维结构组成及含义。

3. 列举几个常见的信息服务机构，说说其相应的服务内容。

4. 什么是信息咨询？其基本特征是什么？

5. 简述信息咨询服务的主要步骤及工作内容。

6. 分析目前我国数据库产业的现状，谈谈可以促进其发展的措施。

7. 什么是系统集成？系统集成服务的内容有哪些？

8. 谈谈对系统集成业的从业人员有何要求？

9. 网络服务业的基本内容有哪些？

10. 谈谈网络服务对我们生活、工作、学习的影响。分析目前我国网络服务中的不足和问题，提出你的建议。

11. 为什么要进行信息监理？其中监理的含义是什么？

12. 信息监理的服务方式有哪些？

13. 什么是服务外包的内涵？服务外包的类型有哪些？

14. 软件服务外包管理的流程是什么？

15. 大数据的特征是什么？什么是大数据业？

16. 大数据业的服务类型有哪些？

17. 如何对大数据业进行管理？

18. 什么是云计算以及云计算业？

19. 云计算业的服务类型有哪些？

20. 如何对云计算业进行管理？

五、论述题

针对你心仪的信息服务产业，论述应如何提供其服务质量。

第9章
信息人力资源的组织与管理

信息资源的组织与管理工作离不开人的参与，信息人力资源的组织与管理本身也是信息资源组织与管理的基本工作内容之一。深入研究信息人力资源的含义、类别、素质、组织机构以及管理策略，对于确保信息资源的组织与管理工作顺利完成具有重要意义。

9.1 ▶ 信息人力资源的含义

信息人力资源是指从事信息工作的劳动力资源，即一个国家、地区或企事业单位具有信息劳动能力人口的信息人才总和。其中，信息工作包括信息资源的组织、管理、开发、利用工作等；信息人才又称信息工作者或信息员工，是指具有一定专业技能的从事信息工作的人。

信息人才作为从事信息资源的组织与管理工作的主体，与其他学科、行业的人才相比，具有下述特点。

(1) 具备对信息资源价值的识别能力。由于信息资源具有不易识别和难以把握的特征，所以对信息资源价值的识别不仅是信息管理活动的前提，也是信息人才必须具备的特定知识和能力，包括对下述信息源、信息流的发展变化规律和信息需求的识别。

① 信息的基本概念。

② 信息源的产生及分布规律。

③ 信息表达及信息载体。

④ 信息传播及运动的规律。

⑤ 信息再生产过程及环节。

⑥ 信息组织与信息机构。

⑦ 社会生产及管理活动的基本规律。

⑧ 特定组织中生产技术过程及其信息保障。

(2) 具有信息资源的开发与利用观念。信息管理活动的核心和最终目的是信息资源的开发与利用，所以信息工作人员要把信息的开发和利用看作信息工作的中心。为了做到这一点，信息工作人员必须具备下述的知识和能力。

① 具有开发信息资源的理念。

② 具有开展信息服务的意识。

③ 能正确地对用户利用信息的心理及行为规律进行"画像"。

④能有效地对信息的利用方式和利用效果进行评价。

(3) 掌握必要的信息处理手段。信息资源的价值是在信息形态的合理转化过程中实现的，所以信息形态转化手段是信息人才必须具备的技能。当前，以计算机通信技术(ICT)、人工智能技术(AI)为核心的现代信息技术手段是信息人才必须掌握的信息处理手段，具体包括：

①信息处理的一般原理与方法。

②信息系统分析与设计的原理和方法。

③计算机原理及体系结构。

④计算机操作系统。

⑤程序设计原理与方法。

⑥数据库原理及数据库应用。

⑦计算机网络与网络资源。

⑧信息复制技术与设备。

⑨信息分析工具的使用与操作技能。

⑩人工智能技术。

⑪网络空间安全技术。

9.2 ▶ 信息人力资源的类别

9.2.1 国外信息人力资源的类别

不同的国家对信息人才类别的划分各不相同，以下仅以发达国家美国、加拿大、法国、韩国为例来说明。

1. 美国信息人才的类别

从技术的角度，美国将现代信息人才划分为四类：总体设计者、开发者、修改或扩展者、支持或维护者。

(1) 总体设计者。主要包括计算机行业的企业家、产品设计师、研究工程师、系统分析人员、计算机科学研究人员、需求分析人员、系统体系设计人员等。

(2) 开发者。主要包括系统设计人员、程序员、软件工程师、测试员、计算机工程师、微处理设计人员、芯片设计人员等。

(3) 修改或扩展者。主要包括程序维护员、程序员、软件工程师、计算机工程师、数据库管理人员等。

(4) 支持或维护者。主要包括系统顾问、用户支持专家、硬件维护专家、网络安装人员、系统管理人员等。

2. 加拿大信息人才的类别

从职业的角度，加拿大将信息人才划分为 21 种，包括：人力资源经理、计算机与信息系统管理员、电子商务经理、电气和电子工程师、电脑工程师(软件专业除外)、信息系统分析员、系统安全分析员、信息系统质量保证分析员、系统监理、数据库管理员、数据库管理分析员、软件工程师、电脑程序员、互动媒体开发人员、网页设计开发人员、计算机与网络操作员、网络技师、用户支持技术员、系统测试技术员、文件工程师、动画设计人员。

3. 法国信息人才的类别

从职业的角度，法国将信息人才划分为 8 种类型：信息电信系统的设计和推动、信息电信系统和产品开发、项目主持、咨询与鉴定、信息系统与网络的开发与管理、用户培训、信息电信产品和服务的商品化、教学与研究课题的主持。

(1) 信息电信系统的设计和推动。主要包括数据库设计师、硬件设计师、网络和电信设计师、信息系统设计师、电子游戏设计者、网页设计者和开发人员等。

(2) 信息电信系统和产品开发。主要包括网站设计者、开发人员、软件开发工程师、硬件开发工程师、评估工程师、网络管理员等。

(3) 项目主持。主要包括项目主任、项目主管等。

(4) 咨询与鉴定。主要包括信息稽核员、通信与网络顾问、电子商务顾问、远程学习顾问、信息安全专家、技术咨询人员等。

(5) 信息系统与网络的开发与管理。主要包括数据库管理者、开发分析师、网络开发工程师、系统与网络工程师、网页管理者、网络管理者、安全工程师、网络技师等。

(6) 用户培训。主要包括培训师、售后服务人员、维护人员等。

(7) 信息电信产品和服务的商品化。主要包括商务主管、信息系统主管等。

(8) 教学与研究课题的主持。主要包括信息研究专家、信息教员或研究人员等。

4. 韩国信息人才的类别

韩国信息人才主要包括 IT 核心专业人才、信息通信及相关产业的从业者、信息通信行业的从业人员。

(1) IT 核心专业人才。包括 CIO、系统分析师、程序设计员等具有专业知识并引领 IT 产业发展和信息化的主要人才。

(2) 信息通信及相关产业的从业者。包括信息通信服务、器械、零件、软件产业等信息通信相关的流通与工程技术人员。

(3) 信息通信行业的从业人员。包括处理文件的操作人员、电子设备操作员、广播设备操作员等以一般信息通信知识为基础从事相关业务的人员。

9.2.2　国内信息人力资源的类别

我国信息人力资源的类别主要有三种分类法，即按传统信息职业分类法分类、按所从事工作分类和按所获得 IT 证书分类，不同的分类法对应着不同的信息人才类别。

1. 按传统信息职业分类法分类

按传统信息职业分类法，信息人才共分为 5 大类：知识生产与发明者，知识的分配与传播者，市场调查、管理及咨询人员，信息处理与传输人员，信息设备劳动者。

(1) 知识生产与发明者。包括：科学研究人员、工程技术人员、农村技术人员、医疗卫生技术人员中的信息人员、金融业务人员、法律工作人员。

(2) 知识的分配与传播者。包括：教学人员、文艺工作人员、文化工作人员、宗教职业者、服务性工作人员的有关职业(如导游)。

(3) 市场调查、管理及咨询人员。包括：科学技术管理人员、经济业务中的有关职员(如计划人员、劳资人员、调度人员、税务工商管理人员、海关检查人员等)、国家机关单位负责人、党群组织单位负责人、企事业单位负责人、商业工作中的有关职业(如供应人员、推销人员等)、农林牧副渔单位负责人、政治工作人员。

(4) 信息处理与传输人员。包括：科学技术辅导人员、经济业务中的有关职业(如统计人员、财务人员)、行政办事人员、邮电工作者、电影放映员。

(5) 信息设备劳动者。包括：电信业务人员、电影院服务员、体育馆服务员、公共游览场所服务员、作为生产信息用纸的造纸职工、印刷相关人员、电子设备安装调试人员、广播电台的录音设备操作人员、地质勘探工、测绘工人、检验(含计量、试验)工作人员。

2. 按所从事工作分类

按其所从事的职业，信息人才主要分为下述类别。

(1) 信息技术咨询专家。

(2) 信息系统分析员。

(3) 信息系统设计员。

(4) 高级程序员。

(5) 程序员。

(6) 系统文档管理员。

(7) 数据采集员。

(8) 数据录入员。

(9) 计算机网络设备维护员。

(10) 数据库管理维护员。

(11) 网络管理员。

(12) 网站编辑员。

(13) 网站美工人员。

(14) 综合布线技术员。

(15) 网络工程师。

(16) 信息技术培训教师。

3. 按所获得 IT 证书分类

按其所获得的 IT 证书，信息人才又可分为网络技术人员、系统开发人员、信息安全人员、数据库人员、其他 IT 人员。

(1) 网络技术人员。获得 IT 认证的网络技术人员主要包括：

①HCIE——(Huawei Certified ICT Expert)华为认证 ICT 专家。

②HCIA——(Huawei Certified ICT Associate) 华为认证 ICT 工程师。

③HCIP——(Huawei Certified ICT Professional)华为认证 ICT 高级工程师。

④HCNA——(Huawei Certified Assistant Network Engineer)华为认证助理网络工程师。

⑤HCDA——(Huawei Certified Datacom Associate)华为认证数据通信工程师。

⑥HCDP(Huawei Certified Datacom Professional)华为认证数据通信资深工程师。

⑦HCDE(Huawei Certified Datacom Expert)华为认证数据通信专家。

⑧CCIE——(Cisco Certified Internetwork Expert)Cisco 认证互联网专家。

⑨ CCNP——(Cisco Certified Network Professional)Cisco 认证资深网络工程师。

⑩ CCNA——(Cisco Certified Network Associate)Cisco 认证网络助理。

⑪ CCDA——(Cisco Certified Design Associate)Cisco 认证网络设计工程师。

⑫ CCDP——(Cisco Certified Design Professional)Cisco 认证资深网络设计工程师。

⑬ 网络规划设计师——中国计算机技术与软件专业技术资格(水平)考试，计算机网络类(高级)。

⑭ 网络工程师——中国计算机技术与软件专业技术资格(水平)考试，计算机网络类(中级)。

⑮ 网络管理员——中国计算机技术与软件专业技术资格(水平)考试，计算机网络类(初级)。

⑯ 网页制作员——中国计算机技术与软件专业技术资格(水平)考试，计算机信息服务类(初级)。

(2) 系统开发人员。获得 IT 认证的系统开发人员，主要包括计算机软件、计算机应用技术、信息系统、信息服务等方面的相关 IT 认证。

① MTA——(Microsoft Technology Associater)微软认证技术助理。

② MCSA——(Microsoft Certified Systems Administrator)微软认证系统工程师。

③ MCSE——(Microsoft Certified Solutions Expert)微软认证解决方案专家。

④ SCJP——(Sun certified Java Programmer)Sun 认证 Java 程序员。

⑤ SCJD——(Sun certified Java Developer)Sun 认证 Java 开发员。

⑥ SCWD——(Sun Certified Web Component Developer for Java 2 Platform Enterprise Edition) Sun 认证 Java 设计员。

⑦ SCJP——(Sun Certified Enterprise Architect for J2EE Technology)Sun 认证 J2EE 企业架构师。

⑨ 系统分析师——中国计算机技术与软件专业技术资格(水平)考试，信息系统类(高级)。

⑨ 系统项目管理师——中国计算机技术与软件专业技术资格(水平)考试，信息系统类(高级)。

⑩ 系统架构设计师——中国计算机技术与软件专业技术资格(水平)考试，信息系统类(高级)。

⑪ 系统规划与管理师——中国计算机技术与软件专业技术资格(水平)考试，信息系统类(高级)。

⑫ 系统集成项目管理工程师——中国计算机技术与软件专业技术资格(水平)考试，信息系统类(中级)。

⑬ 信息系统监理师——中国计算机技术与软件专业技术资格(水平)考试，信息系统类(中级)。

⑭ 信息系统管理工程师——中国计算机技术与软件专业技术资格(水平)考试，信息系统类(中级)。

⑮ 信息系统运行管理员——中国计算机技术与软件专业技术资格(水平)考试，信息系统类(初级)。

⑯ 软件测评师——中国计算机技术与软件专业技术资格(水平)考试，计算机软件类(中级)。

⑰ 软件设计师——中国计算机技术与软件专业技术资格(水平)考试，计算机软件类(中级)。

⑱ 软件过程能力评估师——中国计算机技术与软件专业技术资格(水平)考试，计算机软件类(中级)。

⑲ 多媒体应用设计师——中国计算机技术与软件专业技术资格(水平)考试，计算机应用类(中级)。

⑳ 嵌入式系统设计师——中国计算机技术与软件专业技术资格(水平)考试,计算机应用类(中级)

㉑ 计算机辅助设计师——中国计算机技术与软件专业技术资格(水平)考试,计算机应用类(中级)。

㉒ 电子商务设计师——中国计算机技术与软件专业技术资格(水平)考试,计算机应用类(中级)。

㉓ 信息技术支持工程师——中国计算机技术与软件专业技术资格(水平)考试,信息服务类(中级)。

㉔ 计算机硬件工程师——中国计算机技术与软件专业技术资格(水平)考试,信息服务类(中级)。

㉕ 程序员——中国计算机技术与软件专业技术资格(水平)考试,计算机软件类(初级)。

㉖ 多媒体应用制作技术员——中国计算机技术与软件专业技术资格(水平)考试,计算机软件类(初级)。

㉗ 电子商务技术员——中国计算机技术与软件专业技术资格(水平)考试,计算机软件类(初级)。

㉘ 网页制作员——中国计算机技术与软件专业技术资格(水平)考试,信息服务类(初级)

㉙ 信息处理技术员——中国计算机技术与软件专业技术资格(水平)考试,信息服务类(初级)

(3) 信息安全人员。获得 IT 认证的信息安全人员主要包括:

① CISSP——(Certified Information System Security Professional)国际信息系统安全认证协会的信息系统安全资深工程师。

② CCSE——(Check Point Certified Security Engineer)以色列 Check Point 公司认证的安全工程师。

③ CCSA——(Check Point Certified Security Administrator)以色列 Check Point 公司认证的安全管理员。

④ CIW Security Master——国际互联网安全权威机构 CIW 认证安全大师。

⑤ CIW Security Professional——国际互联网安全权威机构 CIW 认证安全专家。

⑥ CIW Security Associate——国际互联网安全权威机构 CIW 认证安全助理。

⑦ CCSP——(Cisco certified security professional)Cisco 认证资深安全工程师。

⑧ CISP——(Certified Information Security Professional)中国信息安全测评中心认证的注册信息安全专业人员。

⑨ CISA——(Certified Information Security Professional –Auditor)中国信息安全测评中心认证的注册信息安全员。

⑩ CISM——(Certified Information Security Member)中国信息安全测评中心认证的注册信息安全开发人员。

⑪ CISAW——(Certified Information Security Assurance Worker)中国信息安全认证中心认证的信息安全保障人员。

⑫ 信息安全工程师——中国计算机技术与软件专业技术资格(水平)考试,信息系统类(中级)。

(4) 数据库人员。获得 IT 认证的数据库人员主要包括：

① DCA——(Dameng Certified Associate)达梦认证数据库认证管理员，入门级证书。

② DCP——(Dameng Certified Professional)达梦认证数据库专家，专业级证书。

③ DCM——(Dameng Certified Masters)达梦认证数据库大师，最高级证书。

④ OCA——(Oracle Certified Associate)ORACLE 认证数据库助理，入门级证书。

⑤ OCP——(Oracle Certified Professional)ORACLE 认证数据库专家，专业级证书。

⑥ OCM——(Oracle Certified Masters) ORACLE 数据库大师，最高级证书。

⑦ 数据库系统工程师——中国计算机技术与软件专业技术资格(水平)考试，信息系统类(中级)。

(5) 其他 IT 人员。获得其他 IT 认证的人员主要包括：

① IBM 认证综合布线工程师。

② CCVP——(Cisco certified voice professional)Cisco 认证语音专家。

③ MCM——(Microsoft certified master)微软高级技术专家。

④ AMP 认证综合布线工程师。

⑤ SIEMON 认证综合布线工程师。

⑥ AYAYA 认证的综合布线工程师。

⑦ Adobe 认证专业平面设计师。

值得一提的是，目前许多企业(包括 IT 公司)将是否具有上述证书作为人才选择的重要条件，也是公司定岗甚至定薪的重要依据。

9.3 ▶ 信息人力资源的基本素质要求

信息人力资源的核心是信息人才(简称 ICT 人或 IT 人才)，信息人才有别于其他专业科学技术人才和相关行业的管理人才：其他专业科学技术人才是研究、开发、设计生产物质产品，而信息人才则是研究、开发、设计、生产非物质的信息产品；相关行业管理人才的管理对象是组织(如政府部门、企事业单位等)内的人、财、物，而信息人才则是对涉及信息活动的信息内容、技术、人员等各种要素进行组织与控制，合理配置信息资源以有效满足组织的信息需求。

因此，随着 IT 技术的不断发展及广大组织对其的不断深化需求，经济社会对信息人才的素质要求越来越高。信息人才应该是文理兼备、集经营管理专家与信息技术专家于一体的高级复合型人才，他们应该具备思想素质、智力素质、心理素质、身体素质、专业素质、文化素质等素质。

1. 信息人才的思想素质

具备良好的思想素质是从事信息工作的基本前提，信息人才的思想素质主要包括：

(1) 遵纪守法的行为规范。信息人才必须是一名合法的公民和合格的员工，因此必须遵守国家颁布的相关法律法规和本单位制定的相关规章制度。

(2) 甘于奉献的道德情操。甘于奉献具有巨大的影响力和感召力，是一种人格的力量，也是信息人才思想素质的根本体现。

(3) 团结协作的合作意识。信息工作是一项系统工程,不是个人力所能及的,必须是一个团队共同工作。团队中每个成员有其自身的工作任务,但又与其他成员的工作相互联系、相互制约,彼此之间至少从工作上要建立起亲密无间的关系,及时沟通情况、交流工作。

(4) 严谨求实的治学作风。在信息资源的组织、管理、开发、利用中,工作态度必须严谨认真,来不得半点虚假。不懂就要问,切忌不懂装懂,否则,轻则浪费时间和精力,重则导致信息产品研发失败,造成巨大的人力、物力和财力的浪费,给用户造成重大损失和不良后果。

(5) 忠于职守的敬业精神。从系统的观点看,本职工作未能履行,不仅影响局部工作,而且影响着整体和全局工作。因此,忠于职守的敬业精神既是职业道德的要求,又是行为规范的要求。

(6) 严守组织的商业机密。信息人才在信息资源的开发利用工作中,对所了解和掌握的有关组织(包括政府、企事业单位)的商业机密,理应严守。这是最基本的职业道德,也是在市场经济条件下,保持市场竞争的公平合理性的重要表现。

(7) 崇尚中华的传统美德。中华文明绵延数千年,有其独特的内涵和外延。中国传统美德可以浓缩为感恩、行善、诚信、担当等通俗易懂的词汇,它应该成为信息人才的人格准则和行为标准,永远植根于其内心。

总而言之,判断一个 ICT 人思想素质是否合格的基本准则是:他所想的、说的和做的是否有利于他人,有利于集体和有利于国家。

2. 信息人才的智力素质

信息人才的智力素质不仅包括一般科研人才需要具备的观察力、记忆力、想象力、思考力与判断力,还应突出以下三种能力。

(1) 敏锐的洞察力。它要求 ICT 人具备及时、准确发掘信息本身价值的能力和对潜在问题的预见能力。只有具备这种能力,才能在大量繁杂的信息中发现有价值的信息,对影响全局或有长远影响的事物变化做出正确的反应与预测。

(2) 系统分析与综合思维能力。不论是信息服务系统的筹建、信息市场的开拓、用户信息系统或信息网络的分析、设计和建设工作,还是服务于管理、决策的信息整理、检索、信息分析、预测或评估、论证工作,都需要信息人才具备对客观事物进行系统分析与综合的思维素质。信息人才只有具备这样的思维素质,才能从繁杂的研究对象中发现规律。

(3) 较强的自学、科研和创造能力。依照摩尔定律,信息新技术(如当下的云计算、物联网、大数据、人工智能等)将不断涌现,这势必导致信息工作内容及技术手段不断更新和变化。因而,作为信息人才,仅仅具有某一方面的知识是远远不够的。为了更好地适应信息工作的复杂性和发展变化,信息人才不仅应具备较强的自学、科研能力,还应具备一定的创造能力。

3. 信息人才的心理素质

由于信息人才所从事工作的特殊性,要求他们应具备一定的心理素质,主要包括:

(1) 工作对象心态。信息工作者的工作对象大多都是 ICT 设备(如 PC 机、移动设备、网络设备等),面对这样的工作对象,应克服因长时间工作而带来的厌倦情绪。

(2) 工作环境心态。信息工作者的工作环境大多都是"人机环境",导致组织成员之间人际交流机会减少,从而不可避免地产生心理上的孤独感。为避免这种消极影响,作为信息工作人员来说，应保持开朗、乐观、向上的心态。

(3) 工作内容心态。信息工作者的工作内容经常是大量枯燥的数字、符号等，因而心情烦躁时有出现，这要求其具备较好的自我心理调节能力。

(4) 工作过程心态。信息工作者在对信息资源进行开发利用的各个环节中，为了始终保持"开心快乐"过程，应努力做到"五个心"：虚心、细心、耐心、热心和恒心。

4. 信息人才的身体素质

俗话说，身体是革命的本钱。良好的身体状况是信息人才发挥作用的重要前提。

信息人才的身体素质一般包括以下两个方面：

(1) 物理身体方面。即要有结实健壮的身体，能够抵抗疾病，承受繁重的工作和各种艰苦环境的考验。

(2) 智慧身体方面。即要有健康发达的大脑，能够用它来吸取知识和进行繁重的脑力劳动。

因此，ICT 人为了保持良好的身体素质，一是要加强体育锻炼，二是要保持科学的工作和生活方式。

5. 信息人才的专业素质

信息系统涉及多个学科领域，仅仅具备某一领域的知识和技能是难以胜任工作要求的。无论是 ICT 服务单位的需求分析人员、开发人员、实施人员、运维人员，还是用户单位的管理人员、业务操作人员，均应具备相应的 ICT 专业素养。

总体而言，信息人才的专业素质主要体现在了解或掌握网络通信技术、网络安全技术、软件开发技术、数据库技术、信息系统分析设计技术。

(1) 网络通信技术。包括数据通信网、移动通信网、物联网、IP 网、光纤通信、4G、5G 等技术。

(2) 网络安全技术。包括物理和环境安全、网络和通信安全、设备和计算安全、工业控制系统安全、云计算安全、物联网安全、等级保护体系、分级保护体系等技术。

(3) 软件开发技术。包括 J2EE 架构、点 NET 架构、移动 App、软件分析与设计、软件系统测试、软件系统维护等技术。

(4) 数据库技术。包括甲骨文 Oracle 数据库、微软 SQLServer 数据库、蚂蚁金服 OceanBase 数据库、达梦 DM 数据库、数据治理、数据挖掘、BI 等技术。

(5) 信息系统分析设计技术。包括用户画像、信息编码、系统可研、系统分析、系统设计(含初设、详设)等技术。

6. 信息人才的文化素质

有人说，ICT 人"有知识、没文化"。那么，什么是文化？著名作家梁晓声用四句话将"文化内涵"概括得十分经典：根植于内心的修养；无须提醒的自觉；以约束为前提的自由；为别人着想的善良。

ICT 人要成为真正的"文化人"，就应该具有深厚的文化底蕴，如拥有语言文字功底、人文艺术功底、综合知识功底等。

(1) 语言文字功底。包括中文水平、外文水平、口头表达能力、书面表达能力等。

(2) 人文艺术功底。包括"琴棋书画"技艺、"吹拉弹唱"技艺等。

(3) 综合知识功底。例如,了解或熟悉 ICT 知识以外的其他学科知识,如音乐学、美术学、管理学、心理学、行为学、法学等。

7. 案例: IT 项目对信息人才的素质要求

一般情况下,一个 IT 项目的生命周期将经历现场调研、需求分析、方案设计、系统研制、调试完善、验收鉴定、系统运维七个环节,每个环节对人员的上述素质均有相应的要求,如表 9-1 所示。表中,打 "√" 表示该 IT 项目环节对相关素质有 "强关联" 关系。

表 9-1   IT 项目全生命周期对 ICT 人才的素质要求

序号	IT 项目环节	思想素质	智力素质	心理素质	身体素质	专业素质	文化素质
1	现场调研	√	√	√	√	√	√
2	需求分析		√		√	√	√
3	方案设计		√		√	√	√
4	系统研制		√		√	√	
5	调试完善		√		√	√	
6	验收鉴定	√	√	√	√	√	
7	系统运维		√	√	√	√	

9.4 ▶ 基于 CIO 模式和云长模式的组织架构

9.4.1　CIO 模式和云长模式的含义

1. CIO 模式

CIO 是 "chief information officer" 的缩写,意为 "首席信息主管""首席信息官" 或 "信息主管"。CIO 是一个组织(企业或政府部门)中负责信息技术系统(包含计算机系统和通信系统)战略策划、规划、协调和实施的高级官员,通过谋划和指导信息技术资源的最佳利用来支持组织的目标。CIO 在组织的最高领导层占有一席之地,在 "一把手" 的领导下,参与组织的战略决策。

CIO 具备技术和业务管理两方面的知识,并且善于以系统工程的思想方法,将组织的技术调配战略与业务战略紧密结合在一起。CIO 在优化组织的业务流程和完善组织的信息技术结构,以及实现组织内部信息资源的有效利用和广泛共享方面,起到领导和监督作用。CIO 在知识管理和智力资本评估方面也具有领导作用。CIO 通过合理授权摆脱烦琐的战术和操作事务,而将注意力更多地集中于战略方面。

CIO 职位产生于美国,美国企业和政府部门中出现最早的 CIO 是在 20 世纪 80 年代初期。90 年代中期以来,CIO 在我国成为企业界和媒体界的热门话题。目前,CIO 已成为我国政府信息管理部门和企业界关注的热点。

从表面上看,CIO 只不过是一个与信息有关的职位,但深入分析,CIO 的内涵是信息资源管理,确切地说是战略信息管理。CIO 不仅仅是一个与信息技术有关的职位,更重要的是,CIO 的出现标志着信息资源已成为一种等价于资本和人力的战略资源,标志着信息管理部门已成为决定一个企业兴衰存亡或一个政府管理水平的重要职能机构。

CIO 是随着信息资源开发利用热潮的兴起而诞生的，CIO 作为组织中的高级管理人员与以前的信息管理职位有很大的不同。过去，组织机构中从事信息工作的人员大都处于从属和配角地位，信息管理部门的负责人充其量也只是一个部门级领导。CIO 职位的出现，在很大程度上改变了这种情况。

一个组织(企业或政府部门)的 CIO 的职责主要包括：

(1) 参与高层管理决策，领导组织信息战略的制定和重要信息化项目的实施。

(2) 制定组织的信息政策与信息活动规范及制度。

(3) 制定组织的信息流程，规范信息管理的基础标准。

(4) 负责组织的信息系统建设规划与宏观管理。

(5) 监控组织所有信息化项目的实施、现有信息系统的运行，评估组织信息技术的投资回报。

(6) 负责组织信息化工作的宣传、咨询、培训、沟通与协调。

2. 云长模式

云长模式源于云计算管理模式。随着云计算技术的不断发展和信息化工程的持续推进，各种云计算平台如雨后春笋般纷纷出现。仅以重庆市为例，就有"*N* 朵云"，如阿里云、华为云、浪潮云、移动云、联通云、广电云等。如何让这些云平台通过大数据服务好广大企事业单位，使其最大发挥信息资源开发利用效率，已经成为政府、企业和学术界研究的热点问题。

云长模式旨在推进大数据治理工作。为了顺应大数据和云平台发展趋势，借用河长制和湖长制治理河湖成功经验，便应运而生了云长制，其目的是推进政府"上云"、企事业单位"上云"工作，破解当前政府治理中的大数据发展痛点，提升数据管理应用水平。

目前，云长制主要在省级政务(如贵州市、广西市、重庆市)信息化领域广泛应用，其基本内涵是省级及下属机构(厅级、处级、科级等)的"一把手"担任各级的云长，并设置对应的云长办公室。其中，云长负责本机构云工程建设、政务数据"聚通用"(含集聚、融通、应用)工作，云长办公室则承担本级云管理日常事务，负责组织推进各项任务的落实。

9.4.2 基于 CIO 的政府信息化组织模式

由于目前我国政府尚未有 CIO 职位，下面以美国为例进行说明。

1. 美国政府 CIO 的演变历程

美国政府 CIO 的产生是与信息资源管理密切相关的，其源头可追溯到 1980 年。1980 年美国《文书削减法》颁布实施后，要求每一政府部门或机构任命新的"高级文书削减和信息管理官员"，即为政府 CIO 的前身。

1984 年，格雷斯委员会在调查的基础上建议在不同级别的政府部门包括总统办公室设立 CIO 职位。

1995 年美国国会通过的《信息技术管理改革法》明确授权在政府部门设立负责信息技术的 CIO。《信息技术管理改革法》授权在管理与预算办公室(OMB)下设立一个 CIO 办公室，由总统任命的 CIO 出任办公室首脑，并且提议联邦机构设立 CIO，其主要职责包括提供信息政策方面的建议、制订信息资源管理规划、评测信息技术采办计划等。

1996 年，美国国会又通过了《信息技术管理改革法》修订案，明确规定每个联邦机构都要设立 CIO 职位，并规定了 CIO 的地位，即 CIO 是一个高层官员(a senior officer)。该修订案还要求建立一个 CIO 委员会，以便定期地指导和协调执行机构中与信息技术和信息资源管理有关的活动。1996 年的《信息技术管理改革法》修订案对联邦机构 CIO 的职责做了如下规定：①通过建议等方式来确保信息技术能够依据机构首脑制定的优先顺序得到采办，信息资源能够依照同样的优先顺序实现管理；②为机构发展、维护和运行一个完好的集成化信息结构；③促进所有主要的信息资源管理过程(包括工作过程改进)高效地设计和操作。

2001 年，根据《电子政务扩展计划》，管理与预算办公室成立了由各政府部门高级官员代表组成的临时性电子政务特别工作组，旨在确定国家优先发展的电子政务项目。为此，管理与预算办公室下设了领域管理办公室，主要分管四个领域的管理人员：政府间电子政务(government to government，G2G)，政府与企业间的电子政务(government to business，G2B)，政府与居民间的电子政务(government to citizens，G2C)和提高政府内部效率及有效性(internal efficiency effectiveness，IEE)。

目前，美国联邦政府 CIO 兼任国家预算局第一副局长，电子政务管理体制中设有 CIO 委员会这一管理和议事机构，政府各部门均设 CIO 职位，各州政府均设 CIO 职位。

2. 以政府 CIO 为核心的电子政务组织机构

美国以政府 CIO 为核心的电子政务组织机构如图 9-1 所示。

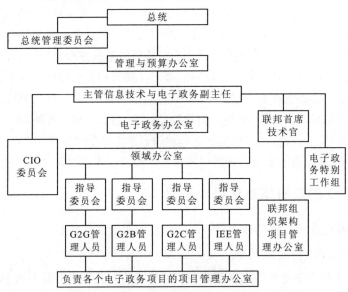

图 9-1　美国以政府 CIO 为核心的电子政务组织机构

其中，CIO 委员会的组织机构如图 9-2 所示。

图 9-2 中，CIO 委员会主席、副主席及其下属各成员应是既懂信息技术，又懂业务和管理，且身居高级行政管理职位的复合型人才。他们一般应具备下述知识和能力。

(1) 信息变革知识。主要包括：信息化与经济、社会和管理变革；政府信息化与公共管理模式下创新；数字化、网络化环境下组织的业务流程再造与组织变革管理；从信息管理走向知识管理的变革。

(2) 公共管理知识。主要包括：公共管理；公共政策；电子政务基本概念、内容、模式、安全保证体系及管理。

(3) 信息管理与知识管理知识。主要包括：信息采集和传播；信息组织与信息资源的开发利用；信息检索和信息分析；信息战略；信息安全管理；信息文化；知识管理；信息法律法规与政策。

(4) 信息系统知识。主要包括：办公信息系统；管理信息系统；电子政务战略管理系统；知识系统；信息安全保密系统。

(5) 信息技术知识。主要包括：计算机原理；软件技术及软件工程；计算机网络技术；IT 前沿技术；电子政务涉及的关键信息技术。

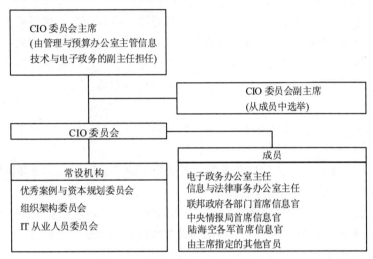

图 9-2　美国 CIO 委员会组织机构

9.4.3　基于云长模式的政务信息化组织模式

1. 基于云长模式的政务信息化组织机构

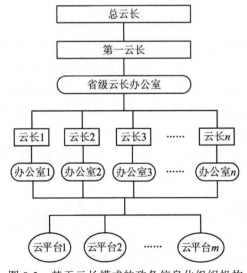

图 9-3　基于云长模式的政务信息化组织机构

基于云长制的政务信息化组织机构如图 9-3 所示。其中，最高层为总云长，由省委或省政府主要领导(省委书记或省长)担任；第二层为第一云长，由省政府分管大数据工作的领导担任；第三层有 n 个云长，分别由省级各委办局一把手、市级(或区县级)政府一把手担任。

2. 组织机构中相关职责和工作机制

1) 云长的工作职责

总云长、第一云长、云长、云长制办公室的工作职责如下。

(1) 总云长职责：对全省政府系统"云"工程建设和政务数据"聚通用"工作负总责。

(2) 第一云长职责：统筹、指导、协调各"云长"单位的"云"工程建设和应用工作，督促各"云长"履行职责。

(3) 云长职责：对本部门(区、县)"云"工程建设、政务数据"聚通用"负总责，加强数据安全管理，推动数据共享开放和深度融合应用，提升政府治理能力和民生服务水平。

(4) 云长制办公室职责：具体承办"云长制"日常事务工作，组织推进"云长制"贯彻落实，主要开展组织协调、调度、督查考核、信息报送等日常工作。

2) 工作目标

提高全省范围内政务数据"聚通用"水平，使政府决策科学化、社会治理精准化、公共服务便捷化进一步提升。

(1) "聚"再上新台阶。消除信息孤岛，形成统一的"云"服务体系和标准，应用系统100%接入云平台，数据汇聚量逐年提高。

(2) "通"取得新突破。打破条块分割，建成全省统一的政务数据共享交换平台和公共数据开放平台，实现跨层级、跨地区、跨部门政务数据全面共享，公共数据资源在政务、民生、商贸等领域全面应用。

(3) "用"迈出新步伐。着力融合应用，打造一批涵盖经济调节、市场监管、社会管理、公共服务等领域的创新应用系统，在政府管理、社会治理、科学决策、政务服务等方面取得新成效。

3) 工作内容

主要开展以下 6 个方面的工作内容。

(1) 制定"云"应用和信息化建设规划。各"云长"单位要制定本单位(委办局、区、县)大数据应用和信息化发展规划，建立大数据应用和"云"工程项目清单，汇聚本单位云长办公室，并报送省云长办公室。各级云长办公室围绕"聚通用"的工作要求，牵头建立"云"工程项目库，汇总各"云长"单位的大数据应用和"云"工程项目。

(2) 推进政府和公共数据资源集聚。各云长单位要统筹推进本单位(委办局、区、县)政务数据资源的整合集聚，非涉密及非敏感业务专网要迁移到省电子政务外网，全省政务部门应用系统和事业单位、国有企业等重点领域的公共数据资源要集聚到省电子政务云。鼓励各类企业、行业协会、科研机构、社会组织的社会数据资源，按照统一规范的技术标准集聚到省政务云平台。

(3) 推动政务数据资源共享开放。各云长单位要制订政务数据资源共享计划和开放计划，编制政务数据资源共享目录和开放目录，发布政务数据资源共享清单和开放清单。完善政务数据动态更新维护机制，确保"一数一源"。各云长单位的政务数据共享开放，必须通过市政务数据共享交换平台和开放平台实现。各云长单位要及时适应公众需求，依法有序推进数据资源开放，实现开放工作常态化。鼓励和支持企业、社会组织和个人利用开放数据进行商业模式创新，培育大数据增值业务。

(4) 推动基础数据库和主题共享数据库建设。建设人口、法人单位、空间地理、宏观经济、公共信用、电子证照等基础信息数据库，实现数据整合无缝共享。建立文化旅游、健康保障、社会保障、食品药品安全、价格监管、城乡建设、生态环保等主题共享数据库，基本实现跨部门、跨层级数据资源互联互通。制定基础库和主题共享库的数据资源维护和管理办法，确保数据准确、及时、全面、可用。

(5) 推进政府治理和民生服务大数据应用。各云长单位要梳理本县(市、区)、本部门的大数据应用状况，通过应用系统整合和业务流程再造，实现大数据应用全覆盖。运用大数据提升政府决策能力，采集客观数据和实证分析，增强决策的精准性、预见性和公平性。打造"数据铁笼"，用数据监管权力运行全过程，管好公共权利、公共资金、公共资源、公职人员。运用大数据提升政府服务能力，提供生产、生活等服务，提高社会公众满意度。各云长单位的政务民生服务系统，必须提供相关数据接口，统一集成到省级一体化服务平台。政务民生服务要建立健全群众需求响应机制，及时解决问题。

(6) 建立健全数据安全保障体系。省网信办要统筹协调各云长单位推进数据安全保障体系建设，研究制定面向政府信息采集和管控、敏感数据管理、数据质量、数据交换标准和规则、个人隐私等领域的大数据安全制度规范，明确大数据采集、使用、开放等环节涉及信息安全的范围、要求和责任。加强安全风险评估、检查和监督，提升网络安全监测、预警等能力。各云长单位要按照"谁拥有、谁定级"和"谁使用、谁管理"的原则，采取多种措施加强共享开放后的数据管理，确保涉及国家利益、社会安全、商业秘密、个人隐私等信息安全。开展重要信息系统安全技术防护体系建设，优先应用自主可控数据安全产品，支持国产密码算法的数据加解密、数据审计、数据销毁、完整性验证等数据安全产品研发及应用推广。

9.4.4　基于 CIO 的企业信息化组织模式

1. 基于 CIO 的企业信息化组织机构

基于 CIO 的企业信息化的组织机构如图 9-4 所示。其中，最底层的业务部门(或业务科室)，可根据需要进行重新分组，分组的原则可以按业务范围，也可以按任务阶段，还可以按项目。

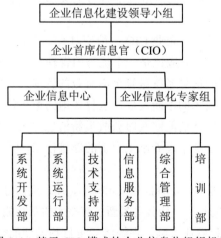

图 9-4　基于 CIO 模式的企业信息化组织机构

2. 组织机构中各部门的相关职责

1) 企业信息化建设领导小组

企业信息化建设是一项复杂的、长期的、有始无终的系统工程，在其建设过程中，遇到的不仅仅是技术问题，更棘手的是企业管理方式的变化和业务流程的调整、与企业信息化相适应的机构与岗位调整、信息公开和规范化管理导致的管理人员的权限变化、旧思维和旧行为的人为障碍等管理问题。因此，首先应有一个以企业"一把手"为组长，企业决策层相关领导、企业信息化领域知名专家以及其他与企业信息化有关的二级部门主要负责人为成员的企业信息化建设领导小组。

企业信息化建设领导小组应从全局上权衡、协调、审定、决策及组织企业信息化实施，保障实施企业信息化系统所需的人力和物力，为整个企业实施企业信息化创造良好的氛围。其主要职责如下。

(1) 企业信息化建设中、长期规划的审定。

(2) 企业信息化建设重大工程项目实施方案的决策。

(3) 企业信息化建设机构相关人员的考核、任免与奖惩等。

在企业信息化建设领导小组中，由企业"一把手"担任领导小组组长，不仅体现了企业领导对信息化工作的高度重视，同时也贯彻了国家科技部倡导的信息化过程是"一把手工程"的原则。

另外，邀请若干个企业信息化领域专家加入到企业信息化建设领导小组中，是为了保证决策的科学性。

2) 企业首席信息官(CIO)

企业 CIO 代表企业信息化建设领导小组行使指挥权，其行为将直接对领导小组负责。

企业 CIO 主要职责包括：

(1) 负责企业信息化建设中、长期规划的编制。

(2) 负责企业信息化建设重大工程项目实施方案的论证。

(3) 负责企业信息化建设硬、软件系统的配置及资金的投入。

(4) 负责各类信息、渠道的梳理及信息化人员的管理与奖惩等。

(5) 负责建立和实施企业内信息系统使用的指南和制度。

(6) 负责管理协调各种关系，包括信息中心与上级部门、信息中心与其他部门、信息中心内部等各方面的关系。

为了能够圆满完成上述职责，企业 CIO 一般应具有下述知识和能力。

(1) 有良好的管理素质。CIO 应该是一个优秀的管理专家，其管理素质主要包括：能够对企业综合、复杂、高难度的信息系统进行全面有效的管理、开发和利用，最大限度地实现信息资源的共享；随着网络技术的不断发展，世界各地的市场信息与经营状况成为全球得以共享的国际信息资源，因此 CIO 要能够及时获取最新信息并具备敏锐的商业洞察力和高瞻远瞩的战略远见；由于 CIO 在企业中起着承上启下的连接作用，所以 CIO 还应该有较强的协调能力和人际沟通能力。

(2) 有丰富的 IT 知识和能力。随着信息技术向高、新、尖的方向发展，要求 CIO 必须是信息技术和信息管理系统方面的行家，应具备最新信息技术的跟踪能力和有效运用能力。

(3) 有一定的商业知识和商业头脑。在经济竞争日趋激烈的今天，CIO 的工作必须围绕企业的战略目标来确定技术方案,利用一切可利用的信息重构企业的商业行为,支撑企业的商业决策,以使信息管理系统为企业发挥最大的效益。

3) 企业信息中心

企业信息化建设几乎牵涉企业的各个职能部门,必然会碰到各种各样的棘手问题,而企业高层领导又不可能对企业信息化实施事无巨细的管理,因此就需要有一个专门的部门——企业信息中心来负责这部分的工作。

企业信息中心的主要职责包括:

(1) 负责贯彻企业信息化领导小组及 CIO 的相关决定。

(2) 负责企业信息系统的开发、维护与运行管理。

(3) 负责为企业中的各业务部门提供信息技术服务,包括制订、安排和执行企业信息化培训计划等。

(4) 负责对企业重大信息化项目的检查考核。

(5) 负责制订和监督执行公司自主知识产权的软件开发计划。

(6) 负责对信息化专家聘任提名及业绩考核等。

4) 企业信息化专家组

企业信息化建设是一项复杂的系统工程,涉及计算机技术、网络技术、工程技术以及符合现代企业管理要求的企业管理技术,其技术含量高、系统庞大。对于一般企业,单靠自己的技术力量很难实施成功。因此,应寻求有关企业信息化专家的技术支持,指导企业进行系统分析和系统的实施、培养企业的技术力量、随时解决企业信息化建设过程中的技术问题,从而使企业信息化建设有坚强的技术后盾,以保证系统的先进性和实用性。

企业信息化专家组除了企业内部专家外,还需外聘社会专家、IT 专家与经营管理专家共同组成。企业信息化专家组的主要职责有:

(1) 为公司信息化建设领导小组提供技术咨询、企业信息化发展思路与建议。

(2) 负责公司年度信息化项目的立项评审及方案论证。

(3) 实行责任专家制,有权对所负责的信息化项目进行考核检查。

(4) 负责拟订企业信息化培训纲要和按照信息化进程开展各种培训。

(5) 负责制定企业自主知识产权的软件开发方案和主持软件开发。

(6) 负责指导和实际参与公司信息化建设过程中的关键技术攻关。

(7) 参加专家工作会(每月一次),并每年向 CIO 呈报年度工作总结书面材料。

5) 信息中心、企业信息化专家组下属的相关机构

(1) 系统开发部。其主要职责为:

① 系统分析与设计;

② 编程、调试、系统集成;

③ 系统文档的撰写。

(2) 系统运行部。其主要职责为:

① 企业内部各应用系统(包括内外网站)的运行支持;

② 数据准备、录入;

③ 计算机操作。

(3) 技术支持部。其主要职责为：

① 软件技术支持；

② 数据库技术支持；

③ 通信与计算机网络技术支持；

④ 多媒体技术支持；

⑤ 企业建模与优化技术支持。

(4) 信息服务部。其主要职责为：

① 客户访问；

② 供应商服务；

③ 高层信息服务；

④ 职工服务。

(5) 综合管理部。其主要职责为：

① 人员管理；

② 资金管理；

③ 档案管理；

④ 质量管理；

⑤ 标准管理；

⑥ 安全管理。

(6) 培训部。其主要职责为：

① 专业培训；

② 普及培训；

③ 专题培训；

④ 新系统培训。

9.5 ▷ 信息人力资源管理

人力资源管理(human resources management，HRM)是企事业单位为了获取、开发资源所实施的一系列管理活动的总称。近年来，随着竞争的日趋激烈，人力资源管理越来越受到人们的普遍重视。人力资源是单位最宝贵的资源，如何吸引并留住高质量的人才，是任何单位都必须给予高度重视的问题，对单位的管理活动具有深远的意义。

信息人力资源管理是人力资源管理的重要组成部分，一个单位应重视信息人力资源建设、积极储备高素质的信息技术人才，以确保其信息资源组织与管理目标的实现。

信息人力资源管理主要包括信息人力资源规划、信息人力资源招聘、信息人力资源绩效评价、信息人力资源培训等方面的内容。

9.5.1 信息人力资源规划

信息人力资源规划，或简称信息人才规划，是指企事业单位(组织)通过拟订一套措施，使其拥有一定质量和必要数量的 IT 人员，从而实现其组织(含 IT 人员个人)目标。

一般来说，一个组织的 IT 人才规划，主要包括 IT 人才需求量预测、IT 人才拥有量预测、IT 人才需求量和拥有量之间的匹配等三个步骤。

(1) IT 人才需求量预测。IT 人才需求量预测是指从经济和社会发展、IT 技术进步的视角，并结合组织 IT 人才的岗位需求，预测未来目标年度的 IT 人才需求量。它不仅要预测出目标年度对于 IT 人才数量和质量的需求，而且还应求得其相应合理的 IT 人才结构。其中，IT 人才质量是指组织需要什么类型的 IT 员工，IT 人才数量是指每一种类型 IT 员工的需求量。

(2) IT 人才拥有量预测。IT 人才拥有量预测是指通过分析组织 IT 人才的变化状态(含 IT 人才的流入、流出、升迁转移等)，预测出目标年度可能拥有的 IT 人才数量及质量。

(3) IT 人才需求量和拥有量之间的匹配。IT 人才需求量和拥有量之间的匹配是指通过分析组织未来发展目标，在上述 IT 人才需求量预测和 IT 人才拥有量预测的基础上，补充 IT 人才数量，并由此制定科学的人才政策(含培训、晋升等政策)。其中，补充的人才数量＝IT 人才需求量－IT 人才拥有量。

9.5.2　信息人力资源招聘

招聘工作是组织获得信息人力资源的基本方式，其核心任务是为组织中设置的不同信息工作职位配备适当的人选，以实现组织的战略目标。当组织中信息资源管理部门的人员调往内部其他部门或辞职、退休时，信息资源管理工作职位出现空缺，或者由于组织内部结构进行调整，设立了新的信息资源管理工作职位时，组织就应该根据具体情况招聘所需的信息资源管理工作人员。

为了招聘到合适的人才，信息人力资源管理部门应参照信息工作分析、工作描述、信息资源管理工作人员的素质要求等制定相应的招聘标准。

信息工作人员招聘的方式主要有两种：一是内部招聘，即通过组织内部人员晋升或调动来实现；二是外部招聘，即从组织外部招聘人员。

1. 内部招聘

当组织中的信息管理部门出现职位空缺或者设置了新的职位时，人力资源部门将通过下发文件、内部资料、布告等方式公布招聘职位和标准，在组织内部公开进行招聘。员工可参照招聘标准，决定是否应聘。这种方法称为工作竞标法。然后，主管部门对申请人逐个进行评价，以确定最终人选。在招聘的过程中，应考虑到内部招聘的优缺点，加以必要的说明和解释，尽可能避免采用这种方式带来的消极影响。

2. 外部招聘

外部招聘的人才来自于以下几种渠道。

(1) 新闻媒体。通过新闻媒体公开面向社会招聘所需的信息管理方面的人才，包括：在报纸、杂志上刊登招聘广告，这些广告应明确招聘的职位，招聘的标准、条件、联系方式及待遇等，以吸引申请人；通过广播、电视等传媒工具发布招聘广告。另外，招聘网站也是应用得最为广泛的招聘媒介，目前国内主要的招聘网站公司有：前程无忧、中华英才网、智联招聘等。

(2) 职业介绍所或猎头公司。对这类机构，应选择信誉好、人力资源储备较为雄厚的公司，以免为组织的招聘工作带来不必要的损失。

(3) 人才市场。该渠道是近年来兴起的，由于招聘方和应聘方能直接面谈，加强了彼此间的沟通和了解，有利于组织招聘到合适的人才。

(4) 大专院校。组织机构可以直接到各大专院校的相关专业的应届毕业生中，招聘所需的信息工作人员。

(5) 熟人推荐。对于一些职位，尤其是特别重要的职位或者是对一个地区的情况不太熟悉时，常常通过熟人或组织内部员工推荐。这种方式利于为组织寻找到可靠人选，但由于彼此非常熟悉，易导致推荐人主观抬高对被推荐人能力的评价，从而给组织工作带来负面影响。

9.5.3　信息人力资源绩效评价

1. 绩效评价的概念

绩效评价，前承员工招聘，后启员工培训，并与这两者相辅相成，是信息人力资源管理活动中的重要环节，它可以为组织确定报酬，改进员工工作绩效，为培训、晋升及选任或留用员工提供标准或依据。

绩效是组织为了实现其目标而进行的各种具体劳动的客观过程的产物。对于组织而言，绩效是组织为实现生产经营目标，在从事生产经营活动的过程中完成的各种任务的数量、质量和效率。而组织员工的绩效则是指员工经过考核评价，被组织管理层认可的工作行为、工作表现、工作成绩以及工作结果。

绩效评价是组织对员工在某一时期内的工作业绩、行为等做出评价的过程。通过对员工的工作绩效进行评价，才能形成客观、公正的人事决策。因而，为了公正、合理地评价员工的绩效，除了对工作结果进行评价之外，还应该对工作行为、知识与技能、特性与工作态度等绩效影响因素进行系统评价。

2. 绩效评价的程序

绩效评价是一项非常细致的工作，必须严格按照一定的程序进行。绩效评价一般包括下述基本程序。

(1) 确定工作构成。一项工作通常由许多活动组成，确定工作构成就是明确那些虽然不很重要，但却大量重复的活动。

(2) 确定绩效评价的标准。绩效评价的标准是评价、判断员工绩效的基础，因此必须客观化、定量化。具体做法是将要进行评价的内容逐项进行分解，形成评价的判断标准。

(3) 评价实施。将工作的实际情况与评价标准逐一进行对照，判断绩效的等级，以消除绩效评价中的非客观因素。

(4) 评价面谈。通过面谈，双方形成对绩效评价的一致看法，并就下一阶段的工作达成协议。

(5) 制订绩效改进计划。绩效改进计划是绩效评价工作的最终落脚点。一个切实可行的绩效改进计划应该符合以下几条标准：切合实际，要有明确的时间，要具体，要获得认同。

(6) 绩效改进指导。

3. 信息人力资源绩效评价中的注意事项

在企业，尤其是在 IT 企业，真正才华横溢的信息技术人才，往往又是充满个性而难于驾驭的。因此，对 IT 企业的信息技术人员(以下简称 IT 人才)进行绩效评价时，需注意下面三个问题。

1) 要充分考虑 IT 工作的基本特性

IT 工作有别于其他工作，它具有下述的基本特征。

(1) 工作具有创造性。IT 工作不同于体力劳动，也不同于行政性和操作性的事务性工作，而是依据 IT 人才的专业知识和创作灵感，不断应对各种可能发生的情况或创新创造，推动技术的进步，产品的创新。

(2) 工作过程个性化。IT 工作是 IT 人才大脑复杂的思维过程，不受时间和空间的限制，也没有确定的流程和步骤，自治性、自主性强，外人无法窥视和控制。

(3) 工作成果难以测量。IT 工作极大程度上依赖于 IT 人才自身的智力投入，产品无形，难以测量，而且对于一些科技含量高的产品生产，往往是多个知识型人才集体智慧的结晶，难以分割，这给衡量个人绩效并进行绩效评价带来了困难。

2) 要充分考虑 IT 人才的个性特征

在 IT 企业从事 IT 工作的 IT 人才，一般具备以下几方面的个性特征。

(1) 较强的自主意识。IT 人才一般都有独立自主的要求，能力越强，独立自主从事某项活动的意识越强。因此，他们往往倾向于选择一个自主的工作环境，愿意对各种可能性均进行尝试，不愿意受制于人。

(2) 独立的价值观。与一般人才相比，IT 人才更有一种表现自己的强烈欲望。IT 人才心目中有非常明确的奋斗目标，他们到企业工作，并不仅仅为了挣得工资，而是有着发挥自己专长、成就事业的追求，他们更在意自身价值的实现，并期望得到社会的认可。因此，他们热衷于具有挑战性的工作，把攻克难关看作一种乐趣，一种体现自我价值的方式。

(3) 流动的意愿强。在 IT 企业中，最有价值的资产应该是人们的知识、技能和不断创新的能力，而这一资产却存在于知识型人才的头脑中，是企业无法拥有和控制的。由于大型 IT 企业在资信、知名度、人力争夺攻势等方面皆强于中小企业，因此，出于对自己职业发展前景的强烈追求，人才流动成为这类人员的强烈愿望。他们不希望终身在一个组织中工作，由追求终身就业饭碗，转向追求终身就业能力。

(4) 精细的报酬观。对于 IT 人才来说，报酬不再是一种生理层面的需求，其本身也是个人价值与社会身份和地位的象征。从某种意义来说，报酬成为一种成就欲望层次上的需求；同时，知识型人才不仅需要获得劳动收入，而且要获得人力资本的资本收入，即需要分享企业价值创造的成果。

3) 要充分变革人才管理模式

基于上述的 IT 工作基本特征和 IT 人才的个性特征，应对人才的管理模式(包括绩效考核)进行变革，主要包括以下内容。

(1) 营造自由舒适的工作氛围，实行弹性工作制。工作场所中的快乐，是企业研发优质 IT 产品及企业为客户提供优质服务的关键。IT 人才更多地从事思维型工作，僵硬的工作对他们没有多大的意义。IT 人才更喜欢工作富有自主性和挑战性，喜欢更具张力的工作安排。为此，组织中的工作模式应注意考虑体现人才的个人意愿及价值，尽可能为人才创造一个既安全又舒畅的工作环境，逐步实行弹性工作制，逐步满足 IT 人才对工作时间的可伸缩性、工作地点的灵活多变性等要求；另外，应建立以团队友谊为重的企业风格和企业文化，使人才觉得工作本身就是一种享受。总之，能在工作中大显身手，充分实现自我价值，才能最大限度地发挥人才工作的积极性和创造性。

(2) 建立新型人际关系，激发人才内在的工作热情。长期以来，我国企业对人才的管理，都把"控制"看作管理的基本职能，下属只有听从安排，服从需要。对于 IT 人才，单纯依靠严格的管理达不到预期的效果，因为即使采用强制手段，限制了人的流动，但却无法控制其工作努力程度和工作行为，其产出质量和数量必然受到影响。因此，应抛弃传统刻板的管理方式，突破原有的思维模式和动作方式，使管理方式更为多元化、人性化、柔性化，以激励其主动献身与创新的精神，主要包括：在机构内部建立公平、公开、透明的"赛马"机制，让所有人才在既定的、大家认同的规则面前公平、公开地竞争，在充分的发展空间内优胜劣汰；其次，要建立和健全有利于人际沟通的制度，提倡管理者与人才之间的双向沟通，靠理解和尊重建立管理者和人才之间的关系，并通过这种心灵沟通和感情认可的方式，使 IT 人才在自觉自愿的情况下主动发挥其潜在的积极性与创造性，愿意为企业效力。

(3) 构建丰富的报酬机制，激发人才的主动性和创造性。在数字经济时代，人才竞争日趋激烈，IT 人才管理的一项重要任务就是要丰富现有的激励手段，实现激励体制的多维化发展，以满足人们随生活质量的提高而出现多种需求的需要，从而激发 IT 人才的工作热情和创造力。首先，要提高 IT 人才的工资、福利待遇。对 IT 人才来说，薪金是衡量自我价值的尺度，高出市场平均价的薪金，哪怕只有一点点，也会让人才感到企业对他们的器重。其次，变革传统的绩效机制，把 IT 人才的工作成绩与组织的生产效率挂钩，并与其发展前景紧紧捆绑。基于该理念，目前一种可尝试的有 IT 人才"出资占股""效益期权"等形式。其中，出资占股是指 IT 人才自己花钱购买企业股权，效益期权是指 IT 人才为组织做出成绩后企业奖励给员工的期权。

9.5.4 信息人力资源培训

为组织提供高素质的信息工作人员是信息人力资源管理的重要任务。由于信息技术的发展日新月异，知识更新较快，信息人力资源管理部门应为从事信息工作的员工提供不断学习的机会和条件，以便更新其思维和技能。

1. 培训的方式

对信息人员进行培训的方式主要包括以下几种。

(1) 继续教育。依靠现有高等院校、成人高等院校和管理干部学院的有关信息管理专业、计算机专业、软件专业、电子专业、通信专业、人工智能、大数据等专业，对信息员工开展继续教育。继续教育可分为两类：其一是对在职信息员工进行业务培训，包括进行短期技术培训、系列专题讲座、短期出国考察学习等；其二是对在职信息员工进行提高学历水平的在职正规教育，包括攻读 MBA、MPA、企业信息化工程硕士、软件工程硕士、工程博士学位等。

(2) 内部培训。邀请组织内部的 CIO、IT 专家或社会知名 IT 专家，对组织内的在职信息员工进行有目的、有计划的培训。

(3) 其他方式。如通过网站、App、MOOC(慕课)、学术交流等方式进行自助式培训模式。

2. 培训的类型及内容

根据培训对象(信息员工)的现状及需求的差异，培训可分为补充型、更新型、研讨型、管理型和发展型等五种类型，且针对不同类型的信息员工，其培训内容也有所不同。

(1) 补充型。其培训对象主要是刚参加工作不久的大学毕业生或由其他行业转入信息行业的业务技术人员。对其中未受过信息专业高等教育者，应着重补充信息专业基础知识；对其中毕业于信息专业者，则应着重补充与本职工作相关的专业应用基础知识、外语和科技写作知识等。

(2) 更新型。其培训对象主要是已取得初、中级技术职务并具有一定信息工作理论和实践经验的专业人员。根据科技、经济和社会发展对信息工作不断提出的新要求，要他们扩充有关信息技术、信息经济、文献计量、咨询、智能信息系统，以及市场调查和市场营销等方面的知识，并进一步强化其外语的口语交流能力。

(3) 研讨型。其对象主要是具有高级技术职务的业务人员和学术或技术骨干。对于这类人员主要是及时向他们提供当今世界前沿科学的水平、动向和发展趋势等信息，并提供条件，以便他们能与同行或同仁一起探讨研究一些理论问题和实际工作中遇到的学术问题、技术问题，通过切磋琢磨、互相启发，达到取长补短、相得益彰的效果。

(4) 管理型。其主要对象是从事信息系统管理工作的各级和各类管理人员，其中包括担任领导职务者和一般管理人员。他们除了要不断学习更新培训所包含的各种知识外，还应着重加强有关管理学、科学学、决策科学、行为科学、心理学和公共关系，以及有关信息系统管理体制、方针政策、知识产权法和其他法律法规等方面的学习。

(5) 发展型。其对象主要是品质和业务素质皆好，有工作业绩，肯钻研，有开拓进取精神及一定创造能力的业务技术骨干和组织领导能力较强的管理人员。培训方式是将他们送往国内外高水平的高等院校、研究机构或培训中心进修或学术访问，以便全面了解 IT 领域的新技术、新知识、新观念，使之成为组织的信息机构领导人员或业务带头人。

参考文献

[1] 重庆市政府. 重庆市全面推行"云长制"实施方案. 2019.

[2] 谢红芳, 童一秋. 信息资源开发利用与管理事务全书[M]. 北京：中国科学技术出版社, 2001.

[3] 甘仞初. 信息资源的组织与管理[M]. 北京：机械工业出版社, 2003.

[4] 陈禹, 谢康. 知识经济的测度理论和方法[M]. 北京：中国人民大学出版社, 1998.

[5] 焦宝文. 政府 CIO 战略管理与技术实施[M]. 北京：清华大学出版社, 2004.

[6] 黄育馥. 美国 IT 人力资源政策与实施[J]. 国外社会科学, 2004(3)：79～87.

[7] 陈源. 加拿大 IT 人力资源：现状与对策[J]. 国外社会科学, 2004(3)：93～97.

[8] 贺慧玲. 法国 IT 人力资源的现状与政策[J]. 国外社会科学, 2004(3)：88～92.

[9] 惠苏渊, 王军. 企业如何留住 IT 人才[J]. 中文信息程序春秋, 2002(12)：17～19.

[10] 叶继光. 信息检索导论[M]. 北京：电子工业出版社, 2003.

[11] 侯金川. 信息预测的原理和方法[J]. 图书馆, 1999(2).

复习题

一、单项选择题

1. 信息人力资源是指从事(　　)的劳动力资源。
   A. 信息工作　　　　B. 人事工作　　　　C. 管理工作　　　　D. 技术工作

2. HCIE 是指(　　)。
   A. 华为认证 ICT 工程师　　　　　　　B. 华为认证 ICT 专家
   C. Cisco 认证互联网专家　　　　　　　D. Cisco 认证网络助理

3. 中国信息安全测评中心认证的注册信息安全专业人员是指(　　)。
   A. CISSP　　　　B. CCSE　　　　C. CISP　　　　D. CISA

4. ORACLE 认证数据库专家的证书是(　　)。
   A. OCP　　　　B. OCA　　　　C. DCA　　　　D. DCP

5. 首席信息主管是指(　　)。
   A. CEO　　　　B. CIO　　　　C. CFO　　　　D. CHO

6. 严守组织的商业机密体现了 IT 人才的(　　)素质。
   A. 身体　　　　B. 心理　　　　C. 思想　　　　D. 文化

7. CISAW 是(　　)机构认证的信息安全保障人员。
   A. 中共中央网络安全和信息化委员会办公室　　　B. 中国信息安全测评中心
   C. 中华人民共和国工业和信息化部　　　　　　　D. 中国信息安全认证中心

8. DCM 是(　　)机构认证的数据库大师。
   A. 华为　　　　B. 达梦　　　　C. 思科　　　　D. 甲骨文

二、多项选择题

1. 信息人才具有下述(　　)特点。
   A. 具备对信息资源价值的识别能力　　　B. 具有信息资源的开发与利用观念
   C. 掌握必要的信息处理手段　　　　　　D. 具有较高的管理水平

2. 下述人才中属于 IT 人才的有(　　)。
   A. 总工程师　　　　B. 系统分析员　　　　C. 高级程序员　　　　D. 程序员

3. 中国计算机技术与软件专业技术资格(水平)考试的高级类 IT 人才证书有(　　)。
   A. 网络规划设计师　　　　　　　　B. 软件设计师
   C. 系统架构设计师　　　　　　　　D. 系统规划与管理师

4. ICT 人才的基本素质包括(　　)。
   A. 思想素质　　　　B. 智力素质　　　　C. 心理素质　　　　D. 文化素质

5. ICT 人才的智力素质包括(　　)。
   A. 观察力　　　　B. 记忆力　　　　C. 想象力　　　　D. 判断力

6. ICT 人才的身体素质一般包括(　　)。
   A. 物理身体方面　　B. 记忆力方面　　C. 想象力方面　　D. 智慧身体方面

7. ICT 人的文化素养体现在(　　)。
   A. 语言文字功底　　B. 人文艺术功底　　C. 综合知识功底等　　D. 健康的大脑

8. 以省级云长制为例，云长分为(　　)。
   　A. 总云长　　　　　　　B. 副总云长　　　　　　C. 第一云长　　　　　　D. 云长

9. 组织的 IT 人才规划主要包括(　　)步骤。
   　A. IT 人才需求量预测　　　　　　　　　B. IT 人才拥有量预测
   　C. IT 人才需求量和拥有量之间的匹配　　D. IT 人才的到位量

10. IT 工作有别于其他工作，它具有下述(　　)基本特征。
   　A. 工作量非常大　　　　　　　　　B. 工作具有创造性
   　C. 工作成果难以测量　　　　　　　D. 工作过程个性化

11. 在 IT 企业从事 IT 工作的 IT 人才，一般具备以下(　　)个性特征。
   　A. 较强的自主意识　　　　　　　　B. 独立的价值观
   　C. 流动的意愿强　　　　　　　　　D. 精细的报酬观

三、判断题

1. 信息人才是指具有一定专业技能的从事信息工作的人。　　　　　　　　　　　(　　)
2. 不同国家的信息人才类别是一样的。　　　　　　　　　　　　　　　　　　　(　　)
3. ICT 人才需要有良好的思想素质。　　　　　　　　　　　　　　　　　　　　(　　)
4. IT 项目对信息人才的素质要求主要指其开发能力。　　　　　　　　　　　　　(　　)
5. 云长模式源于云计算管理模式。　　　　　　　　　　　　　　　　　　　　　(　　)
6. 云长模式旨在推进大数据治理工作。　　　　　　　　　　　　　　　　　　　(　　)
7. 总云长可以由副省长担任。　　　　　　　　　　　　　　　　　　　　　　　(　　)
8. 第一云长由副省长担任。　　　　　　　　　　　　　　　　　　　　　　　　(　　)
9. 企业信息化建设领导小组的组长应由企业"一把手"担任。　　　　　　　　　(　　)
10. IT 人才精细的报酬观是指其对报酬斤斤计较。　　　　　　　　　　　　　　　(　　)

四、简答题

1. 什么是信息人力资源？
2. 信息人才具有哪些特点？
3. 按传统信息职业分类法的分类，我国有哪些信息工作者？
4. 按所获得 IT 证书分类，IT 人才如何进行分类？分别有哪些证书？
5. 简述 IT 人才的素质要求。
6. 信息人才应具备哪些思想素质、智力素质、心理素质、身体素质呢？
7. 什么是 CIO？简述以政府 CIO 为核心的电子政务组织机构。
8. CIO 的主要职责是什么？
9. 企业信息中心下设哪些机构？其职责是什么？
10. 信息人力资源管理主要包括哪些内容？
11. 如何进行信息人力资源的绩效评价？
12. 信息人力资源的培训方式有哪些？
13. 什么是云长模式？简述基于云长模式的政务信息化组织架构。

五、论述题

若你是某 IT 公司的开发人员，论述如何提高自身的素质以适应公司的发展要求。

模拟试卷(一)

一、单项选择题 (30 分，1 分/题，共 30 个小题)

1. 以下不属于信息的基本特征的是(　　)。
    A. 等级性　　　　　　B. 价值性　　　　　　C. 包容性　　　　　　D. 共享性

2. 信息量的大小取决于信息内容的(　　)。
    A. 消除不真实程度　　B. 消除不可靠程度　　C. 消除不精确程度　　D. 消除不确定程度

3. 新技术开发信息，属于(　　)。
    A. 自然信息　　　　　B. 社会信息　　　　　C. 经济信息　　　　　D. 政务信息

4. 谈话、授课、演讲等属于(　　)。
    A. 零次信息资源　　　B. 一次信息资源　　　C. 二次信息资源　　　D. 三次信息资源

5. 公司内部资料属于(　　)。
    A. 纸质信息资源　　　B. 电子信息资源　　　C. 公开信息资源　　　D. 半公开信息资源

6. 以下不属于信息元素的是(　　)。
    A. 船舶名称　　　　　B. 船舶编号　　　　　C. 船员编号　　　　　D. 船员简历

7. 按线分类法建立的分类体系是一个(　　)结构。
    A. 球形　　　　　　　B. 树形　　　　　　　C. 环形　　　　　　　D. 网状

8. (　　)是指对事物进行编码的过程。
    A. 信息代码　　　　　B. 信息编码　　　　　C. 信息分类　　　　　D. 信息开发

9. 第二代身份证的编码是(　　)位。
    A. 15　　　　　　　　B. 16　　　　　　　　C. 18　　　　　　　　D. 20

10. 下列(　　)不属于语法信息组织法。
    A. 分类组织法　　　　B. 时空组织法　　　　C. 号码组织法　　　　D. 字顺组织法

11. 按照分类法和主题法对信息资源进行组织的方法属于(　　)。
    A. 语法信息组织方法　　　　　　　　　　　B. 语义信息组织方法
    C. 语用信息组织方法　　　　　　　　　　　D. 时空组织方法

12. 关于实物信息源特点说法不正确的是(　　)。
    A. 直观性　　　　　　B. 时滞性　　　　　　C. 零散性　　　　　　D. 真实性

13. 关于数据库信息源特点说法不正确的是(　　)。
    A. 多用性　　　　　　B. 主观随意性　　　　C. 动态管理性　　　　D. 技术依赖性

14. 下列(　　)不属于企业外部信息采集的途径。
    A. 大众传播媒介　　　B. 政府机关　　　　　C. 社团组织　　　　　D. "葡萄藤渠道"

15. 信息检索的本质是信息用户的需求和信息集合的(　　)过程。
    A. 比较　　　　　　B. 匹配　　　　　　C. 对比　　　　　　D. 分析

16. 信息检索的发展经历了(　　)个阶段。
    A. 2　　　　　　　B. 3　　　　　　　C. 4　　　　　　　D. 5

17. 顺查法属于(　　)。
    A. 常规检索法　　　B. 回溯检索法　　　C. 循环检索法　　　D. 智能检索法

18. CNKI 是(　　)的简称。
    A. 清华同方　　　　　　　　　　　　　B. 重庆维普
    C. 中国知网　　　　　　　　　　　　　D. 中国期刊全文数据库

19. 信息检索的(　　)是指从检索系统检出的,与某课题相关的文献信息数量同检索系统中实际与该课题相关的文献信息总量之比率。
    A. 查准率　　　　　B. 漏检率　　　　　C. 误检率　　　　　D. 查全率

20. 信息分析类型划分的方式不包括(　　)。
    A. 按领域划分　　　B. 按内容划分　　　C. 按分析人员划分　　　D. 按方法划分

21. 依靠人的直观判断能力进行直观判断从而预测未来的方法称为(　　)。
    A. 定量预测法　　　B. 定性预测法　　　C. 模拟模型法　　　D. 以上答案都不对

22. 信息分析概念源于(　　)。
    A. 情报研究　　　　B. 软件分析　　　　C. 系统分析　　　　D. 工程分析

23. (　　)是信息收集人或信息管理机构对信息资源的一种评价行为。
    A. 信息预测　　　　B. 信息分析　　　　C. 信息评估　　　　D. 信息开发

24. 信息仅供有权限的人员合法合规地开发和使用,以保证信息的(　　)。
    A. 机密性　　　　　B. 真实性　　　　　C. 完整性　　　　　D. 不可抵赖性

25. 信息不会被非法泄漏和扩散,以保证信息的(　　)。
    A. 机密性　　　　　B. 真实性　　　　　C. 完整性　　　　　D. 不可抵赖性

26. 系统管理者对网络和信息系统有足够的控制和管理能力,以保证信息的(　　)。
    A. 可控性　　　　　B. 可计算性　　　　C. 互操作性　　　　D. 可靠性

27. 网络协议、操作系统和应用系统能够相互连接、协调运行,以保证信息(　　)。
    A. 可控性　　　　　B. 可计算性　　　　C. 互操作性　　　　D. 可靠性

28. 下述不属于安全运维管理内容的是(　　)。
    A. 配置管理　　　　B. 密码管理　　　　C. 变更管理　　　　D. 测试验收

29. 将经济活动和组织划分成不同的部分,每一个具有(　　)的部分被称为"产业"。
    A. 相同属性　　　　B. 不同属性　　　　C. 相异属性　　　　D. 共同属性

30. 产业的分类方法有(　　)种。
    A. 1　　　　　　　B. 2　　　　　　　C. 4　　　　　　　D. 多种

二、多项选择题 (40分,1分/题,共40个小题)

1. 英国的《牛津字典》认为,信息是(　　)。
    A. 事情　　　　　　B. 新闻　　　　　　C. 话题　　　　　　D. 知识

2. 信息具有下述(　　)属性。
    A. 可识别性　　　　B. 可处理性　　　　C. 可检索性　　　　D. 可存储性

3. 企业的管理信息按不同级别(如公司级、工厂级、车间级等)的管理者所具有的不同职责,分为( )。

    A. 决策级信息   B. 战略级信息   C. 战术级信息   D. 操作级信息

4. 按信息来源的不同,信息分为( )。

    A. 政治信息   B. 经济信息   C. 社会信息   D. 自然信息

5. 广义信息资源是下述( )信息活动要素的集合。

    A. 信息   B. 政府机构   C. 信息生产者   D. 信息技术

6. 以下属于信息元素的是( )。

    A. 数据库   B. 字段   C. 数据元素   D. 数据项

7. 信息分类有两个要素是( )。

    A. 分类目的   B. 分类对象   C. 分类依据   D. 分类原则

8. 混合分类法是将( )方法组合使用。

    A. 线分类法   B. 混合分类法   C. 点分类法   D. 面分类法

9. 信息代码分类方法有( )。

    A. 按符号顺序分类   B. 按符号大小分类   C. 按符号形式分类   D. 按符号含义分类

10. 有含义信息代码可包括( )。

    A. 系列顺序码   B. 层次码   C. 特征组合码   D. 矩阵码

11. 信息资源组织序化的基本方法中,属于语法信息组织方法的有( )。

    A. 字顺组织法   B. 号码组织法   C. 时空组织法   D. 主题组织法

12. 属于网络二次信息资源组织序化方法的是( )。

    A. 数字图书馆方法   B. 超文本方法   C. 搜索引擎方法   D. 主题树方法

13. 信息资源组织的基本要求有( )。

    A. 信息内容有序化   B. 信息流向明确化   C. 信息流速适度化   D. 信息数量精约化

14. 在下列文献信息标引中,属于外部特征有( )。

    A. 出版地   B. 文献题名   C. 主题词   D. 出版年

15. 信息检索的发展历程可以划分的历史阶段包括( )。

    A. 手工检索阶段   B. 机械检索阶段   C. 计算机检索阶段   D. 网络检索阶段

16. 信息检索方法包括( )。

    A. 常规检索法   B. 回溯检索法   C. 循环检索法   D. 查全法

17. 网络信息检索呈( )的发展趋势。

    A. 智能化   B. 简单化   C. 可视化   D. 个性化

18. 常用的现代信息分析方法包括( )。

    A. 定性分析方法   B. 结构化分析方法   C. 半定量分析方法   D. 定量分析方法

19. 无论何种性质的信息预测,其操作过程均包括( )流程。

    A. 信息提取   B. 信息推断   C. 信息建模   D. 信息发布

20. 网络信息资源评估的指标体系包括( )。

    A. 信息内容   B. 编排与设计   C. 易用性   D. 复杂性

21. 下列属于直观预测法的有( )。

    A. 头脑风暴法   B. 德尔菲法   C. 移动平均法   D. 专家会议法

22. 信息分析流程通常分为(　　)阶段。

　　A. 整理期　　　　　B. 分析期　　　　　C. 准备期　　　　　D. 应用期

23. 信息资源安全包括信息的(　　)等过程所涉及的安全问题。

　　A. 采集　　　　　　B. 传输　　　　　　B. 存储　　　　　　D. 运维

24. 威胁信息资源安全的主要因素有(　　)。

　　A. 天灾　　　　　　　　　　　　　　　B. 人祸

　　C. 信息系统自身的脆弱性　　　　　　　D. 网络协议缺陷

25. 下述网络行为属于违法行为的有(　　)。

　　A. 窃取机密　　　　B. 宣传邪教　　　　C. 制造谣言　　　　D. 诬蔑诽谤

26. 信息系统自身的脆弱性主要表现在(　　)。

　　A. 软件后门　　　　B. 系统故障　　　　C. 软件漏洞　　　　D. 路由攻击

27. 设备和计算安全包括的基本要求有(　　)。

　　A. 身份鉴别　　　　B. 恶意代码防范　　C. 网络架构　　　　D. 安全审计

28. 安全管理的原则包括(　　)。

　　A. 多人负责原则　　B. 恶意代码防范　　C. 任期有限原则　　D. 职责分离原则

29. 物理安全是指中心机房场地本身的安全,主要包括(　　)。

　　A. 物理位置选择　　B. 防水和防潮　　　C. 物理访问控制　　D. 防静电

30. 按照 OSI 安全结构,网络和通信的安全功能包括(　　)。

　　A. 访问控制　　　　B. 数据保密性　　　C. 数据完整性　　　D. 抗抵赖性

31. 系统软件的安全措施主要有(　　)。

　　A. 身份认证　　　　B. 访问控制　　　　C. 隔离控制　　　　D. 存储保护

32. 三次产业分类法将产业分为(　　)。

　　A. 第一产业　　　　B. 第二产业　　　　C. 第三产业　　　　D. 第四产业

33. 下述(　　)属于产业结构的比例关系。

　　A. 各产业的就业人数及所占比例　　　　B. 各产业的资本额及所占比例

　　C. 各产业所创利润及其比例　　　　　　D. 各产业所创国民收入及其比例

34. 产业的形成与发展具备的充要条件有(　　)。

　　A. 环境保护需要　　　　　　　　　　　B. 物质技术基础

　　C. 宏观政策环境　　　　　　　　　　　D. 社会经济发展需求

35. 信息产业是指国民经济活动中从事信息技术设备和信息产品的(　　)的产业群体。

　　A. 开发　　　　　　B. 生产　　　　　　C. 流通　　　　　　D. 服务

36. 新兴产业包括的含义有(　　)。

　　A. 产业时间新　　　B. 产业技术新　　　C. 产业概念新　　　D. 产业发展新

37. 信息产业是(　　)。

　　A. 技术密集型产业　　　　　　　　　　B. 知识密集型产业

　　C. 智力密集型产业　　　　　　　　　　D. 信息密集型产业

38. 各产业在国民经济发展中的地位和作用是不同的,有(　　)之分。

　　A. 先导产业　　　　B. 主导产业　　　　C. 衰退产业　　　　D. 基础产业

39. 信息产业是(　　)。

  A. 主导产业   B. 先导产业   C. 衰退产业   D. 朝阳产业

40. 信息产业的地位和作用主要体现在(　　)。

  A. 先导作用   B. 软化作用   C. 替代作用   D. 优化作用

三、判断题 (30分，1分/题，共30个小题)

1. 在现实生活中，人们总是在接收、传递、存储和利用信息。 (　　)

2. 动植物的属性属于自然现象。 (　　)

3. 武器研制信息属于军事信息。 (　　)

4. 信息是人类社会的黏合剂。 (　　)

5. 同一信息资源不能永久被利用下去，随着时间的推移，信息资源会失去利用价值。(　　)

6. 信息元素是最小的不可再分的信息单位。 (　　)

7. 信息的分类与编码是信息资源组织中最基础的工作。 (　　)

8. CN 表示中国(China)是一种数字型代码。 (　　)

9. 编码时引入校验位是为了规避信息代码值的错误。 (　　)

10. 信息资源组织的目的就是把无序信息流转化为有序信息流，形成更高级的信息产品。(　　)

11. 数据库信息源的内容新颖，检索效率高，且不受距离限制，并且对技术没有依赖性。(　　)

12. 实物信息源中包含的信息往往是潜在的、隐蔽的，需要信息采集人员具有强烈的信息意识。

 (　　)

13. "葡萄藤渠道"不属于企业外部信息采集的途径。 (　　)

14. 按部署类型可将云计算分为私有云、公有云和混合云。 (　　)

15. 信息检索是信息组织的逆过程。 (　　)

16. 信息检索的发展历程了多个阶段。 (　　)

17. 信息检索是获取知识的捷径。 (　　)

18. 误检率与查准率是一对互逆的检索指标。 (　　)

19. 回归分析法属于定量分析方法。 (　　)

20. 专家会议法是一种预测方法。 (　　)

21. 信息评估是按照一定的标准对信息的价值进行评判和估价。 (　　)

22. 信息仅供有权限的人员合法合规地开发和使用。 (　　)

23. 信息的发送和接收者无法否认自己所做的操作行为，以保证信息的机密性。 (　　)

24. TCP/IP 协议没有缺陷。 (　　)

25. 任何人都不能长期担任与信息安全有关的职务。 (　　)

26. 等级评测不属于建设管理安全工作。 (　　)

27. 第一、二次产业生产有形产品。 (　　)

28. 第三次产业既提供有形产品又提供无形产品。 (　　)

29. 产业结构指其具有的产业类型及各类产业在国民经济中的比例关系。 (　　)

30. 信息产业是指国民经济活动中从事信息技术设备和信息产品的开发、生产、流通与服务的产业群体。

 (　　)

模拟试卷(一)参考答案

一、单选题(30 小题)

1	2	3	4	5	6	7	8	9	10	11	12	13	14	15
C	D	C	A	D	D	B	B	C	A	B	B	B	D	B

16	17	18	19	20	21	22	23	24	25	26	27	28	29	30
C	C	C	D	C	B	A	C	B	A	A	C	B	A	D

二、多选题(40 小题)

1	2	3	4	5	6	7	8	9	10
ABD	ABCD	BCD	CD	ACD	BCD	BC	AD	CD	ABCD

11	12	13	14	15	16	17	18	19	20
ABC	ACD	ABCD	ABD	ABCD	ABC	ABCD	ACD	ABC	ABC

21	22	23	24	25	26	27	28	29	30
ABD	BCD	ABCD	ABCD	ABCD	ABC	ABD	ACD	AC	ABCD

31	32	33	34	35	36	37	38	39	40
BCD	ABC	ABD	BCD	ABCD	ACD	ABC	ABCD	BD	ABCD

三、判断题(30 小题)

1	2	3	4	5	6	7	8	9	10	11	12	13	14	15
√	√	√	√	√	√	√	×	√	√	×	√	√	√	×

16	17	18	19	20	21	22	23	24	25	26	27	28	29	30
√	√	√	√	√	√	√	×	×	√	×	√	×	√	√

模拟试卷(二)

一、单项选择题 (30分，1分/题，共30个小题)

1. 信息人力资源是指从事(　　)的劳动力资源。
   A. 信息工作　　　　B. 人事工作　　　　C. 管理工作　　　　D. 技术工作

2. HCIE 是指(　　)。
   A. 华为认证 ICT 工程师　　　　　　　B. 华为认证 ICT 专家
   C. Cisco 认证互联网专家　　　　　　　D. Cisco 认证网络助理

3. 中国信息安全测评中心认证的注册信息安全专业人员是指(　　)。
   A. CISSP　　　　B. CCSE　　　　C. CISP　　　　D. CISA

4. ORACLE 认证数据库专家的证书是(　　)。
   A. OCP　　　　B. OCA　　　　C. DCA　　　　D. DCP

5. 首席信息主管是指(　　)。
   A. CEO　　　　B. CIO　　　　C. CFO　　　　D. CHO

6. 严守组织的商业机密体现了 IT 人才的(　　)素质。
   A. 身体　　　　B. 心理　　　　C. 思想　　　　D. 文化

7. CISAW 是(　　)机构认证的信息安全保障人员。
   A. 中共中央网络安全和信息化委员会办公室　　B. 中国信息安全测评中心
   C. 中华人民共和国工业和信息化部　　　　　　D. 中国信息安全认证中心

8. DCM 是(　　)机构认证的数据库大师。
   A. 华为　　　　B. 达梦　　　　C. 思科　　　　D. 甲骨文

9. 信息产业是(　　)。
   A. 主导产业　　　　B. 先导产业　　　　C. 衰退产业　　　　D. 夕阳产业

10. 信息产业的分类方法有(　　)种。
    A. 2　　　　B. 3　　　　C. 多种　　　　D. 10

11. 国家信息产业管理的主体是(　　)。
    A. 国家工信部　　　B. 国家安全部　　　C. 国家公安部　　　D. 国家民政部

12. 市场需求是信息产业发展的(　　)。
    A. 向心力　　　　B. 推动力　　　　C. 拉动力　　　　D. 合力

13. 产业政策是信息产业发展的(　　)。
    A. 向心力　　　　B. 推动力　　　　C. 拉动力　　　　D. 合力

14. 办公自动化系统属于(　　)。
　　A. G2G　　　　　　B. G2B　　　　　　C. G2E　　　　　　D. G2C

15. 社会保障系统属于(　　)。
　　A. G2G　　　　　　B. G2B　　　　　　C. G2E　　　　　　D. G2C

16. 电子税务系统属于(　　)。
　　A. G2G　　　　　　B. G2B　　　　　　C. G2E　　　　　　D. G2C

17. 电子商务是指利用(　　)进行的一切商务活动。
　　A. 网络环境　　　　B. 物联网环境　　　C. 人工智能　　　　D. 信息系统

18. (　　)是信息接收者,是信息服务的对象。
　　A. 信息用户　　　　B. 信息服务者　　　C. 信息产品　　　　D. 服务设施

19. (　　)是指信息服务者收集、整理加工的各种已知的或潜在的社会信息、科学知识及科研成果。
　　A. 信息用户　　　　B. 信息服务者　　　C. 信息产品　　　　D. 信息服务设施

20. 索引技术、软件技术、视频技术等属于(　　)。
　　A. 信息用户　　　　B. 信息服务方法　　C. 信息产品　　　　D. 信息服务设施

21. 信息服务业是信息产业中的(　　)部分。
　　A. 硬产业　　　　　B. 基础产业　　　　C. 支撑产业　　　　D. 软产业

22. 国外将(　　)称之为"知识工业"。
　　A. 数据库业　　　　B. 信息咨询业　　　C. 信息监理业　　　D. 物联网业

23. 德尔菲法属于信息咨询服务方法的(　　)。
　　A. 物理方法　　　　B. 调查研究方法　　C. 智囊方法　　　　D. 模型法

24. 信息咨询服务应包括(　　)个步骤。
　　A. 2　　　　　　　B. 3　　　　　　　C. 4　　　　　　　D. 5

25. 支撑系统又称(　　)。
　　A. 平台系统　　　　B. 中间系统　　　　C. 安全系统　　　　D. 标准系统

26. 门户网站属于下述(　　)服务模式。
　　A. ASP　　　　　　B. ICP　　　　　　C. ISP　　　　　　D. SI

27. 主机托管服务属于下述(　　)服务模式。
　　A. ASP　　　　　　B. ICP　　　　　　C. ISP　　　　　　D. SI

28. 代工生产模式是指(　　)模式。
　　A. OEM　　　　　　B. ODM　　　　　　C. OCM　　　　　　D. OBM

29. 贴牌生产模式是指(　　)模式。
　　A. OEM　　　　　　B. ODM　　　　　　C. OCM　　　　　　D. OBM

30. BPO 的含义是(　　)。
　　A. 硬件外包　　　　B. 数据外包　　　　C. 业务流程外包　　D. 软件外包

二、多选题 (40 分, 1 分/题, 共 40 个小题)

1. 信息人才具有下述(　　)特点。
　　A. 具备对信息资源价值的识别能力　　　　B. 具有信息资源的开发与利用观念
　　C. 掌握必要的信息处理手段　　　　　　　D. 具有较高的管理水平

2. 下述人才中属于 IT 人才的有(　　)。

    A. 总工程师　　　　　　B. 系统分析员　　　　　C. 高级程序员　　　　　D. 程序员

3. 中国计算机技术与软件专业技术资格(水平)考试的高级类 IT 人才证书有(　　)。

    A. 网络规划设计师　　　　　　　　　　　B. 软件设计师

    C. 系统架构设计师　　　　　　　　　　　D. 系统规划与管理师

4. ICT 人才的基本素质包括(　　)。

    A. 思想素质　　　　　B. 智力素质　　　　　C. 心理素质　　　　　D. 文化素质

5. ICT 人才的智力素质包括(　　)。

    A. 观察力　　　　　　B. 记忆力　　　　　　C. 想象力　　　　　　D. 判断力

6. ICT 人才的身体素质一般包括(　　)。

    A. 物理身体方面　　　B. 记忆力方面　　　　C. 想象力方面　　　　D. 智慧身体方面

7. ICT 人的文化素养体现在(　　)。

    A. 语言文字功底　　　B. 人文艺术功底　　　C. 综合知识功底等　　D. 健康的大脑

8. 以省级云长制为例,云长分为(　　)。

    A. 总云长　　　　　　B. 副总云长　　　　　C. 第一云长　　　　　D. 云长

9. 组织的 IT 人才规划主要包括(　　)步骤。

    A. IT 人才需求量预测　　　　　　　　　　B. IT 人才拥有量预测

    C. IT 人才需求量和拥有量之间的匹配　　　D. IT 人才的到位量

10. IT 工作有别于其他工作,它具有下述(　　)基本特征。

    A. 工作量非常大　　B. 工作具有创造性　C. 工作成果难以测量　D. 工作过程个性化

11. 在 IT 企业从事 IT 工作的 IT 人才,一般具备以下(　　)个性特征。

    A. 较强的自主意识　B. 独立的价值观　　C. 流动的意愿强　　　D. 精细的报酬观

12. 信息产业的"软化"作用主要表现在(　　)。

    A. 产业结构软化　　B. 就业结构软化　　C. 消费结构软化　　　D. 投资结构软化

13. 信息产业的替代作用主要表现在(　　)。

    A. 信息对物质资源的替代　　　　　　　　B. 信息对交通工具的替代

    C. 信息对资本的替代　　　　　　　　　　D. 信息对人力资源的替代

14. 信息产业管理的工作内容主要包括信息产业的(　　)。

    A. 政策法规　　　　B. 宏观调控　　　　C. 市场监管　　　　　D. 技术创新

15. 衡量信息产业的发展状况和综合水平的要素有(　　)。

    A. 产业总量　　　　B. 产业利润　　　　C. 产业内部结构　　　D. 产业内部组织

16. 影响信息产业发展状况和综合水平的因素有(　　)。

    A. 市场需求和产业政策　　　　　　　　　B. 资金

    C. 技术　　　　　　　　　　　　　　　　D. 人才

17. 企业信息化包括(　　)。

    A. 产品设计的信息化　　　　　　　　　　B. 服务销售的信息化

    C. 生产设备的信息化　　　　　　　　　　D. 决策信息化

18. 政府的主要职能是(　　)。

    A. 经济调节　　　　B. 市场监管　　　　C. 社会管理　　　　　D. 公共服务

19. 电子商务涉及的环节有( )。

    A. 生产活动   B. 营销活动   C. 流通活动   D. 服务活动

20. 信息化水平测度是对一个( )的信息化水平进行度量。

    A. 国家   B. 地区   C. 企业   D. 个人

21. 信息产业对传统产业信息化的推进作用主要表现在( )。

    A. 技术辅助   B. 观念更新   C. 管理重建   D. 扩容增值

22. 信息基础设施产业包括的设备有( )。

    A. 通信设备   B. 软件系统   C. 广播电视设备   D. 网络设备

23. 当下的"新业态"信息产业包括( )。

    A. 大数据   B. 云计算   C. 物联网   D. 人工智能

24. 大数据具有的特征有( )。

    A. 巨量性   B. 时效性   C. 多样性   D. 高价值性

25. 大数据业的服务类型包括( )。

    A. 数据支撑服务   B. 数据本身服务   C. 数据应用服务   D. 数据融合服务

26. 企业的数据资产管理包括( )。

    A. 数据标准管理   B. 数据模型管理   C. 元数据管理   D. 主数据管理

27. 按照所提供的服务类型，云计算服务企业有( )服务商。

    A. IaaS   B. PaaS   C. SaaS   D. MSP

28. 从政府层面，云计算产业的管理或推进措施主要体现在( )。

    A. 优化发展环境   B. 促进产业转型   C. 推进应用进程   D. 增强技术能力

29. 从云计算服务企业层面，云计算产业的管理策略主要体现在( )。

    A. 云服务资源管理   B. 云服务运营管理   C. 云服务业务管理   D. 云服务安全管理

30. 服务是指( )而进行的活动。

    A. 为集体工作   B. 为他人工作

    C. 根据他人的特殊需要   D. 为自己

31. 开展信息服务包括的要素有( )。

    A. 信息用户   B. 信息服务者   C. 信息产品   D. 信息服务方法

32. 信息服务内容主要包括开展对( )等方面的研究。

    A. 信息用户   B. 信息来源   C. 信息服务组织   D. 信息服务方式

33. 信息服务的基本特征有( )。

    A. 社会性   B. 控制性   C. 开放性   D. 关联性

34. 信息服务业的业务结构可以视为( )的三维结构。

    A. 信息服务效率   B. 信息服务机构

    C. 信息服务载体   D. 信息服务方式

35. 信息服务机构主要包括( )。

    A. 公益性信息服务机构   B. 公立性信息服务机构

    C. 产业性信息服务机构   C. 私营性信息服务机构

36. 以下属于产业性信息服务机构的有( )。

    A. 信息咨询业   B. 图书馆   C. 数据库业   D. 信息监理业

37. 按信息加工深度，信息服务方式分为(　　)。

　　A. 一次服务　　　　　B. 二次服务　　　　　C. 三次服务　　　　　D. 四次服务

38. 信息服务载体主要有(　　)。

　　A. 数据　　　　　　　B. 文本　　　　　　　C. 声音　　　　　　　D. 图像

39. 信息咨询业具有的特征有(　　)。

　　A. 信息性　　　　　　B. 知识性　　　　　　C. 独立性　　　　　　D. 实用性

40. 咨询服务的方法包括(　　)。

　　A. 物理方法　　　　　B. 调查研究方法　　　C. 智囊方法　　　　　D. 模型法

三、判断题 (30 分，1 分/题，共 30 个小题)

1. 信息人才是指具有一定专业技能的从事信息工作的人。　　　　　　　　　　　(　　)

2. 不同国家的信息人才类别是一样的。　　　　　　　　　　　　　　　　　　　(　　)

3. ICT 人才需要有良好的思想素质。　　　　　　　　　　　　　　　　　　　　(　　)

4. IT 项目对信息人才的素质要求主要指其开发能力。　　　　　　　　　　　　　(　　)

5. 云长模式源于云计算管理模式。　　　　　　　　　　　　　　　　　　　　　(　　)

6. 云长模式旨在推进大数据治理工作。　　　　　　　　　　　　　　　　　　　(　　)

7. 总云长可以由副省长担任。　　　　　　　　　　　　　　　　　　　　　　　(　　)

8. 第一云长由副省长担任。　　　　　　　　　　　　　　　　　　　　　　　　(　　)

9. 企业信息化建设领导小组的组长应由企业"一把手"担任。　　　　　　　　　　(　　)

10. IT 人才精细的报酬观是指其对报酬斤斤计较。　　　　　　　　　　　　　　 (　　)

11. 重庆市信息产业的主管部门是市大数据局。　　　　　　　　　　　　　　　 (　　)

12. 信息产业主管部门不能参与 IT 企业的运营指导。　　　　　　　　　　　　　(　　)

13. 生产过程的信息化是企业信息化的重要内容。　　　　　　　　　　　　　　 (　　)

14. 电子政务就是要实现政府相关职能的电子化和网络化。　　　　　　　　　　 (　　)

15. "金信"工程属于企业信息化工程。　　　　　　　　　　　　　　　　　　　(　　)

16. "最多跑一次"是电子政务的发展方向。　　　　　　　　　　　　　　　　　(　　)

17. 信息化水平测度方法仅有 2 种。　　　　　　　　　　　　　　　　　　　　(　　)

18. 企业首席信息官(CIO)职位的级别设置体现了企业重视信息化的程度。　　　　(　　)

19. 企业信息安全的投入费用部分反映企业信息化安全水平。　　　　　　　　　 (　　)

20. 信息产业是新兴的战略型产业。　　　　　　　　　　　　　　　　　　　　 (　　)

21. 新兴产业是指产业的技术新。　　　　　　　　　　　　　　　　　　　　　 (　　)

22. 信息产业是低就业型产业。　　　　　　　　　　　　　　　　　　　　　　 (　　)

23. 主导产业又称为盛阳产业。　　　　　　　　　　　　　　　　　　　　　　 (　　)

24. 信息产业对国民经济结构具有"软化"作用。　　　　　　　　　　　　　　　(　　)

25. 信息产业能够引导生产要素进行优化配置。　　　　　　　　　　　　　　　 (　　)

26. 人事(men)管理不属于"6M"管理的范畴。　　　　　　　　　　　　　　　　(　　)

27. 项目的施工单位也不得参与信息系统工程的监理。　　　　　　　　　　　　 (　　)

28. 数据中心外包属于 ITO 范畴。　　　　　　　　　　　　　　　　　　　　　(　　)

29. 知识管理是业务流程外包的高端业务类型。　　　　　　　　　　　　　　　 (　　)

30. 数据资产管理是大数据业宏观管理的核心策略。　　　　　　　　　　　　　 (　　)

模拟试卷(二)参考答案

一、单选题(30 小题)

1	2	3	4	5	6	7	8	9	10	11	12	13	14	15
A	B	C	A	B	C	D	B	B	C	A	C	B	A	D

16	17	18	19	20	21	22	23	24	25	26	27	28	29	30
B	A	A	C	B	D	B	C	D	A	D	C	A	D	C

二、多选题(40 小题)

1	2	3	4	5	6	7	8	9	10
ABC	BCD	ACD	ABCD	ABCD	AD	ABC	ACD	ABC	BCD
11	12	13	14	15	16	17	18	19	20
ABCD	ABCD	ABCD	ABCD	BCD	ABCD	ABD	ABCD	ABCD	ABC
21	22	23	24	25	26	27	28	29	30
ABCD	ACD	ABCD	ABCD	ABD	ABCD	ABCD	ABCD	BCD	ABC
31	32	33	34	35	36	37	38	39	40
ABCD	ABCD	ABD	BCD	AC	ACD	ABC	ABCD	ABCD	BCD

三、判断题(30 小题)

1	2	3	4	5	6	7	8	9	10	11	12	13	14	15
√	×	√	×	√	√	×	√	√	×	×	×	√	√	×

16	17	18	19	20	21	22	23	24	25	26	27	28	29	30
√	×	√	√	√	×	×	√	√	√	×	√	√	√	×